JN154875

道元禅師研究における諸問題

近代の宗学論争を中心として

角田泰隆 編著
TSUNODA Tairyū

春秋社

はじめに

今年の干支は丁酉である。私は昭和三十二年（一九五七）丁酉の歳の二月十五日の生まれであり、今年は還暦である。必ずしも還暦を記念してというわけではないが、はからずもここに本書が刊行されることになった。思えば、平成二十七年二月に、同じく春秋社より拙著『道元禅師の思想的研究』を刊行していただいたが、これは同じ論文名の私の博士論文を公刊したものである。本書の第一部「近代の宗学論争」は、その博士論文の「附論」の第一章「道元禅師研究における諸問題」の第一節としてまとめたものであり、事情により拙著『道元禅師の思想的研究』には掲載しなかったものである。その博士論文の結論において私は、

ところで本研究では、附論として道元禅師研究における諸問題についての研究動向を掲載した。特に近代の宗学論争の記録を将来に残しておきたいと考えたからである。この論争を風化させてしまってはならないとの思いから、できるだけ客観的に詳細に論争の経緯を総括したつもりである。今後の道元禅師研究にいささかなりとも役立てば幸いである。

と述べているが、この「近代の宗学論争」の記録が公刊されずに終わったことは心残りであった。それが今、春秋社編集部の佐藤清靖氏、豊嶋悠吾氏のご助力により、ここに『道元禅師研究における諸問題』が刊行され、収録されることになったことは、悦びに堪えない。

第一部「近代の宗学論争」は、一九八〇年代半ば頃から二〇〇〇年頃まで、約二十年間にわたり行われた宗学に関わる論争を総括したものである。すなわち、本覚思想をめぐる論争、道元禅師の思想的変化をめぐる論争、十二巻本

『正法眼蔵』をめぐる論争、坐禅をめぐる論争、入宋遍歴をめぐる議論、宗学論をめぐる議論等である。なんら結論が出たわけではないかもしれない議論・論争であったが、約二十年間にもわたって真剣に議論が交わされたことは事実であり、道元禅師研究の研究史に残る出来事であったと言っても過言ではない。であるからこそ、その経緯をできるだけ客観的に記そうと試みたが、いささかこの論争に加わることになった私が記したものであるから、歪められた部分もあろうことは否めない。それも含め、論争の結論については、未来の宗学研究者に託することとして、いずれ将来、この宗学論争に興味を持った研究者に、それらを一書にまとめた本書が、その研究の一助になれば幸いである。

第二部「道元禅師研究における諸問題」には、論文六篇を収録した。これも本書の大きな目的である。近代の宗学論争とともに、忘れ去られてはならないと切に私が思う優れた論文三篇（左記の前三篇）と、私の駒澤大学大学院のゼミ生であり同博士課程の、新進気鋭の研究者の論文三篇（左記の後三篇）である。

丸山劫外「道元禅師の御真詠を守って」は、『宗学研究』第四八号（二〇〇六年）に「『道元禅師和歌集』の考察（一）―中秋夜の御詠歌はご真詠か―」と題して発表された論文（ほか一篇の論文）をもとに書き改められたものであるが、当時私はこの論文に瞠目し、ただただ称讃するばかりであった。昭和四十九年に大妻女子大学の船津洋子氏が「『傘松道詠集』の名称・成立・性格」（『大妻国文』五号）において、『傘松道詠集』（『道元禅師和歌集』）に集録されている和歌のほぼ半数は道元禅師の真詠ではないと論じられてより、このかなり断定的な論文に影響されてか、その後『和歌大辞典』（明治書院、一九八六年）や『和歌文学辞典』（桜楓社、一九九一年）等において『傘松道詠集』に集録されている和歌の多くが道元禅師のご真詠ではないものと、否定的な紹介がされるにいたったのである。道元禅師の和歌として伝承されている和歌は、ほとんどご真詠ではないというこの論文に、多くの宗門人が衝撃を受けたが、丸山氏の勝れたるは、これを鵜呑みにせず、自ら船津論文を徹底的に検証したことである。その結果は本書に集録された丸山論文に知られるが、丸山氏は、船津論文で他人作としている指摘を、根拠のない指摘であると明確に反論し、みごとに道元禅師のご真詠を守ったのである。一度印刷物になってしまうと、それも『辞典』の類に記載されると、その誤った記述が後世に受け継がれ、事実が歪められてゆく。詳細な検証をしないままに断定的に公表する研究者の過失は大きい。それを疑い、検証し、みごとに是正したこの丸山氏の貴重な研究を埋もれさせてはならない。そのような私の願いに応じて、本書にご寄稿いただいた丸山氏に心より感謝したい。

西澤まゆみ「「一箇半箇の接得」考」と「道元禅師における「懺悔・滅罪」考」は、西澤氏の博士論文「道元禅師と日本中世社会―教化の諸相を中心として―」の第一章と第五章に収載された論文である。

前者は、道元禅師の学人接化に関する重要な言葉である「一箇半箇の接得」について、これまでになかった新たな解釈を提示したものである。これまでこの言葉は、たった一人でも良いから本物の優れた弟子を養成するという、いわゆる少数精鋭の学人の接化を示す言葉として理解されてきたが、西澤氏は、「一箇半箇」の用例を詳細に検証し、結論として、一箇半箇までも漏らさず接得するという意であるとしたのである。これまでの常識を覆した瞠目すべき論文である。

後者は、『修証義』の第二章の章題として有名な「懺悔滅罪」の「滅罪」の解釈に一石を投じたものであり、これまであたりまえのように〝罪の報いが滅する〟と解釈されてきたことに疑問を投げかけ、道元禅師の因果論の考察を踏まえ、滅するのは「罪の報い」ではなく「罪」そのものであると論証したものである。すなわち、道元禅師の因果歴然の因果論からすれば、罪の報いは懺悔しても決して滅するものではなく、報いは必ず受けなければならないものであるとし、「懺悔・滅罪」とは、真の懺悔によって滅するのは「罪の報い」ではなく文字通り「罪」であり、真の懺悔の後は罪を犯さなくなることが「滅罪」であるとする。これまた、これまでの常識を覆す画期的な研究である。

秋津秀彰「「『正法眼蔵』編輯論」再考――六十巻本『正法眼蔵』の位置づけについて」は、秋津氏が既に提出している学位（博士号）請求論文「江戸時代における『正法眼蔵』編輯史の研究」の「序論」第一章に収載されている論文である。秋津氏が専門とする『正法眼蔵』の編輯論に関する研究においても、六十巻本の位置づけは重要な問題である。私も拙著『道元禅師の思想的研究』の序論において考察しているが、六十巻本の成立については多くの謎があり、定説を見るに至っていない。これら『正法眼蔵』の編輯論の研究には、深い洞察力と根気と推理力が必要であるが、秋津氏は先行研究を精査し、多くの謎に新たに臨んでいる。

横山龍顯「道元禅師と瑩山禅師の嗣法観――『伝光録』における代付説の受容と関連して」は、道元禅師や瑩山禅師も重視する嗣法ということについて論じたものである。拙著『道元禅師の思想的研究』では、道元禅師の思想について、多くの視点から論じたが、「嗣法観」については触れることができなかった。横山氏は道元禅師の嗣法観を基調として、更に瑩山禅師によって新たに展開された嗣法観について考察し、嗣法ということの本質に迫っている。今後、道元禅師の思想を踏まえながら、瑩山禅師の思想的研究に新風を吹かせてほしいと期待している。

若山悠光「『正法眼蔵』再治の諸相――「大悟」巻の再治をめぐって」は、『正法眼蔵』が現在の形になるまでに、道元禅師による再治（修訂・書き改め）がどのように行われたのかについて、「大悟」巻の再治をめぐって考察したものである。ここに示された再治の様子からは、おそらく他の多くの巻についても同様な再治が行われたのではないかと推測させる。のみならず『正法眼蔵』各巻は相互に関わり合って、再治修訂が行われながら成立していったのであろうと考えられる。このような地道な研究がさらに進展することを願うものである。

道元禅師研究は、多くの研究者により、厖大な論文が書かれ、もう為尽くされてしまっているのではないかという見方もあるが、これらの論文は、先行研究の大いなる過失を粘り強い調査によって是正したもの、これまでの常識的な解釈を覆したもの、地道な研究により進展させたもの等、実に有意義で喜ばしい。

まだまだ斯学の研究に大きな進展が望めることを期待させてくれる。

平成二十九丁酉年　還暦を迎えた二月十五日　角田泰隆　記す

道元禅師研究における諸問題——近代の宗学論争を中心として　目次

はじめに　i

第一部　近代の宗学論争……………………………………角田泰隆　3

第一章　本覚思想をめぐって……………………………………5

一　論争の発端　5
二　袴谷憲昭氏の主張とそれに対する反論　10
三　袴谷説の展開　12
四　道元禅師の思想的変化をめぐって　14
五　問題の整理　16

第二章　思想的変化をめぐって……………………………………23

一　本覚思想批判を視点として　23
二　入越を境として　26
三　鎌倉行化を境として　28
四　『正法眼蔵』「八大人覚」巻の懐奘の奥書をめぐって　31
五　「大修行」巻と「深信因果」巻の説示の相違について　36
六　著作の再治について　39

七　坐禅観を視点として　46
八　その他の議論　47

第三章　十二巻本『正法眼蔵』をめぐって……51

一　十二巻本の発見　52
二　本覚思想をめぐる論争を発端として　54
三　思想的変化をめぐって　55
四　十二巻本『正法眼蔵』の性格・撰述意図、及び七十五巻本との関係をめぐって　57
五　十二巻本の諸問題　63

第四章　坐禅をめぐって……71

一　問題の整理　72
二　坐禅の重要性　73
三　坐禅観の変化の有無　77
四　坐禅に関わる諸研究　85

第五章　入宋遍歴をめぐって……95

一　如浄の天童山入院の時期　95
二　如浄と道元禅師の相見問題　96

三　諸山歴遊の時期　99
四　如浄参学と身心脱落　102

第六章　宗学論をめぐって……115
一　曹洞宗学　115
二　宗学に対する新たな提案　117
三　仏教学と宗学　126
四　学問とは何か　129
五　宗学とは何か　131

第二部　道元禅師研究における諸問題……143

「『正法眼蔵』編輯論」再考――六十巻本『正法眼蔵』の位置づけについて……秋津秀彰　145
一　問題の所在と研究の目的　145
二　先行研究及び筆者の意見　146
三　現存する六十巻本成立の編輯方針　153
四　六十巻本の体系について　160
五　結論と今後の課題　165

道元禅師における「懺悔・滅罪」考……西澤まゆみ 173
一 はじめに 173
二 懺悔の原語と滅罪の解釈 174
三 六十巻本「三時業」と十二巻本「三時業」 179
四 先行研究――『修証義』に見られる懺悔・滅罪 186
五 先行研究――『正法眼蔵』に見られる懺悔・滅罪 188
六 「三時業」の引用経典 195
七 道元禅師の著作に見られる罪の用例 210
八 先行研究に見られる因果論 216
九 『随聞記』「馬麦話」に見る因果論 223
十 懺悔・滅罪の解釈 228
十一 「大修行」と「深信因果」 240
十二 結びにかえて 242
「一箇半箇の接得」考……西澤まゆみ 245
一 はじめに 245
二 「一箇半箇接得」の典拠 248

三　先行研究　249
四　道元禅師の言葉として語られる「一箇半箇」の思想について　264
五　道元禅師の教化に対する意識について　270
六　道元禅師の著作に見られる教化の姿勢　274
七　「一箇半箇接得」に見る道元禅師の教化観　278
八　結論　288

道元禅師の御真詠を守って……………………………………………丸山劫外　291
一　はじめに　291
二　『傘松道詠』という名称の問題　292
三　『道元禅師和歌集』の諸問題　293
四　御真詠でないとする論文について　295
五　「中秋夜の御詠歌」を御真詠として守る　298
六　「教外別伝の道歌」、御詠歌「梅花」を御真詠として守る　303
七　「道元禅師和歌集」のこれからの課題　307

道元禅師と瑩山禅師の嗣法観――『伝光録』における代付説の受容と関連して………横山龍顯　313
一　はじめに　313

二　道元禅師の嗣法観　314
三　瑩山禅師の嗣法観　325
四　結びにかえて――瑩山禅師が見出した道元禅師　333

『正法眼蔵』再治の諸相――「大悟」巻の再治をめぐって……若山悠光　343

一　はじめに――『正法眼蔵』の再治について　343
二　別本・再治本「大悟」巻の概要　345
三　主な先行研究と問題の所在　347
四　別本「大悟」巻の特色　351
五　道元禅師における大悟とその実践――「説心説性」巻より　361
六　結論　364

道元禅師研究における諸問題——近代の宗学論争を中心として

第一部　近代の宗学論争

角田泰隆

第一章　本覚思想をめぐって

一九八五年（昭和六十）秋、道元禅師の思想、特に本証妙修と言われる道元禅師の根本思想をめぐっての論争が巻き起こった。この論争は、山内舜雄「硲慈弘著『鎌倉時代に於ける心常相滅論に関する研究』における道元禅師の本覚法門批判について」（『駒澤大学仏教学部研究紀要』第四二号、一九八四年）を源とし、これを取り上げて論じた袴谷憲昭「道元理解の決定的視点」（『宗学研究』第二八号、一九八六年）を発端とするが[1]、その後、この袴谷氏と伊藤秀憲氏との論争を中心に展開し、筆者もいささかこの論争に関わることになった。その経緯をここに総括する。

一　論争の発端

問題の源となった論文は硲慈弘「鎌倉時代に於ける心常相滅論に関する研究」（『大正大学学報』第三四輯、『日本仏教の展開とその基調』（下）、三省堂、一九四八年、所収）を取り上げた山内前掲論文であり、これはまた同著『道元禅と天台本覚法門』（大蔵出版、一九八五年）に収録されている。山内氏が注目したのは、硲氏が前掲論文において、『弁道話』及び「即心是仏」巻における道元禅師の先尼外道説批判の箇所を挙げて、

（ここに）かゝぐる道元禅師の言は、たゞ一般的に印度以来のこの種の思想を指すのみならず、また殊には支那大陸に於ける、これら一味の所説を指摘弾劾せられたもので、必ずしも我が日本にかゝる見者の一類存し、而してそれを対象として、その説誤れるを弾破せられたものと解すべきではないかどうか。（三〇一頁）

としたことである。すなわち俗氏は、この批判は決して遠きかなたの印度や中国のそれに向けられたものではなく、この当時の我が教界の中にこれらの見解があり、それに向けられたものではないかとしたのである。我が教界の中とは、

もちろん率直にいへば、試みにいまこれが解答私案に擬せんとするところ、果たして当るか否やはなはだ覚束ない。けれども若し道元禅師いふが如くんば、恐らくこれ平安末期以来の叡山仏教、とくに時代天台の新潮流として、まさに澎湃たる勢ひを示し、而してついに天下を風靡するに至った観心主義、即ち口傳主義の教学を奉ずるものゝ間に強調せられ、師資相傳せられた思想信仰であり、就中かれらが自ら唱へて、あるひは「本無生死」といひ、また或は「生死涅槃」と名け、或はまた「生死覚用」とも称する切紙傳授のそれではないかと考へらるゝ。

（三〇二頁）

とあるごとくである。俗氏はこれを論ずるのに非常に慎重ではあるが、その論調からはたんなる推量ではないことが窺われる。これを取り上げたのが山内氏の前掲論文である。山内氏は「私程度の資料の読み込みであっても、このよみ馴れた『弁道話』の一説が、本覚法門の心常相滅論者への批判であることが、よく分かるのである」（三頁）と同調し、

いうが如く道元禅師は、決してインドや中国における、これら歴史上の、先尼外道にも比すべき心常相滅論者の一味を指摘弾劾されたのではない。（五頁）

と、俗氏の説を受けて、これをさらに進めて断定的に論じたのである。この断定には後に鏡島元隆氏によって疑問が

投げかけられるが(2)、天台教学・宗学の両者に精通した山内氏の洞門側からの断定とあって、以後の論議を招く発端となる。

おそらく山内氏はここにおいて、道元禅師と中古天台本覚法門との関係を論じたかったのであろう。山内氏も指摘するように、もし道元禅師の先尼外道説批判が中古天台本覚法門批判であるとすれば、たとえそれが批判・反論ではあっても、裏返せば、道元禅師が本覚法門と深い関わり合いを持っていたことの証となるからである。実際、硲氏も、道元禅師が当時の天台の口伝法門までも親しく見聞していたであろうことを述べている。田村芳朗氏の場合もこれと同じで、道元禅師の教説と本覚法門の類同点の多きを指摘しながらも、

つまり道元が天台本覚思想と関連があるということは、実は、本覚思想に対する批判・反論においてであるということである。道元と天台本覚思想との類同点も、綿密にみるならば、その力点において、相違すべきものがあらわれているので、それは、天台本覚門が、その本覚思想を一途におしすすめていき、常住・一体の面を強調していったにたいし、道元は、それを根底にもちながらも、そこから、逆転回していることである。(『鎌倉新仏教思想の研究』、平楽寺書店、一九六五年、五五二〜五五三頁)

と、道元禅師が天台本覚思想と関連があるということは、その批判・反論においてであるとしている。この理解においてまた論議を招くことになった。道元禅師あるいはその思想と本覚思想との関係は従来いろいろと問題とされてきたが、ここで改めて問題となったのは、前述の田村氏の論述に対して山内氏が、

本覚思想を「根底にもちながらも」、その力点の相違から、批判・反論を展開されたと説く田村博士の言も、再思する用がある。というのは、かかる痛烈な批判が生ずる根底には、本覚思想という共通の土俵が想定されたからである。はなはだしい思想次元の落差のあるところには、論戦すら生じない。批判・反論が激しく成立する背景には、する方もされる方も、ともに共通の時代意識と問題を共有している証拠である。その意味では両者の類

同点を求める意識は尊重されるべきで、……（二一頁）

と、実に微妙なところなのであるが、田村氏が「それ（天台本覚思想）を根底にもちながらも」とするのに同調している点を、山口瑞鳳氏が批判したことである。すなわち次にあるように、本覚思想を「根底にもつ」という表現は適切ではないとしたのである。

最近、本学の山内舜雄教授が所説をとり上げて、道元禅師の本覚思想批判について周到な考察を発表されました。一々御尤もと考えられます。ただ、田村芳朗教授の意見に随って「それを（つまり天台本覚思想でありますが）根底にもちながらも、そこから逆転回していることである」とするのに幾分同調されておられますのが、私には解せません。たまたま本覚思想による人々の文と類似の表現があるから、その思想に根底を置くとするような判断には私は依れないからであります。それらの本覚思想をもつ人々が極めて仏教的な伝統的表現を自らの立場に勝手に引き寄せて作った文であったらいかがなものでしょうか。私見によれば、田村教授が例に引いている道元禅師の文はすべて実体的思考を排した点から述べられているとしか思えないからであります。（公開講演「チベット学と仏教」、『駒澤大学仏教学部論集』第一五号、一九八四年、四七頁）

さらに山口氏は「山内教授が問題とする「本証妙修」「修証一等」というのも同じく中観派の立場から理解できる」（四八頁）と指摘し、

道元禅師は『正法眼蔵』第四十四「仏道」において「禅宗」の称を排し、「仏祖の道」の正統を伝えた心意気を示しておられます。我々がインド仏教を「チベット仏教」まで通して正しく学び取るとき、道元禅師があの苦汁の強い中国仏教とその影響下に成立した日本仏教の伝統のもとにあって、どのようにして、かくも正しくインド仏教の正統を伝えられたのかと、その天才に今更のように驚かざるを得なくなるのです。（四九頁）

と道元禅師の仏法を捉えた(3)。田村氏に対してでもあるが、それに幾分同調されたにすぎない山内氏に対してもこのように批判がなされたことは注目される。それほど道元禅師の思想の根底（母胎）をどこに置くかということは、重要な問題であるからに違いない。山口氏は「たまたま本覚思想による人々の文と類似の表現があるから、その思想に根底を置くとするような判断」には依れないと批判し、田村氏が本覚思想と類同点があるとして例に引いている道元禅師の文のすべては「実体的思考を排した点」から述べられているものであり、この実体的思考を排したのがインド仏教の正統であって、道元禅師はこれを正しく伝えられたのであるとしたのである。すなわち、道元禅師は正しい仏教を根底にもたれているのでこそあれ、本覚思想に根底を置くのではないと主張したのである。(4)

これを受け、さらに進めて道元禅師の本覚思想批判を強調したのが前に揚げた袴谷氏の「道元理解の決定的視点」である。袴谷氏は、一九八五年（昭和六十）十一月二十六日の宗学大会（於駒澤大学）において、この論題にて発表を行ない、道元禅師研究者の注目を浴びた。その内容は、「道元禅師独自の思想的立場を理解する上で、禅師の本覚思想批判こそが決定的視点となりうる」（四三頁）ことを主張したもので、これはまた「一般に道元禅もしくは曹洞宗の宗旨として人口に膾炙している「本証妙修」などというスローガンは、禅師理解の決めてになるどころか、むしろ安易な理解を助長させることにしかなっていない」（四三頁）という指摘でもあった。

袴谷氏は山口氏の指摘を道元禅師理解の場においてより確実にすべく、道元禅師を理解するのにもっとも基づくべき『正法眼蔵』を取り上げ、この中に見られる道元禅師の本覚思想批判を——批判・反論ということにおける関連としてではなく、烈しい批判そのことを——率直に認めるべきことを主張し、ひいては、この本覚思想批判こそ道元禅師が生涯を貫いて主張したと思われる根本的立場とし、そしてこれが「道元理解の決定的視点」であると指摘したのである。これは、田村氏が言うような「本覚思想を根底にもつ」という見解に対し徹底反論したものであると理解できる。この袴谷氏の、従前の論議を踏まえた新たなる指摘は衝撃であり、その波紋はその後、道元禅師研究者を巻き込んでの論争を巻き起こし、(5)さらには仏教学研究全般にも及ぶことになったのである。

二　袴谷憲昭氏の主張とそれに対する反論

ここで、袴谷氏によるこの問題の新たなる展開について、整理しておこう。それは、

一、山口氏は、道元禅師の教説が本覚思想を「根底にもつ」というような判断あるいは表現を批判し、田村氏が、本覚思想と類同点があるとして例に引いている道元禅師の説示について、それは本覚思想を根底にもつものではなく、インド仏教の正統を正しく伝えられたのであるとしたのに対し、袴谷氏は本覚思想そのものを道元禅師が批判されたとし、それを率直に認めるべきだとしたこと。

二、山内氏は、中古天台本覚法門と正統的な天台教学とを区別した上で、硲氏の説を受けて道元禅師の先尼外道説批判は中古天台本覚法門の心常相滅論者に対する批判であるとし、前者は先尼外道見として道元禅師によって批判排斥されたが、後者は道元禅師の思想の源流として取り入れられた、としたのに対し、袴谷氏はこの区別を曖昧なものであると指摘し、道元禅師は本覚思想そのものを烈しく批判されたのであるとしたこと。

三、しかも本覚思想批判こそ道元禅師が生涯を貫いて主張したと思われる根本的立場であるとしたこと。

四、そして、従来道元禅師の修証観の特徴を表す標語として掲げられてきた「本証妙修」批判を打ち出したこと。

である。

道元禅師研究者の側からは、本覚思想の定義にとまどい、一と二には直接触れることなく、主として三と四について、その後反論が出されたのである。

この「道元理解の決定的視点」に続き、ほぼ同時に発表されたのが、同じく袴谷氏の「差別事象を生み出した思想

的背景に関する私見」(『駒澤大学仏教学部研究紀要』第四四号、一九八六年)である。ここで袴谷氏は、差別事象を生み出した思想的背景として、鎌倉期に始まる比叡山を中心とする本覚思想の流行・定着を想定し、そして、この本覚思想こそ差別を生み出し温存してきた思想であるとし、道元禅師自身はこれを徹底批判したのに対し、以後の宗門人がこれを曖昧にしたために差別を惹起したと指摘したのである。(6)

さて、翌年(一九八六)の宗学大会(十一月二十七日)において、この袴谷氏の指摘に対して、袴谷説批判を銘打った発表が二つなされた(他、「本証妙修」や本覚思想に関わる発表もいくつかなされた)。この二つの批判とは、伊藤秀憲「『正法眼蔵』理解の視点」(『宗学研究』第二九号〈一九八七年〉に掲載)、及び筆者の「道元禅師の修証観に関する問題について―『正法眼蔵』における修証観に関わる説示から―」(副題を「―「本証妙修」をとりまく諸問題―」と改めて同書に掲載)である。前者は、袴谷氏の説に対し、「本覚思想批判こそが道元禅師が生涯を貫いて主張したものであり、それこそが『正法眼蔵』を理解する上での決定的視点であると言えるかどうか」について『正法眼蔵』本文に基づいて検討し、結論として、

道元禅師は、先尼外道と同一視される所謂本覚思想は当然批判されるのであるが、そのような本覚思想を批判することが『正法眼蔵』撰述の目的ではない。所謂の本覚思想を批判するのは、禅師が説かんとしている「本証」とは異なるということ、仏法ではないということを示さんがためである。(六八頁)

と反論したのである。同じく筆者も、道元禅師の修証観のスローガンともなっている「本証妙修」という語について、この語を批判するためには、この語がいかなる意味で用いられているのかを明確にした上でなされなければならないとし、『正法眼蔵』における修証観に関わる説示の考察を通して、この言葉を従来通り肯定的に捉え、安易に否定することはできないとしたのである(拙稿「道元禅師の修証観に関する問題について(一)―「本証妙修」をとりまく諸問題―」、『宗学研究』第二九号、一九八七年、二五三頁)。

三　袴谷説の展開

しかし、これらの反論に対する袴谷氏の反応は次のようであった。

この両者の主張に共通する面を一言で言えば、「本覚思想」も「本証妙修」も一概に否定されるべきものでなく、外道によって誤解されるような誤った理解を除去すれば、私によって否定されたような考えも道元自身のうちに充分な根拠をもつものと見做していることであろう。特に、初期の道元のうちには、そのように見れば見れなくもない側面が確かにあることはある。しかし、それが本稿で道元の「曖昧で晦渋な文体」と指摘した面であって、「決定的視点」をもつということは、その晦渋さに騙されまいとすることである。その点は、本稿を読んで再批判してもらいたい。（「「弁道話」の読み方」、『宗学研究』第二九号、一九八七年、六一～六二頁）

すなわち、両者の反論は、袴谷氏の言う「そのように見れば見れなくもない」「曖昧で晦渋な文体」を論拠としたものであり、袴谷氏の立場からは反論となっていないとしたのである。つまり、本覚思想批判こそ道元禅師が生涯を貫いて主張された根本的立場と見る袴谷氏にしてみれば、本覚思想を思わせる説示のすべてを「曖昧で晦渋な文体」と見做すことは当然のことであり、この、後に道元禅師自身によって改められるべき(7)「曖昧で晦渋な文体」を論拠とすること自体を批判したのである。

この、袴谷氏の「「弁道話」の読み方」は、道元禅師の思想的遍歴を極常識的に認める立場から、禅師が大悟徹底して以来その思想的進化がまったくなかったと見ることを愚見とした上で、禅師の初期の撰述に遡れば遡るほど曖昧で晦渋な説示が多いと主張したもので、この「曖昧で晦渋な文体」の最たるものとして『弁道話』を挙げ、その読み方に留意すべきことを指摘したのである。さらに、「即心是仏」巻後半に見られるような説示、中でも「あきらかにしりぬ、心とは山河大地なり、日月星辰なり」（四四頁）等の説示、これに限らず袴谷氏をしてもっとも本覚思想と見紛われやすいと見なされる「山河大地」の語を用いた説示などがこの「曖昧で晦渋な文体」にあたるとし、この「山河大地」という語の使用頻度を論拠として思想的遍歴を主張し、『御遺言記録』に見られる道元禅師の言葉[8]をその傍証としたのである。そして、思想的遍歴があったとしながらもその根底には失われざる本意すなわち本覚思想批判があったとして、それが決定的視点であると主張したのである。すなわち、袴谷氏は言う、

初期の若き道元が「弁道話」にて心常相滅説批判のもとに本覚思想批判を烈しく打出しながら、それを明確に執拗に追及せず、最も本覚思想と見紛われやすい考え方の一つを代表する「山河大地」について、「即心是仏」の巻以来、ああでもないこうでもないと換骨奪胎的な論評を加えつつ考え通してきたことが終には行詰って、最終的には「四禅比丘」の巻のような表現をとらざるをえなくなったと見做すのが、私には最も妥当で自然な解釈のように思われてくる。しかも、このように道元の思想的遍歴を認めることによって、禅師の本覚思想批判は常に必ずしも冴え渡っていたわけではなかったにせよ、却ってそれが終始変ることのなかった禅師の重要な思想的立場だったのだと見做すことにならざるをえないような方向になっていくのではないかと考えている。（五八頁）

と。ここにおいて「本証妙修」の是非をめぐる論争は、その十分な論議がなされないままに[9]、道元禅師の思想的遍歴、さらには『正法眼蔵』そのものの資料的考察へと展開せざるをえなくなったのである。（後述）

この道元禅師の思想的遍歴をさらに推し進めて論じたのが、同氏の「十二巻本『正法眼蔵』撰述説再考」（『宗学研究』第三〇号、一九八八年）である。袴谷氏は道元禅師の本覚思想批判という視点から十二巻本『正法眼蔵』撰述に道元禅師の思想上の決定的変貌を認め、十二巻本『正法眼蔵』こそ道元禅師が最晩年に認めた唯一最高の真実の考えを述べた親撰であると、新たな主張を展開してゆく。

四　道元禅師の思想的変化をめぐって

この、道元禅師の思想変化をめぐっての論争についての詳細は第二章において述べるが、袴谷氏の主張する道元禅師の思想的遍歴に対してさらに反論したのが伊藤氏の「再び十二巻本『正法眼蔵』について」（『印度学仏教学研究』第三六巻第一号、一九八七年）である。これは『正法眼蔵』の諸本の書誌的研究の立場、すなわち、七十五巻本『正法眼蔵』と十二巻本『正法眼蔵』に原初的には、内容の異なる同一巻名の撰述（「発菩提心」巻）が存在することから、両者が異なった意図[10]のもとに撰述された可能性を論じ、また、道元禅師が『正法眼蔵』を親集されたかあるいは編集に大いに関わっていたことの推考から、自らの撰述を書き改めるべき思想的進化はなかったはずであるとし、さらに「山河大地」の語の使用頻度による論証、また「四禅比丘」巻の一節の解釈についても異論を呈したものである。

また伊藤氏は「十二巻本『正法眼蔵』について」（『宗学研究』第二八号、一九八六年）において、七十五巻本と十二巻本の性格の違いを、その説示意図の相違から論じた。そして、「十二巻本は、人々を仏道修行に導き入れようとの意図のもとに、互いに関連し合って説かれたものである」（五四頁）としたのである。

筆者も同様な視点から十二巻本を捉え[11]、七十五巻本『正法眼蔵』から十二巻本『正法眼蔵』へは思想的変化があったのではなく、七十五巻本と十二巻本の性格の違いは、説示意図、説示対象の相違によるものであろうことを論じ、また、「袴谷説における「道元禅師の思想的遍歴」批判」（『曹洞宗研究員研究紀要』第二〇号、一九八八年）では、袴谷氏の言う思想的遍歴の意味に疑問を呈し、さらに袴谷氏がその一つの傍証としている二十八巻本『秘密正法眼蔵』の「八大人覚」巻の奥書の解釈をめぐって、必ずしもその論証とはならないことを述べている。

鏡島元隆「十二巻本『正法眼蔵』について」(『駒澤大学仏教学部論集』第一九号、一九八八年)も、この袴谷氏の問題提起に対する見解を示したものである。鏡島氏は、十二巻本『正法眼蔵』を七十五巻本『正法眼蔵』に対し、どのように位置づけ、意義づけるべきか、について述べ、七十五巻本と十二巻本を等視する(思想的遍歴を認めず、いずれかに優位をおかない)立場から、前者を『正法眼蔵』の「弘法篇」、後者を「救生篇」と見、両者に思想的遍歴があるわけではなく、ただ説相の相違があるのみとしている点は注目される。また、「八大人覚」巻の奥書を取り上げ、これをめぐる杉尾玄有氏の解釈並びに袴谷氏の解釈について触れ、両者の主張の認めるべき点と認められない点についてコメントしている。

栗谷良道「『正法眼蔵』における大地観—袴谷説への疑義—」(『宗学研究』第三〇号、一九八八年)は「山河大地」の語を取り上げ、袴谷氏の言うように「四禅比丘」巻における山河大地批判こそが道元禅師の本意であり、他所における山河大地への言及は道元禅師の迷いを意味しているのかどうか、すなわち、「四禅比丘」巻における山河大地批判こそが道元禅師の最終的な結論であると言うことができるかどうかを検討し、結論として山河大地を述べる道元禅師の態度は終始一貫していることを指摘し、この点においての思想的変化はないとしたものである。同『正法眼蔵』における山河大地について」(『宗学研究』第三二号、一九九〇年)では、「山河大地」をめぐる論争を整理し、これをさらに進めて、「四禅比丘」巻以外にも「発菩提心」巻に「山河大地」を肯定する説示が見られることから、「十二巻本『正法眼蔵』においても山河大地は否定されていない」と結論づけている。

袴谷氏の説に対する反論としてではないが、石井清純氏は一連の論文(「十二巻本『正法眼蔵』と『永平広録』」〈『宗学研究』第三〇号、一九八八年〉、「道元禅師の出家在家に関する一試論—入越前後の説示変化に関連して—」〈『印度学仏教学研究』第三七巻第二号、一九八九年〉)はこの思想的遍歴を問題とした。石井氏は、特に道元禅師の因果観における説示の相違、出家在家の成仏に関する説示の相違について、これを道元禅師自身の思想の変化ではなく、まず説示意図あるいは説示対象の相違による説示の変化という観点から見るべきとしている。

五　問題の整理

以上述べてきたように、道元禅師の本覚思想批判、「本証妙修」をスローガンとすることの是非をめぐって巻き起こったこの論争は、道元禅師の思想の変化、そして『正法眼蔵』の成立をめぐる問題へと展開していく。思うに、これは必然的な展開であった。道元禅師の思想の変化の有無の問題の決着を見ずして、「本証妙修」説の是非は論じえなくなったからである。

ここでもし、本覚思想に対する態度ということにおける道元禅師の思想の変化を認め、七十五巻本から十二巻本への決定的変貌を認めるならば、つまり、いまだ本覚思想を払拭しきれない七十五巻本は道元禅師の本意ではなく、明確な本覚思想批判を打ち出した十二巻本こそが道元禅師が最晩年に認めた唯一最高の真実の考えを述べた親撰であるとするならば、「本証妙修」は非とされうるのである。

一方、そのような思想の変化を認めず、七十五巻本と十二巻本の性格の相違を撰述意図の相違と見、最初期に撰述された『弁道話』をはじめ、比較的初期の撰述や七十五巻本の各巻も、最晩年の道元禅師によってもそのまま肯われていたとするならば、「本証妙修」は十分な根拠をもって道元禅師の修証観の特徴として是とされうるのである。

ただし、前者の場合でも、十二巻本『正法眼蔵』以前の撰述を袴谷氏の言うように本覚思想を払拭しきれていないものとして否定的に理解するか、あるいはそれをそのまま認めて『弁道話』に見られる「本証」や七十五巻本に数多く見られる本証ということを表した表現を肯定的に理解するかは別の問題である。袴谷氏の定義によれば、本覚思想

とは、

> 本覚とは現象世界を超えた根源的覚りのことで、その覚りとは本来すべての人々に普遍的に具わっていて常住であるが、それを自覚しない間は現象として変化生滅しているにすぎないという点も含意しておりますので、それは同時に「心常相滅」説をも意味しうる訳です。（「差別事象を生み出した思想的背景に関する私見」、『駒澤大学仏教学部研究紀要』第四四号、一九八六年、二〇四頁）

と定義されるような思想であるが、道元禅師はすでに『弁道話』の第十問答において心常相滅説を挙げ、

> 心は身をはなれて常住なりと領解するをもて、生死をはなれたる仏智に妄計すといふとも、この領解知覚の心は、すなはちなほ生滅して、またく常住ならず。これ、はかなきにあらずや。（大久保道舟編『古本校定 正法眼蔵 全』筑摩書房、一九七一年、七四〇頁。以下『正法眼蔵』及び『弁道話』からの引用は同書により頁数のみ記す。また、以下、同書よりの引用文は便宜上常用漢字に改めた。）

と、袴谷氏の言われるような本覚思想は明確に否定されているので、同じ『弁道話』で示される「本証」がここで否定された本覚思想と同義であるとは常識的に考えられないのである。また、袴谷氏は、

> 極めて簡潔な言い方をすれば、「本覚思想」とは、当人の知りもしない「本覚」という悟りの「御墨付」を振り翳すことによって仏教徒であることを止めてしまった人の思想である。それゆえ、「本覚思想」からは、自ら「自未得度先度他」の発願を起そうというような信が生じてくることは決してありえない。（第三十三回宗学大会発表資料、註20）

とも定義されるが、七十五巻本『正法眼蔵』でこのような本覚思想を許容しているとはとうてい考えられないので、やはり、袴谷氏の言う「本覚思想」と道元禅師の言われる「本証」とは明確に区別されるべきである。

また、後者の場合でも、道元禅師の説示を根拠として従来伝統的に言われてきたような「本証妙修」が全面的に認

められるかどうかは、また別な問題である。道元禅師が種々の表現によって説示された「本証妙修」説が、後の宗学者あるいは宗門外の知識人によって安易に理解され、袴谷氏の言うような「本覚思想」と見紛われるような解釈がなされているとすれば、それらは正されなければならないであろう。

以上、述べてきた論争は、ひとり道元禅師研究の場に限るものではなかった。いや、袴谷氏や松本史朗氏が仏教学界に投げかけた問題提起(12)が仏教研究のあらゆる分野に波紋を投じたことを思えば、この論争はその一分であり周辺であったのかもしれない。しかし、その中で両氏が道元禅師の言葉を正しい仏教を追求する上での道標としていることからは、両氏のレベルの論議の中にあっても道元禅師が重要な位置を占めていたと言えよう。今これら全体の問題に触れることはできないが、諸氏により多くの有意義な論文が発表されたことは言うまでもない。

その中、中国禅宗史研究の立場から道元禅師に迫る石井修道氏の指摘(13)は、この論争のみならず、その宗学研究に多くの示唆を与えている。

さて、先にも述べたように、論争は「本証妙修」の是非、「本覚思想批判」をめぐる問題から、道元禅師の思想の変化、そして『正法眼蔵』の成立をめぐる問題へと展開した。第三四回宗学大会(一九八八年十一月二十五日)において袴谷氏が「七十五巻本「発無上心」と十二巻本「発菩提心」」、また伊藤氏が「正法眼蔵の編纂について」と題して発表を行ったことからもそれが知れよう。また鏡島氏の前掲「十二巻本『正法眼蔵』について」も同様である。これら七十五巻本と十二巻本をめぐる問題(もちろん六十巻本や二十八巻本も問題となるに違いない)が道元禅師の思想の変化の問題とあいまって、その後新たな論争が行われる(第三章「十二巻本『正法眼蔵』をめぐって」)。正法眼蔵の成立の問題については河村孝道『正法眼蔵の成立史的研究』(一九八七年、春秋社)がある。この研究がその踏み台となって、思想的歴史的研究と関連し合って新たな議論が行われるのである。

（1） この宗学における論争については、山内舜雄「本証妙修と本覚法門—宗学の論争点をめぐって—」①～④（中外日報、一九八八年十一月十七日～二十二日）において総括しているので合わせて参照されたいが、本章はこれとは視座を異にするものである。

（2） 鏡島氏は「本証妙修覚え書」（『駒澤大学仏教学部論集』第一八号、一九八七年）は、自ら用いる「本証妙修」の意味と、『弁道話』の心常相滅論批判に対する見解を明らかにしている。ここでは後者についてのみ触れるが、鏡島氏は『弁道話』は道元禅師のもとに参集した門下に示した書であるとし、「真実の参学」を『弁道話』の対機とする。そして、心常相滅論も学人が陥りやすい邪見の一つとして批判されたのであり、それは正しい仏法に導く道しるべの一つであり、必ずしも当時の日本天台の本覚法門に対して向けられた批判ではないとしたのである。筆者も鏡島氏と同様に考える。

また、道元禅師が当時の教界に対して遠慮されていたかどうかについてであるが、私見を述べれば、山内氏は、『弁道話』第十問答において、本覚法門批判が先尼外道説批判としてカムフラージュされているとするが、ずばり本覚法門の『生死覚用鈔』における心常相滅を言い当てたものであるならば、たとえば当時の天台がこれを目にしたと仮定して、彼等がこれが自らに対する批判であると気づかないはずがないであろう。いくら道元禅師が「先尼外道が見なり」としても、その内容が当時の日本天台の本覚法門に蔓延していた心常相滅論そのままであるならば、この徹底的な批判において、その程度のカムフラージュは何の〝遠慮〟にもなっていないのではあるまいか。

拙稿「『弁道話』の性格」（『宗学研究』第三一号、一九八九年）はこの鏡島氏の説をうけて、さらに坐禅開顕の書としての『弁道話』の性格を強調したものであり、設問自答からなる十八問答すべてが坐禅に関する問答である点を確認し、この観点から第十問答の心常相滅論批判を見ようとしたものである。すなわち、第十問答の問は心常相滅論を述べ「心性の常住なるむね」の了知（領解）をもって最高の目的とし、当然了知で事足りるのであるから坐禅の行などはいたずらなる閑坐と見做している。それに対する答では、心常相滅の邪見の批判に重点が置かれていることは明らかであるが、なぜこれほどまで執拗に徹底批判されたのかと言えば、その理由は、了知をもって得道とすれば坐禅の行は無用とならざるをえないからである。故に心常相滅論と、そして了知を以て得道とすることを排斥されたのである。坐禅に関する問答という視点から見れば、（たとえば当時の本覚法門に対する）批判のための批判ではなく、坐禅の行を無用とする考え方であるから批判されたと理解できるのである。それこそが第十問答の主眼であろう。

（3） ちなみに山口氏は『チベット』（下）（東京大学出版会、一九八八年）において（「仏教の受容」、チベット仏教の性格、一七六〜一八二頁）、従来のチベット仏教に対する不当な過小評価について述べ、チベット仏教こそインド仏教の正統を継承したものであることを強調し、正当な評価をすべきことを主張している。

（4）山口氏が前掲「チベット学と仏教」において、

山内教授が問題とする「本証妙修」「修証一等」というのも同じく中観派の立場から理解できるとしたことは大変興味深い、また、私見によれば、仏教が共通の土俵であり、本覚法門が土俵内に留らないことを示せば足りるのである。従って、本覚思想を「根底にもつ」という表現は適切でないと考えられる。

という意見には共感する。

また、山内氏の説についても、綿密な資料的考察から、『弁道話』における先尼外道説批判が実は中古天台本覚法門に蔓延していた心常相滅論批判であるとしたことは、歴史的社会的視点から道元禅師の先尼外道説批判を捉えたものとして大きな意味を持ち、多くの示唆を与えてくれる。

（5）ここまでの展開は袴谷氏の「道元理解の決定的視点」（『宗学研究』第二八号、一九八六年）を合わせて参照されたい。

（6）時あたかも、人権問題に対する教学的立場からの対応が求められており、時機に応じたこの論文が大きな衝撃を与えたことは言うまでもない。これに対する直接の反論はないが、筆者が、「差別を助長した思想的要因に関する私見」（『曹洞宗研究員研究紀要』第一九号、一九八七年）、「袴谷説における「道元禅師の思想的遍歴」批判」（『曹洞宗研究員研究紀要』第二〇号、一九八八年）において触れている。

（7）二十八巻本秘密正法眼蔵「八大人覚」巻に附された懐奘の識語によれば、最晩年の道元禅師は旧草の改訂を考えられていたのであるが、道元禅師が書き改めようとされていたのは、本覚思想を許容するかのようなこれら「曖昧で晦渋な文体」であったとするのが袴谷氏の説であろうことは想像に難くない（「十二巻本『正法眼蔵』撰述説再考」、『宗学研究』第三〇号、一九八八年、九二〜九三頁、参照）。

（8）『御遺言記録』に道元禅師の言葉として、

我専習道心、而道心最真実者、済度衆生仏法弘通也、心中随事似有表裏、然而不失本意（大久保道舟編『道元禅師全集』下、筑摩書房、一九七一年、五〇三頁）

とある。袴谷氏はここで示される「本意」を「本覚思想批判」と解釈した。しかし、これについては拙稿「差別を助長した思想的要因に関する私見」（『曹洞宗研究員研究紀要』第一九号、一九八七年）において、この「本意」は道元禅師の

「済度衆生のこころ」と解釈すべきであると主張して反論している。

(9)「本証妙修」の是非については、道元禅師の「本証」を、初期の道元禅師の、本覚思想を思わせる「曖昧で晦渋」な説示と見做してこれを退ける袴谷氏の主張と、道元禅師の言われる「本証」と袴谷氏の言う本覚思想との違いを指摘して道元禅師の言われる「本証」を認めていくべきだとする主張と対立したのである。すなわち、前者は「本証」を「曖昧で晦渋な」説示と見做してこれを非とし、後者は袴谷氏の言う「曖昧で晦渋」な説示の中にこそいわゆる「本覚思想」と異なる道元禅師の立場(「本証」)を見ようとしたのである。

(10)伊藤氏はすでに「十二巻本『正法眼蔵』について」(『宗学研究』第二八号、一九八六年)において両者の説示意図について触れ、

七十五巻本が第一義の立場より正伝の仏法を説き示されたものであるのに対し、それとは異なり、十二巻本は、人々を仏道修行に導き入れようとの意図のもとに、互いに関連し合って説かれたものである…

と論じている。

(11)拙稿「差別を助長した思想的要因に関する私見」(『曹洞宗研究員研究紀要』第一九号、一九八七年)、「道元禅師の修証観に関する問題について(三)」(『宗学研究』第三〇号、一九八八年)。

(12)袴谷憲昭「京都学派批判」(『駒澤大学仏教学部論集』第一七号、一九八六年)、同「仏教と神祇—反日本学的考察—」(『日本仏教学会年報』第五二号、一九八七年)、同「批判としての学問」(『駒澤大学仏教学部論集』第一八号、一九八七年)、同『維摩経』批判」(『印度学仏教学研究』第三六巻第一号、一九八七年)、同「道元に対する「全一の仏法」的理解の批判」(『宗教学論集』第一四輯、一九八八年)、同「小林秀雄『私の人生観』批判」(『駒澤大学仏教学部論集』第一九号、一九八八年)等。松本史朗「縁起について—私の如来蔵思想批判—」(『駒澤大学仏教学部論集』第一七号、一九八六年)、同「如来蔵思想は仏教にあらず」(『印度学仏教学研究』第三五巻第一号、一九八六年)、同「仏教と神祇—反日本主義的考察—」『日本仏教学会年報』第五二号、一九八七年)、同「空について」(『駒澤大学仏教学部論集』第一九号、一九八八年)等。

(13)石井修道『宋代禅宗史の研究』(大東出版社、一九八七年)、同『中国禅宗史話』(禅文化研究所、一九八八年)、同「宇井伯寿著『禅宗史研究』の「緒言」をめぐって」(『宗学研究』第三〇号、一九八八年)、「本証妙修説をめぐって—袴谷説への質問—」(第三十四回宗学大会発表)等。

第二章　思想的変化をめぐって

道元禅師の思想の変化についての議論は、さまざまな視点から行われている。本覚思想批判を視点として、入越を境として、鎌倉行化を境として、『正法眼蔵』の再治及び十二巻本『正法眼蔵』の選述・編集を視点として、坐禅観や因果論を視点として、あるいは在家の得道の可否をめぐって等々、である。本章では、これらの視点から行われたさまざまな議論について総括する。

一　本覚思想批判を視点として

前章においても触れたが、道元禅師の思想の変化の問題について、道元禅師の本覚思想批判という立場から論じたものに、袴谷憲昭「「弁道話」の読み方」（『宗学研究』第二九号、一九八七年）がある。この中で袴谷氏は、初期の若き道元が「弁道話」にて心常相滅説批判のもとに本覚思想批判を烈しく打出しながら、それを明確に執拗に追求せず、最も本覚思想と見紛われやすい考え方の一つを代表する「山河大地」について、「即心是仏」の巻以来、ああでもないこうでもないと換骨奪胎的な論評を加えつつ考え通してきたことが終には行詰って、最終的には「四禅比丘」の巻のような表現をとらざるをえなくなったと見做すのが、私には最も妥当で自然な解釈のように思われてくる。しかも、このように道元の思想的遍歴を認めることによって、禅師の本覚思想批判は常に必ずしも冴え渡っていたわけではなかったにせよ、却ってそれが終始変ることのなかった禅師の重要な思想的立場だったのだと見做すことにならざるをえないような方向になっていくのではないかと考えている。（五八頁）

と「思想的遍歴」という言葉を用いている。「禅師の本覚思想批判」は「終始変ることのなかった禅師の重要な思想的立場」だったのであるが、「禅師の本覚思想批判」が「常に必ずしも冴え渡っていたわけではなかった」ことや『弁道話』において打ち出した本覚思想批判を道元禅師が明確に追求しなかったことを「道元の思想的遍歴」と表現したと思われる。

同様な論述が「十二巻本『正法眼蔵』撰述説再考」（『宗学研究』第三〇号、一九八八年）においてもなされた。

道元も、旧草では絶えず本覚思想批判を心に懐き、時にはそれを烈しい言葉で実際筆にしたにもかかわらず、かなりの部分で本覚思想を許容したかと見紛われるような記述もしてきたので、鎌倉行化を機縁に、かかる曖昧で晦渋な表現を反省し、以後は明確に本覚思想批判に徹せんと決意して新草本の撰述に打ち込んだと見做したいと思う。

つまり、旧草（七十五巻本『正法眼蔵』）において本覚思想批判が不徹底であったことを、鎌倉行化を境にして反省し、その後撰述された新草本（十二巻本『正法眼蔵』）においては明確に本覚思想批判が打ち出されたというのである。（この七十五巻本と十二巻本の正確の相違に関する議論がこの後さかんに行われることになるが、それについては、次章において詳しく論じたい。）

ところで、袴谷氏が言う道元禅師の思想的遍歴とは、道元禅師が本覚思想批判を明確に打ち出してゆく過程を言うのではないかと推察されるので、「それ（本覚思想批判）が終始変ることのなかった禅師の重要な思想的立場だったのだ」とする袴谷氏は、本覚思想批判においては道元禅師の思想は変化しなかったと捉えていることになる。袴谷氏の思想的遍歴という言葉を理解するにあたって、この点は注意しておく必要がある。そして筆者は、袴谷氏の言う「本覚思想を許容したかと見紛われるような記述」や「曖昧で晦渋な表現」の中にこそ道元禅師の修証観の真意を見出してゆくべきであると考えている。

ところで、袴谷氏は思想的遍歴を主張するにあたって「無常」ということを述べている。

私は、とりわけ無常を観じて生きねばならぬとした道元について、禅師が大悟徹底して以来、禅師によって発見された「法性甚深ノ理」は全く変ることがなかったと見るほど馬鹿げた考え方はないし祖師冒涜の甚しきもないと極常識的に考えているが……

思想的遍歴を極常識的に認める立場から、〝思想的遍歴を認めないということは、とりわけ無常を観じて生きねばならないとした道元禅師をかえって冒涜することになる〟と言い、道元禅師が無常を強調したことが、思想的遍歴も常識的に認めなければならないという論拠となっている。

しかし、道元禅師が無常を強調したことが、必ずしも思想的遍歴を常識的に認めることの裏づけとはならない。道元禅師の無常観に関する説示は随処に見られるが、たとえば『正法眼蔵随聞記』（以下、『随聞記』と略す）には、

又、発此志、只可思世間無常也。此言、又只仮令ニ観法ナンドニスベキ事ニ非ズ、又無事ヲ造テ思フベキ事ニモ非ズ、真実ニ眼前ノ道理也。（中略）明日、次ノ時ヨリモ、何ナル重病ヲモ受テ、東西モ不辨、重苦ノミカサナリ、又何ナル賊難ニモ逢ヒ、怨敵モ出来テ、殺害奪命セラルルコトモヤ有ン、真実ニ不定也。（中略）返返モ此道理ヲ心ニ不忘シテ、只今時許ト思テ、時光ヲ不失、学道ニ可入心也。（大久保道舟編『道元禅師全集』下、筑摩書房、一九七一年、四五二～四五三頁。以下『随聞記』からの引用は同書により頁数のみ記す。）

とあり、ここで知られる無常観は、主観的で危機的な（常に危機に直面している）無常観であり、「真実ニ眼前ノ道理」

であるところの無常である。無常であるから、修行をゆるくせず只今日今時とばかり思って修行せよ、という意味においてである。また、諸行無常や諸法無我等の真理を悟るのが大悟徹底であるとすれば、諸行無常や諸法無我が変わらない真理である以上、その大悟徹底の内容が変わることはありえないとも言える。仏法の悟りに常識的立場から変化を認めることは仏法そのものをも疑うことになりはしないか。変わりえないものもあるはずである。

二　入越を境として

道元禅師の思想の変化について論じた代表的な論文に、古田紹欽「寛元元年を境とする道元の思想」(『日本仏教思想史の諸問題』、春秋社、一九六四年、所収)がある。まず古田氏は、「道元は如浄に遇って師事することによって、従来と全く違った禅の立場を取るに至ったのである。もし道元の思想を二分するとするならば、先師古仏を礼拝しなかった先と、礼拝した後と大きく別けることができるのではなかろうか」(一四六頁)と言う。このことは、当然のことであって、私が道元禅師に思想的変化はなかった、と仮定する場合も、もちろん如浄に参学して身心脱落して以降のことを言うのであって、生まれてから死ぬまで思想が変化しなかったと言っているのではない。

ところで古田氏は、これに続けて「またこの思想が道元によって、はっきりと表明されたのは正法眼蔵仏道においてであり、この仏道が示衆されたのは寛元元年九月十六日のことであったことを思うと、また寛元元年という歳が道元の思想を見る上に一時期を劃したとも見ることができるのではなかろうか」と述べ、寛元元年頃を境として臨済禅に対する態度が、批判的な態度に変わると指摘する。寛元元年(一二四三)と言えば、この年の七月、道元禅師は京都の興聖寺より越前に入越する。古田氏も「興聖寺から越前に下向した頃の反臨済禅の態度が知られる」(一五七頁)

と言うように、寛元元年を境として、というのは、入越を境として、と言うこともできる。とにかく、この頃を境として、臨済禅に対する態度が大きく変化したというのである。

また古田氏は、「嘉禎元年に円爾弁円、神子栄尊が入宋して、暦仁元年（嘉禎四年）六月神子が仏鑑すなわち無準師範に嗣法して帰朝し、仁治二年七月には円爾がおなじく無準に嗣法して帰朝し、ことに帰朝後における円爾の活躍もめざましいものがあり、無準下の臨済禅が興隆しようとする気運にあって、寛元元年二月円爾は上洛し、ついで東福寺に住しており、道元はこの臨済禅の興隆を意識しないわけはなかったのである」（一五四〜一五五頁）とし、「寛元元年になって急に道元の示衆のなかに臨済禅批判が多く現れて来たのは、おそらくこうした事情に基づいたのではなかろうか」と述べている。なるほど、興味深い指摘である。

しかし、この古田氏の主張に対し、伊藤秀憲氏が反論する。伊藤氏は、『正法眼蔵』に見られる道元禅師の祖師評価について詳細に考究し、その評価の基準は「法」と「行」であることを指摘し、

それは、「法」の面より見た、或いは「行」の面より見た「人物」評価ではなく、「法」評価、「行」評価とも言える、「法」そのもの、「行」そのものの評価と言ってもよいであろう。それ故、個々の祖師についての評価を見てみると、その評価が一定しない場合が多く、そのことが、時には、禅師自身に思想的変化が生じたというように受け取られるのである。まさにその例が臨済に対する評価であり、寛元元年、或いは『如浄録』到来を境として、道元禅師に思想的変化があったとする説である。それは道元禅師の祖師に対する評価の基準である「法」の面からと「行」の面からの評価を混同したものにほかならない。（『道元禅研究』、大蔵出版、一九九八年、五二三頁。初出は「『正法眼蔵』に見られる祖師評価」、『駒澤大学仏教学部研究紀要』第三七号、一九七九年）

と反論している。また中世古祥道氏も「禅師の臨済等の宗匠に対する態度は、越前下向前後から変化したのではなく、既に興聖寺時代から、両様のものがあった」として「こゝに思想の進展をみようとするのには賛成し難い」（『道元禅

師伝研究』、国書刊行会、一九七九年、三二一頁。後にこの著書の第二刷を一九九七年十月に『道元禅師伝研究 正』と書名を変えて発行）としている。

これらに対し、務台孝尚氏は、道元禅師初期の撰述にも臨済批判が見られることを認めながらも、「仏道」巻（寛元元年九月十六日示衆）から臨済批判が高まるとして、古田氏の説に賛同している（「道元禅師における思想の変化」、『宗学研究所紀要』第三号、一九九〇年）。

また、杉尾玄有（杉尾守）氏は、「道元禅師は寛元元年七月越前に転進入山するとともに、『正法眼蔵』の説きかたにおいても、果敢な転進をはかろうとしたものと考えられる」（「寛元元年以降の道元禅師の転進―正法眼蔵と法華経・序説」、『宗学研究』第三二号、一九九〇年）として自説を展開し、「転進入山の前後から、禅師を動かしたものは法華経である」との見解も示している。

しかし、私の思うに、そもそも臨済禅批判が多く見られるようになることが、はたして「思想の変化」と言えるのであろうか。「思想の変化」という語を用いるべきことなのであろうか。それまでまったく見られなかった臨済批判がある時期を境にして頻繁に行われるようになったのであればまだしも、それまでも同様な批判が見られるのであるから、それは思想そのものの変化とは言いえないのではなかろうか。道元禅師をとりまく環境や状況が変わることによって説示に変化が見られたとしても、それを思想の変化と言うためには、より明確な論証が必要であろうと思う。

三　鎌倉行化を境として

道元禅師は、宝治元年（一二四七）八月から翌年にかけて鎌倉に行化している。このいわゆる鎌倉行化がなかったとする説もあるが[1]、鎌倉行化があったことを前提として、これを境として道元禅師の思想が変化したとする主張がある。

『随聞記』巻三に、

又或人すすみて云、仏法興隆の為、関東に下向すべし。

答云、不然。若仏法に志あらば、山川江海を渡ても、来て可学。其志なからん人に、往き向てすすむとも、聞入んこと不定也。只我が資縁の為、人を枉惑せん、財宝を貪らん為か。其れは身の苦みなれば、いかでもありなんと覚る也。（四四七頁）

とあるように、仏法興隆のために自らが関東に下向することをよしとせず、志がない者に仏法を勧めても聞き入れてもらえるかわからないとし、志があればこちらにやって来て学びなさい、と言っている禅師が、後に鎌倉に行化したとすれば、道元禅師に何らかの心境の変化があったと考えられなくもない。しかしこの鎌倉行化は、はたして禅師自身の希望するところであったのであろうか。もし、自ら希望し仏法興隆のために鎌倉に赴いたとすれば、そこには『随聞記』の説示との齟齬が認められ、思想の変化と受け取ることもできる。しかし、檀越波多野氏の招請をうけ波多野氏の立場を慮って、自らの意志を曲げて、やむなく下向したとすれば、それを禅師自身の思想の変化と受け取ることはできない。よって、この事実だけを見て、道元禅師の思想的変化と見るのは妥当ではない。

また、この鎌倉行化から帰還後、その思想が変化したとする主張もある。

宝治二年〈戊申〉三月十四日上堂云、山僧昨年八月初三日、出山赴相州鎌倉郡、為檀那俗弟子説法。今年今月昨日帰寺、今朝陞座。這一段事、或有人疑著、渉幾許山川、為俗弟子説法、似重俗軽僧。又疑、有未曾説底法、未曾聞底法乎。然而都無未曾説底法、未曾聞底法。只為他説修善者昇、造悪者堕。修因感果、抛塼引玉而已。雖然如是、這一段事、永平老漢明得説得信得行得。大衆要会這箇道理麼。良久云、尀耐永平舌頭、説因説果無由。功夫耕道多少錯。今日可憐作水牛。這箇是説法底句、帰山底句作麼生道。山僧出去半年余。猶若孤輪処太虚。今日帰山雲喜気。愛山之愛甚於初。（『永平広録』巻三、大久保道舟編『道元禅師全集』下、筑摩書房、一九七一年、六三頁。以下『永平広録』からの引用は同書により、頁数のみ記す。）

このいわゆる帰山上堂に知られるように、道元禅師は宝治元年八月三日、永平寺を出発して相州鎌倉郡に行き、翌宝治二年春、鎌倉を離れ、三月十三日に永平寺に帰った。その翌朝の上堂がこの上堂である。道元禅師は、弟子たちが「いくつもの山を越え谷を越えてはるばる鎌倉まで行って俗弟子のために説法するということは、俗人を重んじ僧侶を軽んじるものではないか」あるいは「未だかつて説いていない教えや、われわれが聞いていない教えがあったのだろうか」と疑っているかもしれないと懸念し、「特別な教えを説いてきたのではない。ただ、俗弟子たちに、修善者昇、造悪者堕、つまり善を行った者は天上界に昇り、悪事を作した者は地獄に堕ちる。原因と結果は明らかであるから、悪事を作す事をやめて善事を行え」ということを説いてきただけであると示している。そして「尀耐永平舌頭、説因説果無由。功夫耕道多少錯、今日可憐作水牛」と語っている。

松岡由香子氏は「新生の道元――十二巻正法眼蔵をめぐって――」（『禅文化研究所紀要』第一九号、一九九三年）において、この鎌倉行化を境とした道元禅師の思想的変化を主張する。そしてこの一節を、

私は色々説いてみたが、ほとほと疲れた。因果を説いても始まらない。随分苦労して修行してきたが、なんと多くの誤りがあることか。その因果であろうか、可哀そうに、今日こうやって牛になって戻ってきたよ。（七八頁）

と解釈している。(2) 松岡氏は同論文の中で、

○未だかつて聞かない「佛法参学には第一因果を明むる也」（《深信因果》）との宣言のなかに、二〇年来説き尽くしてきた佛法としての坐禅が音を立てて崩壊していく。（八五頁）

○只管打坐は撥無因果の行になりかねない。道元自身が説いてきたように、坐禅は不落因果の面を持つ。因果の

理の通用する三界を坐禅は超越するからだ。だがそれでは自らが陥ったように、佛道ではないものになっていく。(八六頁)

○そもそも坐禅を説くからこそ、佛道を間違うのだ。道元はその危うさにようやく気付いた。(一〇〇頁)

○ただ打坐して身心脱落を得ればよい、その道元の正伝の佛法に「帰依佛法僧」が抜け落ちる! それはひそかに外道へと通ずる道だ。(一〇一頁)

○(「帰依佛法」では)佛道修行者は坐禅というより、諸行を修行するらしい。只管打坐はどうなってしまったのだろうか。道元はどうもすっかり新生してしまったようだ。(一〇二頁)

○只管打坐を標榜して、かえって自ら外道のような驕慢に陥った道元は、もう一度敬虔な法華行者として、佛教者たる己れを再確認していったに違いない。(一〇八頁)

等と述べており、道元禅師はそれまで説いてきた自らの説(坐禅・只管打坐)の誤りに気づいて新生したのであるとする。しかしこのような説に対しては第四章「坐禅をめぐって」において反論したい。

四 『正法眼蔵』「八大人覚」巻の懐奘の奥書をめぐって

思想の変化に関連して問題となるのが、二十八巻本『秘密正法眼蔵』(永平寺所蔵)の「八大人覚」巻の懐奘の奥書である。

本云建長五年正月六日書于永平寺如今建長七年乙卯解制之前日令義演書記書写畢同一校之

右本先師最後御病中之御草也仰以前所撰仮名正法眼蔵等皆書改并新草具都盧壹伯巻可撰之云云

既始草之御此巻當第十二也此之後御病漸々重増仍御草案等事即止也所以此御草等先師最後ノ教勅也我等不幸不拝見一百巻之御草尤所恨也若奉恋慕先師之人必書此十二巻而可護持之此釈尊最後之教勅且先師最後之遺教也懐奘記之（『永平正法眼蔵蒐書大成』第一巻、大修館書店、一九七八年、九四九頁）

袴谷氏は「十二巻本『正法眼蔵』撰述説再考」（『宗学研究』第三〇号、一九八八年）の中でこの奥書を引用して自説を展開した。すなわち、十二巻本撰述に道元禅師の思想上の決定的変貌を認める袴谷氏は、十二巻本は、道元禅師が最晩年に認めた唯一最高の真実の考えを述べた親撰であると主張し、河村孝道氏の「新草十二巻は七十五巻とその思想信仰を異にするものではない。どこまでも七十五巻乃至六十巻の説示の上にその具体的実践の展開を説くもの[3]」という説を批判し、

①本覚思想を許容するかのような、新草十二巻本以前の『正法眼蔵』を全面肯定する立場に既に立った上で述べられているが、そこに最大の難点が胚胎していると言える。なぜなら、このように旧草も「どこまでも」本質的に変りがないと見ることは、秘本の「八大人覚」に対する懐奘の識語に「前所撰仮名正法眼蔵等皆書改、竝新草都盧一百巻可撰之」と述べられているように、道元が最晩年に思っておられたその痛切な改訂の願いを不用意にも蔑ろにしてしまうことにならざるをえないからである。（九二〜九三頁）

と述べ、また、

②十二巻本『正法眼蔵』は、従来指摘されているように、ただ単に道元の親撰として各巻の連絡が緊密に取れている一著述であると見るだけではなく、明確に本覚思想批判を打ち出すべく新たに書き下した道元晩年の決定的著述であると見做さねばなるまい。それゆえ私は、十二巻本を柴田氏の言うような単純な意味で在家向きに書かれた著述とは見做さないどころか、懐奘によって「若奉恋慕先師之人、必書此十二巻而可護持之」と記されたように、出家の道元門下にとってさえ最高度に重要な著述だったと考えねばならぬと思っている。勿論、道元のこ

の著述は、十二巻という志半ばの不本意な形で終らざるをえなかったが、だからこそ後学のものは余計十二巻本を大切にすべきこと懐弉のおっしゃるとおりでなければなるまい。（九五〜九六頁）

としたのである。

袴谷氏は、①では「皆書改」を〝「前所撰仮名正法眼蔵等」をこれから書き改められようとしていた〟というように解釈し、②では「此十二巻」を〝十二巻全体〟と理解し、懐奘禅師が十二巻本全体の書写を許したとする。しかし、これらの語をどのように解釈するかは、『正法眼蔵』成立の問題に関わる重要な問題であり、諸説がある。

袴谷氏の解釈はその一説として認めるべきであるが、この奥書の解釈には諸説があり、この奥書が道元禅師の思想的遍歴を証明する論拠とはならない。

いったい、先の識語が、十二巻本全体に附されたものか、第十二「八大人覚」巻について記されたものか定かではない。まことに混沌としている。「右本先師最後御病中之御草也」「既始草之御此巻當第十二也」「此釈尊最後之教勅且先師最後之遺教也」の語は、この奥書が第十二「八大人覚」巻について記されたものであることを思わせるし、「此御草等先師最後ノ教勅也」は、十二巻全体に対して言われたものとも見うる。ここでは特に「皆書改」という語と、「若奉恋慕先師之人必書此十二巻而可護持之」の「此十二巻」について取り上げるが、まず後者について言えば、「此十二巻」が何を意味するのか——「八大人覚」巻なのか、十二巻全体なのか——が問題となる。言葉のみに注目すれば、けっして「此第十二巻」ではなく、「此十二巻」とあるから、十二巻全体を指しているように思われるが、先に述べたように、この識語が十二巻全体に附されたものか、「八大人覚」巻について記されたものか曖昧である以上、確定は難しい。また、後述するように、十二巻本全体とすることにも疑問があるのである。

さて、袴谷氏が、「此十二巻」を十二巻本全体と見做していることは、先の引用文②の通りであるが、河村孝道氏はすでに、懐奘禅師が先師道元禅師を追慕し仰慕するものに禅師の最後の教誡である「八大人覚」のみの書写を許したのであるという見解を示しており[4]、水野弥穂子氏も、この奥書は「八大人覚」巻のためのものであるから「必書此十二巻」は「此の十二の巻」と読むべきであろうとしている[5]。河村氏の説の論拠は次の点にあると思われる。すなわち、十二巻本『正法眼蔵』の第六「帰依仏法僧宝」の懐奘の識語に「以先師之御草本書写畢、未及中書清書等、定御再治之時有添削歟、於今不可叶其儀、仍御草如此云」とあり、第七「深信因果」にもほとんど同様の識語があること、そして第十一「一百八法明門」においては、一応列次編成番号は付されているものの、何等の識語もなく、草稿のもっとも原初段階の性質のままのものであると見られることから、これらを含む十二巻全体の書写は、未再治の故に他示されなかった、とするものである。

私見を述べれば、「八大人覚」巻の識語は懐奘の識語である。同じ懐奘が、自ら「定御再治之時有添削歟」と奥書する巻の書写を門人に許したとは考えにくい。この点において「此十二巻」を十二巻本全体と解釈して、「この十二巻は道元禅師が最晩年に認めた唯一最高の真実の考えを述べた親撰」であるから、懐奘が〝これを書写して護持せよ〟と言われたのであるとする袴谷氏の説には疑問が残るのである。

次に「皆書改」という語についてであるが、大久保道舟氏は同氏編『道元禅師全集』上（筑摩書房、一九七一年、七二六頁）において、この語を「皆な書き改めらる」と読み、禅師が、所撰の仮字の『正法眼蔵』（旧草）を皆書き改められて、さらにその中から、宗乗的見地に基づき重要なものを選び取って、一つの体系に纏め上げられたものが七十五巻本『正法眼蔵』であるとする（同、七九一～七九二頁）。すなわち、「皆書改」をすでに書き改められた意と解釈している。この点においては、六十巻本を書き改めて七十五巻本に修訂列次したのではないかとする河村氏も同様の解釈である。

これに相対するのが杉尾玄有氏の説である。杉尾氏は「道元禅師の自己透脱の御生涯と『正法眼蔵』の進化―十二巻本によって「一百巻」を思う―」（『宗学研究』第二七号、一九八五年）において、禅師は、それまで十余年にわたって書きついできた『正法眼蔵』の巻々を「皆書キ改メ」ようとし、かつ、新規に執筆の巻とあわせて、一百巻の『正法眼蔵』を世にのこそうと思いたつ（十二巻本第十二《八大人覚》懐奘奥書）。一二五三年、あまりに早い禅師の入滅によって、この一百巻撰述の企てが中絶し、わずかに、いわゆる十二巻本の『正法眼蔵』を世にのこすのみで終ったことは、まことに惜しんでも惜しみきれない。

と述べ、「皆書改」を〝これから書き改めようとされた意〟と解釈する。

ここで、旧草と新草について述べておく必要があるが、大久保道舟編『道元禅師全集』上（筑摩書房、一九七一年）は、七十五巻本を「旧草」とし十二巻本を「新草」としているが、これは先の「八大人覚」巻の懐奘の奥書に「前所撰仮名正法眼蔵等皆書改井新草具都盧壹伯巻可撰之」とある「新草」を十二巻本と理解し、これに対する「前所撰仮名正法眼蔵等」を「旧草」と呼び、これを七十五巻本と理解したからである。つまり、この十二巻を新草というのであれば、この新草を除いたものすべては旧草に属するのであり、この旧草の中、禅師が特に七十五稿を選んでこれを修訂し順位をつけたのであるとするのである。

一方、河村氏は「『正法眼蔵』成立の諸問題（四）―60巻本『正法眼蔵』を遶って①―」（『印度学仏教学研究』第二一巻第二号、一九七三年）において、

十二巻正法眼蔵『八大人覚』巻の懐奘の識語……「師以前所撰仮名正法眼蔵等皆書改井新草具都盧一百巻可撰之云々」の語は、通常は新草12巻本に対して旧草75巻本を指すものと解されているが、是れを60巻本の名目（75巻本中共通巻目五十巻、同じ列次番号よりなるもの三十二種）までをも含めて、一百巻撰述の意図を有って「書改メ」の修訂が行なわれ、75巻・12巻正法眼蔵へと改めて体系組織されていった事を物語る識語として見得ないであろうか。

と述べている。河村氏は、六十巻本の存在との関連性の考慮から、「旧草」とは六十巻本を指し、六十巻本を書き改

めて七十五巻に修訂列次し、新草十二巻を加えて一百巻撰述の意図があったのではないか、とも推測されるのである。

いずれにしても、両説とも「皆書改」を〝これから総てを書き改める〟意とは解釈していない。私見を述べれば、筆者も河村氏の説に賛同し、「皆書改メ」の作業は、完了してはいなかったにせよ、すでに行なわれていたと考える。また、「皆書改」の内容（この書き改めがどのような書き改めを意味するのか）についても、たんなる清書ほどの意か、文章の体裁を整える程度のものか、あるいはおおばな添削を加える可能性のある書き改めか、あるいは思想的修正を意図したものか、定かではないのである。裏返せば、この「皆書改」をこれらのどれかに解してこの識語を解釈したとしても、この識語が何かを証明する決定的な論拠とはなりえないのである。

以上の問題に関連して、鏡島氏が『正法眼蔵』の成立的研究について—古田紹欽氏著『正法眼蔵の研究』刊行にちなんで—」（『道元禅師とその周辺』、大東出版社、一九八五年）において総括しているので参照されたいが、先の「此十二巻」や、この「皆書改」に対する袴谷氏の解釈は、諸説の中の一説にすぎないのであり、それが道元禅師の思想的遍歴を主張する説得力のある論拠とはならないのである。

五　「大修行」巻と「深信因果」巻の説示の相違について

道元禅師の因果論について、道元禅師の思想の変化の有無という観点から、「大修行」巻と「深信因果」巻の、いわゆる「百丈野狐の話」を取り上げて、その説示の相違について検討してみたい。

「大修行」巻では「百丈野狐の話」の「不落因果」ついて、

　たとひ先百丈、ちなみありて不落因果と道取すとも、大修行の瞞他不得なるあり、撥無因果なるべからず。（五

四七頁。傍点、筆者、以下同じ）

と示し、「不落因果」は「撥無因果」ではないとするが、「深信因果」巻では、

不落因果は、まさしくこれ撥無因果なり、これによりて悪趣に堕す。不昧因果は、あきらかにこれ深信因果なり、これによりてきくもの悪趣を脱す。あやしむべきにあらず、うたがふべきにあらず。（六七六頁）

と、「不落因果」はまさしく「撥無因果」であるとする。この両者の説示の違いについての私見は、拙稿「道元禅師の因果論―因果歴然と因果超越―」（『駒澤短期大学仏教論集』第一二号、二〇〇六年）において詳しく論じているが、この相違は、道元禅師の因果論が変化したのではなく、「百丈野狐の話」に対する解釈に変化が生じたと考えられる。すなわち、「大修行」巻においては「百丈野狐の話」における「不落因果」を、大修行の立場から「撥無因果」でない「不落因果」として捉えて評価しようとしたのであるが、後に「深信因果」巻では、「不落因果」はあくまでも「撥無因果」であると、この公案に対する解釈が変わったと考えることができよう。しかし、いずれにしても、変わらないのは「撥無因果」を否定する立場に立っていることであり、「大修行」巻において「不落因果」を評価しようとして、それが「撥無因果なるべからず」と主張するのも、「深信因果」巻において「撥無因果なり」と言って批判するのも、ともに「撥無因果」を批判し、否定する立場に立っていることに変わりはないのである。

以上、まとめれば、七十五巻本「大修行」巻も十二巻本「深信因果」巻も共に因果歴然を根底に持つ。「大修行」巻は、因果歴然の道理の中に生きながら因果を超越する「大修行底の人」の生き方を説いたものであり、ゆえに「撥無因果なるべからず」と言われる。「深信因果」巻は、明らかに「撥無因果」を否定したものである。どちらも「撥無因果」ではなく、共に「深信因果」である。つまり、道元禅師の立場は一貫しているのであり、変化したのは「百丈野狐の話」に対する解釈であり、百丈に対する評価であって、道元禅師の思想的変化ではない。

道元禅師は、終始一貫して「因果歴然」を説かれていたと思われる。たとえば、道元禅師は如浄に参学中、因果の

道理について質問している。

拝問、因果必可感耶。和尚示曰、不可撥無因果也。所以永嘉曰、豁達空撥因果、漭漭怮怮招殃禍。若言撥無因果者、佛法中断善根人也、豈是仏祖之児孫耶。(『宝慶記』、三七五頁。以下、『宝慶記』からの引用は大久保道舟編『道元禅師全集』下により頁数のみ記す。)

道元禅師の「因果必可感耶」の質問に対し如浄は「不可撥無因果」と答え、因果を撥無する者は仏祖の児孫とは言えないとまで語っている。この如浄の示訓を道元禅師は重く受け取ったであろうことは間違いない。また、『随聞記』巻二(四三〇頁)にも、懐奘の「如何是不昧因果底ノ道理」という質問に対して道元禅師が「不動因果也」と答えていることが知られるなど、帰朝後の初期の道元禅師において「因果歴然」が説かれていたことは明らかである。

そして、道元禅師が晩年に編集されたと考えられる十二巻本『正法眼蔵』に収録されている「深信因果」巻や「三時業」巻でも、

おほよそ因果の道理、歴然としてわたくしなし。造悪のものは堕し、修善のものはのぼる、毫釐もたがはざるなり。(「深信因果」、六八〇頁)

まず因果を撥無し、佛法僧を毀謗し、三世および解脱を撥無する、ともにこれ邪見なり。(十二巻本「三時業」、六八九頁。六十巻本「三時業」〈六九七頁〉も同文)

と、因果の道理は歴然であり(「深信因果」巻)、因果を撥無することを邪見とし(「三時業」巻)、やはり「因果歴然」が説かれているのである。

以上、道元禅師が終始一貫して「因果歴然」を説かれていたことは明らかであり、この点においても道元禅師の思想の変化は認められないのである。

六　著作の再治について

道元禅師は、その著作に「再治」すなわち修訂を行っている。『普勧坐禅儀』は、長蘆宗賾本『坐禅儀』をもとに初稿本『普勧坐禅儀』を、そして初稿本から清書本（天福本）『普勧坐禅儀』へ、そして流布本『普勧坐禅儀』へと修訂が行われている。『正法眼蔵』においても、再治・修訂が行われた痕跡が今に伝えられ残っている。

ところで、『正法眼蔵』の再治は、はたして道元禅師の思想的変化を示すものなのかどうか。再治の様子が今に残る懐奘筆『正法眼蔵』「仏性」原初本を取り上げて検証してみたい。

福井県永平寺に所蔵されている懐奘筆『正法眼蔵』「仏性」（『道元禅師真蹟関係資料集』、大修館書店、一九八〇年、六五九〜六九〇頁）は道元禅師が仁治二年（一二四一）に示衆された「仏性」巻の草案本を、同四年（一二四三）に懐奘が書写し、後に道元禅師が再治された再治本によって正嘉二年（一二五八）に校合し、修訂したものである。ここに道元禅師の『正法眼蔵』再治の様子が窺われる。これについてはすでに杉尾守（玄有）「道元における真如の問題」（『山口大学教育学部研究論叢』第二八巻第一部、人文科学社会科学、一九七八年）に復刻が試みられている（これは不明な点を河村孝道・田島毓堂両氏の教示をうけながら杉尾氏が翻刻したもの）が、筆者も不明な文字はこれに依りながら、再治の様子を探ってみた。なお、書き改め前の文字を取り消し線で消し、書き改め後の文字を【　】に入れて示した。また欠損している最初の頁の部分を【〔　〕】に入れた。

【〔釈迦牟尼佛言一切衆生悉有佛性如来常住無有變易これわれらが大師釋尊の師子吼の轉法輪なりといへども一切

諸佛一切祖師の頂顙眼睛なり参學しきたることすでに二千一百九】十年〈當日本仁治二年辛丑歳〉正嫡わづかに五十代〈至先師天童浄和尚〉西天二十八代代代住持しきたる【り】東方【地】二十三世世世に住持しきたる十家祖師【十方の佛祖】ともに住持せり世尊道の一切衆生悉有佛性は、その宗旨いかなるべきぞ一切衆生は【む】是什麼物恁麼来なりといへどもしばらくこれを【の道轉法輪なりあるひは】衆生といふ【ひ】あるいは有情といふ【ひ】群生といふ【ひ】【群類といふ】悉有の言まさに審細にすべし悉は悉皆の宗旨あり悉は知なる道理もあるべし悉は照なりと説著せる道理もありたとひ悉皆なりともたとひ悉知なりとも悉照なりともいまの衆生を悉有する道理には違せざるべし悉有の言を【は衆生なり群有也】すなはち衆生と学する道理もありいまは佛性を一切衆生に悉有ならしんるなり【悉有は佛性なり悉有の一分を衆生といふ】正當恁麼時は衆生の内外これ【すなはち】佛性の悉有なりあらたに単伝する皮肉骨髄あるべからず【のみにあらず】汝得吾髄なるがゆへに汝得吾骨なるがゆへに汝得吾肉なるがゆへに汝得吾皮なるがゆへに【皮肉骨髄なるがゆへに】しるべしいま佛性に悉有せらるる有は有無の有にあらず有無の有に相似せる論におよばずもし有無の有に相似せしめんとするは隨語の情解に隨在せるなりいまだ解脱の学にあらず悉有よく【は】佛語を参学すべしさらに外道および論師の少見をならふべからず【なり佛舌なり佛祖眼睛なり衲僧鼻孔なり】悉有の言さらに始有にあらず本有にあらす妙有等にあらずいはんや縁有妄有にかかはれんや悉有はるかにかくのごとくの境界にあらざるなり【ならんや】心境性相等にかかはれずしかあればすなはち衆生悉有の依正しかしながら業増上力にあらず妄縁起にあらず法爾にあらず【神通修證にあらず】もし衆生の悉有それ業増上および縁起法爾等はらば【ならんには】諸聖の證道および諸佛の菩提も【佛祖の眼睛も】業増【上】力および縁起法爾なるべししかあらざるなりいたづらに小見孤疑のやから佛見法見をもてしばらく佛邊究竟所とするがゆへにかくのごとく邪解あるなりすでに業増上力にあらずいはゆるいかなる業いかなる業を増上せしむべきに世【盡】界はすべて客塵なし直下さらに第二人あらず直截根源人未識忙忙業識幾時休なるがゆへに妄縁起の有にあらず偏界不曾蔵のゆへに偏界不曾蔵といふはかならずしも満界是有といふにあらざるなり偏界我有は外道の邪見なり本有の有にあらず亙古亙今のゆへに始起の有にあらず不受一塵のゆへに【條條の有にあらず】合取のゆへに無始有の有にあらず是什麼物恁麼来のゆへに始起有の有にあらず平常心是道のゆへにまさにしるべし悉有中に衆生快便難逢なり悉有を會取することかくのごとくなれば悉有それ透體脱落なり佛性の言をききて學者おほく先尼外道の我のごとく邪計せるがごとし【り】それ人をみず師にあはざるによりてなり【にあはず自己にあはず師をみざるゆへなり】いたづらに風火の動著する心意識は【を】佛性の覺知覺了とおもへるいくばくの邪見ぞ【り】たれかいふし佛性に覺知覺了ありと覺者知者はたとひ諸佛なりとも佛性は覺知覺了にあらざるなりいはんや諸佛を覺者知者といふ覺知はなんだちが云云の邪解を覺知とせず風火の動静を覺知と相承することはなきなりただこれ即即の諸法を覺知とは單傳直指せるなり【するにあらずただ一兩の佛面祖面これ覺知なり】往往に古老先徳あるひは西天に往還しあるひは人天を化道する【漢】唐家より宋朝にいたるまで稲饉竹葦のことくなるおほく風火の動著を佛性の知覺とおもへるあはれむべし學道轉疎なるによりてこの【いまの】失誤をまねくなり【あり】いま佛道の晩學初心しかあるべからず、たとひ覺知を學習すとも覺知は動著にあらざるなりたとひ動著を學習すとも動著は恁麼にあらざるなりもし眞箇の動著を會取することあらば眞箇の覺知覺了を會取すべきなり佛之與性達彼達此なるべし【なり】佛性かならず有なり悉有は佛性なるがゆへに悉有は百雜碎にあらず悉有は一條鐵にあらず【拈拳頭なるかゆへに大小にあらず】すでに佛性といふ諸聖と斉肩なるべからず【佛性と斉肩すべからず】すでに恁麼ならば餘類に説似すべからざるなり諸聖並及餘類の境界にあらざらんはこれ箇々現成人々具足なるべしある一類おもはく佛性は草木の種子のごとし法雨のうるひしきりにうるほすとき芽茎生長し枝葉華果もすことあり果實さらに種子をはらめりかくのごとく見解する凡夫の情量なりたとひかくのごとく見解すとも種子および華果ともに條々の赤心なりと参究すべし果裏に種子あり種子みえざれども根茎等を生ずあつめされどもそこばくの枝條大圍となれる内外の論にあらず古今の時に不空なりしかあればたとひ凡夫の見解に一任すとも根茎枝葉みな同生し同死し【同】悉有なる佛【性】なるべし

佛言欲知佛性義當觀時節因縁時節若至佛性現前いま佛性義をしらんとおもはばといふはただ知のみにあらず行ぜんとおもはば證せんとおもはばとかむとおもはばともわすれんとおもはばともいふなりかの説行證忘錯不錯等もしかしながら時節の因縁なり時節の因縁を觀ずるには時節の因縁をもて觀ずるなり【拂子拄杖等をもて相觀するなり】さらに【有漏智無漏智】本覺始覺無覺正覺等の智をもちゐるには觀ぜられざるなり當觀といふは能觀所觀にかかはるべきにあらず【かかはれず】正觀邪觀等に準ずべきにあらずこれ當觀なり當觀なるがゆへに不自觀なり不佗觀なり時節因縁聻なり【超越因縁なり】佛性聻なり【脱體佛性なり】佛々聻なり性々聻なり時節若至の道をききて古今のやから往往におもはく佛性の現前する時節の向後にあらんずるをまつなりとおもへりかくのごとく修行しゆくところに自然に佛性現前の時節にあふ時節いたらざれば参師問法するにも辦道功夫するにも現前せずといふ恁麼見取していたづらに紅塵にかへりむなしく雲漢をまほるかくのごとくのたぐひおそらくは天然外道の流類なりいはゆる欲知佛性義はたとへば當知佛性義といふなり當觀時節因縁といふは當知時節因縁といふなりいはゆる佛性をしらんとおもはばしるべし時節因縁これなりこの時節いかなりとあきらめがたしといへども佛時節因縁わずかに説著するにこれこの道得ありしりぬこれ佛性なりといふことを時節若至といふはすでに時節いたれりなにの疑著すべきところかあらんとなり【疑著時節さもあらばあれ還我佛性来なり】しるべし時節若至にてあればは【は】十二時中不空過なる佛性なり【なり】若至は既至といはんがごとし【時節若至すれば佛性不至なり】しかあればすなはち時節すでにいたればこれ佛性の現前なり【あるひは其理自彰なり】おほよそ時節の若至せざる時節いまだあらず佛性の現前せざる佛性あらざるなり佛性因縁中不依倚一物なり

第十二祖馬鳴尊者十三祖のために佛性海をとくにいはく山河大地皆依建立三昧六通由茲發現しかあればこの山河

大地みな佛性海なりすでに建立の正當なり【皆依建立といふは建立せる正當恁麼時これ山河大地なりすでに皆依建立といふしるべし佛性海のかたちはかくのごとし】さらに内外中間にかかはるべきにあらず恁麼ならば山河をみるは佛性をみるなり【山をみるは佛性をみるなり河をみるは佛性をみるなり】佛性をみるは驢腮馬觜をみるなり皆依は全依なり依全なりと會取し不會取する皆依なり佛性はかならず山河大地に皆依なりと参究すべきなり【なり】三昧六通由茲發現しるべし諸三昧の發現来現おなじく皆依佛性なり全六通の由茲不由茲ともに皆依佛性なり六神通はただ阿笈摩教にいふ六神通にあらず六といふは前三三後三三なるべし【を六神通波羅蜜といふ】しかあれば六神通は明明百草頭明明佛祖意なりと参究することなかれ六神通すでに發現する参究なり六神通に滞累せしむといへども佛性海の朝宗に罣礙するものなり

五祖大滿禅師蘄州黄梅人也無父而生童兒得道乃栽松道者也初在蘄州西山栽松遇四祖出遊告道者吾欲伝法與汝汝已年邁若汝再来吾尚遅汝師諾遂往周氏家女托生因抛濁港中神物護持七日不損因収養矣至七歳為童子於黄梅路上逢四祖大醫禅師祖見師雖是小兒骨相奇秀異乎常童祖見問曰汝何姓師答曰姓即有不是常姓祖曰是何姓師答曰是佛性祖曰汝無佛性師答曰佛性空故所以言無祖識其法器俾為侍者後付正法眼蔵居黄梅東山大振玄風しかあればすなはち祖師の道取を参究するに四祖いはく汝何姓はその宗旨ありむかしは何國人の人あり何姓の姓ありなんぢは何姓と為説するなりたとへば吾亦如是汝亦如是と道取するがごとし五祖いはく姓即有不是常姓いはゆるは有即姓は常姓にあらず常姓は即有に不是なり四祖いはく是何姓は何は是なり是を何しきたれりこれ姓なり何ならしむるは是のゆへなり是ならしむるは何の能なり姓は是也何也なりこれを蒿湯にも點ず茶湯にも點ず家常の茶飯ともするなり五祖いはく是佛性いはくの宗旨は是は佛性なりとなり何のゆへに佛なるなり是は何姓のみに究取しきたらんや是すでに不是のとき佛姓なりしかあればすなはち是は何なり佛なりといへども脱落しきたり透脱しきたるにかならず姓なりその姓すなはち周なりしかあれども父にうけず【祖にうけず母氏に相似ならず傍觀に斉肩ならんや】四祖い

はくすなはち汝無佛性いはゆる道取は汝はたれにあらずといへども汝に一任すれども無佛性なりと開演するなりしるべし學すべしいまはいかなる時節にして無佛性なるぞ佛頭にして無佛性なるか佛向上にして無佛性なるか七通を逼塞することなかれ八達を摸索することなかれ無佛性は一時の三昧なりと修習することもあり佛性成佛のとき無佛性なるか佛性發心のとき無佛性なるかと問取すべし道取すべし露柱にも【をしても】問取せしむべし露柱にも問取すべし【佛性をしても問取せしむべし】しかあればすなはち無佛性の道はるかに四祖の祖室よりきこゆるものなり黄梅に見聞し趙州に流通し大潙に擧揚す無佛性の道かならず精進すべし趑趄することなかれ無佛性たとりぬべしといへども何なる標準あり汝なる時節あり是なる投機あり周なる同生あり直趣なり五祖いはく佛性空故所以言無あきらかに道取す空は無にあらず佛性空を道取するに半斤といはず八兩といはず無と言取するなり空なるゆへに空といはず無なるゆへに無といはず佛性空なるゆへに無といふときこゆしかあれば無の片片は空を道取する標榜なり空は無を道取する力量なりいはゆるの空は色即是空の空にあらず色即是空といふは色を強為して空とするにあらず空をわかちて色を作家せるにあらず空是空の空なるべし空是空の空といふは空裏一片石なり是即是ならば何も姓なるべしといへども何姓是なるときは説似一物即不中なりさらに不逢一人なるべししかあればすなはち佛性無と佛性空と佛性有と四祖五祖問取道取

震旦第六祖曹谿山大鑑禅師そのかみ黄梅山に参せしはじめ五祖とふなんぢいづれのところよりかきたれる六祖いはく嶺南人なり五祖いはくきたりてなにごとをかもとむる六祖いはく作佛をもとむ五祖いはく嶺南人無佛性いかにしてか作佛せんこの嶺南人無佛性といふ嶺南人は佛【性】なしといふにあらず嶺南人は佛性ありといふにあらず嶺南人無佛性としめすなり【なり】いかにしてか作佛せんといふはいかなる作佛をか期するといふなりおほよそ佛性の道理あきらむる先達すくなし諸阿笈摩教および経論師のしるべきにあらず佛祖の兒孫のみ単伝するなり佛性の道理は佛性【は】成佛よりさきに具足せるにあらず成佛よりのちに具足するなり【佛性かならず成佛と同

参するなり】この道理よくよく参究功夫すべし三二十年も功夫参學すべきなり【し】十聖三賢のあきらむるところにあらず衆生有佛性衆生無佛性と道取するところにこの道理なり成佛已来に具足する法なりと参學する本正的として學すべきなり【なり】かくのごとく學せざるは佛法にあらざるべし【かくのごとく學せずば佛法あへて今日にいたるべからず】もしこの道理あきらめざるには成佛をあきらめず見聞せざるなり

＊以下修訂ほとんどなし

＊一頁六行書き六十三紙よりなるが、主な修訂は十九紙までで後は一文字程度の誤字脱字の修訂が数カ所あるのみ。

佛性

正法眼蔵佛性第三

仁治二年辛丑十月十四日記于觀音導利興聖寶林寺

　同四年癸卯正月十九日書写之　懐奘

爾時仁治二年辛丑十月十四日在雍州觀音導利興聖寶林寺示衆

　再治御本之奥書也

正嘉二年戊午四月廿五日以再治御本交合了

さて、道元禅師は、『正法眼蔵』を再治・修訂し、あるいは書き改めて完成させていったことが知られるが、そこには思想的変化というものがあったのかどうか。右の懐奘筆『正法眼蔵』「仏性」から知られる再治・修訂を見るかぎり、道元禅師の思想（仏法に対する見解）の修正というような書き改めは感じられない。ここに見られるのは文章の修辞（表現の最適化）や明確化、文章構成に関わるものであって、思想的変化（仏法に対する見解の変化）は見られないと結論づけたい。私が『正法眼蔵』のすべてを道元禅師の思想的研究の資料として認めるのは、『正法眼蔵』の再治が、思想的変化による再治ではなく、それと関わらない再治であったと考えるからである。

七　坐禅観を視点として

道元禅師において、初期と晩年とで坐禅観に変化があったとする説がある。石井修道氏は、道元禅師が晩年に強調された「邪見なき坐禅」とそれ以前の「無所得無所悟の坐禅」との、両者の坐禅観を区別し、そこに大きな変化を認めるが、私はそのような明確な区別、変化はなかったと考える。すなわち、石井氏が言う初期の道元禅師の「無所得無所悟の坐禅」も、得道や証悟や、その功徳を否定するものではなく、また因果歴然の道理を無視するものではない。その最初から「邪見なき坐禅」であったと思われる。晩年の「邪見なき坐禅」「因果歴然の坐禅」といっても「待悟」でも「有所得」でもなく、道元禅師晩年の坐禅観においても「無所悟」であることは貫かれていると考えられる。道元禅師が晩年に強調された「邪見なき坐禅」は、それ以前の「無所得無所悟の坐禅」とけっして食い違ったものではなく、道元禅師の坐禅観はその生涯において変わることはなかったと私は考える。なお、道元禅師が生涯を貫いて只管打坐されたことは、拙稿「道元禅師と坐禅（一）」（『宗学研究』第三四号、一九九二年）において、また道元禅師の坐禅観に強調すべき変化がなかったことは、拙稿「道元禅師と坐禅（二）」（『曹洞宗宗学研究所紀要』第五号、一九九二年）において述べたが、これらについては第四章「坐禅をめぐって」で詳説したい。

八　その他の議論

鏡島元隆氏は『道元禅師とその宗風』（春秋社、一九九四年）において、

『永平広録』を通観して言えることは、興聖寺時代の禅師と、入滅後の禅師には思想的変化がみられることである。それは、とくに嘉禎年間（一二三五～一二三八）懐奘によって記録された『正法眼蔵随聞記』との対比において著しい。この変化について述べれば、つぎのようである。（二七四頁）

として次の四点において思想が変化したとする。

（一）鎌倉行化
（二）父母・縁族への報恩供養
（三）文筆に対する姿勢
（四）在家得道容認と否定

しかし、これらに思想の変化が見られるだろうか。

第一の「鎌倉行化」については、先に述べた通りであり、道元禅師の思想的変化と見るのは妥当ではない。

第二の「父母・縁族への報恩供養」について言えば、道元禅師は『随聞記』巻三において、

夜話の次に奘公問て云、父母の報恩等の事、可作耶。
示云、孝順は尤も所用也、但し其孝順に在在家出家之別。在家は孝経等の説を守りて生につかふ、死につかふる事、世人皆知り。出家は棄恩入無為。無為の家の作法は、恩を一人に不限、一切衆生斉く父母の恩の如く深しと

> 思て、所作善根を法界めぐらす。別して今生一世の父母に不限。是則不背無為道也。日日の行道、時時の参学、只仏道に随順しもてゆかば、其を真実の孝道とする也。忌日の追善、中陰の作善なんど、皆在家所有也。衲子は、父母の恩の深きことをば、如実可知。余の一切、又同く重して可知。別して一日をしめて殊に善を修し、別して一人をわきて回向するは、非仏意歟。戒経の父母兄弟死亡の日の文は、暫く令蒙於在家歟。大宋叢林の衆僧、師匠の忌日には其儀式あれども、父母の忌日は是を修したりとも見ざる也。（四五四頁）

と、出家の孝順と在家の孝順との相違を説き、出家は、今生一世の父母に限らず、また特定の一日に限って報恩を行ずるのではないと説かれ「日日の行道、時時の参学、只仏道に随順しもてゆかば、其を真実の孝道とする也」と説かれている。これに対して『永平広録』では、育父と先妣に対してそれぞれ二回づつ上堂していることを取り上げて、鏡島氏は、報恩供養に対する思想の変化としている。しかし、その一つである育父に対する報恩上堂を見れば、

> 源亜相忌上堂。云。報父母恩、乃世尊之勝躅也。知恩報恩底句、作麼生道。棄恩 早入無為郷。霜露盍消慧日光。九族生天猶可慶、二親報地豈荒唐。挙。薬山坐次、有僧問、兀兀地思量什麼。山云、思量箇不思量底。僧云、不思量底如何思量。山云、非思量。今日殊以這箇功徳荘厳報地。良久云、思量兀兀李将張。欲畢談玄又道黄。誰識蒲団・禅板上。鑊湯炉炭自清涼。（『永平広録』巻七、五二四上堂、一三九頁）

とあり、出家することこそが二親に対する最高の供養であるとし、坐禅の拈提である薬山の「非思量」の話を挙げている。特に定められた日に報恩の上堂をされたといっても、その内容は出家を重んじるものであり、一般的な報恩供養とは異なっており、『随聞記』の記述と何ら相違するものではない。これを思想の変化と見るべきなのであろうか。

第三の「文筆に対する姿勢」について言えば、『随聞記』巻三では、「只言語計を翫んで、理を不可得」（四四八頁）と、言葉をもてあそぶことを戒められたのであって、頌を作ることそのことを否定されたのではない。『永平広録』に偈頌があるからといって、このことが思想の変化にあたるとは思われない。

第四の「在家得道容認と否定」についてであるが、確かに、道元禅師は在家得道容認から出家主義に変化したとの見方もありうる。しかし、『随聞記』巻四でも、

或時、比丘尼云、世間の女房なんどだにも仏法とて学すれば、比丘尼の身には、少少の不可ありとも、何で可不叶と覚ゆ、如何、と云し時、示云、此義不可然、在家の女人、其身ながら仏法を学でうることはありとも、出家人の出家の心なからんは、不可得。仏法の人をえらぶには非ず、人の仏法に不入也。出家・在家の儀、其心可殊。在家人の出家の心有は出離すべし、出家人の在家の心有は二重の僻事也。用心可殊事也。……世をすてば、実に世を可捨也。假名は何にてもありなんとおぼゆる也。(四五九頁)

と出家と在家の別を言い、出家を勧めていると見られる部分もある。必ずしも初期は在家主義、晩年は出家主義というように、明確に分けることはできないのである。

(1) 柳田聖山氏は『中外日報』において二十回(一九八〇年十一月十八日～一九八一年一月十五日付)にわたり、「タブーへの挑戦　再掘日本宗教史その謎に迫る　道元」と題して寄稿している。その中で、道元禅師の鎌倉行化についても触れ、鎌倉行化そのものがなかったとする新たな説を主張している。これについては伊藤秀憲氏が、柳田氏が道元禅師の鎌倉行化はなかったとする論拠について、その資料を再検討し、それを直接立証するものは何一つないとし、反論している(伊藤秀憲『道元禅研究』、本論第二章第二節「遺偈と鎌倉行化」、大蔵出版、一九九八年、一一八～一四六頁)。また中世古祥道氏も「道元禅師の遺偈と鎌倉下向の捏造説について」(『宗学研究』第三四号、一九九二年)で反論している。

(2) 私は、この言葉を、「お笑いごとであるが、私はただ因果(歴然であること)を説いてきたよ。修行を誤ったのか、あわれなことに水牛となったよ」と解釈し、「かの先百丈は、あやまって「不落因果」と説いて野狐に堕したというが、私は、あやまって「不昧因果」と説いて水牛となった」という意と解釈した。つまり、この「水牛となる」というのは、潙山の水牯牛を踏まえたもので、衆生済度を示したものと思われる。衆生を済度するには、不昧因果すなわち因果歴然を説かなければならないわけであるが、道元禅師にとっては「大修行」巻で示したように、「不落」と説くも「不昧」と説

くも共に誤りであり、共にお笑いごとであったわけで、私はこの言葉には「なぜ今更あえて、因果歴然の道理を説かなければならないのか、あわれなことだ」という道元禅師の嘆きが込められていると思うのである。『鎌倉名越白衣舎示誡』の大臣蔵徳の言葉に、出家の法と王法とを分け、「出家の法は、乃至蚊蟻も殺さばまた罪あり」（原漢文）とある。道元禅師が、時の権力者であり「承久の変」等の争いの中で多くの人命を殺傷した北条時頼に対し、因果応報を面とむかって説きえなかったかもしれないにせよ、出家の法においては因果歴然であることは、道元禅師の帰山上堂に言われる通り、明白に説かれたのではないかと思う。また、このことが、出家と王法、そして出家と在家の隔絶感をより大きなものにしていったとも考えられる。

（3）『正法眼蔵の成立史的研究』（春秋社、一九八七年）五三〇頁。

（4）『正法眼蔵の成立史的研究』（春秋社、一九八七年）五二六頁。「真に禅師を追慕し仰慕する者に最後の教誡である『八大人覚』のみの書写を許し、他の巻々は未再治の故に他示されなかったためかも知れない」とする。なお、『高台寺旧記』の冒頭に、「永平開山建長四年壬子ノ比ヨリ微疾マシマス最後ノ教誨ハ八大人覚ナリコレ世尊最後ノ教勅開山最後の教勅ナリ於末代コノ遺教ヲマモラハ宗風永ク扇ヘ門風流通シテ退転スヘカラストナリ……」（石島尚雄「詮慧に関する資料について」『曹洞宗宗学研究所紀要』創刊号、一九八八年、八九頁参照）とあるが、この、永正二年（一五〇五）九月の日付のある『高台寺旧記』は、「八大人覚」巻を指して「世尊最後ノ教勅開山最後の教勅」と言い、この遺教（八大人覚）をまもるべきことを示している。

（5）「永平寺懐奘書写本「仏性」と六十巻正法眼蔵との関係」（『宗学研究』第二七号、一九八五年）。

第三章　十二巻本『正法眼蔵』をめぐって

昭和のはじめ、永光寺の住持となった孤峰智璨師が、縁あってこの十二巻の『正法眼蔵』を永光寺の宝蔵より発見し、その後、昭和十一年（一九三六）、孤峰師よりその精細な研究を託された永久俊雄（岳水）氏がこれを公に紹介した。この十二巻本『正法眼蔵』（以下、十二巻本と略す）は他の『正法眼蔵』の諸本と違い、一つの思想大系をもってまとめられており、その内容も他の『正法眼蔵』とは一見異なっていた。書誌学的には、学会を大いに瞠目させたが、内容的には、他の『正法眼蔵』とは違う編集意図をもってまとめられたものと考えられながらも、ことさら掘り下げて問題にされることはなかった。

ところが、第一章で述べたように、一九八五年十一月二十六日の曹洞宗宗学研究所主催の宗学大会（於駒澤大学）において、袴谷憲昭氏によって道元禅師の本覚思想批判が主張されたのを発端に、道元禅師の思想をめぐっての論争が巻き起こり、翌々年の同大会（十一月二十五日）において、同氏が十二巻本こそ道元禅師が最晩年に認めた唯一最高の真実の考えを述べた親撰であると主張されるに及び、十二巻本が、にわかに脚光を浴びることになったのである。

その後、十二巻本の存在が、道元禅師の思想を論ずる上で非常に重要であることが、多くの学者から指摘され、種々の論議が巻き起こった。以下に、十二巻本はどのように位置づけられるのか、その撰述・編集の意図は何なのか、七十五巻本『正法眼蔵』（以下、七十五巻本と略す）や六十巻本『正法眼蔵』（以下、六十巻本と略す）との関係はどうなのか、他の『正法眼蔵』の巻々と十二巻本との間に思想的な変化は見られるのかどうか、等々の種々の論議の様子をまとめておく。

一　十二巻本の発見

永平寺蔵二十八巻本『秘密正法眼蔵』所収の「八大人覚」巻の奥書に、

本云建長五年正月六日書于永平寺如今建長七年乙卯解制之前日令義演書記書写畢同一校之
右本先師最後御病中之御草也仰以前所撰仮名正法眼蔵等皆書改并新草具都盧壹伯巻可撰之云々
既始草之御此巻當第十二也此之後御病漸々重增仍御草案等事即止也所以此御草等先師最後ノ教勅也我等不幸不拝見一百巻之御草尤所恨也若奉恋慕先師之人必書此十二巻而可護持之此釈尊最後之教勅且先師最後之遺教也

懐奘　記之

とある。この懐奘の奥書によって「前所撰仮名正法眼蔵」（いわゆる旧草）と、これとは別に、この「八大人覚」巻を第十二とする「新草」の『正法眼蔵』が存在することが古くから知られていた。しかし、十二巻のまとまった『正法眼蔵』の存在は確認されておらず永い間その発見が待ち望まれていた。

ところが、先に述べたように一九二七年に永光寺の住持となった孤峰智璨師により、一九三〇年の夏、この十二巻の『正法眼蔵』が永光寺の宝蔵より発見されたのである。この辺の消息については、孤峰烏石「正法眼蔵十二巻本について」（『跳龍』六―一〇、一九五五年）に詳しい。その後、一九三六年、孤峰師よりその精細な研究を託された永久俊雄（岳水）氏により公に紹介され（永久岳水「永光寺十二巻正法眼蔵に就いて」、『道元』三―一一、一九三六年）、学会を瞠目させたのである。永年この十二巻の『正法眼蔵』を捜し求めていた永久氏は、その発見の喜びを次のように述べている。

この奥書（「八大人覚」巻の奥書）を見るに、前に撰する所の假字の正法眼蔵、言はば古草の正法眼蔵と、八大人覚の巻を第十二に数へる新草の正法眼蔵が存することを語って居る。自分はこの八大人覚を第十二と数える十二巻の正法眼蔵について何れほど熱心に求めたことであろう。この十二巻の正法眼蔵が判明さへすれば、永平寺本編輯の際に困った、巻々の編次の指針も得らるるであろうと思って諸方の寺院の宝庫を探りいろいろ探求したのであるが因縁純熟せず、ついに眼蔵研究着手後二十年間も経過したような次第であった。然るに仏天は人を殺さず、求めよ然らば与へられんと言ふ言の葉もただの文字言句で無く、久しく疑問のままにすぎて来た十二巻の眼蔵が出現したのである。（一三〜一四頁）

以後、この発見・紹介により、『正法眼蔵』の書誌的・成立的研究が大いに進展したことは言うまでもない。

十二巻本の列次と巻目を記せば、第一「出家功徳」、第二「受戒」、第三「袈裟功徳」、第四「発菩提心」、第五「供養諸仏」、第六「帰依仏法僧宝」、第七「深信因果」、第八「三時業」、第九「四馬」、第十「四禅比丘」、第十一「一百八法明門」、第十二「八大人覚」である。その内、特に第十一「一百八法明門」は、他の十二巻本『正法眼蔵』の巻がすべて永平寺九十五巻本『正法眼蔵』中に収められていた巻であったのに対し、それまで宗門に知られていたいずれの『正法眼蔵』の中にもまったく収蔵されていない巻であり、『正法眼蔵』の研究がさかんに行なわれるようになった江戸期においても名称すら知られていない巻であった。道元禅師示寂後七百年を経て出現したのであり、実に「一百八法明門」巻は昭和時代における宗門の一大発見であったのである。

その後、『正法眼蔵』の形態は、従来の、撰述年代順に編纂された本山版を尊重しながらも、新たに、七十五巻本と十二巻本の新旧両草八十七巻に、他の巻を別輯として編集する形態がとられるようになり、以後『正法眼蔵』研究においてそれが主流となり今日に至っている。そして近年、思想的・内容的な面から、再びにわかに十二巻本が注目され、さまざまな論議を巻き起こしたのである。

二　本覚思想をめぐる論争を発端として

道元禅師の思想、特に本覚思想あるいはその批判をめぐる論争については第一章「本覚思想をめぐって」で述べたが、この論争が十二巻本をめぐる問題へと展開していったのである。とにかく発端は、本覚思想をめぐる思想的変化が問われたのであるが、問題は道元禅師における思想の変化の有無そのことに及び、十二巻本の選述意図、さらに七十五巻本から十二巻本への思想の変化についての議論へと展開するのである。

先に述べたように（第一章「本覚思想をめぐって」）、袴谷憲昭氏が「道元理解の決定的視点」なる論題にて研究発表（一九八五年十一月二十六日の宗学大会〈於駒澤大学〉）を行い、「道元禅師独自の思想的立場を理解する上で、禅師の本覚思想批判こそが決定的視点となりうる」（四三頁）ことを主張し、その後論争が展開してゆくが、時あたかも、この同じ宗学大会において伊藤秀憲氏は、「十二巻本『正法眼蔵』について」（『宗学研究』第二八号〈一九八六年〉に掲載）と題して発表した。これは『正法眼蔵』の研究に新たな問題提起をした杉尾玄有「道元禅師の自己透脱の御生涯と『正法眼蔵』の進化—十二巻本によって「一百巻」を思う—」（『宗学研究』第二七号、一九八五年）に対する反論であった。

道元禅師の思想的遍歴をさらに推し進めて論じたのが、袴谷氏の「十二巻本『正法眼蔵』撰述説再考」（『宗学研究』第三〇号、一九八八年）である。袴谷氏は道元禅師の本覚思想批判という視点から十二巻本『正法眼蔵』撰述に道元禅師の思想上の決定的変貌を認め、十二巻本『正法眼蔵』こそ道元禅師が最晩年に認めた唯一最高の真実の考えを述べた親撰であると主張したのである。実際は、この論文が十二巻本『正法眼蔵』をめぐる論争の引き金となり、その後種々の論議がなされたのである。袴谷氏が言うように十二巻本こそ道元禅師が最晩年に認めた唯一最高の真実の考えを述べたものであるのかどうか……。そこに十二巻本研究に対する重要な意義が見出された。

三　思想的変化をめぐって

十二巻本が何故問題であるのか、その焦点は道元禅師の思想的変化の有無の問題にあろう。これについては第二章で述べたように、発端は、本覚思想をめぐる思想的変化が問われたのであるが、問題は道元禅師における思想の変化の有無、そのことに及び、道元禅師の思想的遍歴を認める袴谷氏の主張をめぐって、その後いくつかの反論がなされたのである。

伊藤秀憲「再び十二巻本『正法眼蔵』について」（『印度学仏教学研究』第三六巻第一号、一九八七年）は、『正法眼蔵』の諸本の書誌的研究の立場、すなわち、七十五巻本『正法眼蔵』と十二巻本『正法眼蔵』に原初的には、内容の異なる同一巻名の撰述（「発菩提心」巻）が存在することから、両者が異なった意図のもとに撰述されたものであろうことを論じ、両者に思想的遍歴があるものではないとしたものである。また、道元禅師が『正法眼蔵』を親集されたかあるいは編集に大いに関わっていたことの推考から、自らの撰述を書き改めるべき思想的遍歴はなかったはずであるとし、さらに、「山河大地」の語の使用頻度による論証、また「四禅比丘」巻の一節の解釈についても異論を呈したのである。この、「山河大地」の語の使用頻度（統計）の問題と、「四禅比丘」巻の一節の解釈の問題については、後に袴谷氏より、「七十五巻本「発無上心」と十二巻本「発菩提心」」（『宗学研究』第三一号、一九八九年、二六、二九〜三〇頁）において再批判がある。

拙稿「道元禅師の修証観に関する問題について（三）」（『宗学研究』第三〇号、一九八八年）は「七十五巻本『正法眼蔵』から十二巻本『正法眼蔵』へは必ずしも思想的変化があったのではなく、ある対象を意識してなんらかの意図を持って説き示されたものである」（二五〇頁）としたものであり、同「袴谷説における「道元禅師の思想的遍歴」批判」（『曹洞宗研究員研究紀要』第二〇号、一九八八年）は、袴谷氏の言う思想的遍歴の意味に疑問を呈し、さらに袴谷氏がその一つの傍証としている二十八巻本『秘密正法眼蔵』の「八大人覚」巻の奥書の解釈をめぐって、必ずしもその論証とはならないことを述べたものである。

これらに対して、思想の変化を認める立場から論考したものに、務台孝尚「道元禅師における思想の変化」（『曹洞宗宗学研究所紀要』第三号、一九九〇年）がある。また、これまでの道元禅師に思想の変化を認める主な論文として、古田紹欽「寛元元年を境とする道元の思想」（『日本仏教思想史の諸問題』、春秋社、一九六四年）、杉尾玄有「月と仏と虚空—道元禅師『正法眼蔵』の初中後—」（『宗学研究』第三〇号、一九八八年）、同「寛元元年以降の道元禅師の転進—正法眼蔵と法華経・序説—」（『宗学研究』第三二号、一九九〇年）、玉城康四郎「『眼蔵』における一つの変移」（『宗学研究』第三二号、一九九〇年）等がある。

また、道元禅師の思想的変化を探る注目すべき論文に、松岡由香子「新生の道元—十二巻本『正法眼蔵』をめぐって—」（『禅文化研究所紀要』第一九号、一九九三年）がある。これは従前の思想変化の主張をさらに強調したもので、特に坐禅観に関する変貌を論じている点が注目される。これについては、袴谷氏が、道元禅師においては、坐禅の行よりも批判の言葉の方がより重要であることを論じ（「「弁道話」の読み方」、『宗学研究』第二九号、一九八七年）、松本史朗氏は、初期の道元禅師には坐禅を非常に強調する傾向、すなわち「学」よりも「禅」（行）を重視する傾向があるが、十二巻本においては、それが逆転するという見解（「道元における学と禅」、『十二巻本『正法眼蔵』の諸問題』、大蔵出版、一九九一年）を示しているが、松岡氏の主張は、坐禅（行）観に関する変貌を論じたものとして、これらをさらに推し進めた主張であると理解される。なお、これについて反論したものに、拙稿「「道元禅師新生論」批判」（『宗学研究』第三六号、一九九四年）がある。

四　十二巻本『正法眼蔵』の性格・撰述意図、及び七十五巻本との関係をめぐって

上記の他にも、思想の変化という観点から十二巻本を論じたものは多い。柴田道賢「正法眼蔵の編集について―特に道元禅師の親集を中心として―」（『宗教学論集』第六輯、一九七三年）は、「禅師はこの鎌倉行化を体験して、従来の第一義諦に立って正法を宣揚するという眼蔵撰述の態度、方針に一大転機がもたらされたのではなかろうか」（一八六頁）とし、清水英夫「「永光寺本十二巻正法眼蔵」覚書」（一九八二年）は、「幾つかの重要な主題に関する道元の見解・叙述には山城在住の期間と越前移錫後の晩年とでは明らかな食い違いがあって、私はそれをそれぞれの時点における一過性の哲学として見るのではなく、一人の宗教者の成熟の段階若しくは様相として理由を質さねばならない」として、十二巻本全体の詳細な研究を行なっている。後者は特に「出家」と「出家功徳」、「伝衣」と「袈裟功徳」、「発無上心」と「発菩提心」、「大修行」と「深信因果」といった、主題を同じくする七十五巻本と十二巻本の巻の比較的考察を、「御抄」「聞解」「弁註」「参註」等の注釈書の解釈を紹介しながら行なっている。他、思想の変化の有無をめぐって、これら諸巻の比較的考察を行なったものに、河村孝道「十二巻『正法眼蔵』について」（『正法眼蔵の成立史的研究』、春秋社、一九八七年、五三〇～五三五頁）、杉尾守（玄有）「道元の哲学（上）」（『山口大学教育学部研究

論叢』第一九巻第一部、一九七〇年、一一二〜一一八頁）、黒丸寛之「道元禅師の公案解釈―百丈野狐の話について―」（『宗学研究』第二三号、一九八一年）、東隆眞「『正法眼蔵』の成立（二）―「発無上心」と「発菩提心」の巻について―」（『宗学研究』第二三号、一九八一年）、水野弥穂子「伝衣から袈裟功徳へ」（『宗学研究』第三一号、一九八九年）、袴谷憲昭「七十五巻本「発無上心」と十二巻本「発菩提心」」（『宗学研究』第三一号、一九八九年、〈前掲『本覚思想批判』に全文を掲載〉）、熊本英人「『正法眼蔵』「発菩提心」と「発無上心」―『正法眼蔵』のことば研究覚え書き（一）―」（『曹洞宗宗学研究所紀要』第三号、一九九〇年）等がある。

さて、七十五巻本と十二巻本との間に思想の変化を基本的に認めない論考の主なものに、鏡島元隆「十二巻本『正法眼蔵』について」（『駒澤大学仏教学部論集』第一九号、一九八八年）、前掲河村孝道「十二巻本『正法眼蔵』について」、同「十二巻本『正法眼蔵』管見」（『宗教学論集』第一三輯、一九八七年）、前掲伊藤秀憲「十二巻本『正法眼蔵』について」、同「再び十二巻本『正法眼蔵』について」、春日佑芳「『正法眼蔵』十二巻本」（同著『道元とヴィトゲンシュタイン』、ペリカン社、一九八九年、二六九〜二九六頁）、拙稿「『正法眼蔵』の性格―七十五巻本と十二巻本―」（『駒澤大学仏教学部研究紀要』第四八号、一九九〇年）等がある。

鏡島氏は、十二巻本『正法眼蔵』を七十五巻本『正法眼蔵』に対し、どのように位置づけ、意義づけるべきか、について述べられ、七十五巻本と十二巻本を等視する（思想的遍歴を認めず、いずれかに優位を置かない）立場から、前者を『正法眼蔵』の「弘法篇」、後者を「救生篇」と見、両者に思想的遍歴があるわけではなく、ただ説相の相違有るのみとされている。また、「八大人覚」巻の奥書を取り上げ、これをめぐる杉尾玄有氏の解釈（前掲「道元の哲学（上）」）並びに袴谷氏の解釈（前掲「十二巻本『正法眼蔵』撰述説再考」）について触れ、両者の主張の認めるべき点と認められない点についてコメントしている。また、河村氏は「両本とも一貫して〝仏祖正法眼蔵無上の大法〟の真訣の開示敷演と、その真訣の現実日常生活への信受奉行の具体的実践のありようを万人に〝普く勧める〟処にあったのであり、どこまでも〝仏祖正法眼蔵〟の敷演とその実修実証という原本的視座の上に〝弘法救生〟の誓願に発する〝道得〟の竪説横説が七十五巻・新草十二巻、及び余他の未輯成草稿本を穿貫する原意であったのである」（二六四頁）としている。また、伊藤氏は「七十五巻本と十二巻本は、重複した巻を含まない同一グループではあるが、それぞれ別のまとまりを持ったものである」とし、また「七十五巻本が第一義の立場より正伝の仏法を説き示した」ものであるのに対し、十二巻本は「人々に出家をすすめ、仏道を求めようとして発心した者、及び出家して間もない者に対して、正しい仏道修行に導き入れようとする意図のもとに説かれたもの」であり、両者は明らかにその体系を異にしているとし、思想的遍歴を主張する袴谷氏に反論している。春日氏は、「道元が十二巻本を書いたとき、彼の基本的な考え方が変わったのだろうか。おそらくそうではない。その内容から考えてみるに、道元はこの十二巻本において、それまで自分が語ってきた仏道修行のあり方を明確にし、誤解を生むことのないようにしたのだと思われる」とし、また、十二巻本は仏祖の常法を説き、菩薩として生きることを説き、無量劫にわたる修行の継続の必要性を説いたものであるとしている。拙稿は七十五巻本と十二巻本を「即心是仏」と「非心非仏」にあてて、十二巻本の成立の事情を推論したものであり、「あたかも馬祖が自ら宣揚した「即心是仏」にたいする邪解が生ずるに及んで「非心非仏」と示し、その修正を意図したように、道元禅師における十二巻本『正法眼蔵』もそれまで示してきた『正法眼蔵』の「法性甚深之理」を説き明かした幾つかの巻々について、その知的理解の弊害や本覚法門的安易な解釈の惹起するに及んで、自ら示してきた『正法眼蔵』の基本とすべき行の立場、仏道修行の基本的なあり方を改めて示したもの、と見ることができる」としている。

また、『正法眼蔵』の編集論とも関係して両者の関係を述べた説に、杉尾玄有「道元禅師の自己透脱の御生涯と『正法眼蔵』の進化―十二巻本によって「一百巻」を思う―」（『宗学研究』第二七号、一九八五年）がある。これは、『御遺言記録』あるいは『正法眼蔵』「八大人覚」巻の懐奘の奥書の考察から、七十五巻本から十二巻本へは「急激かつ重大な進化が成しとげられている」（一一頁）とし、「十二巻本の多くの巻のあとに、七十五巻本がほぼ、さかさまの順序で配列されて、そこに一百巻の骨格が成りたつはずではなかったか」と推定したものである。

さて、この『正法眼蔵』「八大人覚」巻の懐奘の奥書をめぐっては、さまざまな論議がなされている。この奥書は『正法眼蔵』の成立に関連して実に多くの重要な問題を含んでいるからである。これについて取り扱った主なものに、岸沢惟安「正法眼蔵八大人覚につきて」（一九五三年）、大久保道舟編『道元禅師全集』上、解題（七九一頁）、水野弥穂子「『正法眼蔵』の本文作成と渉典について」（日本思想体系12『道元』上、岩波書店、一九七〇年、五八一頁）、鏡島元隆「十二巻本『正法眼蔵』について」（『駒澤大学仏教学部論集』第一九号、一九八八年）、同「『正法眼蔵八大人覚』奥書私見」（『駒澤大学仏教学部論集』第二〇号、一九八九年）、同「『正法眼蔵』の成立的研究について―古田紹欽氏著『正法眼蔵の研究』刊行にちなんで―」（『道元禅師とその周辺』第十章、一九八五年四月〈一九七三年三月、『駒澤大学仏教学部研究紀要』第三一号初稿、一九八三年八月補訂）、高橋賢陳「『正法眼蔵』を貫くもの」（榑林皓堂編『道元禅の思想的研究』、春秋社、一九七三年、二四五～二四六頁）、同「正法眼蔵編成上の問題」（『金沢文庫研究』一八ノ五、一九七二年）、河村孝道『正法眼蔵の成立史的研究』（三八七頁・四四三～四四八頁・四八二～四八七頁）、同「十二巻本『正法眼蔵』管見」（『宗教学論集』第13輯、一九八七年）、伊藤秀憲「『正法眼蔵』の編纂について」（『宗学研究』第三一号、一九八九年）、石井修道「道元参究―現代における道元学の系譜―」（季刊『仏教』一〇、一九九〇年）、同「道元の「見性」批判（3）―最新の道元研究について」（『春秋』第三二二号、一九九〇年）、角田泰隆「袴谷説における「道元禅師の思想的遍歴」批判」（『曹洞宗研究員研究紀要』第二〇号、一九八八年）、石島尚雄「『正法眼蔵』の奥書に関する一考察―特に「八大人覚」をめぐって―」（『印度学仏教学研究』第三八巻第一号、一九八九年）等がある。

さて、十二巻本の性格・撰述意図については、「人々に出家をすすめ、仏道を求めようとして発心した者、及び出家して間もない者に対して、正しい仏道修行に導き入れようとする意図のもとに」「互いに関連し合って説かれたもの」とする説（前掲伊藤秀憲「十二巻本『正法眼蔵』について」）、「出家の門下に対して、出家たるものの道が「救生」にあることを示したもの」とする説（前掲鏡島元隆「十二巻本『正法眼蔵』について」）、七十五巻本同様「〝仏祖正法眼蔵無上の大法〟の真訣の開示敷演と、その真訣の現実日常生活への信受奉行の具体的実践のありようを万人に〝普く勧める〟処にあったのであり、どこまでも〝仏祖正法眼蔵〟の敷演とその実修実証という原本的視座の上に〝弘法救生〟の誓願に発する〝道得〟の竪説横説」であったとする説（前掲河村孝道「十二巻本『正法眼蔵』管見」）、同じく、七十五巻本を第一義門、十二巻本を第二義門とする説（前掲岸沢惟安「正法眼蔵八大人覚につきて」）、「明確に本覚思想批判を打ち出すべく新たに書き下した道元最晩年の決定的著述」とする説（前掲袴谷憲昭「十二巻本『正法眼蔵』撰述説再考」）、「仏道修行者のために、ぜひこれだけは言っておかなければならないこと」を示されたとする説（水野弥穂子「『宝慶記』と十二巻『正法眼蔵』—特に「深信因果」巻について—」、『宗学研究』第二一号、一九七九年）、「七十五巻本に見られるような表現のむずかしさから生じやすい、誤解を防ぐためのもの」という説（前掲春日佑芳「『正法眼蔵』十二巻本」）、同じく、道元僧団内部における門下の邪解を修正するために示されたものという説（前掲角田泰隆「道元禅師の修証観に関する問題について」、同「『正法眼蔵』の性格—七十五巻本と十二巻本—」）、「後代に法を伝えるに当っての、道元禅師の切実な思い」あるいは「後進晩学のために法を説く者の邪見を正すことを目的にしたもの」とする説（前掲石井清純「十二巻本『正法眼蔵』と『永平広録』—百丈野狐の話を中心として—」）、「臨終の迫った自らを意識した道元の生涯の総括」とする説（石川力山「道元の《女身不成仏論》について—十二巻本『正法眼蔵』の性格をめぐる覚書—」、『駒澤大学禅研究所年報』創刊号、一九九〇年）等々、十二巻本の性格、撰述意図等についてはさまざまな説が提起されている。

また、『宝慶記』と十二巻本の関係を論じたものに、前掲水野弥穂子「『宝慶記』と十二巻『正法眼蔵』—特に「深信因果」巻について—」（『宗学研究』第二一号、一九七九年）や、石井修道「最後の道元—十二巻本『正法眼蔵』と

『宝慶記』―」（鏡島元隆・鈴木格禅編『十二巻本『正法眼蔵』の諸問題』、大蔵出版、一九九一年）があり、『永平広録』の上堂語との関連を指摘し、十二巻本の性格について考察したものに、石井清純「道元撰新草十二巻本『正法眼蔵』の性格について―『永平広録』上堂を手掛かりとして―」（『松ヶ岡文庫研究年報』第五号、一九八八年）がある。

ところで、十二巻本は道元禅師が晩年に撰述したと考えられているが、明確にはされていない。これについて石井清純氏は、『永平広録』の上堂との関係から十二巻本の構成過程について考察し、十二巻本のいくつかの巻の撰述年次を探る試みをしていることは注目される。今後、十二巻本のみならず、『正法眼蔵』は、道元禅師の他の著作との関連において研究されるべきであろう。

また、石川力山「鎌倉仏教における『涅槃経』受容の諸相―特に道元の十二巻本『正法眼蔵』を中心として―」（『松ヶ岡文庫研究年報』第七号、一九九三年）は、十二巻本に特徴的に頻出する「続善根」や「断善根」等の語及び臨終に関わる「業」を取り上げた話題に注目し、道元禅師がなぜ最晩年になってこうした話題を『正法眼蔵』の中で展開したのか、それを解明する鍵と考えられる『涅槃経』の引用について考察したもので、道元禅師が仏道修行の不断相続の重要なることを証明するために『涅槃経』を経証として引用したものであることを明かしている。

その他、十二巻本に関わる論考に、柴田道賢「道元禅師の宗教序曲―新草十二巻本眼蔵の一考察―」（『是真』五、一九三二年）、ヴィクトリア良潤「新草十二巻本について」（『宗学研究』第一七号、一九七五年）、倉沢幸友「十二巻「正法眼蔵」について」（『待兼山論叢』第一三号、一九七九年）、同「十二巻本『正法眼蔵』再考」（『日本学』二〇、一九九二年）、川村昭光「アビダルマ仏教と十二巻本眼蔵について」（『宗学研究』第二三号、一九八一年）、木村岱隆「六十巻本「三時業」と十二巻本「三時業」の説示差違について」（『宗学研究』第三二号、一九九〇年）等がある。

五　十二巻本の諸問題

これらの論争を踏まえ、一九九一年十一月、大蔵出版より、鏡島元隆・鈴木格禅編『十二巻本『正法眼蔵』の諸問題』が刊行された。その収載論文は、鏡島元隆「十二巻本『正法眼蔵』の位置づけ」、清水英夫「十二巻本『正法眼蔵』第八、三時業について」、杉尾玄有「風と月と仏―十二巻本『正法眼蔵』はどこへ行くか―」、鈴木格禅「新草・十二巻本『正法眼蔵』考―宗教的視座よりの試論―（序章）」、袴谷憲昭「十二巻本『正法眼蔵』と懺悔の問題」、古田紹欽「『正法眼蔵』の成立に見るその十二巻本とは何か」、松本史朗「深信因果について―道元の思想に関する私見―」、山内舜雄「『正法眼蔵聞書抄』から見た十二巻本『正法眼蔵』」、池田魯参「新草十二巻本『正法眼蔵』の構想と課題」、石井修道「最後の道元―十二巻本『正法眼蔵』と『宝慶記』―」、伊藤秀憲「十二巻本『正法眼蔵』の撰述とその意図について」、河村孝道「十二巻本『正法眼蔵』について―書誌的側面から―」、拙稿「十二巻本『正法眼蔵』の性格」、同「十二巻本『正法眼蔵』の研究動向」である。

鏡島元隆「十二巻本『正法眼蔵』の位置づけ」は、七十五巻本と十二巻本の関係について総括して論じたものであり、同氏の「十二巻本『正法眼蔵』について」（『駒澤大学仏教学部論集』第一九号、一九八八年）及び「『正法眼蔵八大人覚』奥書私見」（『駒澤大学仏教学部論集』第二〇号、一九八九年）がこの問題について書誌的面から論じたのに対して、これは思想的面から論じている。すなわち、伝統説に立って両者のどちらに重きを置くのでもなく、いずれも『正法眼蔵』の主流であり、道元禅師の本意であって、その間に軽重はないと見る等視説を思想的面から立証しようとしたものである。

清水英夫「十二巻本『正法眼蔵』第八、三時業について」は、同氏が一九八一年に出版した『道元に関する小論二篇』に収録された「『眼蔵三時業』について」をもとに再述したもので、六十巻本所収の「三時業」巻と十二巻本所収の「三時業」巻の内容比較から、道元禅師の説示の変化をめぐって考察している。特に長沙景岑の三時業に関する批判における文言の違いが持つ意義を考察し、道元禅師の教説の変化について、これが「道元の教説の破綻、分裂ではなく、形而上学的思弁の顕わす全一の同一の現前が叢林の日常的現実に徹底し浸透するための道程であり、この課題を果たすことは『十二巻本正法眼蔵』の帯びた存在理由であった」と論じている。

杉尾玄有「風と月と仏―十二巻本『正法眼蔵』はどこへ行くか―」は、まず、道元禅師は変わったか、という問題を提起しながら、ほぼ一二四二～一二四三年頃に重大な転機があったとし、在家得道の問題と因果の問題を例に、確かに変わったことを言いながらも、何ら根本的には変わっていないかもしれないとして、その意味を説き明かしてゆく。杉尾氏は、道元禅師が百巻本の『正法眼蔵』の撰述を目指され、その編集はおそらく十二巻本の後に七十五巻本が書き改められて連ねられてゆくというかつての自説によりながら、百巻本は〈風〉に始まり〈月〉に至り〈仏〉に終わるとする。〈風〉とは十二巻本、〈月〉とは七十五巻本の前半の巻々（「現成公案」「仏性」等）、〈仏〉とは七十五巻本の後半の巻々（「見仏」等）である。杉尾氏は、『正法眼蔵』の真髄は〈月〉にあるとし、本当に〈月〉を見ることができてはじめて、我々は道元禅師に「あう」ことができるであろうとしている。

鈴木格禅「新草・十二巻本『正法眼蔵』考―宗教的視座よりの試論―（序章）」は、七十五巻本と十二巻本の関係について、道元禅師の宗教経験とその意識に照明をあてながら、基礎的な考察を試みたものである。鈴木氏は、道元禅師の仏法の根基となり枢要となった「只管打坐」について掘り下げ、道元禅師が如浄禅師のもとで身心脱落し、これによって学得したものは、「自己の最も内面深きところに、人知れず築かれてあったところの、堅固なる自我的自己の砦を、そのままに超克する得脱の道であったのではないか」とし、それを「只管打坐」の行実によって証明したのであるとする。そして、七十五巻本は、「その開悟のまさしきみち」（弁道話）として正伝された「自受用三昧に端坐依行するを」（弁道話）真訣とする道元の仏法の、理論と実際を開演したものであり、十二巻本は、自己存在の根源における絶対的矛盾（「主我的自己」の正体は「無我」であるにもかかわらず、「生きる」という営みを持つ時、必ず主体的となるという矛盾）を、矛盾のままに超克する唯一の具体的方途の実際を、一群の体系として説示したものであるとしている。

袴谷憲昭「十二巻本『正法眼蔵』と懺悔の問題」は、「十二巻本の思想的特徴を指摘するためには、それと逆行する懺悔の問題を徹底的に追求することによって、十二巻本と懺悔との双方の思想を真向から対峙させてみるのがよい」という目的で論じられたものである。結論的には、懺悔滅罪の思想とは相容れない十二巻本の思想的特徴を「深信因果」や「三時業」等の巻の説示から浮き彫りにしているが、しかし「いかに道元であろうとも、中国仏教に深く根を下ろした懺悔の伝統からは完全に脱却できなかった」として、それらの部分については今後慎重な検討をすべきだとしている。袴谷氏が十二巻本を尊重すべきであることを主張していることはよく知られているが、それは十二巻本が禅師の最晩年の著述だから尊重すべきだというのではなく、この十二巻本に至って道元禅師が「正しい仏教とはなにかということを最も鮮明に表明しようとしているから」なのであると言う。その一例を懺悔の問題において論じようとしたものである。

古田紹欽「『正法眼蔵』の成立に見るその十二巻本とは何か」は、『正法眼蔵』の編成について、それが何を意図して行われたのかについて究明を試みたものである。古田氏はかつて、『正法眼蔵』の成立についての重要な論考を発表されているが、これに基づきながら『正法眼蔵』の編集におけるいくつかの疑問点を挙げ、それに対する見解を呈している。十二巻本については「正法眼蔵とは何かということを、七十五巻本とは別の立場で巻の編成の上に明らかにしようとするものがあった」と言い、それは「七十五巻本にあってはその何かをいうにあったが、十二巻本はその何かを習学し、修学することにあったのであり、如来の正法眼蔵涅槃妙心を知らざるものは仏弟子ではないというのであり、ついては如何にして仏弟子たるべきかを十二巻本は一貫して説いているものと見られる」と述べている。

松本史朗「深信因果について―道元の思想に関する私見―」は、松本氏が基本的には全面的に賛成する袴谷説（本覚思想こそ道元禅師の基本的立場であったとする説）の重要性を述べ、さらには「本覚思想」批判というよりも「如来蔵思想」批判とするほうが適切であるとして、この如来蔵思想と道元禅師についての考察をしている。松本氏は、初期の道元禅師の著作の中に如来蔵思想的表現が多数認められることを指摘し、「私の見るところでは、道元の思想は、その初期においても晩年においても、如来蔵思想（dhatu-vada）と縁起説という全く矛盾する相容れない二つの思想的理論の危機的な混在物であったことには少しも変りがないが、ただ道元は晩年に近づくにつれて、この二つの論理の矛盾性を次第に明確に理解するようになり、それが〝深信因果〟として縁起説を強調する結果になったものと思われる」としている。如来蔵思想を、仏性内在論、仏性顕在論、仏性修現論の三つに分けて、道元禅師の心常相滅論批判や仏性論を分析している点は特に注目される。

山内舜雄「『正法眼蔵聞書抄』から見た十二巻本『正法眼蔵』」は、『正法眼蔵聞書抄』の研究の立場から十二巻本を問題とし、そこにおける本覚法門について論じたものである。山内氏はまず『正法眼蔵聞書抄』における本覚法門批判について言及し、さらには、特に十二巻本の「三時業」と「深信因果」における本覚法門批判について論じている。その主意は、山内氏の「七十五巻本の『聞書抄』に、多年なじんだ筆者の頭からみると、たしかに十二巻本は『深信因果』にしても『三時業』にしても、スッキリした印象を受ける。が、それらは七十五巻本でも、すでに尅実されており、両者は密接に関係している。決して異質的なものではあり得ない。七十五巻本の上にこそ十二巻本は成立し得るとも、言いうるのである」という言葉に結論づけられていると思われる。

池田魯参「新草十二巻本『正法眼蔵』の構想と課題」は、「八大人覚」の懐奘の奥書について、その問題点を述べながら自らの見解を呈し、また、『正法眼蔵』がいかに書き改められたのか、どのような構成になっているのか等について詳細に考究している。池田氏は、十二巻本は、百巻に至る途次にあって未完のままに終わったものとは考えず、十二巻本は十二巻ですべてであり、これ以上でもこれ以下でもないものとして完結していると判じている。また、道元禅師が最晩年に、何故十二巻本を新たに撰述されなければならなかったのかという問題については、「禅師の滅後に、門弟たちが仏弟子としてどのような点に注意し、どのように仏道を完うしたらいいのかというような課題を説こうとしたからではなかろうか」と述べている。

石井修道「最後の道元—十二巻本『正法眼蔵』と『宝慶記』—」は、まず、十二巻本の性格を考えようとする時に重要な「八大人覚」の懐奘の奥書について、自らの解釈を挙げて、いくつかの問題点について論究している。一つには十二巻本撰述が始まった時期についてであり、一つには何故撰述されなければならなかったのかについてであり、一つには「書き改め」の内容についてである。詳細な考証から、撰述開始の時期については、道元禅師五十歳の頃が先師如浄禅師の示寂後二十年の時期にあたるとし、その動機は師に対する報恩行として、改めて「仏教とは何か」を説いておかなければならない、どうしてもこれだけは言い残しておかなければならない、という思いによると論じている。また、道元禅師の坐禅観の変化についても注目し、「以前の「無所得無所悟」の坐禅の説は、邪見を含めてはならないと言う晩年に強調された「坐禅」の説に大きく変化している」と論じている。

伊藤秀憲「十二巻本『正法眼蔵』の撰述とその意図について」は、旧草から新草十二巻本への書き改めが行われたかどうかと、何故十二巻本が書かれなければならなかったかに重点を置いて論じたものである。「出家」巻と「出家功徳」巻・「受戒」巻、「伝衣」巻と「袈裟功徳」巻、「発菩提心」(「発無上心」)巻と「発菩提心」巻、「大修行」巻と「深信因果」巻について比較対照し、前二者は書き改められたものと認めてもよいとし、後二者については書き改めたものと認めるにはまだ疑問が残るとしている。いずれにしても書き改められたと推測できる巻はあるわけであるから、なぜ書き改められたのかということが問題になるが、旧草から新草への書き改めについては、旧草が誤りで、新草が正しいというのではなく、旧草において誤って理解される点を改め、出家者に仏法を正しく理解させようとして著されたものが新草であると言えるのではないかと論じている。

河村孝道「十二巻本『正法眼蔵』について—書誌的側面から—」は、『正法眼蔵』の書誌学的研究の第一人者である論者が、これまでの研究をもとに、前出の諸論文の総括としてまとめたものである。河村氏は前出の諸論文において述べてきているように、七十五巻本と十二巻本とは、かく別異して並列して述べるべき二本ではなく、いずれも道元禅師の親口に出ずる仏法開示の種々相であり、ともに一百巻撰述の意図の上に新たに始草されていったものであり、いわば「合輯八十七巻正法眼蔵」と言うべきものであるとしている。また、『正法眼蔵』において、その参学にあたっては、各巻に掲げる題目を中心に参ずることがもっとも基本であり、たとえ一見、相反する示衆巻があり、その示衆年次に先後があるとしても、その両巻の主張が真に相反したものであるのかどうかは、道元禅師の『正法眼蔵』示衆の本意や、懐奘の『正法眼蔵』浄書の意図や姿勢、等を心に留めて『正法眼蔵』各巻に対してみる必要があると述べ、そのような視点から論じている。

拙稿「十二巻本『正法眼蔵』の性格」は、まず書誌的に見た十二巻本の位置づけについてまとめ、主に思想的に見た十二巻本の全体的な構成とその性格について論じた。十二巻本の思想的性格を「菩提への道」という語で表現し、十二巻本の各巻が相い関連しながら、菩提への道を示していると結論づけた。七十五巻本が「菩提の世界」を説き示したものであるのに対し、十二巻本は「はるかなる菩提の道」を説き示したものであると論じた。

拙稿「十二巻本『正法眼蔵』の研究動向」は、昭和五年（一九三〇）の十二巻本の発見、一九八五年に始まる宗学論争から十二巻本論争への展開をまとめた研究史である。ちなみに、これが本章のベースとなっている。

また、一九九四年三月、水野弥穂子『十二巻本『正法眼蔵』の世界』（大蔵出版）が刊行された。これは、『在家仏教』誌上に、一九九二年九月から一年間連載されたものを中心にまとめたものである。これは水野氏が『正法眼蔵』の全巻を見わたす仕事を終えた上で、十二巻本を改めて見つめたもので、これまでの水野氏の幾多の書誌的研究の業績、思想的参究の上に立った集大成とも思えるもので、十二巻本の研究書としてはもっとも注目すべきものの一つである。

第四章　坐禅をめぐって

「坐禅」をめぐる論議は、先に述べた本覚思想批判や思想的遍歴の問題と無関係ではない。それらの中に萌芽が見られる。たとえば、袴谷憲昭「「弁道話」の読み方」（『宗学研究』第二九号、一九八七年、袴谷憲昭『本覚思想批判』〈大蔵出版、一九八九年〉所収）において「批判としての言葉の重視」と「坐禅としての威儀の重視」の問題を取り上げ、「坐禅の行」よりも「批判の言葉」の方がより重要であることを論じている部分などがそれである。(1)

その後、石井修道「道元の「見性」批判（1）――最新の道元研究について――」（「春秋」第三二〇号、春秋社、一九九〇年）において、「道元禅は果たして、坐禅の仏教か、それとも、智慧の仏教か」という坐禅に関する新たな問題提起が行われ、(2)また石井修道『道元禅の成立史的研究』（大蔵出版、一九九一年）の「緒言」（五～六頁）においては、従来の曹洞宗における坐禅の理解や、宗学における坐禅の解釈に、重要な部分が欠落していた、という指摘がなされ、(3)さらに石井修道「最後の道元――十二巻本『正法眼蔵』と『宝慶記』――」（鏡島元隆・鈴木格禅編『十二巻本『正法眼蔵』の諸問題』、大蔵出版、一九九一年、第二章「十二巻本と坐禅の関係について」）においても、道元禅師の坐禅の説が「無所得無所悟」の坐禅の強調から、晩年には坐禅に邪見を含めてはならないという「坐禅」の説に大きく変化している、との指摘がなされた。

また、これらと時を同じくして、松本史朗「深信因果について」（前掲『十二巻本『正法眼蔵』の諸問題』所収、第三章「道元における学と禅」）においても、初期の道元禅師には坐禅を非常に強調する傾向、すなわち初期においては、「学」よりも「禅」（「行」）を重視する傾向が認められ、それが『十二巻本』においては逆転するという見解が示されたのである。(4)

これらに対し、私は「道元禅師と坐禅（一）」（『宗学研究』第三四号、一九九二年）と「道元禅師と坐禅（二）」（『宗学研究所紀要』第五号、一九九二年）において反論を試みた。前者は「道元禅師において「坐禅」は生涯変わりなく最も重要な修行として説かれ、晩年においてまで行じられていた」ことを、資料に基づいて証明したものであり、(5)後者は、道元禅師の坐禅観がその生涯において変化したのかどうかについて論じ、道元禅師が晩年に強調された「邪見なき坐禅」は、それ以前の「無所得無所悟の坐禅」とけっして食い違ったものではなく、道元禅師の坐禅観はその生涯において変わることはなかったことを論じたものである。

一　問題の整理

ここに坐禅に関する問題の整理をしてみると、

①道元禅師において「坐禅」は生涯変わりなくもっとも重要な修行として説かれ、行じられていたのかどうか、特に晩年においてはどうであったのか。

たとえば、道元禅師が晩年に撰述・編集されたと思われる十二巻本『正法眼蔵』には、坐禅に関する直接的な記述が見られないが、このことにより、晩年に、道元禅師は坐禅をあまり強調することがなかったと言えるのかどうか。

②道元禅師の坐禅観は、その生涯において変化したのかどうか。すなわち、石井修道氏が指摘するように、道元禅師の坐禅は「無所得無所悟の坐禅」から、さらに「邪見なき坐禅」へと変化していったのかどうか。

③道元禅師の坐禅は修行においてどのような位置を占めていたのか。これは、如浄禅師の言葉として示される「参禅は身心脱落なり。焼香・礼拝・念仏・修懺・看経を要いず、只管打坐せば始めて得《よ》し」という言葉の解釈の問題とも関連するのであるが、坐禅とその他の行とはどのような関係にあったのか。

④これに関連して、もし、道元禅師が、生涯を通じて、坐禅の修行を第一と考え、そのように説き、それを行じていたとすれば、このことは現代の人権思想の観点から、どう捉えたらいいのか。特に、身体的な種々の障害等から、坐禅を行なうことができない方々に対して、現代的・人権思想の視点から、どのように対応していったらいいのか。[6]

ということになる。

二　坐禅の重要性

まず、道元禅師において「坐禅」は生涯変わりなくもっとも重要な修行として説かれ、行じられていたのかどうか、についてであるが、七五頁の【表1】は、道元禅師の坐禅に関する著作（『永平広録』を除く）及び『正法眼蔵』における説示に関する説示について、年表形式でまとめたものである。

一二二七年帰郷後まもなく撰述された『普勧坐禅儀』において、坐禅の意義とその威儀作法が開顕されたことは言うまでもない。

その後、一二三一年に撰述された『弁道話』が、坐禅に関する十八の自問自答の問答を通して、『普勧坐禅儀』においては十分に説かれなかった坐禅の意義を示し、坐禅が「仏法の総府」であることを明確にされようとしたものであることも認められよう。

『学道用心集』においても第十「直下承当事」に、身心を決択する二つの方法として「参師聞法」と「功夫坐禅」が挙げられ、坐禅の重要なることが示されている。

嘉禎年中頃の記録（一二三四?～一二三八?）とされる『随聞記』に坐禅を第一の修行とする記述が多々見られることも言うまでもない。(7)

さて『正法眼蔵』であるが、『正法眼蔵』全体から見れば坐禅の説示は以外と少ない。これは当然のことで、『正法眼蔵』は、それぞれ主題を持った個々の法語の集まりであり、そのほとんどが、この主題について拈提されたものであり、仏祖の経論・語録を引用してその解説をするという形をとっているものが多いので、坐禅という行に関する説示が少ないのは、当然とも言える。

しかしながら、「坐禅儀」巻や「坐禅箴」巻のように、坐禅をテーマとしたものには綿密に説かれており、「行持」巻のように「行」を強調された巻などには仏祖の坐禅の行の賛嘆が随所に見られる。叢林での儀則を説いた「洗面」巻の中にも坐禅に関する威儀作法の説示が見られ、ほか坐禅に関する記述は【表1】に示した巻に見られる。ここにおいて知られるように、道元禅師の著作において、坐禅に関する説示は帰郷直後から晩年に至るまで不断に見出すことができるのであり、特に注目した晩年についても、道元禅師晩年の撰述になると考えられる十二巻本『正法眼蔵』には坐禅に関する直接的な記述が見られないものの、『永平広録』の上堂からはその最晩年まで坐禅弁道を強調する

【表1】道元禅師と坐禅

年月日	資料	内容
1227	『普勧坐禅儀』撰述	坐禅の意義と作法
1231	『弁道話』撰述	坐禅に関する設問自答
1233. 7. 15	『普勧坐禅儀』浄書	坐禅の意義と作法
1234. 3. 9	『学道用心集』撰述	「決擇身心、自有両般。参師聞法与功夫坐禅矣。」
1234（?）～1238（?）	『正法眼蔵随聞記』	「禅僧ノ能ク成ル第一ノ用心は、祇管打坐スベキ也。」「仏祖ノ道ハ只坐禅也。」ほか
1239. 10. 23	「洗面」巻	坐禅の行が数ヵ所に説かれる
1241. 9. 9	「古鏡」巻	磨磚作鏡の話の拈提
1242. 3. 18	「坐禅箴」巻	磨磚作鏡の話の拈提
1242. 4. 5	「行持」巻	仏祖の坐禅の行の賛嘆
1242. 5. 21	「柏樹子」巻	趙州の坐禅の行の賛嘆 「まことに坐禅弁道は、仏道の正路なり、究理坐看すべし。」
1243. 9	「諸法実相」巻	大梅法常住山の因縁　如浄の語「如今春間、不寒不熱、好坐禅時節也、兄弟如何不坐禅」
1243. 10. 20	「洗面」巻（再示衆）	坐禅の行が数ヵ所に説かれる
1243. 11	「坐禅箴」巻	磨磚作鏡の話の拈提
1243. 11	「坐禅儀」巻	坐禅の作法
1243. 11. 27	「遍参」巻	「遍参はただ祇管打坐、身心脱落なり。」
1244. 2. 12	「優曇華」巻	「拈華を弄精魂といふ。弄精魂とは、祇管打坐、脱落身心なり。仏となり祖となるを弄精魂といふ。」
1244. 2. 14	「発無上心」巻	「坐禅弁道これ発菩提心なり。」
1244. 2. 15	「三昧王三昧」巻	この巻は坐禅（結跏趺坐）を主題としたもの
1244～46	『弁道法』撰述	僧堂における坐禅弁道の規矩を述べたもの
1250. 1. 11	「洗面」巻（再々示衆）	坐禅の行が数ヵ所に説かれる

【表3】『弁道法』にみられる日分行持

黄昏坐禅	18:00～20:00（2更3点マデ）
打　眠	20:00～2:00（4更2点マデ）
後夜坐禅	2:00～5:00（5更3点マデ）
僧堂行粥	5:30～6:10（40分とみなす）
早晨坐禅	7:00～11:00（三鼓已前デ止ム）
僧堂行鉢	11:10～11:50（40分とみなす）
看　読	13:10～15:50（未ノ終リマデ）
晡時坐禅	16:00～17:00（又ハ16:40マデ）
晩　参	17:00～18:00（又ハ16:40～17:30）

【表2】『永平広録』の上堂における坐禅に関する説示

年　月	上堂番号	坐禅に関する説示
1241. 1～4	33	焼香・礼拝・念仏・修懺・看経を抛却して、祇管打坐すべし。
1243. 3～44. 7	124	近来、好坐禅の時節なり。
1246. 1	142	大吉歳朝坐禅を喜ぶ。
1246. 9	193	今朝九月初一。蒲団を拈出して坐禅す。
1247. 1～2	221	仏の知見をして喫飯・著衣・屙屎・送尿し、雲堂裏に弁道し、長連牀に功夫せしむ。
1248. 5～7	270	甎を磨き鏡を作すはこれ功夫。兀兀たる思量、道、あに疏ならんや。…
1248. 9	279	九月初一の上堂。蒲団に倚坐して、この非思量を思量し、…
1248. 9	286	言うことなかれ、殺仏、終に果なしと。得仏の由来は、実に坐禅なり。
1249. 1	303	歳朝上堂。大吉なり歳朝の坐禅。衲僧の弁道平然たり。
1249. 1	304	当山の兄弟、須く光陰を惜んで坐禅弁道すべきものなり。
1249. 1～2	306	身心脱落好坐禅。猛作の功夫鼻孔穿げたり。…
1249. 2～4	318	参禅は身心脱落なり。
1249. 2～4	319	仏仏祖祖正伝の正法は、ただ坐禅のみなり。
1249. 5～7	337	参禅は身心脱落なり。祇管打坐の道理を聴かんと要すや。
1249. 5～7	338	参禅して仏を求むるに仏を図ることなかれ。仏を図って参禅せば、仏、転た疏なり。
1249. 7～8	343	仏仏祖祖の坐禅は、これ動静にあらず、これ修証にあらず、身心に拘わらず、迷悟を待たず、…
1249. 9	347	九月初一の上堂。今朝九月初一。三打、板鳴りて坐禅す。脱落身心兀兀たり。
1250. 2～6	373	〈薬山、非思量の話の拈提〉
1250. 2～6	375	衲僧の学道は要ず参禅すべし。
1250. 9	389	今朝九月初一。旧に依り板を鳴らし坐禅す。また云く、仏仏祖祖の坐禅、甚麼をか作さんと要すや。…
1250. 9～12	390	衲子の坐禅は、直須端身正坐を先とすべし。…
1251. 4～5	432	仏仏祖祖の家風は、坐禅弁道のみなり。先師天童云く、「跏趺坐は乃ち古仏の法なり。参禅は身心脱落なり。焼香・礼拝・念仏・修懺・看経を要いず、祇管打坐せば始て得し」と。それ坐禅は、乃ち第一に睡することなかれ。虚しく今時の光陰を度るべからず。応当に頭燃を救って坐禅弁道すべきものなり。仏仏祖祖、嫡嫡面授して、坐禅を先となす。…
1251. 5～7	437	凡夫・外道、倶に坐禅を営む。然れども凡夫・外道の坐禅は、仏仏祖祖の坐禅に同じからず。……先師天童道く、「参禅は身心脱落なり」と。…
1251. 5～7	438	今常に叢林の長連牀上にあって昼夜に弁道する、魔子することを得ず、…
1251. 8	449	坐禅と謂うは、煙雲を坐断して功を借らず。一片に打成して未だ窮まらず。
1251. 9	451	今朝これ九月初一。板を打ちて坐禅するは旧儀に依る。切に忌むらくは睡と疑いを除かんと要することを…
1251. 9	453	坐禅作仏、草を取りて道場に坐す。
1251. 9	454	身心脱落、これ参禅。
1251. 9	458	祖師、参禅を説似し、燕子、実相を深談す。
1252. 1	482	測り知りぬ、坐禅その功徳最勝甚深なることを。
1252. 4～5	498	古来、道を慕うの士は、みな深山に入りて閑居寂静なり。龍樹祖師云く、「坐禅人はみな深山に住す」と。
1252. 6	505	今朝六月初一より、坐禅を放下して板鳴らさず。盛夏に未だ抛たず禅板の旧りたるを。須く知るべし、法を伝えて迷情を救うことを。
1252. 7～8	516	龍樹祖師曰く、「坐禅は則ち諸仏の法なり。しかるに外道もまた坐禅あり。然りといえども外道には著味の過あり、邪見の刺あり。所以に諸仏・菩薩の坐禅には同じからず。二乗・外道もまた坐禅あり。然りといえども二乗には、自調の心あり、涅槃を求むるの趣あり。所以に諸仏・菩薩の坐禅には同じからず」と。師云く、…兄弟、須く知るべし、祖師はただ仏法の正脈を伝えて、面壁坐禅す。…面壁坐禅は仏祖の伝なり。外道・二乗の禅に同じからず。…
1252. 8	522	先師天童、天童に住せし時、上堂し、衆に示して曰く、「衲僧打坐の正に恁麼の時、乃ち能く尽十方世界の諸仏諸祖を供養す。悉く香華・燈明・珍宝・妙衣・種種の具をもって恭敬供養すること間断なし。…」と。…衲僧打坐の時節、磨塼打車は道うまでも莫く、十方の仏祖に妙衣・珍宝・香華を供養す。
1252. 9	523	今朝九月初一。板を打して大家坐禅す。切に忌むらくは低頭瞌睡することを。
1252. 9	524	源亜相忌の上堂。〈薬山、非思量の話の拈提〉

＊上堂の説示年月については、伊藤秀憲『道元禅研究』（本論第四章第一節「『永平広録』の説示年時について」、大蔵出版、1998年3月、347～394頁）を参照した。また便宜的に漢文を読み下して引用した。

説示や実際に行なっていたことを示す記述があること（【表2】）、また『弁道法』に見られる日分行持の記録から、坐禅が行持の中心であったことが窺われること（【表3】）等、これらの資料に基づいてみても、道元禅師は生涯を貫いて坐禅を説き、そして行じていたことが推測されるのである。

三　坐禅観の変化の有無

次に、道元禅師の坐禅観は、その生涯において変化したのかどうかである。

道元禅師の坐禅観に変化を認める最近の説に石井修道氏の説がある。石井氏は言う、

以前の「無所得無所悟」の坐禅の説は、邪見を含めてはならないと言う晩年に強調された「坐禅」の説に大きく変化していることが判った。それは初期の道元の坐禅観ではみられない内容であった(8)。

と。すなわち、道元禅師の坐禅は「無所得無所悟の坐禅」から、さらに「邪見なき坐禅」へと変化していったと言われるのである。石井氏がこのように主張される根拠は、次の『永平広録』の上堂の語による。

上堂。夫学仏法漢、用心身儀、太不容易。凡夫・外道、倶営坐禅。然而凡夫・外道之坐禅、不同仏仏祖祖之坐禅也。所以然者、外道坐禅有邪見・著味・憍慢故也。若其解会同於外道、雖身心苦労終無益也。況乎同於逆人・闡提等、豈有仏法之身心耶。世尊一時在羅閲城耆闍崛山中、与大比丘衆五百人倶。爾時、提婆達兜壊乱衆僧、壊如来足、教阿闍世取父王殺、復殺羅漢・比丘尼、在大衆中而作是説。何処有悪、悪従何生、誰作此悪当受其報、我亦不作此悪而受其報。時有衆多比丘、入羅閲城乞食、而聞此語、提婆達兜愚人、在大衆中而作是説、何処有悪、悪従何生、誰作此悪而受其報。爾時衆多比丘、食後摂取衣鉢、以尼師壇著右肩上、便往至世尊所、頭面礼足、在

一面坐。爾時衆多比丘、白世尊曰、提婆達兜愚人、在大衆中而作是説、云何。為悪無殃、作福無報、無有受善悪之報。爾時世尊、告諸比丘、有悪有罪、善悪之行皆有報応。若提婆達兜愚人、知有善悪報者、便当枯竭愁憂不楽。沸血便従面孔出。以彼提婆達兜、不知善悪之報、是故在大衆中而作是説、無善悪之報、為悪無殃、作善無福。爾時世尊、便説此偈、愚者審自明、為悪無有報。我今予了知善悪之報応。如是諸比丘、当遠離悪、為福莫惓。諸比丘当作是学。爾時諸比丘、聞仏所説歓喜奉行。世尊復告諸比丘、提婆達兜起五逆悪、身壊命終、生摩訶阿鼻地獄中。以此当知、要無邪見者、莫道莫謂、無善悪之報応、何処有悪、悪従何生、誰作此悪当受其報。若恁麼道者、則邪見也、必令断絶仏法身心也。若断絶仏法身心者、不得仏祖坐禅弁道也。先師天童道、参禅者身心脱落也。既得身心脱落、必無邪見・著味・憍慢。祈祷、祈祷。（大久保本、一一二頁）

この上堂は、一二五一年の五〜七月に行なわれた、道元禅師五十二歳の時の上堂（第四三七上堂）であるとされる。[9]ここでは、凡夫・外道共に坐禅を営むが、凡夫・外道の坐禅と仏仏祖祖の坐禅とは違うことが示されており、その理由として、彼らの坐禅には邪見・著味・憍慢があるからであると言われる。そこで、提婆達兜の因縁を挙げて、邪見を起こしてはならないと戒めている。

石井氏はこの、邪見を含めてはならないという坐禅と、以前の無所得無所悟の坐禅との間に大きな変化を認めるのである。

ここに「要無邪見者、莫道莫謂、無善悪之報応（邪見なからんと要せば、道うことなかれ謂うことなかれ、善悪の報応無しと）」とあるから、邪見とは「善悪の報い無し」という見解である。坐禅を主題としてなされた上堂で、このような提婆達兜の因縁が挙げられ、邪見を起こしてはならないことが示されたことは注意すべきである。道元禅師は、「善悪の報い無し」という邪見を起こしてはならないと説かれ、「善悪の報い」の歴然なることを説かれる。それは、坐禅においても例外ではないのである。このような上堂がなされた背景には、門下の中に坐禅に対する誤った考え方があり、それを戒めたものであるとも考えられよう。さて、この上堂が、坐禅において邪見を起こしてはならないということを強調したものであり、その邪見とは「善悪の報い無し」という見解であるとすれば、坐禅において「善悪の報い無し」という見解は誤りであることを示されたものということになる。裏返せば、この上堂は、「坐禅には報いがある」と示されているものと受け取ることができるのである。

では、そうであるとすれば、晩年に示された「坐禅には報いがある」ということと、それ以前に道元禅師が示されていた「無所得無所悟」ということとは齟齬するのであろうか。以前の「無所得無所悟の坐禅」と晩年の「邪見なき坐禅」とは異なった坐禅であって、これを道元禅師の坐禅観における大きな変化と認めてよいのかどうか。石井氏が、「以前の「無所得無所悟」の坐禅の説は、邪見を含めてはならないと言う晩年に強調された「坐禅」の説に大きく変化している」と言うところの「以前の「無所得無所悟」の坐禅の説」と、今ここに挙げた「邪見を含めてはならない」と言う晩年に強調された「坐禅」の説」との間には、道元禅師の坐禅観に関わる大きな変化がほんとうに認められるのであろうか。

道元禅師の比較的初期の説示に見られる坐禅観を見てみよう。その第一の資料はやはり『普勧坐禅儀』である。その冒頭に、

原ぬるに夫れ、道本円通、いかでか修証を仮らん。宗乗自在、なんぞ功夫を費さん。いわんや、全体はるかに塵埃を出づ、たれか払拭の手段を信ぜん。おおよそ当処を離れず、あに修行の脚頭を用うるものならんや。然れども、毫釐も差あれば、天地はるかに隔り、違順わずかに起れば、紛然として心を失す。(春秋社刊『道元禅師全集』第五巻、四頁、原漢文)

とある。この部分の前半が、『弁道話』に示される「本証」を意味していることは容易に知りうる。この「本証」が

坐禅弁道の大前提となっている。それでは、修証や坐禅弁道は必要ないということになるが、「然れども」以下、この「本証」の誤解による隔絶が示唆され、この「本証」の正しい理解の上に立った「妙修」の坐禅の儀則が説かれていると言える。「本証」であるならば「妙修」なる坐禅弁道は「無所得無所悟」とならざるをえない。『弁道話』の末尾に「その坐禅の儀則は、すぎぬる嘉禄のころ撰集せし普勧坐禅儀に依行すべし」（七四六頁）とあるから、逆に言えば、その教義的よりどころは『弁道話』に示されている、ということになろう。

『弁道話』が坐禅に関する十八の設問自答を通して坐禅の本義を開顕されたものであることは、私もかつて述べたことがあるが[10]、そこに示される次の一節も、坐禅について述べられたものである。

それ修証はひとつにあらずとおもへる、すなはち外道の見なり。仏法には、修証これ一等なり。いまも証上の修なるゆゑに、初心の弁道すなはち本証の全体なり。かるがゆゑに、修行の用心をさづくるにも、修のほかに証をまつおもひなかれとをしふ。直指の本証なるがゆゑなるべし。すでに修の証なれば、証にきはなく、証の修なれば、修にはじめなし。ここをもて、

釈迦如来・迦葉尊者、ともに証上の修に受用せられ、達磨大師・大鑑高祖、おなじく証上の修に引伝せらる。仏法住持のあと、みなかくのごとし。

すでに証をはなれぬ修あり、われらさいはいに一分の妙修を単伝せる、初心の弁道すなはち一分の本証を無為の地にうるなり。しるべし、修をはなれぬ証を染汚せざらしめんがために、仏祖しきりに修行のゆるくすべからざるとをしふ。妙修を放下すれば本証手の中にみてり、本証を出身すれば妙修通身におこなはる。（七三七頁）

ここに示される修証一等に基づく「修のほかに証をまつおもひなかれとおしふ」という語は、坐禅が「無所悟」であるべきことを教えている。

この無所得・無所求・無所悟の説は、初期の道元禅師の教説が記録されている『随聞記』にも見出せる。

仏道ニ入テハ、仏法ノ為ニ諸事ヲ行ジテ、代ニ所得アラント不可思。内外ノ諸教ニ、皆無所得ナレトノミ勧ムルナリ。（四三三頁）

唯行好事、為人ヤスキ事ヲナシテ、代ヲ思ニ、我ヨキ名ヲ留メント不思、真実無所得ニテ、利生ノ事ヲナス、即離吾我第一ノ用心也。（四六〇頁）

示云、学道ノ最要ハ坐禅是第一也。大宋ノ人、多ク得道スルコト、皆坐禅ノ力也。……然バ学人、祇管打坐シテ他ヲ管スルコトナカレ。仏祖ノ道ハ只坐禅也、他事ニ順ズベカラズ。……公案話頭ヲ見テ聊カ知覚アル様ナリトモ、其ハ仏祖ノ道ニトホザカル因縁也。無所得、無所悟ニテ、端座シテ時ヲ移サバ、即祖道ナルベシ。古人モ、看語・祇管坐禅トモニ進メタレドモ、猶坐ヲバ専ラ進メシ也。又話頭ヲ以テ悟ヲヒラキタル人有トモ、其モ坐ノ功ニヨリテ、悟ノ開クル因縁也。マサシキ功ハ坐ニアルベシ。（四九四頁）

因問云、学人若自己仏法也不可求向外ト聞テ、深ク此語ヲ信ジテ、向来ノ修行・参学ヲ放下シテ、本性ニマカセテ善悪業ヲナシテ一期ヲ過ン、此見如何。

示云、此見解、語与理相違セリ。外ニ向テ不可求、行ヲステ、学ヲ放下セバ、此ノ放下ノ行ヲモテ所求有リト聞エタリ、不求アラズ。只行学本トヨリ仏法ナリト証シテ、無所求ニシテ、世間悪業等ハ我ガ心ニ作シタクトモ不作、学道修行ノ懶キヲモイトヒカヘリミズ、此行ヲ以テ果ヲ得キタルトモ、我心ヨリ求ルコト無シテ行ズルヲコソ、外ニ向テ求ルコト無ト云道理ニハ可叶ケレ。南嶽ノ磚ヲ磨シテ鏡ヲ求メシモ、馬祖ノ作仏ヲ求メシヲ戒メタリ、坐禅ヲ制スルニハ非ル也。坐スナハチ仏行ナリ、坐即不為也。是即自己ノ正体也、此外別ニ仏法ノ可求無キ也。（四五五～四五六頁）

これらの中には、坐禅に関わらず修行一般について述べたものもあるが、いずれも所得や悟りを求めてはならないと教えている（傍線部）。

ところで、ここで注意しなければならないことがある。それは、「証」あるいは「悟」を否定しているのではないということである。

道元禅師の修証観において、無所得無所悟の強調が、いかにも証悟の否定であるかのように理解されてきた面もあるが、けっしてそうではないことは明白である。この『随聞記』の中でも「大宋ノ人、多ク得道スルコト、皆坐禅ノ力也」と言い、「話頭ヲ以テ悟ヲヒラキタル人有トモ、其モ坐ノ功ニヨリテ、悟ノ開クル因縁也。マサシキ功ハ坐ニアルベシ」と、「得道」「悟」を言い、「坐禅の力」「坐の功」と述べられている（波線部）。それは、先の『弁道話』においても同様である。そこでも、修証一等を説きながら、

> 大師釈尊、まさしく得道の妙術を正伝し、又三世の如来、ともに坐禅より得道せり。このゆゑに、正門なることをあひつたへたるなり。しかのみにあらず、西天東地の諸祖、みな坐禅より得道せるなり。（七三三頁）

と、「得道」ということを示されている。「得道」という語は『弁道話』の中に多く見られ、『正法眼蔵』においても随所に見られる。「得道」ということの内容についてはここでは触れないが、いかなる意味にせよ「得道」があるべきことは明らかである。戒むべきは有所得の念を持って修行することであり、「修のほかに証をまつおもひ」を持つことであり、染汚の修行となってしまうことである。これは確実に得道・証悟への妨げとなるからである。

「無所得無所悟」は、修行において所得や悟を求めてはいけないということであり、修行の用心として「修のほかに証をまつおもひ」があってはならないことを教えたものである。けっして証を否定しているのではない。所得はあり、証りはあるのである。先に述べたように、道元禅師が晩年に強調された「邪見なき坐禅」が、転じて「坐禅には報いがある」ということを意味しているとすれば、それ以前の「無所得無所悟」の坐禅観でもそれは同様であって、そこに変化はないのである。

先に挙げた『永平広録』の上堂（第四三七上堂）では、凡夫・外道共に坐禅を営むが、凡夫・外道の坐禅と仏仏祖の坐禅とは違うことが示されていた。なぜかと言えば、彼らの坐禅には邪見・著味・憍慢があるからである。先にも述べたので繰り返すことになるが、「要無邪見者、莫道莫謂、無善悪之報応」とあるから、邪見とは「善悪の報い無し」という見解である。坐禅を主題としてなされた上堂で、かの提婆達兜の因縁が挙げられ、邪見を起こしてはならないことが示されたことは注意すべきである。坐禅において邪見を起こしてはならないということの強調である。邪見とは「善悪の報い無し」という見解であるとすれば、坐禅において「善悪の報い無し」という見解は誤りであることになる。裏返せば、この上堂は、「坐禅には報いがある」と示されているものと受け取ることができる。坐禅の功徳を強調したものである。

道元禅師晩年の上堂で、坐禅の功徳を述べたものはほかにもある。一二五二年一月の上堂（第四八二上堂）には「測り知りぬ、坐禅、その功徳最勝甚深なることを」（一二五頁、原漢文）とあり、同年八月の上堂（第五二二上堂）には、如浄の「衲僧打坐の正に恁麼の時、乃ち能く尽十方世界の諸仏諸祖を供養す。悉く香華・灯明・珍宝・妙衣・種種の具をもって恭敬供養すること間断なし」という語を挙げて「衲僧打坐の時節、磨塼打車は道うまでも莫く、十方の仏祖に、妙衣・珍宝・香華を供養す」（一三八～一三九頁、原漢文）とある。

さて、先の第四三七上堂と類似した上堂に、一二五二年の七～八月に行なわれたとされる次の上堂（第五一六上堂）がある。

上堂。龍樹祖師曰、坐禅則諸仏之法也。而外道亦有坐禅。雖然外道、有著味之過、有邪見之刺。所以不同諸仏・菩薩之坐禅也。二乗・声聞亦有坐禅。雖然二乗、有自調之心、有求涅槃之趣。所以不同諸仏・菩薩之坐禅也。師云、龍樹祖師既恁麼道。須知、二乗・外道雖有坐禅之名、不同仏祖相伝之坐也。近代宋朝諸山杜撰長老等、未知此等之道理。蓋是仏法之衰微也。兄弟須知、祖師唯伝仏法之正脈面壁坐禅。後漢永平以来、雖有依文解義之坐全無其儀、唯独祖師伝而已。誠是仏法之親伝者歟。面壁坐禅仏祖伝。不同外道・二乗禅。機先開得機先眼。譬如臘月火中蓮。（一三六〜一三七頁）

ここでも、「諸仏・菩薩」の坐禅と「外道」「二乗」の坐禅とは違うことが示されている。外道の坐禅には「著味の過」があり、二乗の坐禅には「自調の心」や「涅槃を求むるの趣」があるから、諸仏・菩薩の坐禅とは違うと言うのである。注目すべきは、諸仏・菩薩の坐禅には「涅槃を求むるの趣」はないということである。涅槃とは、ここでは「さとり」ほどの意であろうから、言い換えれば、諸仏・菩薩の坐禅は「無所悟」の坐禅であるということになる。「邪見なき坐禅」を強調された先の上堂（第四三七上堂）からは「坐禅には報いがある」という立場を示していると受け取ることができると述べたが、これは有所得の坐禅を肯定されたものではないことは、この上堂においても明らかとなろう。

また、これが「待悟」でも「有所得」でも「報を求める」のでもない点はさらに明確にしておかなければならないが、たとえば比較的晩年に撰述されたと考えられる十二巻本『正法眼蔵』第五「供養諸仏」巻にも、

諸仏は、無量阿僧祇劫、そこばくの功徳善根を積集して、さらにその報をもとめず、ただ功徳を恭敬して供養しましますなり。（六六〇頁）

仏果菩提の功徳、諸法実相の道理、いまのよにある凡夫のおもふがごとくにはあらざるなり。いまの凡夫のおもふところは、造悪の諸法実相ならんとおもふ、有所得のみ仏果菩提ならんとおもふ。かくのごとくの邪見は、たとひ八万劫をしるといふとも、いまだ本劫・本見、末劫・末見をのがれず、いかでか唯仏与仏の究尽しましますところの諸法実相を究尽することとあらん。（六六一頁）

とあることから知るべきである。「報を求める」のでもなく、「有所得」でもないのである。しかしながら、その功徳を尊ばれるのである。

先に述べたように石井氏は、道元禅師が晩年に強調された「邪見なき坐禅」とそれ以前の「無所得無所悟の坐禅」との両者の坐禅観を区別し、そこに大きな変化を認めるが、筆者は以上の理由から石井氏の説には賛同できない。それ以前の「無所得無所悟の坐禅」といっても、得道や証悟や、その功徳を否定するものではなく、また因果歴然の道理を無視するものではない。その最初から「邪見なき坐禅」であったのである。晩年の「邪見なき坐禅」「因果歴然の坐禅」といっても「待悟」でも「有所得」でもない。道元禅師晩年の坐禅観においても「無所得無所悟」であることは貫かれているのである。

以上、第二の問題、「道元禅師の坐禅観は、その生涯において変化したのかどうか」についても、ここに私の見解をまとめておきたい。道元禅師が晩年に強調された「邪見なき坐禅」は、それ以前の「無所得無所悟の坐禅」とけっして食い違ったものではない。道元禅師の坐禅観はその生涯において変わることはなかったのである。

四　坐禅に関わる諸研究

ほか、道元禅師の坐禅に関する主要な研究については、伊藤秀憲編『道元思想大系』通巻八（思想篇2「道元と坐禅」、同朋舎、一九九五年）に収録され、編者によってまとめられているので参照されたいが、ここに、只管打坐に関わる鏡島元隆「道元の思想」（講座道元1『道元の生涯と思想』、春秋社、一九七九年所収）について触れておきたい。鏡島氏は、

自己をはこびて万法を修証するを迷とす。万法すすみて自己を修証するは悟りなり。（「現成公案」巻）

を取り上げ、

道元禅師からは、一方が迷の立場として斥けられ、一方が悟の立場として取られたのではなく、迷悟を越えた高い立場からその一体が説かれたのである。しかし、迷悟が一体であるのは、迷が悟の立場に転じ、悟が迷の立場に転ずる転換によるものであって、そのような転換を可能にするものは自我の滅却を通しての自己の転換である。いわゆる「行」の立場は、いかに全身をもって打ちこんでも、そのかぎりでは「自己をはこびて万法を修証する」迷の立場を免れないものであって、それが「万法すすみて自己を修証する」悟の立場と一つになるには「自己をはこびて万法を修証する」自己の転換を介しなければならないのである。この自己の転換を可能にする自我滅却の道は坐禅よりほかないというのが道元禅師の信条である。一歩譲って、それが坐禅だけに限らないにしても、坐禅が仏祖から伝えられた正門であり、もっとも容易な道であるというのが道元禅師の立場である。もちろん『正法眼蔵』を「行」の書とみて、祇管打坐とは、それぞれの業務の人が即今の業務に全身を挙げて打ちこむことであって、そこに『正法眼蔵』の精神があり、それが今日において道元禅師を生かす道であるという主張も成立するであろうが、それは『正法眼蔵』を思想書としてみるものであって、宗教書としての『正法眼蔵』はそのような行の一般化を拒むものがあって、そこに『正法眼蔵』の限界もあれば、栄光もあると、私は考える。

と述べている。当時学生であった私は、この鏡島氏の「そこに『正法眼蔵』の限界もあれば、栄光もあると、私は考える」という結びの言葉を感慨深く受け止めた。誤解を恐れることなく用いられた「限界」という言葉、そして、それ以上に力強く確信をもって記された「栄光」という言葉。ここに鏡島氏の『正法眼蔵』観や「只管打坐」観があますところなく示されていると思われた。道元禅師の『正法眼蔵』は、そして道元禅師の「坐禅」は、オールマイティーなものであろうか。けっしてそうとは言えないかもしれない。鏡島氏が言われるように、『正法眼蔵』や「只管打坐」にも、ある種の限界を認めざるをえないかもしれない。しかし、その限界こそ宗教書としての『正法眼蔵』であり信仰としての「只管打坐」であることの証しなのであって、その〈行の一般化を拒む〉限界に、かえって「栄光」

があるのである。『正法眼蔵』とは、あるいは「只管打坐」とは、そういうものなのであると私も思う。

鈴木格禅氏は、「「身心脱落」考」（奈良康明監修『ブッダから道元へ』、東京書籍、一九九二年）において、

「只管打坐」は、自己存在の無常の事実に、無条件に随順するのみの行である。「只管」は「ひたすら」ではなく「ただ」であり、「無条件」の意である。……「参禅は身心脱落なり」というとき、坐禅を方法とし、坐禅という身体的行為を手段として、それと引き換えに、ある特定の効果や功能を、見返りとして期待し要求するのではない。「只管打坐」は、「ものほしい己」の全面的放棄の実践である。

と言い、

「求める」ということは、いかなる意味においても「自己中心的」であることを避けられぬ。求めなければ「真実」は得られない。しかしながら、求めたらそれは「真実」と相距ることになる。求めなければ得られず、求めたら誤るというこの絶対的矛盾を、そのまま許容するものは何であるのか。それは宗教的実践としての「只管打坐」であり、その「只管打坐」の内容を「身心脱落」と表現したのである。

と言う。「只管打坐」とは、まことにそのようであると私も思う。

松本史朗「仏教の批判的考察」（『アジアから考える［7］世界像の形成』、東京大学出版会、一九九四年）には大きな衝撃を受けた。(11) 松本氏は、

仏教は苦行主義を否定して成立したものであるから、〝仏教とは何か〟を明らかにするためには、どうしてもこの仏教が否定した対象である苦行主義を正確に理解する必要があるのである。

として、論を展開する中で禅について触れ、

禅が〝思考の停止〟を意味することは、インドの禅思想を継承した中国の禅宗の思想についても、指摘することができる。

とし、神会の「無念」が〝思考の停止〟を説くことは明らかであり、神会の影響を強く受けたとされる無住が「一向に無念になれ」と説いたのも〝思考の停止〟を意味したのであるとし、また、やはり神会の影響を受けたと思われる摩訶衍の「離想」や「不思不観」も〝思考の停止〟を意味するとする。そしてさらには、この〝思考の停止〟〝思考の否定〟を説いた「中国の禅宗の流れが日本まで及び、中国禅宗のストレートな移入に尽力したと思われる初期の道元」も、『普勧坐禅儀』において〝思考の停止〟を説いていると指摘するのである。引用する『普勧坐禅儀』のその部分は、「不思善悪、莫管是非。停心意識之運転、止念想観之測量。」（三頁）であり、これが「たとえ宗学的にどのように解釈されるにせよ、ここに説かれるのは、まさに〝思考の停止〟以外の何ものでもないように思える」と述べている。すなわち、それが「初期の道元」に限定されるにせよ、初期における道元禅師（の著作）、そしてこの『普勧坐禅儀』の説示は、仏教にあらざる苦行主義（無執着主義）を起源にするものであるとして批判するのである。

私は『普勧坐禅儀』の説示が「まさに〝思考の停止〟以外の何ものでもないように思える」ということについては、言葉の解釈として認めたいと思うが、〝思考の停止〟は仏教ではないとすることは、一つの仏教理解であって、同意することはできない。仏教において正しく思考することは実に重要であることは言うまでもないが、それを坐禅中においてまで、いつも停止させる（停心意識之運転、止念想観之測量）ことが非仏教であるとは思われないのである。

ところで、『大乗仏典〈中国・日本篇〉』第二十三巻「道元」の解説（「Ⅳ　坐禅のこと」、二〇八～二五一頁）において上田閑照氏は道元禅師の坐禅について論じている。これは端的に言えば、石井修道「道元の「見性」批判（1）～（3）—最新の道元研究について—」（「春秋」第三二〇号・第三二一号・第三二二号、春秋社、一九九〇年）に対する論評である。石井氏が「道元禅は果たして、坐禅の仏教か、それとも、智慧の仏教か。そもそも、仏教は、坐禅の宗教か、智慧の宗教か」という自らの問題提起に対して、「曹洞宗の道元の教義の中心が、従来では坐禅の仏教であると言われて来たのに対して、智慧の仏教ではないかと新たに提言する」と述べていることに関連して、その問題提起の真意や、結論に至る論理を検証したものである。

上田氏は、結論的には「只管打坐」が道元禅の核心であることを、

ともに妙法を単伝して、よこしまなることなきは、すなはち只管打坐、その標準なり。

と『弁道話』の説示を捩って表現し、

「只管打坐」は単に初心ではなく「道元禅の根源であり、「道元禅」として道元だけが日本の歴史に開き得た、そして現代の世界における人間に対して持ちうる独自の意義があるとすれば、只管打坐にその根源があると言うことが出来ると思う。

と述べている。

これに対しては、石井氏よりさらに反論が述べられたが（仏教思想学会、一九九六年六月二十九日、於駒澤大学、論題は「道元の「見性」批判（再論）」）、個人的には上田氏の見解に共感を覚えるところが多い。ただし、

道元の只管打坐は「ただ坐禅していればよい」というような安易な「ただ」ではない。厳しい徹底的な否定性の遂行であり、否定性に貫かれている。「念想観の測量を止め」「言を追ひ語を尋ぬるの解行を休し」回向返照する、これが坐禅である。坐禅は身心脱落なりであり、これが只管打坐である。そして、このような徹底的な否定性の遂行である只管打坐という事は、同時に、「只管打坐」という言葉（「智慧の言葉」と言ってよい）になっており、既に只管打坐という思想、原思想である。……（二二二頁）

等と続く箇所などは、論理的に「只管打坐」を言いえた新たな見解として傾聴すべきものとは思うものの、我々（宗門の伝統宗学者や師家）が「只管打坐」と言った場合は、そのような「只管打坐の坐禅」――つまり「只管打坐」ということを目的とした坐禅――ではないことをも、この言葉の中に加味されているのである。

さて、池田魯参氏に「祇管打坐の宗旨と『法華経』」（『宗学研究』第三八号、一九九六年）がある。これは、宮地清

彦「瑩山禅師の坐禅観――『天台小止観』等との比較――」(『宗学研究』第三七号、一九九五年)の論考を契機に、「道元禅師がいわれる「祇管打坐の坐禅」とはどのような構えのものであったのか」について論じたものであり、

道元禅師の「祇管打坐」の坐禅は、「釈尊の成道から入滅にいたるまで一貫して行ぜられた禅定に体現された智慧と慈悲の心を、自己の責任において不断に行じていくものである」と結論づけておきたい。その限りにおいて、祇管打坐の実践は、各自において日々に更新してやまぬ仏法のあるべき姿を提示し、その意義を開顕してやまないものとなるのである。

と結論づけている。

また、池田氏には、『只管打坐』(東京美術選書60、東京美術、一九八八年)の著作があり、インド仏教における坐、中国仏教における坐、日本仏教における坐、についてまとめられ、天台止観との関連にも触れ、「道元は、天台止観の意義を正しく評価できた、恐らく我が国唯一の禅者であった」と新たな視点から論じている。

年次は前後するが、最後に、水野弥穂子氏は『十二巻『正法眼蔵』の世界』(大蔵出版、一九九四年)の末尾に『正法眼蔵』と坐禅」という一章を設けている。文章は随想的にまとめられたものであるが、実に坐禅の肝要を述べたものと感じられる。「二十年ぐらい前だったら、このような題目を揚げることさえナンセンスのそしりを免れなかったであろう」という一節に始まり、

坐禅を信じ、坐禅の中から『正法眼蔵』を見る目も開けてくる、と思われる。このようなわけで、『正法眼蔵』が改めて坐禅との関係から論ぜられる日の来ることを筆者はひそかに期待しているのである。

という結語を記しているが、私も、『正法眼蔵』が坐禅から独立して一人歩きすることを憂えるものの一人である。[12]

(1) 袴谷氏は、この論文において、

批判の言葉に徹底できない面があった分だけ、坐禅の威儀に力点が注がれるわけで、只管打坐はもとより、面授や嗣書、果ては洗面や洗浄に至るまで、広い意味での威儀に対する道元の思い入れが異常なほどであるのは、たぶんそのせいだろうと私は思っている。しかし、いくら只管打坐が強調されているからといって、只管打坐一辺倒で批判としての言葉を無視してしまったのでは、道元がなにを批判しなにを主張したのかさえ分らなくなってしまうのは火を見るよりも明らかである。従って、道元自身が山川草木と化してしまったのではない以上、禅師がなにを主張したかったのかを考えるときに、坐禅よりは批判が重要になってくるのは当り前なことであって……

と言い、また、その註において、

「只管打坐」の「只管」とは、坐禅はそれ以上でもそれ以下でもないということの限定だと私は考える。『曹洞宗宗憲』第三条には「本宗は、仏祖単伝の正法に遵い、只管打坐、即心是仏を承当するを宗旨とする」とあるが、もし、宗旨というものが、ある確信の表明だとすれば、只管打坐をもって我が宗旨とすることは果たしてできるであろうか。道元によってなされた批判こそ我が宗旨としなければなるまいと私は考えている。

と言う。

(2) 石井氏は、「曹洞宗の道元の教義の中心が、従来では坐禅の仏教であると言われて来たのに対して、智慧の仏教と言われるべきではないかと新たに提起」している。

(3) 従来の宗学では臨済系の看話禅の坐禅に対して、「無所得無所悟」の坐禅が強調され、道元禅師が晩年に示された「邪見なき坐禅」が強調されることがなかったとする。重要な部分とは、「邪見なき坐禅」という部分。

(4) 「初期の道元の基本的立場は、すでに見たように、仏性が修行によって現われるとする仏性修現論であると考えられる。しかるに道元にとって修行とは坐禅に他ならないので、初期の道元には坐禅を非常に強調する傾向が認められる。これは周知のことであろうが、私は特にこの傾向が初期においては、「学」よりも「禅」(「行」)を重視する傾向となって現れており、それが『十二巻本』においては逆転するという見解を示してみたい。」(二一六〜二一七頁)
「このように「四禅比丘」において、道元が「学」を欠いた「禅」を批判したことは明らかであると思われるが、この批判が果して「学」を欠いた「禅」に対する批判にとどまるのか、それとも「禅」そのものに対する批判をも意味するのかということは、微妙ではあるが極めて重要な問題であろうと思われる。私はこの問題に即答は出来ないが、……」(二二六頁)

(5) その論拠は、道元禅師の著作において、坐禅に関する説示が帰郷直後から晩年に至るまで不断に見出せること、特に注目すべきであると考えた晩年についても、道元禅師晩年の撰述になると考えられる十二巻本『正法眼蔵』には坐禅に関する直接的な記述が見られないものの、『永平広録』の上堂からはその最晩年まで坐禅弁道を強調する説示や実際に行なっていたことを示す記述があること、また『弁道法』に見られる日分行持の記録から、坐禅が行持の中心であったことが窺われること等。

(6) 宗学大会における発表(「道元禅師と坐禅(一)」)に対する質問の中で、吉津宜英氏より、この問題設定に疑問を投げかけられた。それは私の宗学に対する態度、研究姿勢そのものを問うものであったと思う。その主旨は、道元禅師の坐禅の観点から現代の人権思想を見るのか、現代の人権思想から道元禅師の坐禅を見るのか……、(この発表で私は後者をとったが)前者をとるほうがむしろ私(角田)らしいのではないか、というものであった。私はこの問いかけに対し、その場しのぎの返答しかできなかったが、この質問は坐禅に限ったことではなく、宗学の立場から現代の人権思想を見るか、現代の人権思想で宗学を斬るのか、という問いかけでもあったのであると思う。その後、この問題は私の一大公案となってる。吉津氏に感謝したい。やはりこの問題は「宗学を学ぶこの私が、現代をどう生きてゆくべきなのか」ということになるのであろうか。私にとって宗学は宗学であり、学術的研究を行わなくてはならないが、現代を生きる私は、その研究の上に立って、現代を生きなければならないのである。この問題についてはさらに第六章「宗学論をめぐって」で述べたい。

(7) 『随聞記』には坐禅を第一の修行とする記述が多々見られるが、ここにその二、三の例を挙げる。
「禅僧ノ能ク成ル第一ノ用心は、祇管打坐スベキ也。利鈍賢愚ヲ論ゼス、坐禅スレバ自然ニ好クナルナリ。」(四三〇頁)
「機ニ随、根ニ随ベシト云ヘドモ、今祖席ニ相伝シテ専ル処は坐禅也。此ノ行、能衆機ヲ兼、上中下根等修シ得ベキ法也。」(四三五頁)
「学道ノ最要ハ坐禅是第一也。大宋ノ人、多ク得道スルコト、皆坐禅ノ力也。……然バ学人、祇管打坐シテ他ヲ管スルコトナカレ。仏祖ノ道ハ只坐禅也、他事ニ順ズベカラズ。」(四九四頁)

(8) 石井修道「最後の道元―十二巻本『正法眼蔵』と『宝慶記』―」、『十二巻本『正法眼蔵』の諸問題』、大蔵出版、一九九一年、第二章「十二巻本と坐禅の関係について」、三六九頁。

（9）伊藤秀憲「『永平広録』説示年代考」（『駒澤大学仏教学部論集』第一一号、一九八〇年）による。以下、『永平広録』の説示年月日は、同論考を参考にする。
（10）拙稿「『弁道話』の性格」『宗学研究』第三一号、一九八九年。
（11）この論文の存在については、奥野光賢氏よりご教示いただいた。なお、松本氏は、仏教以前の苦行主義の時代に流行した無執着主義については、「〝思考〟とは、精神の平静を乱す〝執着〟にほかならないので、その〝執着〟たる〝思考〟を停止することによって、精神の平静が獲得される、という考え方である」としている。
（12）私が以前、前記拙稿「道元禅師と坐禅（一）（二）」についてお話したおり、水野氏は「こういうことをわざわざ論じなければいけない時代になったのですねぇ」と嘆かれていたことを思い出す。

※七十六頁の【表2】は『永平広録』における坐禅に関する説示をまとめたものである。「健なれば即ち坐禅し、困ずれば即ち眠る」（七例）とか「這箇はこれ長連床上に学び得る底、向上また如何」（六例）等、上堂における坐禅に関する常套語については挙げなかったが、これらを除いても、坐禅に関する上堂がいかに頻繁に行なわれていたかがわかる。

※七十五頁の【表3】は大仏寺時代（一二四四〜一二四六）に説示したとされる『弁道法』（僧堂における坐禅弁道の規矩を述べたもの）における日分行持の様子をまとめた表である（野乃花香蔵「玄透即中の思想とその誓願―曹洞禅近代化への一過程―」〈玄透禅師復古会、一九八〇年六月〉四四頁、参照。本著の存在については尾崎正善氏よりご教示いただいた。）。ここからも、いかに坐禅中心の行が行なわれていたかがわかる。瑩山清規にも四時の坐禅の行持が見られるので、少なくとも、この『弁道法』の行持が道元禅師の晩年までも、そして滅後しばらくの間も、僧団の中で受け継がれていったと見てよい。

第五章　入宋遍歴をめぐって

従来、道元禅師伝における在宋中の動静の研究においては、如浄の天童山入院を宝慶元年（一二二五）春とし、道元禅師が如浄と初めて出会ったのは、この年の五月一日であるとされてきた。

これに対して鏡島元隆氏は『天童如浄禅師の研究』[1]において、伊藤慶道氏の説[2]をうけて如浄の天童山入院を嘉定一七年（一二二四）秋とし、さらに伊藤秀憲氏は、綿密な資料考証からこの年の七月後半から八月のことと論証し[3]、これに基づいて道元禅師の在宋中の動静が塗り替えられようとしている。

筆者も、これまで鏡島・伊藤両氏の説に基づき、如浄の入院を嘉定十七年のこととし、これによって道元禅師在宋五カ年中の行状を捉えてきたが、ここに改めて道元禅師在宋中の動静を検証し、この問題に関する私論を述べたい。

一　如浄の天童山入院の時期

まず問題となるのが、如浄の天童山入院の時期である。先に述べたように、従来、如浄の天童山入院は宝慶元年春のこととされてきた[4]。

その論拠は、『正法眼蔵』「鉢盂」巻に引用される、次の如浄の上堂語である。

先師天童古仏、大宋宝慶元年、住天童日、上堂云、記得、僧問百丈、如何是奇特事。百丈云、独坐大雄峯。大衆不得動著、且教坐殺者漢。今日忽有人、問浄上座、如何是奇特事。只向他道、有甚奇特。畢竟如何、浄慈鉢盂、移過天童喫飯。（五六五〜五六六頁）

この「記得」以下の上堂は『如浄録』の「明州天童景徳寺語録」に収められている、如浄が天童山に入院したおりの上堂語（「結座」法語）であり、道元禅師が「先師天童古仏、大宋宝慶元年、住天童日」の上堂語として示されていることから、これまで如浄の宝慶元年入院説の強力な論拠となってきた。

しかし、先に述べたように、伊藤慶道氏の研究をうけて、鏡島氏は『天童如浄和尚録』（以下『如浄録』と略す）の詳細な研究から、およそ年次順に排列されていると考えられる『如浄録』の上堂の排列から、如浄の天童山入院を嘉定十七年秋のことと推定し、さらに伊藤秀憲氏は、それぞれの上堂の年月日を推定し、伊藤慶道氏・鏡島氏の説を傍証して、如浄の天童山入院の時期を、嘉定十七年の七月後半から八月と推定したのである。

思うに、宝慶元年という年は、道元禅師にとってけっして忘れることのない重要な年であろう。[5] それを「道元禅師の記憶が錯綜し、嘉定一七年を宝慶元年と記された[6]」とは、筆者には考えがたいのであるが、如浄の嘉定十七年秋入院説は、やはり動かしがたいであろう。

そして、次なる問題は、如浄と道元禅師の出逢いの時期である。

二　如浄と道元禅師の相見問題

如浄の天童山入院を宝慶元年とする従来の説では、宝慶元年五月一日を如浄と道元禅師の初相見の日と考えてきた。しかし、如浄の入院の時期を嘉定十七年の七月後半から八月と推定する伊藤秀憲氏は、如浄と道元禅師との出会いを嘉定十七年七、八月頃とし、「身心脱落の話」(7)による大悟があったのを宝慶元年と推論するのである。

ところで、如浄と道元禅師との出会いの時期を考えるにあたって重要な記述が、古伝に見える。

遂掛錫于天童。于時有老璡者。勧云。大宋国裏。独有浄和尚。具道眼者。儞欲学仏法者。看他必有所得。師雖聞璡語。未遑参他。将満一年。爰浄和尚作天童之主而来。(『永平寺三祖行業記』「初祖道元禅師章」〈以下『行業記』と略す〉、河村孝道編著『諸本対校永平開山道元禅師行状建撕記』、大修館書店、一九七五年、一五八頁下段。以下、道元禅師の伝記資料は本書により頁数のみ記す。)

遂掛錫于天童。其時有老璡者。勧云。大宋国裡独有浄和尚。具道眼者。儞欲学仏法者。看他必有所得。雖聞璡語。未遑参他。将満一年。爰浄長老作天童之主而来。(『元祖孤雲徹通三大尊行状記』「越州吉祥山永平開闢道元和尚大禅師行状記」〈以下『行状記』と略す〉、一六一頁下段)

大我慢ヲ生ジテ、日本大宋ニワレニオヨブ者ナシトオモヒ、帰朝セントセシ時ニ、老璡ト云フモノアリ、ススメテ曰、太宋国中ヒトリ道眼ヲ具スルハ浄老ナリ、汝マミヱバ、必ズ得処アラン、カクノゴトクイヘドモ、一歳余ヲフルマデ参ゼントスルニイトマナシ、時ニ派無際去テ後チ、浄慈浄和尚、天童ニ主トナリ来ル、(『伝光録』、一六五頁上〜中段)

于時径山羅漢殿前。有老人。告云。大宋国裏。浄慈浄老。具道眼者。汝見必釈所疑。為汝師。師雖聞誨励。未遑参学。将及一年。浄老作天童主来。(『洞谷記』、一六七頁上〜下段)

ここで問題となるのは、老璡なる僧と出会い、如浄に参ずることを勧められてから満一年ほどを経て如浄に出会ったという記述(傍線)と如浄が天童山に住持となってやって来たという記述(波線部)である。

まず、老璡（『洞谷記』では有老人）なる僧との出会いであるが、『行業記』・『行状記』では、いわゆる「新到列位問題」（一〇〇頁）の後、天童山への掛錫後にこの記述がある。天童山への掛錫を嘉定十六年七月のことと考えれば[8]、それから約一年後に道元禅師は如浄に出会ったことになるから、すでに道元禅師が安居していた天童山に如浄が住持となってやって来たとする伊藤秀憲氏の説はぴったりと契合する。

しかしここで問題となるのは、『伝光録』に見られる次の記述である。

在宋ノ間ダ、諸師ヲトブラヒシ中ニ、ハジメ径山琰和尚ニマミユ、琰問云、幾時到此間、師答曰、客歳四月、琰曰、随群恁麼来、師曰、不随群、恁麼来時作麼生、琰曰、也是随群恁麼来、師曰、既是随群恁麼来、作麼生是、琰一掌曰、者多口阿師、師曰、多口阿師即不無、作麼生是、琰曰、且坐喫茶、又造台州小翠巌、見卓和尚便問、如何是仏、卓曰、殿裏底、師曰、既是殿裏底、什麼周遍恒沙界、卓曰、遍沙界、師曰、話堕也、カクノ如ク諸師ト問答往來シテ、大我慢ヲ生ジテ、日本大宋ニワレニオヨブ者ナシトオモヒ、帰朝セントセシ時ニ、老璡ト云フモノアリ、ススメテ曰、太宋国中ヒトリ道眼ヲ具スルハ浄老ナリ、汝マミエバ、必ズ得処アラン、カクノゴトクイヘドモ、一歳余ヲフルマデ参ゼントスルニイトマナシ、時ニ派無際去テ後チ、浄慈浄和尚、天童ニ主トナリ来ル、（二六五頁上～中段）

道元禅師が、径山の浙翁如琰を訪ね問答したおり、如琰の「幾時到此間」（何時ここ〈中国〉に来たのか）という問いに、道元禅師は「客歳四月」（昨年四月）と答えている[9]（傍線部）。これと、

于時径山羅漢殿前。有老人。告云。大宋国裏。浄慈浄老。具道眼者。汝見必釈所疑。為汝師。師雖聞誨励。未遑参学。将及一年。浄老作天童主来。（『洞谷記』、一六七頁上～下段）

という『洞谷記』の記述、つまり道元禅師は径山の羅漢殿前で老人（老璡）と出会ったとする記述を合わせ考えれば、道元禅師は入宋の翌年に径山の浙翁如琰と会い、それから満一年ほどを経て如浄と出会ったことになるから、入宋の

翌嘉定十七年に如浄と出会ったとする説は、この点であてはまらないのである。

とはいえ、老璡との出会いを天童山とする『行業記』・『行状記』にしたがえば問題はなく、また道元禅師の諸山歴遊における径山訪問を嘉定十七年のこととすればよいのであるが、『伝光録』や『洞谷記』の記述が、どこまで信頼できるのかは別として、いずれにしても、これらとも矛盾しない考え方ははたしてできないだろうか。また、先の、如浄が天童山に住持となってやって来たという記述を含めて、どのような在宋中の行状が考えられるであろうか。ここに私論を述べてみたい。

その前に、道元禅師の諸山歴遊について考察する必要がある。

三　諸山歴遊の時期

諸山歴遊の時期については、第一回を道元禅師入宋の年（嘉定十六年〈一二二三〉）の七月から十月頃、第二回を嘉定十七年の七月解夏の後より宝慶元年の三月までとする石井修道氏の説[10]がもっとも注目される。その大きな理由は、石井氏は道元禅師が第二回の諸山歴遊に出発したのを、嘉定十七年の七月解制の後、それも如浄が天童山に入院してくる以前とするからである。

ただし筆者は老璡との出会いを嘉定十七年の春のことと考える。そうすれば、『伝光録』の記述にある「客歳四月」という語や、老璡との出会いから満一年ほど経過して如浄に相見したとする記述と矛盾しないからである。そして、もちろんこの場合、筆者は如浄と道元禅師の出会いを宝慶元年春のことと考えるのである。

そこでまず、諸山歴遊についての筆者の私論を述べておこう。

嘉定十六年（一二二三）二月二十二日、建仁寺を出発した道元禅師は（「明全和尚戒牒奥書」、ただし「舎利相伝記」は二十一日とする）、四月に明州に到着（『正法眼蔵』「仏性」）、しばらく慶元府の船裏に留まり（五月に「在慶元船裏」、『典座教訓』）、七月には天童山に掛錫する（『正法眼蔵』「嗣書」、『典座教訓』）。この掛錫は、おそらく解制後であろうから、正式な安居ではなかったであろう。『正法眼蔵』「嗣書」に、「嘉定十六年癸未あきのころ、道元はじめて天童山に寓直するに、……」とあるのは、天童山に寓止したことを示したものであり、『行業記』に見える「掛錫」とは身を寄せたというほどの意味であると思われる。また、いわゆる「新到列位問題」があったとすれば、この頃であろう。これは道元禅師が天童山に掛錫したおり、戒臘の次第によらず新戒の位に列せられようとしたことに対して、三度上表して抗議したという事件であるが、皇帝にまで上表するということが史実としては問題であるとしても、戒儀に関する、あるいは僧堂での列位をめぐる何らかの事件があったことが考えられる。そして、かりに三度の上表（第一回目は天童山の住持・両班・大衆が評議、第二回目は五山が評議、第三回目は寧宗皇帝による裁決）があったとすれば、三度にわたる評議・裁決が、抗議する道元禅師に好意的に迅速に行われたとは考えにくい。この事件は、翌嘉定十七年四月、正式に天童山に安居するまで長期にわたり続いたと筆者は考えるがいかがなものであろうか。

さて、道元禅師は、慶元府の船舶や天童山を拠点にしながらも、翌嘉定十七年春にかけて、第一回の諸山歴遊を行われたと思われる。秋には阿育王山へ（『正法眼蔵』「仏性」）、十月には慶元府で高麗僧と会っている（『正法眼蔵』「伝衣」・「袈裟功徳」）。翌年一月二十一日には天童山にあって無際了派の嗣書を拝覧している（『正法眼蔵』「嗣書」）。そして、二月から三月にかけて径山を訪ね、その時の出来事が先にも挙げた次の記録に示されているのではなかろうか。

在宋ノ間ダ、諸師ヲトブラヒシ中ニ、ハジメ径山琰和尚ニマミユ、琰問云、幾時到此間、師答曰、客歳四月、琰曰、随群恁麼来、師曰、不随群、……（『伝光録』、一六五頁）

于時径山羅漢殿前。有老人。告云。大宋国裏。浄慈浄老。具道眼者。汝見必釈所疑。為汝師。師雖聞誨励。未遑

参学。将及一年。浄老作天童主来。（『洞谷記』、一六七頁）

ここで、「在宋ノ間ダ、諸師ヲトブラヒシ中ニ、ハジメ径山琰和尚ニマミユ」とあり、これによれば、初めに如琰を訪ねたとあるので、嘉定十七年の二から三月頃とするのは遅すぎる感もある。しかし、道元禅師はすでに無際了派には参じており、それ以外の「諸師」として参学を期した師はさほど多くはなかったであろうから、これ以前に中国五山参拝はあったとしても、当代一流の善知識への参学としては、無際以外では如琰が初めてであったのだろう。

私は、径山の如琰参学を嘉定十七年二月から三月のこととし、石井修道氏同様、如浄と道元との出会いを宝慶元年春のことと考えるので、右の傍線や波線の部分も矛盾なく理解できるのである。

そして、ここで当然問題となるのが、改めて、如浄と道元禅師の出会いの時期である。まず問題となるのが先に示した「如浄が天童山に住持となってやって来た」とする古伝の記述である。

未遑参他。将満一年。爰浄和尚作天童之主而来。（『行業記』、一五八頁）

未遑参他。将満一年。爰浄長老作天童之主而来。（『行状記』、一六一頁）

一歳余ヲフルマデ参ゼントスルニイトマナシ、時ニ派無際去テ後チ、浄慈浄和尚、天童ニ主トナリ来ル、（『伝光録』）

未遑参学。将及一年。浄老作天童主来。（『洞谷記』、一六七頁）

これらの記述は、道元禅師が掛錫していた天童山に、如浄が住持となってやって来たと読むことができる。しかし、この場合、道元禅師が天童山にいたと考えなければならないのだろうか。筆者はそうは思わない。道元禅師の修行の拠点が天童山であったことは、おそらく間違いない。道元禅師は天童山を起点として諸山歴遊・参師問法を行っていたのである。そのような道元禅師にとってみれば、あるいは同様に考える伝記作者にとってみれば、諸山歴遊のためにしばらく離れていた天童山に如浄が住職として晋住してきたことを「天童之主而来」と表現することもありうる。

すでに天童山は道元禅師自らの入宋修行の拠点であったからである。

道元禅師は、嘉定十七年の夏安居はおそらく天童山で過ごしている。七月五日には栄西十回忌にあたり天童山にて祠堂供養が行われている(「千光法師祠堂記」)。そして、解夏(七月十五日)を迎えた道元禅師は何を考えたであろう。如浄の天童山入院が伊藤氏が推定するように、七月後半から八月の間にあったとすれば、すでにそのことは一山の大衆には知れわたっていたと考えられる。そのことを道元禅師も知っていたならば、かの老璡から聞き及んだ如浄がやって来るのを待たずして第二回目の諸山歴遊の旅に出かけるとは、確かに考えにくい。しかし私は石井修道氏が言うように(11)、それを待たずして旅立ったと考える。

道元禅師は『正法眼蔵』「嗣書」で、

のちに宝慶のころ、道元、台山・雁山等に雲遊するついでに、平田の万年寺にいたる。(三四四頁)

と述べている。「宝慶のころ」とは嘉定十七年から宝慶元年にかけての諸山歴遊を言ったのであろう。おそらく道元禅師は老璡の勧めや風評から如浄の大善知識なることを知り、如浄との出会いに大きな期待を持ち、徹底した参学を期していたと思われる。であればこそ、如浄に参ずる前に、かねて予定していた栄西ゆかりの台山・雁山等への歴遊に旅立ったのではなかろうか。諸伝記資料では、径山への旅と台山・雁山への旅がまとめて記されているが、これは伝記作者が諸山歴遊・参師問法の行状として一つにまとめたものであろう。そして、この第二回目の諸山歴遊から天童山に帰ったのは、宝慶元年の春のことと私は考えるのである。

四　如浄参学と身心脱落

『正法眼蔵』「面授」に、

大宋宝慶元年乙酉五月一日、道元はじめて先師天童古仏を妙高台に焼香礼拝す。先師古仏はじめて道元をみる。そのとき、道元に指授面授するにいはく、仏仏祖祖面授の法門現成せり。これすなはち霊山の拈華なり、嵩山の得随なり。黄梅の伝衣なり、洞山の面授なり。これは仏祖の眼蔵面授なり。吾屋裏のみあり、余人は夢也未見聞在なり。(四四六頁)

とあり、同巻末尾には、再び、

道元、大宋宝慶元年乙酉五月一日、はじめて先師天童古仏を礼拝面授す。やや堂奥を聴許せらる。わづかに身心を脱落するに、面授を保任することありて、日本国に本来せり。(四五〇頁)

とある。[12] この再度にわたり印象的に示されている宝慶元年五月一日とはいかなる日なのか、宗学上の重要な問題としてこれまで種々の論議がなされてきている。「はじめて」とあるから、文字通りにとって「初相見の日」、すなわち道元禅師と如浄禅師の初対面の日と見るか、あるいは「身心脱落の日」、すなわち身心脱落という機縁があって、如浄禅師より仏法の継承を許された日と見るか、見解は大別すれば二つに別れていると言える。

結論をあらかじめ述べれば、筆者はこの日(五月一日)を「初相見の日」(とは言えそれは正式に対面の礼をとった日)と見るのであり、いわゆる「身心脱落の話」は宝慶二年あるいは三年、そして嗣法は、道元禅師帰朝の年(宝慶三年)と考えるのである。以下、その論拠を述べる。

中世古祥道氏は、『正法眼蔵』「梅花」に見られる次の説示に注目し、先の『正法眼蔵』「面授」末尾の説示と対照している(中世古祥道『道元禅師伝研究』、国書刊行会、一九七九年)。

しかあれども、先師古仏をみざるはおほく、みたるはすくなからん。いはんやことばを見聞するは少分なるべし。いはんや相見問訊のともがらおほからんや。いはんや堂奥をゆるさるる、いくばくにあらず。いかにいはんや先師の皮肉骨髄・眼睛面目を礼拝することを聴許せられんや。先師古仏、たやすく僧家の討掛搭をゆるさず。……

（四五九頁）

中世古氏は、これを、如浄に対する修行人に段階を示しているものととり、『正法眼蔵』「面授」末尾の説示も段階を示したものと解釈している。すなわち、杉尾玄有氏が主張するように[13]、これら「面授」「堂奥聴許」「身心脱落」はほとんど同時のことであるのではなく、これらは別個に時間的な経過があるものとして読まれるべきであり、この『正法眼蔵』「梅花」の説示の段階にも該当するものであると言われるのである。中世古氏のこの主張に私は賛同する。

中世古氏の説を補ってさらに述べるなら、道元禅師は宝慶元年の三月以前に天童山に掛搭されたと思われるが、それは「先師天童古仏、たやすく僧家の討掛搭をゆるさず」と言われるところの掛搭を許され、その後如浄の「ことばを見聞する」ことができ、この五月一日は「相見問訊」が許された日であり、さらにその後「堂奥がゆるされ」て、はじめて方丈に参じたのが『宝慶記』に示される七月二日であり、「先師の皮肉骨髄・眼睛面目を礼拝することを聴許」されたのが、この後いずれかのことと考える（私はそれが宝慶三年のことと考える）のである。すなわち、両者を対照すれば次のようになる。

③道元、大宋宝慶元年乙酉五　月一日、はじめて先師天童古仏を礼拝面授す。

④やや堂奥を聴許せらる。

⑤わづかに身心を脱落するに、面授を保任することありて、日本国に本来せり。

---

①先師古仏をみざるはおほく、みたるはすくなからん。

②いはんやことばを見聞するは少分なるべし。

③いはんや相見問訊のともがらおおからんや。

④いはんや堂奥をゆるさるる、いくばくにあらず。

⑤いかにいはんや先師の皮肉骨髄・眼睛面目を礼拝することを聴許せられんや。

「礼拝面授」は「相見問訊」と、「堂奥を聴許せらる」は「堂奥をゆるさるる」と、「身心脱落する」は「先師の皮肉骨髄・眼睛面目を礼拝する」とそれぞれ対応すると思われるのである。

（『正法眼蔵』「梅花」）

（『正法眼蔵』「面授」）

先に述べたように、道元禅師が二回目の諸山歴遊から天童山に戻ったのは、宝慶元年の三月末以前と思われる。如浄が天童山に入院したのは嘉定十七年（一二二四）の八月頃のことであると思われ、道元禅師が二回目の諸山歴遊に出発したのはそれ以前と私は考えるので、天童山に戻った時、すでに天童山の住持になっていた如浄を初めて「みる」ことになる。これが『正法眼蔵』「梅花」にいう①「先師古仏をみざるはおおく、みたるはすくなからん」の段階である。その後、当然、叢林中にあって如浄のことばを見聞することになる。これが②「ことばを見聞する」の段階である。その後、妙高台に上って正式に師と弟子の礼をとる機会を得る。それが③で「いはんや相見問訊のともがらおおからんや」と言われるところの「相見問訊」であり、『正法眼蔵』「面授」に示される「大宋宝慶元年乙酉五月一日、道元はじめて先師天童古仏を妙高台に焼香礼拝す。先師古仏はじめて道元をみる」という出来事であろうと私は考えるのである。そして、③以前、すなわち五月一日以前には、道元禅師は大衆の一人として如浄に参じているにすぎなかったと思うのである。

さて、ここで「堂奥聴許」という語についても問題にする必要があるが、この語は「大事了畢」の意味に解釈できないとは言えないが、「室内」あるいは「室内への出入りを許されて親しく師と弟子が問答を交わすことができる状態」を言うものであると思われる。(14) ④の「堂奥をゆるさるる」とは、中世古氏の言うように「室内への出入りの自由の許可」と見るのが妥当であろう（前掲中世古書、二三九頁）。

以上のことから見ても、五月一日の「礼拝面授」は、「堂奥聴許」すなわち室内への自由な出入りの許可以前のこと、具体的には、大衆の一人として天童山に掛搭していた道元禅師が、縁あって堂頭の如浄に正式に礼拝問訊することが許された日であると考えられるのである。『行業記』や『行状記』の「浄和尚作天童之主而来」の後にある「即焼香礼拝。遂取師資礼」とは、この五月一日の「礼拝面授」を指すと受け取ることができるのである。それではなぜこの五月一日の初対面の日の出来事を「霊山の拈華」（釈尊から摩訶迦葉への伝法の機縁）とか「嵩山の得髄」（達磨から慧可への伝法の機縁、どちらも初対面の時の話ではない）等と示したのであろう。中世古氏は、

「霊山の拈華」とか「嵩山の得髄」とかは、禅師の得法を証していうのではなく、拈華も得髄も伝衣も、この面授という生ける人格の接触によって始めて現成するものというのであろう。仏法は書籍の参得によって得られるものでもなく、日月星辰・飛華落葉の自然から授けられるものでもなく、面授なくしては正伝の仏法相承はないことを示したのであろう。（前掲中世古書、二四〇頁）

と言うが、私も同様に考える。さらに言えば、この日（五月一日）を「霊山の拈華」とか「嵩山の得髄」とか言いえたのは、後のことなのであり、道元禅師が後に身心脱落した時点から振り返って見れば、「このはじめて親しく如浄を礼拝した時が、すでに得法の時であったと言ってもよい」という宗教的確信から述べられた言葉であると理解することができるのである。「霊山の拈華」「嵩山の得髄」と示されているからと言って、この日を身心脱落の日と見るのは倉卒である。

また、『正法眼蔵』「梅花」に、

われなにのさいはひありてか、遠方外国の種子なりといへども、掛搭をゆるさるるのみにあらず、ほしきままに堂奥に出入して、尊儀を礼拝し、法道をきく。（四五九頁）

とある「堂奥」はまさしく室内（方丈）の意であろうが、このように、「ほしきままに堂奥に出入」することを許されたのは何時なのであろう。『宝慶記』に、

元子参問、自今已後、不拘昼夜・時候、著衣・衩衣、而来方丈問道無妨。老僧一如親父恕無礼也。太白某甲

宝慶元年七月初二日、参方丈。（三七一頁）

とある。この如浄の言葉は、自由に方丈に参ずることの許可である。そして、七月二日より参問が始まったことを示すのがこの記述である。この記述の後記録されている如浄との入室問答は、これより後に行われたと考えるのが妥当であろう。面授時脱落を主張する論者は、『宝慶記』の記録を、身心脱落以後のこととし[15]、この後の宝慶元年九月十八日の『仏祖正伝菩薩戒作法』の伝授を伝法以後のこととしているが[16]、そのようには思われない。『宝慶記』の内容から見て、この『宝慶記』を身心脱落以後の記録と考えられるであろうか。『宝慶記』の記述が、おおよそ年月日順に並べられていることは、伊藤氏の研究[17]の通りであろうと賛同するが、それを前提に以下を述べる。

『宝慶記』第十段に、次のようにある。

和尚或時召示曰、你是雖後生頗有古貌。直須居深山幽谷、長養仏祖聖胎、必至古徳之証処也。于時道元、起而設拝和尚足下。和尚唱云、能礼所礼性空寂、感応道交難思議。于時和尚、広説西天東地仏祖之行履。于時道元、感涙沾襟[18]。（三七六頁）

ここでは、将来のこととして「必ず古徳の証処に至らん」と如浄は言っている。古徳の証処に至るとは、いわゆる証悟、つまり身心脱落[19]を言うのではなかろうか。

また、第十五段において、

堂頭和尚示曰、参禅者身心脱落也、不用焼香・礼拝・念仏・修懺・看経、祇管打坐而已。

拝問、身心脱落者何。

堂頭和尚示曰、身心脱落者、坐禅也。祇管坐禅時、離五欲、除五蓋也。（三七七頁）

と、「身心脱落」の意味を質問している。身心脱落以後に身心脱落の意義を問うようなことがあろうか。

さらには第三十八段において、

堂頭和尚慈誨云、吾見你在僧堂被位、昼夜不眠坐禅、得甚好。你向後必聞美妙香気世間無比者也、此乃吉瑞也。（三八六頁）

という記述が見られる。如浄が道元禅師の昼夜にわたる厳しい坐禅の修行を讃え、吉瑞のあることを予言しているのである。これは証悟以前の言葉と思われる。

また、如浄は先の第十五段をはじめ、五蓋・六蓋を除くべきことの重要性を説かれるが、第三十段（三八三頁）において道元禅師がその秘術を尋ねたのに対し「你向来功夫、作甚麼。這箇便是離六蓋之法也」と答え「祇管打坐作功夫、身心脱落来、乃離五蓋・五欲等之術也」と答えている。「向来功夫」とは坐禅のことである。坐禅がそれであることを、この時道元禅師はまだ領得していないのである。これがはたして身心脱落の後の問答と言えるのであろうか。『宝慶記』の末尾（第三十六段から四十三段）には如浄の坐禅に関する示誨が集中している。このことは、道元禅師にとって正伝の坐禅の解明が一大事であり、そのような道元禅師の態度に応えるかのように如浄の親切な示誨が頻繁に行われたことを意味する。ここにおいて道元禅師の疑問は次第に氷解してゆくのである。すなわち「参禅は身心脱落なり」と確信するに至るのである。『宝慶記』の記述はその過程を思わせる。

思うに、道元禅師の、弟子としての入室問道問法の参学は、身心脱落によって終わるのであるまいか。それが『弁道話』に示すところの「一生参学の大事ここにおはりぬ」（七二九頁）にあたるのであり、『宝慶記』の記録は、身心脱落以前の参学の様子と考えられるのである。

それでは、「身心脱落の話」にあるような機縁は何時あったのか。『行業記』・『行状記』共に、先の『宝慶記』冒頭の言葉を挙げた後に、次のように記す。

……老僧一如親父恕子無礼。然問。独歩於堂奥。昼夜問道。入室請益。不拘時節。聞未聞。伝不伝。脇不至席。

将及両歳。（『行業記』、一五八頁下）

そしてこの後に、「天童五更坐禅。云々」の身心脱落の話が示される。『伝光録』もこの順序は同様である。如浄と道元禅師との出会いを嘉定十七年の七〜八月頃とし、大悟（身心脱落）を宝慶元年のこととする伊藤氏は、この「将及両歳」を嘉定十七年（一二二四）から宝慶元年（一二二五）とする。しかし、両者の出会いを宝慶元年のこととし、古伝に記された順序のごとくに考え、また『宝慶記』に見られるように、その入室問道の開始を宝慶元年の七月二日と考える私は、この「両歳」を丸二年と見れば、大悟（身心脱落）は宝慶三年、それは如浄からの嗣書伝授に先だってのことと推測し、あるいはこれを足掛け二年と見れば、それは宝慶二年のことと推測するのである。

以上、道元禅師の入宋中の動静について述べてきたが、不明な点が多い。我々は、限られた伝記資料の中で、道元禅師の足跡を探らなければならない。まず拠るべきであるのは、道元禅師の著作に見られる禅師自らの記録であることは言うまでもない。そして次に本論でも引用した『行業記』『行状記』『伝光録』『洞谷記』や、『建撕記』の諸本に見られる記録である。これらを元に、入宋中の動静を探るのであるが、これらの記録もけっして一様ではないため、我々を悩ませる。今後は研究者がこれらを種々の角度から全体的に眺めて想像を逞しくするしかない。

本章も、道元禅師伝研究に関する先行業績を参照しながら、伝記資料を開き並べて、そこに記されたできるだけ多くの記録を受け入れて、あまり取捨することなく会通する形で、道元禅師在宋中の動静についての私論を提示したものである。部分的には先行業績に重なるところが多いが、全体的には新たな論を展開できたと思う。

（1）鏡島元隆『天童如浄禅師の研究』、春秋社、一九八三年、八四〜八九頁。

（2）伊藤慶道『道元禅師研究』、大東出版社、一九三九年。

(3) 伊藤秀憲『道元禅研究』、大蔵出版、一九九八年、八三~九八頁。

(4) 大久保道舟『修訂増補道元禅師伝の研究』、筑摩書房、一九六六年、一四三頁。

(5) 『正法眼蔵』「面授」に、

大宋宝慶元年乙酉五月一日、道元はじめて先師天童古仏を妙高台に焼香礼拝す。先師古仏はじめて道元をみる。そのとき、道元に指授面授するにいはく、仏仏祖祖面授の法門現成せり。これすなはち霊山の拈華なり、嵩山の得随なり。黄梅の伝衣なり、洞山の面授なり。これは仏祖の眼蔵面授なり。吾屋裏のみあり、余人は夢也未見聞在なり。(四四六頁)

とあり、同巻末尾には、再び、

道元、大宋宝慶元年乙酉五月一日、はじめて先師天童古仏を礼拝面授す。やや堂奥を聴許せらる。わづかに身心を脱落するに、面授を保任することありて、日本国に本来せり。(四五〇頁)

とある。この再度にわたり印象的に示されている五月一日は、道元禅師にとって非常に重要な日であり、この出来事があった年(宝慶元年)が忘れがたい年であることは、文面が示す通りである。

(6) 伊藤秀憲『道元禅研究』、大蔵出版、一九九八年、九〇頁。

(7) 「天童五項更坐禅。入堂巡堂。責衲子座睡。曰。参禅者必身心脱落也。祇管打睡作什麼。師聞豁然大悟。早晨上方丈。焼香礼拝。天童問云。焼香事作麼生。師云。身心脱落来。天童云。身心脱落。脱落身心。師云。這箇是暫時伎倆。和尚莫乱印某甲。童云。吾不乱印儞。師云。如何是不乱印底。童云。脱落身心。」(『行状記』、河村孝道編『諸本対校永平開山道元禅師行状建撕記』、大修館書店、一九七五年、一六二頁上段。以下、『行状記』からの引用は同書により、頁数・段のみを記す)なお、以下、この話を「身心脱落の話」と記す。

(8) 『典座教訓』に「同年(嘉定十六年)七月間、山僧掛錫天童時、彼典座来相見」(大久保道舟編『道元禅師全集』下、二九九頁)とあり、『正法眼蔵』「嗣書」には「嘉定十六年癸未あきのころ、道元はじめて天童山に寓直するに、……」(三四二頁)、「去年(嘉定十六年)七月のころ、師広都寺、ひそかに寂光堂にて道元に語れり」(三四三頁)とあることから、嘉定十六年七月頃に道元禅師が天童山に掛錫していたことは間違いない。

(9) 「客歳四月」という記述は、ここに挙げた流布本『伝光録』(佛洲仙英本、河村孝道編著『諸本対校永平開山道元禅師行状建撕記』、大修館書店、一九七五年、一六五頁)と面山の『訂補建撕記』(同書、一八頁)に見られる。乾坤院本『伝光録』・古写本『建撕記』には「四月間」（同書、一八頁）とある。伊藤氏は、「客歳」のないのが本来の姿であり、あるのは後の付加であるとする。確かに、我々はより古い資料にしたがうべきであろうが、もし後の付加であるのならば、なぜ付加されたのか。何らかの意図があったはずであるが、それが明確にできない。むしろ私は、伝記作者が伝記資料の排列から、径山参学を嘉定十六年としたほうが妥当であると考えて「客歳」を削除し「四月間」としたのではないかと考える。なぜなら、かりに「四月間」とすれば、径山訪問は嘉定十六年のこととなり、疑問が残るのである。それは、多くの古伝は帰朝しようと思っていた時に、あるいはその後に老璡と出会い如浄への参学を勧められたとするのであり、それから満一年ほど如浄と会うことができなかったというのであるから、如浄の天童山入院を嘉定十七年七〜八月のこととし、この時如浄と道元禅師が出会ったとすれば、道元禅師は入宋したその年の七〜八月頃、すでに諸山歴遊・参師問法を終え大驕慢を生じて帰朝しようとしていたことになるのである。わざわざ入宋した道元禅師が、慶元府の船舶裏に滞在していた期間を含めて、わずか三ヶ月ほどの諸山歴遊で驕慢を生じて日本に帰ろうとしたとは思えない。それは、老璡から如浄への参学を勧められた出来事を、入宋の年である嘉定十六年夏の無際了派下の天童山に掛錫した時であるとしても、なおさらのことなのである。後に述べるように私は、老璡と出会った径山への旅を嘉定十七年春のことと考え、あるいは老璡との出会いが天童山に掛錫後であったとする場合も、それは嘉定十六年の夏安居ではなく翌嘉定十七年の夏安居（結制時の掛錫ではないかと考え、よってその約一年後とする如浄と道元禅師との出会いを宝慶元年のことと推定するのである。

(10) 石井修道『道元禅の成立史的研究』（大蔵出版、一九九一年、四一六〜四三八頁）・同「道元禅師の大梅山の霊夢の意味するもの—宝慶元年の北帰行—」、『中国仏蹟見聞記』第七集、一九八六年）。なお、伊藤氏は第二回の歴遊を嘉定十七年（一二二四）の二〜三月とし、鏡島氏は径山への旅を嘉定十七年中のこととする。

(11) 前掲石井書、四二五〜四二六頁。

(12) 以下、拙稿「道元禅師の身心脱落について」（『駒澤短期大学研究紀要』第二三号、一九九五年）に基づき一部訂正して論ずる。

(13) 杉尾玄有「原事実の発見—道元禅師参究序説—」（『山口大学教育学部研究論叢』第二六巻第一部、一九七七年）。

(14) 前掲拙稿「道元禅師の身心脱落について」、一一五〜一一六頁参照。

(15) この身心脱落の時期については、宝慶元年五月一日の前日とする説（佐藤秀孝「如浄会下の道元禅師—身心脱落と面授—」、『印度学仏教学研究』第三七巻第二号、一九八九年）、五月一日であるとする説（田中一弘「如浄・道元禅師の相見―御遺言記録を中心にして―」〈『中外日報』一九七三年三月二八日～四月一日〉、同「如浄禅師と道元禅師の相見について」〈『傘松』一九九〇年九月号〉、志部憲一「「面授」と「脱落」について」〈『駒澤大学大学院仏教学研究会年報』第一二号、一九七八年〉、ほか）、五月一日以降『宝慶記』で示す七月二日参方丈までの間とする説（伊藤秀憲「道元禅師の在宋中の動静」、『駒澤大学仏教学部研究紀要』第四二号、一九八四年、一一五～一一六頁）、九月一八日以降のほど遠くない時期とする説（中世古祥道前掲書）、宝慶二年もしくは宝慶三年における出来事であったとする説（伊藤俊彦「道元禅師の身心脱落の年次について―宝慶元年夏安居説への疑義―」、『駒澤大学仏教学部研究紀要』第二四号、一九六六年）、また宝慶三年の嗣書相承の時点ではないかとするもの（鏡島元隆『道元禅師とその周辺』、大東出版社、一九八五年、三一六～三一八頁）等がある。

(16)　宝慶元年九月十八日の『仏祖正伝菩薩戒作法』の伝授をどのように捉えるかについては、拙稿「道元禅師の身心脱落について」（『駒澤短期大学研究紀要』第二三号、一九九五年）一一八～一二〇頁参照。師より菩薩戒を授かる前に身心脱落してしまうことがないことはなかろうが、授菩薩戒（後出「授道元式」）が身心脱落以後でなければならない理由などなにもない。かえってそれは身心脱落以前であることが通常であるはずである。道元禅師の身心脱落は宝慶元年九月十八日の伝授菩薩戒作法以後のことと見るのが妥当である。『仏祖正伝菩薩戒作法』の奥書には、「右大宋宝慶元年九月十八日、前住天童景徳寺堂頭和尚、授道元式如是。祖日侍者〈時焼香侍者〉宗端知客・広平侍者等、周旋行此戒儀。大宋宝慶中伝之」（大久保道舟編『道元禅師全集』下、二七〇頁）とあるが、冒頭において「大宋宝慶元年九月十八日」と明記しておきながら、末尾に「大宋宝慶中伝之」と再び書き添えてあるのは、一見不可解に思われる。しかし、後者にはこれが記された意味があるはずである。後者を前者とは別の時期と考えるべきなのである。すなわち、伝授菩薩戒の「儀式」は宝慶元年の九月十八日に行われたのであるが、その後、その作法・次第の詳細が伝授された、つまり道元禅師自身が仏祖正伝菩薩戒を弟子に「授与」することが許され『仏祖正伝菩薩戒作法』の「書写」が許されたのは、それより後の「宝慶中」であると理解できるのである。それは何時であるのか。「伝之」とは、これを日本国に伝承したことともちろん解されうるが、私はそれを伝法の時、すなわち如浄禅師からの嗣書相承の時と考える。

(17)　伊藤秀憲『道元禅研究』、大蔵出版、一九九八年、四〇四～四〇八頁。

(18)　伊藤氏は、この段は『正法眼蔵』「仏祖」との関係から、宝慶元年の夏安居中の記録であると推定し、次のように述べている。

臨終まで師承を明かさなかったと言われる如浄が、道元禅師に『仏祖』の巻に記されるような過去七仏から如浄までの系譜を示したということは、まさに伝法を許したということである。すなわち伝法は、『伝光録』が言うように、宝慶元年（一二二五）の、しかも夏安居中のことであったのであろう。そしてこの第十段は、伝法を許してよりそれほど過ぎないある時であろう。礼拝する道元と、礼拝される如浄とは、「感応道交」したのであり、それはまさに禅師と西天東地の仏祖との「感応道交」であったと言ってよいであろう。それ故、道元禅師は感涙に襟を沾されたのである。（前掲伊藤著書、四〇五頁）

『伝光録』が「宝慶元年乙酉、日本嘉禄元年、タチマチ二五十一世ノ祖位ニ列ス」（一六五頁下段）としているのは、まさに伊藤氏の言うように『正法眼蔵』「仏祖」巻をうけているのである。しかし必ずしも瑩山禅師は身心脱落が宝慶元年夏安居時にあったと言われているのではない。もしそうであったとしても瑩山禅師の多子塔前付法説がその背景にあるのである。それは『伝光録』首章において示されるところであるが、瑩山禅師は迦葉尊者が多子塔前においてはじめて釈尊に相見したとき正法眼蔵の付嘱〈伝法〉が行われたとする（これに対して、釈尊が王舎城外の霊鷲山において迦葉尊者に付法したとする説を霊山法説と言う）。この説をとる瑩山禅師にとっては思想的には初相見時の付法を主張されるはずであるから、むしろそのような視点から示されたものと受け取るべきであろう。また、この第十段での「感応道交」は伝法に関わるような感応道交ではなく、これは偈文としてのそれであろうと思う。それは、この「礼拝偈」が第十九段においても如浄禅師によって普説の時に大衆に対して示され（あるいは唱えられ）ていること、そして道元禅師はこの言葉の意味について熟知しておられず、この第十九段で如浄禅師に尋ねていることからも推測できる。

ところで、付法説についてさらに述べれば、如浄禅師と瑩山禅師は多子塔前付法説をとり、道元禅師は霊鷲山での付法を示している（『正法眼蔵』「面授」）。道元禅師は「面授」巻の冒頭において霊鷲山での付法の因縁を挙げ、その直後に、いわゆる「面授時脱落」の話を挙げているが、両者を関連させて述べれば、「面授時脱落」の話は初相見の時のことではないことになる。しかし、それでも五月一日は初相見の日でよいのであって、この矛盾に重要な意味があるとも言える。つまり、伝法（身心脱落）はあくまでも霊鷲山であることを示した上で、初相見の日にそれが行われたとも言える道理を示されたと考えたい。だからこそ、思想的には道元禅師は如浄禅師や瑩山禅師と同じ多子塔前付法説をとっていたとも言えるのであり、それは『正法眼蔵』の随所に示される考え方でもあるのである。また、如浄禅師が初相見（五月一日）の時に「仏仏祖祖面授の法門現成せり」のみでなく、それに続く「これすなはち霊山の拈華なり、嵩山の得髄なり。黄梅の伝衣なり、洞山の面授なり。これは仏祖の面授なり。吾屋裏のみあり、余人は夢也未見在なり」も言われたとしても、多子塔前付法説をとられていた如浄禅師（『宝慶記』第二十八段〈三八一頁〉参照のこと）がそのように示されたとしても、それは当然のことであって、この時に身心脱落があって付法したと受け取らなければならないことはないのである。

また、第十段において道元禅師が「感涙沾襟」したのも、如浄禅師から「必至古徳之証処」という授記を得た、そのことに対してであると私は考える。

(19) ここで言う身心脱落とは、けっして瞬間的な覚体験のみを言うのではない。それについては、前掲拙稿「道元禅師の身心脱落について」参照のこと。如浄が「身心脱落者、坐禅也〈身心脱落とは坐禅である〉」（『宝慶記』）と示しているように、身心脱落とはまさに「坐禅」そのもののことであるが、しかしまた私は、古伝に見られるいわゆる「身心脱落の話」は、「身心脱落とは坐禅である」ということの信（心）決定であると捉えている。

第六章　宗学論をめぐって

ここで言う宗学とは、曹洞宗における宗学である。既成仏教教団の多くは、それぞれの宗派の宗学を持つが、同様に曹洞宗においても宗学なる学問分野が存在している。その宗学とは何なのか、について考察する(1)。

まず、宗学という場合の宗とは何か、ということが問題となる。すなわち、これが〝曹洞宗〟の宗なのか、〝おもと〟〝本源〟という意味の宗なのかということである。

以下、結論づけるところの宗学を宗学とし、他の宗学に含まれるものあるいは種々提案されている宗学を括弧に入れて「宗学」とする。

一　曹洞宗学

まず〝曹洞宗〟の宗ということになれば、これは曹洞宗の学問、すなわち曹洞宗学の略語ということになる。であれば、曹洞宗に関わる学問研究すべてを含むことになる。

曹洞宗では毎年、太祖降誕会（両祖の一人である瑩山禅師の生誕祭）にちなみ、宗学大会（二〇〇七年からは曹洞宗総合研究センター学術大会）という学会を開催してきた。この学会における研究発表は曹洞宗に関わる分野を幅広く含んでいる。曹洞宗の両祖である道元禅師および瑩山禅師に関わる学問はもとより、中国禅や曹洞宗教団史、また曹洞宗教団が現代的問題として取り組む人権問題などに関する研究発表も行われている。ゆえに、この学会は、まぎれもなく曹洞宗学大会であり、現実に、この意味での宗学の学会が曹洞宗において行われている。

このような曹洞宗学とは何かについて定義すれば次のようになる。

① 曹洞宗教団が、両祖として帰依する道元禅師および瑩山禅師（以下、両祖）に関する歴史的（伝記）・書誌的（著作）・思想的研究、および、それらと関わるその周辺の研究。

② 両祖の思想的母胎（それ以前の仏教教理・人物等総てを含む）に関する研究。但し、両祖の思想との関係を問題とした研究。

③ 両祖以降の曹洞宗に関わる人物の歴史的（伝記）・書誌的（著作）・思想的研究、およびそれらと関わるその周辺の研究。

④ 曹洞宗教団の成立およびその歴史に関する研究。

⑤ 曹洞宗に関わる事象の研究（現代的研究を含む）。

である。

ところで、曹洞宗の宗学大会で行われている発表には、ここに定義した①から④に該当しないもの、すなわち曹洞宗と直接的に関わらないものがあるが、宗学大会（内容は曹洞宗学大会）と称する以上、このあたりの基準は遵守するべきである。

二　宗学に対する新たな提案

一九九〇年代のおわり、にわかに、新たな「宗学」に対する定義や、提案がなされ、「宗学」に関する論議が起こった。以下、それを紹介し、その経緯をここにまとめておく。

松本史朗・「批判宗学」

1.「いかなる対象も絶対視・神秘化することなく、絶えず自己自身を否定しつつ、宗門の正しい教義を探求すること」

2.「いかなる対象」とは、

〝いかなる人物（宗祖）、テキスト（宗典、経典）、行（坐禅）、教義（縁起説）等〟を意味する。

3. 従って、批判宗学は、密教の否定である。

4. 批判宗学は、宗祖無謬説に立たない。一切のguru（尊師）崇拝を排除する。

5. 道元の思想的変化を認め、道元が目指そうとしたもの（正しい仏教）を、目指す。

6. 批判宗学自身の見解は、縁起説であり、行は、縁起説にもとづく誓度一切衆生（自未得度先度他）の行である。

7. 批判宗学は、本質的に、社会的（「誓度一切衆生」）でなければならない。

8. 曹洞宗は、『弁道話』の見解と行、即ち、如来蔵思想（「仏性顕在論」）と神秘的密教的坐禅（「一寸坐れば、一寸の仏」）を捨て、後期道元のものと思われる「深信因果」（縁起説）と「誓度一切衆生之坐禅」にまで、進むべきものと思われる。

（「伝統宗学から批判宗学へ」、『宗学研究』第四〇号、一九九八年）

角田泰隆・「宗学」

イ、広義において、宗学を「曹洞宗に関わる学問」と見る場合、基本的に左記に関する学問である。

①両祖に関する歴史的（伝記）・書誌的（著作）・思想的研究、および、それと関わるその周辺の研究。

②両祖の思想的母胎（それ以前の仏教教理・人物等総てを含む）に関する研究。但し、両祖の思想との関係を問題としたもの。

③両祖以降の曹洞宗に関わる人物の歴史的（伝記）・書誌的（著作）・思想的研究、およびそれと関わるその周辺の研究。

④曹洞宗に関わる事象の研究。

ロ、狭義において、宗学を「宗旨の学問」と見る場合、基本的に左記に関する学問である。

①道元禅師の教義に関する研究。

＊瑩山禅師の教義に関する研究も同等に重要であるが、教義においては、道元禅師が歴史的に瑩山禅師に先行すること、および、主な研究対象である著作が膨大なこと、また瑩山禅師の教義も基本的に道元禅師に依っていると考えられることから、ここでは一応、道元禅師に限定する。但し、両祖は別人物であるため、当然教義の差違はあり得る。

＊①は、現存する道元禅師に関わる文献に基づく研究であり、その結果において「道元禅師が目指そうとされたもの」を研究者が推測し、研究者がそれを目指すことは、研究者の私的生き方の問題であり、「宗学」とは言えない。

ハ、②①の研究に不可欠な歴史的（伝記）・書誌的（著作）研究。

ロにおける宗学は、左記の研究方法をとるべきものであると考える。

①道元禅師無謬説に立つ。(2)

＊無謬説に立たない場合、道元禅師の教義について、自らの判断において正邪を決し取捨選択することにつながり、研究の基盤（土俵）が崩れる。

②道元禅師の著作について、己見を持って取捨選択しない。

＊初期の著作を排除したり、晩年の著作のみを重視しない。

＊道元禅師の著作について、道元禅師自らが書き改めるか、あるいは自らその誤りを明示していない限り、道元禅師の著作の総てを、道元禅師の研究の資料として認める。道元禅師が明言していない限り、道元禅師がその著作の内容について認められていたものと受け取る。

③道元禅師に思想的変化を認めない。

＊道元禅師の説示の違いを、思想の変化と受け取らない。即ち、説示の変化（相違）については、道元禅師が自ら述べられていない限り、短絡的に思想（自内証）の変化とは受けとらず、外的要因に応じての変化、対機、真実と方便、弘法と救生、その他について、種々の可能性を考究する。

④道元禅師の教義を、その文献に基づいて、可能な限り客観的（＊主観を完全に交えないことは、おそらく不可能であろうから）に研究する。

⑤道元禅師の教義を、あらゆる思想（縁起説・人権思想等）によって切らない。（いかなる論説、思想、主義主張であっても、それに基づいて、道元禅師の教義を価値判断し、優劣・正邪を論じない。もちろん、そのような学問は当然認められるが、それは「宗学」には属さない。）

（「宗学考」、『宗学研究』第四〇号、一九九八年）

石井修道・新「宗学」

1. 研究対象は道元禅師とする。

2. 道元禅師の「信念」の相対化を目的とする。如浄禅師の教えの道元禅師の表詮の意味を問う。「道元禅師の日本的展開」とは何か」と言い換えることが出来る。歴史と超歴史の解明。

3. 道元禅師のいう仏祖の言葉の仏教化を明らかにする。禅宗批判の内面化であり、禅宗否定ではない。道元禅師の「誤史」と「誤読」の「要請」を究める。

4. 道元禅師のいう仏祖の行の正伝の仏法化を明らかにする。

5. 研究の主体は正伝の仏法の信者でなければならない。仏教信者でない道元禅師の研究者を意味しないし、曹洞宗の僧籍は問わない。

6. 方法論としては、思想史を使用する。

7. 新「宗学」の思想史は、過去の「仏教学」からも未来の教化学からも批判を受けながら、自己否定を通して、常に「新しい」宗学を目指す。

8. 逆に新「宗学」から補助学の仏教学へ、あるべき教団の教化学へ提言できる視点を提示する。

9. A、仏祖の信念から、B、客観への仏教学を基礎とし、C、新「宗学」を経て、D、教化学への提言を果たし、超歴史的Aの循環を試み、純粋宗学への道を問いつづける。

［参考］

10. 角田・松本説に対する新「宗学」の立場。

（イ）道元禅師無謬説には立たない。
（ロ）道元禅師の「正法」とは何か、の追求に限定する。
（ハ）可能な限りの客観的方法を用い、最終的には主観の判断であろう。歴史学とて純粋の客観ということはありえない、という立場に立つ。
（ニ）道元禅師の思想的変化は、資料批判の後の文献成立史に基づいて認める。

ただ、「無謬」「正しい」「客観」「思想的変化」のとらえ方は、常に新しく自己批判すべきであることは、共通の課題としておきたい。

〈石井修道「宗学・禅宗史と新「宗学」（一）、一九九七年度第四回曹洞宗宗学研究所公開研究会〈一九九八年一月二十七日開催〉発表資料、一〇頁〉

吉津宜英・「やさしい宗学」

1. 既に修得している既知の知識を大切にし、次に未知にチャレンジし、更に無知を恐れる学問の立場。
2. 出来るだけ分かり易く、自分の意見を表白し、分かっていることと分かっていないことのけじめを付け、予想も出来ない無知性のあることを認める。
3. 研究対象を出来るだけ丁寧に扱い、優しく見護り、それを最大限活かす研究。
4. 自分を卑下することなく、高ぶることなく、我慢することなく、道元と対対の視線を持つ。
5. 道元にも色々の問題点が存在し、批判すべき面があることを認める。但し、そこに安易に自己の価値判断である正邪や善悪を持ち込み、道元の一生のある部分のみを肯定し、他を否定するようなことは、全体的に人間を理解する視点からは、その人物を活かして理解するよりも、殺してしまうことになりかねない。

人間研究において大切なのは研究者の「柔軟心」、忍辱の実践であり、我慢して、必要以上に礼讃したり、批判のための批判をしたりするのではなく、相手の問題点を相対化し、全体的に柔軟に理解する。現実の生きている人間を理解するように道元に対する。

6. オープンな宗学

単に曹洞宗一宗の自己と言うだけではなく、自己の中に出来るだけ多くの宗派を位置づけ、また仏教だけでなく、異宗教をも位置づけて、観察し、考察する。

7. 責任性が問われる宗学

その当人がどのような社会的行動をとり、どのような内容を発信して行くかという責任性が問われる。

8. 個人に由る宗学

集団的に何かを行うということではなく、個人の具体的行動、個人の責任の発揮、個人の自由と責任のところに、仏教自立、再生、活性化の道がある。

＊駒澤大学仏教学部教授の吉津宜英氏の提案する宗学論。これは、一九九八年六月二十四日に行われた曹洞宗宗学研究所主催一九九八年度第三回公開研究会の吉津氏の資料をもとに吉津氏が提唱する「やさしい宗学」を筆者が八つに箇条書きにまとめたもの。

松本・「批判宗学」は、駒澤大学仏教学部教授の松本史朗氏の提案されたものであり、これは、曹洞宗宗学研究所公開研究会において、「批判宗学の可能性」という演題で三回（一九九七・五・二十一、六・四、六・十八）にわたって行われた松本氏の講演において提唱された「宗学」である。これはまた、一九九七年十一月十八日開催の宗学大会においても「伝統宗学から批判宗学へ」と題して発表され、『宗学研究』第四〇号（一九九八年）に掲載されている。その後「道元と如来蔵思想─批判宗学の可能性（上）─」（『駒澤大学仏教学部研究紀要』第五六号、一九九八年）、「道元と批判宗学─批判宗学の可能性（下）─」（『駒澤大学禅研究所年報』第九号、一九九八年）において詳述している。

角田・「宗学」は、私が、松本氏の「批判宗学」に対して提示したものであり、一九九七年十一月十八日開催の宗学大会において「宗学考」と題して発表したもので、『宗学研究』第四〇号（一九九八年）に掲載されている。この後、松本氏の「批判宗学」に対する具体的批判である「「批判宗学」批判」（『駒澤短期大学研究紀要』第二六号、一九九八年）を発表している。(3)

石井・新「宗学」は、駒澤大学仏教学部教授の石井修道氏による新しい宗学の提案であり、これは、曹洞宗宗学研究所公開研究会において、「宗学・禅宗史と新「宗学」」と題して三回（一九九八・一・二十七、二・三、二・十七）にわたって行われた石井氏の講演において提唱されたものである。講演資料の中から引用した。

吉津・「やさしい宗学」は、駒澤大学仏教学部教授の吉津宜英氏の提案する宗学論であり、これは、平成十年（一九九八）六月二十四日に行われた曹洞宗宗学研究所主催一九九八年度第三回公開研究会の吉津氏の資料をもとに吉津氏が提唱する「やさしい宗学」を筆者が恣意的に八つにまとめたものである。

この四つの「宗学」の定義あるいは提案のうち、一番先行するのが松本・「批判宗学」であり、これは松本氏自ら言うように、駒澤短期大学仏教科教授、袴谷憲昭氏の「批判仏教」から大きな影響をうけて生まれてきた考え方である。この言葉が最初に使われたのは、松本氏が曹洞宗門の、ある現職研修会（一九九六年二月）で「伝統宗学の諸問題について」という演題を与えられて、「伝統宗学とは何か」という問題を考えてみた結果、「伝統宗学」に対立するものとして「批判宗学」というものを構想した、という。その内容は、前記資料にある通りであるが、そのポイントは、「4．批判宗学は、宗祖無謬説に立たない」と「5．道元の思想的変化を認め、道元が目指そうとしたもの（正しい仏教）を、目指す」にあると思われる。

これに真っ向から反論したのが、角田・「宗学」で、この松本・「批判宗学」に対するアンチテーゼとして発表した。そのポイントは前記資料のハの①と③であり、「①道元禅師無謬説に立つ」と「③道元禅師に思想的変化を認めない」である。これらは「道元禅師の著作の総てを研究の対象として肯定的に受け取る」ということを基本にしており、特に、『正法眼蔵』については、道元禅師自らによって晩年に及ぶまで手が加えられたものであり、その総てを道元禅師が認めていたとし、このことを『正法眼蔵』研究の大前提であるとする。角田はこの「宗学」を、角田が新たに打ち立てた宗学ではなく、これまでのあたりまえの宗学であるとする。つまり、これまでの宗学の再確認であり、新たな宗学の定義ではないとする。

これら松本・「批判宗学」と角田・「宗学」に対して出てきたのが石井・新「宗学」である。新「宗学」では、松本・「批判宗学」と角田・「宗学」を対立するものと見ながらも、両者ともに〝主観的〟象限に割り当て、自らの新「宗学」を〝客観的〟象限に入れている点が特徴的である。松本・「批判宗学」を〝主観的〟象限に割り当てているのは、松本氏の批判宗学における「正しい仏法」の定義にはそもそも、

私にとって縁起とは、第一に十二支縁起であり、私は『律蔵』「大品」に従って、釈尊は十二支縁起をさとったと信じる。つまり私にとって仏教とは縁起に他ならない。十二支縁起の説が後の成立であることは私も認めるが、にもかかわらずなお私は釈尊は十二支縁起を悟ったと主張する。（松本史朗『縁起と空―如来蔵批判―』、大蔵出版、一九八九年）

という信（傍線部）、すなわち「正しい仏教」とは「縁起に他ならない」という信＝主観が根本にあると見なしていることによる。また、角田・「宗学」を〝主観的〟象限に割り当てているのは、「道元禅師無謬説に立つ」研究は、その出発点に極めて主観的なる信仰、すなわち道元禅師の仏法こそ「正伝の仏法」である、という信＝主観があると見なしていることによる。これに対して石井氏はあくまでも客観の立場に立つというものである。ゆえに、石井氏は、

角田・「宗学」の「無謬」と松本・「批判宗学」の「正しい仏教」に対して批判的である。
ところで、石井氏は、前記資料の「10．角田・松本説に対する新「宗学」の立場」において、

(イ)道元禅師無謬説には立たない。

(ロ)道元禅師の「正法」とは何か、の追求に限定する。

(ハ)可能な限りの客観的方法を用い、最終的には主観の判断であろう。歴史学とて純粋の客観ということはありえない、という立場に立つ。

(ニ)道元禅師の思想的変化は、資料批判の後の文献成立史に基づいて認める。

という四点について自らの立場の相違を示している。ただ、(イ)と(ニ)については松本説と同じで、(ロ)については、松本説の「1．宗門の正しい教義を探求する」と同様であり、角田説とて「道元禅師の教義に関する研究」という点では重なる。また、(ハ)についても三者ともに同様に思われる。松本・「批判宗学」の根本に〝主観〟があるとはいえ松本氏はそれを文献に基づいて客観化しようとしていると思われ、また私も、「無謬説に立つ」とはいえ、ハの④にあるように「道元禅師の教義を、その文献に基づいて、可能な限り客観的に研究する」ことを目指している。ゆえに石井説は、角田説とは(イ)において相容れないとしても、松本説とは今一つ明確な相違が見えてこない。

さて、これらを見据える形で出てきたのが、吉津・「やさしい宗学」である。前記資料「4．道元と対対の視線を持つ」という部分がポイントであると思われる。具体的に言えば「我慢して、必要以上に礼讃したり、批判のための批判をしたりするのではなく、相手の問題点を相対化し、全体的に柔軟に理解する。現実の生きている人間を理解するように道元に対する」というところであろう。また、「出来るだけ分かり易く、自分の意見を表白する」ということも、「やさしい宗学」の特徴である。吉津・「やさしい宗学」は、宗学の定義というよりも、これからの宗学のあり方を提案しているものである。

ところで、石井・新「宗学」では「1. 研究対象は道元禅師とする」とあるから、瑩山禅師の研究はもとより、他の曹洞宗に関わる研究は含まれないことになるが、これでは宗学の現状にあまりにもそぐわないと言えよう。

それに対して松本・「批判宗学」は、それらに対しても、また、あらゆる宗派の宗学にも当てはめうる。つまり、「批判宗学」は「宗学」とか「宗門」の部分を「仏教」に入れ替えればそのまま袴谷氏が言う「批判仏教」に類する定義である(「宗学」とか「宗門」の部分を「仏教」に置き換えた場合、袴谷・「批判仏教」との比較も興味深い)。しかし、あらゆる宗派における宗学に当てはめられうるとはいえ、松本・「批判宗学」の立場は松本・「批判仏教」に含めればよいのであり、あえて「批判」という語を「宗学」に冠する必要はないと思われる。松本氏は、その「批判仏教」によって道元禅師なり「宗学」なり曹洞宗なりを批判研究すればよいのであり、私はそのような松本氏の立場を有意義なものとは思うものの、それは「批判仏教」の範疇に入れるべきものであって、宗学自身が批判仏教の方法論を用いて「批判宗学」にならなければならないとは思わないのである。

三　仏教学と宗学

宗学において釈尊と道元禅師と、どちらが基準になるのか。それは道元禅師である。私は釈尊を基準にするのが仏教学であり、道元禅師を基準にするのが宗学であると考えている。[4] もちろんそれは教義においてであるが。

ところで、「仏教学」が釈尊を基準にするとはいえ、それでは何に基づいて釈尊の教義を定めるのかが問題である。おそらく、その基づくべき現存する最古の仏教典籍は『阿含経』や『律蔵』等である。しかしこれらは部派仏教によって伝持されてきたものであり、原形が成立したのは部派仏教になってからである。これらには部派の教理学説も含まれており、原始仏教の学説を確実に取り出すことはできない。よって、『阿含経』や『律蔵』等には多く諸部派のものが存在するので、それらが一致共通して伝えている部分を分析することによって、その原形を推測するしかない。釈尊の純粋な教義を導き出すということは至難であり、たとえ学術的方法論によって導き出されても、あくまでも推測であり、学者によって異なるものである。

それに対して、「宗学」が道元禅師を基準にする場合、その教義を明らめる上で依って立つところは道元禅師の真撰なる著作である。その著作は道元禅師の直弟子によって驚くべきほどに忠実に書写され、爾来多くの法孫によって伝写護持されて、今日幾多の写本並びに版本が伝えられてきている。鎌倉期の文献が、これほど数多く、しかもほとんど完璧な形で伝えられていることはまことに希有なことであると言われている。

教義の信憑性ということから言えば、推測に頼るしかない釈尊の教義と、一文字も誤らざるごとく伝写されてきた道元禅師の教義とでは比べものにならない。しかし、当然のことながら、仏教は、道元禅師に至るまでに、インドにおいては大乗仏教の流れが生まれて変貌し、中国においてその初期に儒教や道教の影響を大きく受け、さらに禅という形で発展する中でより中国的なものに変貌してきたのは事実であろうから、前者と後者を比べれば、前者の方がより釈尊の教義に近いに相違ない。しかしそれにしても、前者を基準にして後者を批判することの不確かさに対して、私は問題視せざるをえないのである。

さて、松本氏は『普勧坐禅儀』の「善悪を思はず、是非を管することなかれ。心意識の運転を停め、念想観の測量を止めて……」という部分は〝思考の停止〟を言うのであって、〝思考の停止〟は仏教ではない、つまり『普勧坐禅儀』のこの一節は仏教に反するものであると批判している(5)。

それに対して私は、「もし、それが仏教でないとすれば、私は、そのような仏教であれば捨て、非仏教である道元禅師の教えをとりたい」と暴言をしたことがある(6)。宗学においては、道元禅師が「正伝の仏法」とするものを「正しい仏教」とする。個人的には、道元禅師が説く「正伝の仏法」の内容と、松本氏が「正しい仏教」という内容と、「どちらが正しい仏教と信じるか」と言われれば、私は道元禅師が説く「正伝の仏法」を信じざるをえないのである。私の暴言はそのような信仰からである。

「仏教学」においては釈尊が第一であろうが、その釈尊を何を通して見るかということである。アビダルマから見るのか、大乗仏典から見るのか、中国禅から見るのか、道元禅から見るのか。

「宗学」は、道元禅師を通じて釈尊を見るのである。道元禅師の見る釈尊は、当然のことながら道元禅師の著作の中に現れている。つまり、道元禅師が「正伝の仏法」と言われるのは、まさに、自らの仏法がそのまま「正しい仏法」であり、そのまま「釈尊の仏法」だという確信である。ゆえに、「宗学」においては、道元禅師を学ぶこと、それが釈尊を学ぶことになるのである。

また、松本・「批判宗学」は、「道元が目指そうとしたもの（正しい仏教）を、目指す」と言うが、道元禅師が目指そうとしたものを、我々が『正法眼蔵』の中から私の判断で取捨選択して探し当てるのではなく、『正法眼蔵』そのものが、道元禅師がとらえた「正しい仏教」であって、学者が「道元禅師が目指そうとしたもの」を探求するのではなく、すでに『正法眼蔵』等によって明らかにされている道元禅師の「正しい仏教」を研究（参究）する、それが「宗学」研究の態度であると思われる。石井・新「宗学」が「道元禅師の「正法」とは何か、の追求に限定する」とするのは、これまでの「宗学」の基本であるとも言えよう。

私は、道元禅師の「正伝の仏法」を基準にするのが「宗学」であると思う。釈尊の「正しい仏教」を基準にするのが松本氏の「仏教学」なのであろう。「正しい仏教」から見て「道元禅師にも誤りがある、問題点がある」と言うなら、哲学や思想や他の宗教から見て「釈尊にも誤りがある、問題点がある」ということもありうるから、その時、

「批判仏教」は、他の宗教や哲学や思想を基準にして自らを批判する視点を持たなければならないのだろうか。

四　学問とは何か

熊本英人氏は、これらの宗学論を総括する中で、

「主観の入らない研究はない」といったようなことをよく聞くが、これは、論理の展開がずれている。主観を排除して客観をとるのではなく、主観を客観化、普遍化するのが科学であり学問ではないのか。そのためには客観的な論拠が必要となるのは当然であり、判断は主観において行われるのは間違いない。」（「現代宗学論の一考察（その三）—近代宗学研究史から—」『宗学研究』第四〇号、一九九八年）

という。「学問」とは何か、「研究」とは何か、を明確にしておく必要を言うのである。確かに、今後「宗学」を一般の学問研究の場に打ち出してゆくためには、あるいは、宗門外の学者と同じ土俵の上で議論を行ってゆくには、共通する方法論を持った「研究」という土俵が必要であろう。今後、宗学はこれを明確にする必要がある。宗学の中に「伝統宗学」のような立場は必ずあるべきであるが、広く「研究」という立場で、他の分野の研究者と対等に議論できる方法論も持つべきなのであろう。

ところで、学問とは何なのかに関わって、次のような主張を考えてみる。

これまでの「宗学」に対するものとして、松本・「批判宗学」、石井・新「宗学」、吉津・「やさしい宗学」の中に、ほぼ共通の主張がある。たとえば松本・「批判宗学」では「7．批判宗学は、本質的に、社会的（「誓度一切衆生」）でなければならない」とし、石井・新「宗学」では「8．あるべき教団の教化学へ提言できる視点」「9．教化学への

提言」という表現をし、吉津・「やさしい宗学」では、「現実の社会的諸問題への具体的提言」をすべきであるとしている。

新たな「宗学」の提言者が、一様にこのような社会性を言っていることは、私には非常に興味深い。

しかし私は、宗学という学問自体は、社会的であるわけでも、社会的でないわけでもないと思っている。たとえば、宗学には、書誌的研究・歴史的研究・思想的研究等あるが、書誌的研究で、著作の撰述年代を考察したり、歴史的研究で道元禅師の両親は誰かというような研究をしたりする。これらはもちろん宗学であるが、必ずしも社会的であるとは言えない。

社会的でなければならないのは、宗学そのものではなく、宗学を研究する研究者であり、研究者は時には、学問のための学問ではなく、社会に貢献するための学問を行わなければならないと思うのである。

松本・「批判宗学」のように、「本質的に、社会的でなければならない」と言うなら、「批判宗学」のみならず「仏教学」も「禅学」も「宗学」も社会的でなければならないであろうが、学問は必ずしも社会的ではないと私は考える。また、「具体的提言」まで含めて「学問」であるのか、疑問である。社会に対する具体的提言は、研究者が学問研究をもとに行うべき社会的実践である。社会的であるべきは「仏教教団」であり、そして「宗派」（「曹洞宗」）である。仏教教団が、そして曹洞宗が社会的でないとしたら、これは問題であろう。

これまでの「宗学」は難かしいとか、社会に関わっていないとか、そういうことはない。吉津・「やさしい宗学」では、これまでの「宗学」を「甘い宗学」と位置づけ、「道元だけを見つめて、一切衆生の立場、具体的には社会の諸問題への提言や取り組みが忘れられているようなことでは、「甘い宗学」の謗りも免れない」としているが、道元禅師を見つめながら、深く信仰しながら、社会の現実問題とも大いに関わろうとし、実際に関わっている僧侶は大勢いる。吉津・「やさしい宗学」も、そういう人間の存在を見ているはずである。

五　宗学とは何か

以上を踏まえて結論的に「宗学」とは何かをここに改めて記す。宗学は、曹洞宗学であるべきである。

宗学とは、曹洞宗に関わる学問である。具体的には、

① 曹洞宗教団が、両祖として帰依する道元禅師および瑩山禅師（以下、両祖）に関する歴史的（伝記）・書誌的（著作）・思想的研究、および、それらと関わるその周辺の研究。

② 両祖の思想的母胎（それ以前の仏教教理・人物等総てを含む）に関する研究。但し、両祖の思想との関係を問題とした研究。

③ 両祖以降の曹洞宗に関わる人物の歴史的（伝記）・書誌的（著作）・思想的研究、およびそれらと関わるその周辺の研究。

④ 曹洞宗教団の成立およびその歴史に関する研究。

⑤ 曹洞宗に関わる事象の研究（現代的研究を含む）。

である。

【補】

① 宗教教団である曹洞宗教団は、仏法僧の三宝に当てはめれば「宗祖」と「宗義」と「教団」によって成立する

ものであり、基本的に「教団」は「宗祖」の教義である「宗義」(清規を含む)に基づいてそのあり方を方向付けるものである。「宗祖」および「宗義」は「教団」の基準となるものであって、絶対でなければならない。

②「宗祖」とは道元禅師と瑩山禅師の「両祖」であり、もし「両祖」の「宗義」に相違が認められた場合は、曹洞宗教団において歴史的に先行する道元禅師の「教義」を基本として両者を会通する方法が取られるべきである。

③これらの研究において、よりどころとなる文献については、第一にその資料考証を必要とし、客観的に研究する。

④「両祖」のそれぞれの文献おいて、時・処による変化が認められた場合、それを短絡的に思想(自内証)の変化とは受け取らず、まず、外的要因に応じての変化、対機、方便、その他の可能性について考究する。

⑤ここで「伝統宗学」は、宗学そのものではなく、宗学に含まれるものであるが、道元禅師の「正伝の仏法」の参究方法として、宗学において最も重んじられるべきものである。「伝統宗学」の消滅はそのまま宗学の消滅につながり、内容的に見た場合の曹洞宗の消滅につながる。「伝統宗学」から新しい「宗学」に変えるのではなく、「伝統宗学」は永遠に宗学における中心的存在として今後受け継がれていかなくてはならない。

(1) これまで拙稿「宗学考」(『宗学研究』第四〇号、一九九八年)、同「「批判宗学」批判」(『駒澤短期大学研究紀要』第二六号、一九九八年)において宗学について論じているが、本章はその総括である。

(2) 私はこの「宗祖無謬説」を「道元禅師研究諸論再考」(『駒澤大学仏教学部論集』第四二号、二〇一一年)において、撤回した。すなわち、道元禅師が無謬であるとする主張を取り下げるに至った。冗長になるが、私にとって重要な問題であるので、本文と重複する箇所もあるが、ここにその経緯を示しておきたい。私が「宗祖無謬説」を主張するに至ったその発端は、先に述べた松本史朗氏による「批判宗学」の提唱である。先に挙げたように松本氏は「伝統宗学から批判宗学へ」(『宗学研究』第四〇号、一九九八年)において、「批判宗学」の定義の中で、

4．批判宗学は、宗祖無謬説に立たない。一切のguru（尊師）崇拝を排除する。

5．道元の思想的変化を認め、道元が目指そうとしたもの（正しい仏教）を、目指す。

と「批判宗学は、宗祖無謬説に立たない」とした。これに対して私は、「宗学考」（『宗学研究』第四〇号、一九九八年）において、

①道元禅師無謬説に立つ。

＊無謬説に立たない場合、道元禅師の教義について、自らの判断において正邪を決し取捨選択することにつながり、研究の基盤（土俵）が崩れる。

②道元禅師の著作について、己見を持って取捨選択しない。

＊初期の著作を排除したり、晩年の著作のみを重視しない。

＊道元禅師の著作について、道元禅師自らが書き改めるか、あるいは自らその誤りを明示していないかぎり、道元禅師の著作すべてを、道元禅師の研究の資料として認める。道元禅師が明言していないかぎり、道元禅師がその著作の内容について認められていたものと受け取る。

③道元禅師に思想的変化を認めない。

＊道元禅師の説示の違いを、思想の変化と受け取らない。すなわち、説示の変化（相違）については、道元禅師が自ら述べられていないかぎり、短絡的に思想（自内証）の変化とは受け取らず、外的要因に応じての変化、対機、真実と方便、弘法と救生、その他について、種々の可能性を考究する。

④道元禅師の教義を、その文献に基づいて、可能な限り客観的（＊主観を完全に交えないことは、おそらく不可能であろうから）に研究する。

⑤道元禅師の教義を、あらゆる思想（縁起説・人権思想等）によって切らない。（いかなる論説、思想、主義主張であっても、それに基づいて、道元禅師の教義を価値判断し、優劣・正邪を論じない。もちろん、そのような学問は当然認められるが、それは「宗学」には属さない。）

と、松本氏の説をうけて自らの道元禅師研究論を述べたのである。これら松本氏・角田の説に対して石井修道氏は批判した。

10．角田・松本説に対する新「宗学」の立場。

(イ)道元禅師無謬説には立たない。
(ロ)道元禅師の「正法」とは何か、の追求に限定する。
(ハ)可能な限りの客観的方法を用い、最終的には主観の判断であろう。歴史学とて純粋の客観ということはありえない、という立場に立つ。
(ニ)道元禅師の思想的変化は、資料批判の後の文献成立史に基づいて認める。
ただ、「無謬」「正しい」「客観」「思想的変化」のとらえ方は、常に新しく自己批判すべきであることは、共通の課題としておきたい。
(石井修道「宗学・禅宗史と新「宗学」(一)」、一九九七年度第四回曹洞宗宗学研究所公開研究会〈一九九八年一月二十七日開催〉発表資料一〇頁)

また吉津宜英氏も、
5.道元にも色々の問題点が存在し、批判すべき面があることを認める。但し、そこに安易に自己の価値判断である正邪や善悪を持ち込み、道元の一生のある部分のみを肯定し、他を否定するようなことは、全体的に人間を理解する視点からは、その人物を活かして理解するよりも、殺してしまうことになりかねない。人間研究において大切なのは研究者の「柔軟心」、忍辱の実践であり、我慢して、必要以上に礼讃したり、批判のための批判をしたりするのではなく、相手の問題点を相対化し、全体的に柔軟に理解する。現実の生きている人間を理解するように道元に対する。
(平成十年六月二十四日に行われた曹洞宗宗学研究所主催一九九八年度第三回公開研究会の吉津氏の資料をもとに吉津氏が提唱する「やさしい宗学」を角田が八つに箇条書きにまとめたものの第五条)

と、批判的に論評したのである。その後、この問題に対する諸氏の発言や議論はなかったように思われるが、私の中ではその後も、「無謬」という言葉が問題となっていた。

ここに、私が道元禅師を「無謬」とするほど、何故に道元禅師の教説を深く信奉するのかについて、その理由の一端を述べておきたい。特に、道元禅師自身の内省と、その教えの普遍性についてである。

道元禅師は、『正法眼蔵』「現成公案」において、
身心に法いまだ参飽せざるには、法すでにたれりとおぼゆ。法もし身心に充足すれば、ひとかたはたらずとおぼゆる

なり。たとへば、船にのりて山なき海中にいでて四方をみるに、ただまろにのみみゆ、さらにことなる相、みゆることなし。しかあれど、この大海、まろなるにあらず、方なるにあらず、のこれる海徳、つくすべからざるなり。宮殿のごとし、瓔珞のごとし。ただわがまなこのおよぶところ、しばらくまろにみゆるのみなり。かれがごとく、万法もまたしかあり。塵中・格外おほく様子を帯せりといへども、参学眼力のおよぶばかりを、見取・会取するなり。万法の家風をきかんには、方円とみゆるよりほかに、のこりの海徳・山徳おほくきはまりなく、よもの世界あることをしるべし。かたはらのみかくのごとくあるにあらず、直下も一滴もしかあるとしるべし。（九頁）

と示している。道元禅師は、如浄より伝えた仏法を「正伝の仏法」とし、それを開顕するために『正法眼蔵』はじめ多くの著作を撰述されたと考えられるが、その根底には、この巻の冒頭の一節や、この「参学眼力のおよぶばかりを、見取・会取するなり」という一節に知られるように、他説を排除しない柔軟な考え方があったように私には思われる。たとえば『正法眼蔵』「諸悪莫作」でも、

諸悪は、此界の悪と他界の悪と同不同あり、先時と後時と同不同あり、天上の悪と人間の悪と同不同なり。いはんや仏道と世間と、道悪・道善・道無記、はるかに殊異あり。善悪は時なり、時は善悪にあらず。善悪は法なり、法は善悪にあらず。（二七七頁）

と、実に柔軟な見方を示す。必ずしも自分のものの見方、考え方が正しいのではない。いろいろな見方、考え方がある。それを道元禅師は認めるのである。あえて言えば、道元禅師のこのような教説を、私は「無謬」とするのである。

また、道元禅師は「自分の見解に固執してはいけない。昔の優れた人の言葉であっても、信じ切ってはいけない」と教える。すなわち、『随聞記』巻五で次のように示している。

一日参学の次、示云、学道の人、莫執自解。縦ひ有所会、若又決定よからざる事もあらん、又是よりもよき義もや有んと思て、ひろく知識を訪ひ、先人の言をも可尋也。又先人の言なれども、堅く執こと無れ。若是もあしくもや有ん、信ずるにつけもと思て、勝たることあらば次第につくべき也。（四六八頁）

私はかつて、前記の通り道元禅師無謬説に立ったが、それは、私自身が道元禅師無謬説に立たなかったならば、私は、自らの判断において道元禅師の教義について（その思想的変化の有無も含めて）正邪を決し、あるいは取捨選択することになったからである。それが、いかに学術的、客観的であったとしても、それは当時の私にとって、道元禅師よりも私自身を信じるということであり、そのようなことはできなかった。

ところで、この道元禅師の教えにしたがえば、「先人の言なれども、堅く執こと無れ」であるから、道元禅師の言葉であっても信じ切ってはいけないということになろう。であれば、道元禅師を「無謬」とすることは、道元禅師の教えに反することになる。しかしながら私は、このような道元禅師の教え（学び方・生き方）こそ正しいと思うのであり、私は、そのように思う私自身を信じるからこそ、道元禅師は無謬であると言いたいのであるが、それとても「莫執自解」になるならば、「道元禅師無謬説」は改めなければならないと考えるに至っている。

思えば、当初、松本氏の「批判宗学」を徹底批判した私であるが、結局のところ私は研究者として、松本氏の言う「批判宗学」の1、「いかなる対象も絶対視・神秘化することなく、絶えず自己自身を否定しつつ、宗門の正しい教義を探求すること」（前出松本論文）や、石井氏の言う「「無謬」「正しい」「客観」「思想的変化」の捉え方は、常に新しく自己批判すべきである」（前出石井論文）や、吉津氏の言う「研究者の「柔軟心」」（前出吉津論文）のように、研究者として常に自己批判を行いながら柔軟に生きる道を自ら選択したとも言える。それは、先に述べたように、道元禅師自らが、おそらくそのような生き方をされたと確信するからであり、道元禅師の教えと生き方を慕うからこそ、私は道元禅師を「無謬」と仰いではならないと考えたのである。ただし、私はその宗派に属する宗侶として、その宗派の宗祖を無謬であるとする立場は認めるべきであると思っている。

（3）今から十数年前のこの批判は、実に未熟であり、松本氏の説に対する失礼な論調を反省し、お詫びしたいが、松本・「批判宗学」の八つの条目に対する私の批判を、いまここに一部加筆訂正して挙げておきたい。

一、「いかなる対象も絶対視・神秘化することなく、絶えず自己自身を否定しつつ、宗門の正しい教義を探求すること。」

いかなる対象も絶対視することなく、宗門の正しい教義を探求することができるのだろうか。すなわち、「宗門の正しい教義を探求する」場合、何を拠り所として宗門の正しい教義を探求するのか。当然、何ものかに（それは宗典に依らざるをえないと考えられるが、それに）よって「宗門の正しい教義」が定められるのであろうが、その依るところの〝何もの〟及び、それに依って打ち立てられた「宗門の正しい教義」を結局、絶対視することにならないのか。

そもそも「宗門の正しい教義」を定めるのは誰なのか。それを定めるために〝何もの〟を選び取るのは誰なのか。それを選び定める自分自身を絶対化することにならないのか。

それとも、研究者が「探求すること」そのことに意義があるというのか。であるならば、それは「七、批判宗学は、本質的に、社会的（「誓度一切衆生」）でなければならない」ことと結びつくのか。

また、「自己自身を否定」するとはいかなることであろうか。

「自己自身の否定」とは、私の思うに、己見に依らないということなのかもしれないが、であるならば、私にとって、宗学における「自己自身の否定」とは、道元禅師研究において、その教説について価値判断を加えない、つまり、その教説について自らの判断で善し悪しを論じないということである。

たとえば、松本氏は、『弁道話』の冒頭の部分を取り上げて、密教的であると言うが、松本氏が密教的であると判断することはさておき、密教的だからということで批判することには異論がある。

おそらく、その根拠は、道元禅師の坐禅観が、初期の「神秘的坐禅」（「密教的坐禅」）から晩年の「知的坐禅」（「誓度一切衆生之坐禅」）に変化したという論拠に立って、道元禅師自身によって初期の密教的坐禅観が否定されたとする説によってのことであろうが、そのような明らかな変化が認められるのであろうか。私見では、初期の坐禅観の中にも「誓度一切衆生」の思いがあり、晩年の坐禅観の中にも「功徳の強調」があるのである（松本氏は「功徳の強調」を「神秘的」であるとする──「宗学大会発表資料」）。

また、松本氏は、「中国禅宗のストレートな移入に尽力したと思われる初期の道元」が、『普勧坐禅儀』において説く〝思考の停止〟は仏教ではないと指摘する（松本史朗「仏教の批判的考察」、『アジアから考える［7］世界像の形成』、東京大学出版会、一九九四年）。

松本氏が引用する『普勧坐禅儀』のその部分は、

善悪を思はず、是非を管することなかれ。心意識の運転を停め、念想観の測量を止むべし。（三頁、原漢文）

であるが、これが「たとえ宗学的にどのように解釈されるにせよ、ここに説かれるのは、まさに〝思考の停止〟以外の何ものでもないように思える」と述べ、それが「初期の道元」に限定されるにせよ、松本氏によって、初期における道元禅師（の著作）、そしてこの『普勧坐禅儀』の説示は、仏教にあらざる苦行主義（無執着主義）を起源にするものであるとして批判されるのである。

私は、『普勧坐禅儀』のこの部分が言葉を換えれば「思考の停止」であると判断することは認めるが、当然のことながら、これは坐禅においてであって、平常の生活において、いっさい思い考えることを止めてしまうということではないことは言うまでもない。平常の生活において、すべて思考の停止をするということは、仏教でないばかりか、生きることをやめることである。思考の停止が仏教ではないということは、極めて常識的なことである。

しかしながら、坐禅において〝思考の停止〟いや「心意識の運転を停め、念想観の測量を止」めることが仏教ではないと判断することには異論がある。松本氏の論拠は、おそらく、『宝慶記』における、

仏祖の坐禅と謂うは、初発心より、一切諸の仏法を集めんことを願う。故に坐禅の中に於いて、衆生を忘れず、衆生を捨てず、乃至昆虫にも、常に慈念を給いて、誓って済度せんことを願い、あらゆる功徳を一切に回向す。（三八四頁、原漢文）

という如浄禅師の説示を重んじ、道元禅師の坐禅が、初期の「思考の停止」の坐禅から、晩年の「誓度一切衆生」の坐禅へと変化した、つまり、晩年においては「思考の停止」の坐禅は捨てられたとする判断からであろう。確かに、この説示は文字通り読めば、坐禅中に「衆生を忘れず、衆生を捨てず、乃至昆虫にも、常に慈念を給いて、誓って済度せんことを願」うように読める。しかし、坐禅中に衆生を忘れないというこの説示は、必ずしも、文字通りに、坐禅をしながら常に心に一切衆生のことを念ずるということを勧めたのではなく、仏祖の坐禅が、自利・独善の坐禅ではなく、利他・誓度一切衆生の坐禅であることを強調されたものであり、「坐禅すること、乃至一須臾一刹那なるも功徳無量なり」（同、三八六頁、原漢文）という坐禅の功徳を、一切衆生に回向すべきことを説かれたものであると思われる。（私には、坐禅中に一切衆生を忘れないということが、具体的にどのような思考であるのか、具体的に坐禅において何を思い続けることなのか、よくわからない。私にとって何か一つのことを思い続けることは苦痛でもあり、ほとんど不可能である。これを行うことは決して安楽ではない。やはり、「諸縁を放捨し、万事を休息し、善悪を思わず、是非を管することなく、心意識の運転を停め、念想観の測量を止める」ことのほうが、実践しやすく安楽なのである。これは全くの私事である。）

また、さらに例をあげれば、たとえば、松本氏は、

道元は、「深信因果」として縁起説を強調したにもかかわらず、菩薩優位（菩薩 gotra 論的）の菩薩思想・大乗思想を説いた点で、如来蔵的傾向から脱却できなかった。（一九九七年十一月十九日の宗学大会での松本氏の発表資料）

と言うが、「如来蔵思想的傾向から脱却できなかった」とするのは、如来蔵思想を仏教ではないと主張する松本氏の見解に基づく判断である。私には道元禅師自身が松本氏が言うような如来蔵思想からの脱却を目指していたとは思われず、脱却するつもりもなかった道元禅師に対して、「脱却できなかった」と批判することは、不当であると思われる。

　さて、繰り返すが、いかなる対象も絶対視することなく、自己自身も否定して、どのように「正しい教義」が探求できるのであろうか。結局は、自分自身に依ることにならざるをえないと思われるのである。そもそも「正しい教義」とは、だれが定めるのであろう。松本氏自身が定めるとしたら、「自己自身の否定」になるのであろうか。私にとっては、道元禅師の教えを絶対視することこそ、自己自身の否定となるのであるが……。

二、「いかなる対象」とは、
〝いかなる人物（宗祖）、テキスト（宗典、経典）、行（坐禅）、教義（縁起説）等〟を意味する。

　ここで松本氏は、「いかなる対象」の中に「教義（縁起説）」も含むが、このことと「六、批判宗学自身の見解は、縁起説であり、行は、縁起説にもとづく誓度一切衆生（自未得度先度他）の行である」とは矛盾しないのであろうか。このことは、六の批判においてさらに述べる。

三、従って、批判宗学は、密教の否定である。

　私の定義する宗学において、たとえば道元禅師の教説において密教的性格が見られれば、その事実を私は肯定的に受け止める。何か別の視点から、つまり道元禅師の教説以外の視点からそれらを否定することはしない。私にとってそれは宗学ではない。おそらく、このことにも道元禅師の思想的変化が関わるのであろうが、私は一の批判において述べたのと同様な理由で、その思想的変化そのものを認めることができない。

四、批判宗学は、宗祖無謬説に立たない。一切のguru（尊師）崇拝を排除する。

　道元禅師無謬論に立たないということは、道元禅師の教義について、自らの判断において正邪を決し取捨選択することにつながると思われる。宗学においては研究の基盤（土俵）が崩れる恐れがある。

五、道元の思想的変化を認め、道元が目指そうとしたもの（正しい仏教）を目指す。

　道元禅師が目指そうとしたものを「推し量る」のは誰なのか。「正しい仏教」とは何なのか。それを決めるのは誰なのか。それをどこから導き出すのか。

もし、道元禅師の著作から導き出すというなら、その著作のどのような説示からなのか。その説示を選ぶのは誰なのか。道元禅師の思想的変化を認めた場合、どこを、何を、道元禅師の本意と定めるのか。それは研究者の主観によらないのか。

たとえば矛盾的な説示がある場合、後期に書かれたものを重視するというなら、それらの撰述に道元禅師自身によって撰述年次が明確に記録されていない場合、どちらを選ぶというのか。選ぶのは所詮、主観ではないのか。

私は、道元禅師の著作について、道元禅師自らが書き改めるか、あるいは自らその誤りを明示していない限り、道元禅師の著作総てを道元禅師の研究の資料として認める。道元禅師が明言していない限り、道元禅師がその著作の内容について認められていたものと受け取る。

確かに、道元禅師の著作の中には矛盾的説示がある。しかし、その説示の違いを、そのまま思想の変化と受け取ることは倉卒である。即ち、説示の変化（相違）については、道元禅師が自ら述べられていない限り、短絡的に思想（自内証）の変化とは受けとらず、外的要因に応じての変化、対機、真実と方便、その他、種々の可能性を考究することが必要である。

六、批判宗学自身の見解は、縁起説であり、行は、縁起説にもとづく誓度一切衆生（自未得度先度他）の行である。

「批判宗学自身の見解」とは、いったい何を意味するのであろう。結局は、松本氏自身の見解であり、松本氏自身が「縁起説」や「誓度一切衆生」を絶対視していることにならないのだろうか。それは一、で言う「自己自身の否定」と矛盾しないのであろうか。このことは、二で挙げる「いかなる対象」の一つである「いかなる……教義（縁起説）」も絶対視しないことと矛盾することにならないのだろうか。もし、この自らのこの見解をも絶対視しないという意味ならば、この「批判宗学自身の見解」なるものも時に応じて変わりうるということなのであろうか。もし、変わる場合に、それは何によって変わるのか。たとえば、もし仮に道元禅師の新たな著作が発見されて、それに基づいて変わるとはありえよう。しかし、「縁起説こそ正しい仏教である」「如来蔵は仏教ではない」「本覚思想は仏教ではない」等の宗学外の研究によって、それに基づいて道元禅師の仏法が批判されることは、宗学外の研究として自由に行われることはよいとしても、それに「宗学」という名を冠して、そのような宗学に変えていこうとする試みを、私は批判せざるをえない。

七、批判宗学は、本質的に、社会的（「誓度一切衆生」）でなければならない。

宗学という学問自体は、社会的であるわけでも、社会的でないわけでもないと思われる。たとえば、宗学には、書誌的研究・歴史的研究・思想的研究等がある。書誌的研究では、著作の撰述年代の考察もする。歴史的研究では道元禅師の両親は誰かというような研究もする。これらはもちろん宗学であるが、必ずしも社会的であるとは言えない。

社会的でなければならないとすれば、それは宗学そのものではなく、宗学を研究する研究者であり、研究者は（それは〝時には〟であるが）学問のための学問ではなく、社会に貢献するための学問も行わなければならない。「本質的に、社会的でなければならない」と言うなら、「批判宗学」のみならず「仏教学」も「禅学」も「宗学」も社会的でなければならないであろうが、私は、学問は必ずしも社会的ではないと考える。

八、曹洞宗は『弁道話』の見解と行、即ち、如来蔵思想（「仏性顕在論」）と神秘的密教的坐禅（「一寸坐れば、一寸の仏」）を捨て、後期道元のものと思われる「深信因果」（縁起説）と「誓度一切衆生之坐禅」にまで、進むべきものと思われる。

私見では、『弁道話』も、松本氏の言う「如来蔵思想（「仏性顕在論」）」も「神秘的密教的坐禅（「一寸坐れば、一寸の仏」）」も、すべて道元禅師の思想として認められるものである。故に曹洞宗がこれらを捨てる必要はないと考える。

また、現在曹洞宗にて行っている修行が、道元禅師の教説に基づく「深信因果」による修行ではないとも思われない。因果歴然の「深信因果」は、修行の基本である。その上に立って因果超越の「大修行」がある。その坐禅も「誓度一切衆生の坐禅」である。無所得無所悟の坐禅、つまり自利・独善でない坐禅、すなわち只管打坐することが、「誓度一切衆生」にそのまま直結しているとの信念をもって、しかも只だ坐ることが、従来の只管打坐であろうと思う。実際「誓度一切衆生の坐禅」は宗門・宗学において古来言われているところである。

以上が、拙稿「「批判宗学」批判」（『駒澤短期大学研究紀要』第二六号〈一九九八年〉で述べた松本・「批判宗学」の八つの条目に対する私の批判である（ただし一部添削・訂正している）。

（4）前記資料にも述べたように、瑩山禅師の教義に関する研究も同等に重要であるが、教義においては、道元禅師が歴史的に瑩山禅師に先行すること、及び、主な研究対象である著作が膨大なこと、また瑩山禅師の教義も基本的に道元禅師に依っていると考えられることから、ここでは一応、道元禅師に限定した。

（5）松本史朗「仏教の批判的考察」、『アジアから考える［7］世界像の形成』、東京大学出版会、一九九四年。
（6）拙稿「学界動向　最近の道元禅師研究」、『駒澤短期大学佛教論集』第二号、一九九六年。

第二部　道元禅師研究における諸問題

「『正法眼蔵』編輯論」再考——六十巻本『正法眼蔵』の位置づけについて

秋津秀彰

一　問題の所在と研究の目的

道元禅師（一二〇〇～一二五三）が『正法眼蔵』をいかにして編輯し、さまざまな系統が成立したのか、その経緯は今に至るまで、確実なところは不明であるとされている。その中でも主要な問題の一つとして、『正法眼蔵』編輯史の中に、六十巻本『正法眼蔵』をどのように位置づけるか、ということが挙げられる。そしてそれは、十二巻本『正法眼蔵』が道元禅師親輯であること、七十五巻本『正法眼蔵』と十二巻本『正法眼蔵』には明確な関連性があることが認められ、かつ従来より主張されてきた、六十巻本『正法眼蔵』義雲（一二五三～一三三三）編輯説の見直しにより、よりいっそう不明確なものになったと言える。

現存する六十巻本は、道元禅師自筆本により構成されたものではなく、懐奘（一一九八～一二八〇）を中心に、寛海・義雲・義演（?～一三一四）らが行った書写活動によって成立したものであるということについては、史料上からは事実であると考えられ、これはほぼ統一的見解であると見て問題ないと思われる。しかし、六十巻本『正法眼蔵』という体系・巻次を誰が定めたのか、ということについては、いまだ定説を見ていない。つまり、その排列をも含めて、懐奘・義雲などの道元禅師以外の人物が定めたのか、または道元禅師自身の手によって、その生前に定められた排列があり、それを用いたものであるのか、というのが主要な論点である。そしてこの問題の理解の仕方によって、六十巻本が編輯された理由、及び六十巻本の位置づけが見えてくるのではないかと思われる。

筆者は基本的に、現在確認されている史料・写本だけでは、この問題を決定的に解決することは不可能であり、道元禅師や懐奘らの真蹟本など、さらなる新史料の発見が必要であると考えている。しかし本稿では、『道元禅師真蹟関係資料集』（大修館書店、一九八〇年）等に収録されている史料を用いて論じられた各氏の説を参考に、問題点を整理しつつ、現時点での卑見をあえて示してみたい。

また、六十巻本にはいくつかの重要な問題が含まれている。つまり、「この六十巻本は親輯七十五巻本に比して、その本文において草稿本・中書本が多く、万葉仮名書きである」（河村孝道『正法眼蔵の成立史的研究』、春秋社、一九八七年、三〇頁。以下、『河村書』）こと、「臨済批判の箇処が削除されている巻々の存すること」（『河村書』、四五〇頁）等である。本稿ではこれらの問題に加えて、「発無上心」・「発菩提心」巻の巻名に関する問題と、懐奘書写本「十方」巻の巻数変更に関する問題についても、関連する事項と絡めながら言及していきたい。

二　先行研究及び筆者の意見

近代以降、十二巻本の発見によって、七十五巻本の研究もまた進められたのに対して、六十巻本に関する研究は大きな進展が見られることはなかった。六十巻本の編輯に関する主な先行研究及び各氏の所説については、角田泰隆氏によってまとめられているので[1]（『道元禅師の思想的研究』、春秋社、二〇一五年、八〇～八六頁。以下、『角田書』）、本稿での記載は省略し、論述の中心となる河村孝道氏・伊藤秀憲氏の説のみ簡単に確認しておきたい。なお、角田氏自身の説もまた同様にまとめられているため（『角田書』、一二一～一二三頁）、本稿では改めて整理することはせず、適宜参照しつつ進めていきたい。

六十巻本が七十五巻本に先立つ編輯体系であるという可能性を提示したのは、河村孝道氏である（「『正法眼蔵』成立の諸問題〈四〉―60巻本『正法眼蔵』を遶って(1)―」〈『印度学仏教学研究』第二一巻第二号、一九七三年〉、「義雲禅師と『正法眼蔵』鑽仰―六十巻本の編集・成立の問題との関連において―」〈『義雲禅師研究』、祖山傘松会、一九八四年〉）。河村氏は、特に『正法眼蔵品目頌』を根拠とした旧来の六十巻本義雲編輯説に対して反論しつつ、最終的に、六十巻本道元禅師真輯説を七点から主張している（前掲論文、七〇九～七一二頁、『義雲禅師研究』、一三八～一四八頁、『河村書』、四六九～四七九頁）。これを河村氏の言葉を借りつつ、要約すれば以下の通りである。

第一、六十巻本が義雲の編であるとする説に対しては、嘉暦四年（一三二九）の『正法眼蔵品目頌』撰述以前の弘安二年（一二七九）に、六十巻本の巻が義雲によって書写されていることから、『品目頌』・六十巻本は共に、それ以前より存在した巻次に則って撰述・書写されたものにすぎない。また義雲の行状や『正法眼蔵序』・『品目頌』・『義雲語録』等から窺える義雲の「宗教的人間像」からは、新たな『正法眼蔵』を編輯する動機を窺うことはできない。

第二、懐奘書写本「十方」巻の巻数「第四十五」の「四」字は書き改められたものである。元の字は、七十五巻本の巻次「五」であった可能性もある。しかし、元の字が何であったとしても、巻次の修正は懐奘自身の手によって行われたものであり、六十巻本の存在をその自筆本に残していることは、六十巻本が道元禅師生前に存在したことを示している。

第三、「行持」・「洗面」・「遍参」巻等、六十巻本の本文は初稿本を伝えているのに対して、七十五巻本の本文は修訂再治されたもので整理編成されていることから、「六十巻本が『正法眼蔵』編輯の第一次的初稿本的性格を多分に有するものである事を知らされる」(『河村書』、四七六頁)。

第四、『正法眼蔵聞書抄』には六十巻本を参照したとみられる注記がある。たとえば、『聞書抄』の底本である七十五巻本の巻数に対する、六十巻本の巻数の注記などであり、これらは、「六十巻本との対照、及びその未体系的編成であることの消息を物語っていると言えよう」(『河村書』、四七八頁)。

第五、「七十五巻本との比較において、両本共通の巻目は五十巻で、この中、編輯列次番号を同じくするものは六十巻本中三十三巻、巻目を同じくするものは五十巻に上る。この事は、七十五巻本編成に当り六十巻本がその基礎資料として用いられたことを物語っているとも言える」(『河村書』、四七八頁)。

第六、「現成公案」巻末の「建長壬子拾勒」の識語は、七十五巻本にのみ見られるもので、六十巻本にはない。この「拾勒」という語は、七十五巻本以前の「未輯成暫定本六十巻の旧草本」(『河村書』、四七八頁)を含めて修訂再治・整理した上で、七十五巻本という完成本が成立したという意味に解することができる可能性がある。

第七、六十巻本中、七十五巻本にない九巻は、そのほとんどが後に十二巻本に編入され、含まれていない二巻も含めて、最終的な一百巻本として編成する構想であった。

これに対して、伊藤秀憲氏は『道元禅研究』(春秋社、一九九八年。以下、『伊藤書』)及び「公開講演『正法眼蔵』はいかに編輯されたか」(『駒澤短期大学仏教論集』第一二号、二〇〇六年)において、六十巻本は七十五巻本よりも後に成立したものであるとする。そして河村氏の説に賛同できない理由として、

(1) 暫定的というのであるならば、何故七十五巻本・十二巻本に含まれる巻の中から六十巻を選んで、七十五巻本成立以前にまとめる必要があったのであろうか。暫定的にまとめたものであるならば、散逸を防ぐために、

執筆順に全てを排列しておけばよかったのではないであろうか。

⑵七十五巻本と十二巻本をどう見るかは、説によって異なるところであるが、両者の間には明らかに違いがあることは誰もが認めるところである。六十巻の中の『法華転法華』『菩提薩埵四摂法』の二巻を除いて、他は七十五巻本か十二巻本のどちらかに含まれる巻である。六十巻本はどのような体系を考えてまとめられたものであろうか。

⑶六十巻本は懐奘書写本系のものを中心に編輯されたものであり、六十巻に入れられなくて残った二十八巻が『秘密正法眼蔵』であると考えられる。この秘本（二十八巻中十二巻に懐奘の書写奥書がある）にある諸巻の列次番号は七十五巻本や十二巻本のものである。懐奘が六十巻本と七十五巻本・十二巻本の列次番号をごたまぜに書写したとは考えられない。秘本に残っている七十五巻本や十二巻本の列次番号が本来のものであって、六十巻本の列次番号は、七十五巻本や十二巻本の列次番号をそのまま用いたり、書き改めたものと考えられるのではないか。

という疑問を挙げ（『伊藤書』、二七一～二七二頁）、最終的に、

六十巻本『正法眼蔵』は、懐奘示寂後、永平寺に残された懐奘書写本を中心に、七十五巻本の排列を基本としながらも、臨済宗や宋朝禅を批判する巻を除き、七十五巻本や十二巻本の列次番号をできるだけ生かすようにして編輯したものであるということができるのである。六十巻本は懐奘書写本を中心に編輯されたものであるが、『正法眼蔵』を書写して手許に置こうと努めた懐奘が、自ら書写したものの中から六十巻を選択して新たな『正法眼蔵』編輯《（ママ）》することはありえない。六十巻本の成立は懐奘示寂後であり、宋朝禅、臨済宗に対して包容的であった義雲が編輯に大きく関わっていると思われる。

とし（『伊藤書』、三〇三頁）、義雲は「禅師が行なったそれらに対する批判を表に出さないようにしようとしたのが六

十巻本『正法眼蔵』であったのではないであろうか」（『伊藤書』、二九五頁）としている。この義雲の宗風に対する理解は、鏡島元隆氏の論考[2]に依るものである。冒頭で述べた「臨済批判の箇処が削除されている巻々の存すること」という六十巻本の特徴は、「義雲の宗風の特質として、一、宋朝禅の特質である機関が用いられていること、二、宏智正覚の禅風に親近していること、三、臨済宗に対し包容的な宗風であること」（『道元禅師とその周辺』、一三三頁）と親和性が高いものであることから、義雲が『正法眼蔵』を編輯したとすれば、そのようなものになるであろうという原因は窺え、また鏡島氏が指摘するように（『道元禅師とその周辺』、一三二頁）、あえて六十巻本を選んで『品目頌』を撰述した理由の一つとしても当然想定されるであろう。しかしこれは先の要約でも述べたが、河村氏の

義雲は、懐奘と共に謄写蒐集の業に当りながら懐奘の道元禅師及びその遺著に対する姿勢や心情を知らぬ筈はないし、義雲の『品目頌著并序』や『義雲語録』を通しての義雲の宗教的人間像からしても、法祖の意図とは別異の編成本を作為するなどということは考えられない。（『河村書』、四七二〜四七三頁）

という主張に対する、六十巻本編輯の動機・理由の説明・反論としてはやや弱いように感じる。また義雲の編であるとしても、『品目頌』を撰述可能なほど『正法眼蔵』の宗旨を把握している義雲が、「臨済批判の箇処」が残っているという問題を起こすとは考えにくく、その点では天桂伝尊（一六四八〜一七三五）『正法眼蔵弁註』の方が徹底しているると言える。

そしてこのような所感を踏まえて、筆者はこの問題については、河村氏のように、六十巻本の方が先に成立したとする方が妥当であると現時点では考えている。特に前掲の河村氏の説と重複する部分もあるが、そのように考える理由は以下の二点によるものである。

①六十巻本が七十五巻本よりも後に編輯されたとするならば、そもそもなぜ六十巻本というものが編輯されたのか、その必然性と理由は何か。七十五巻本の収録巻、あるいは排列も道元禅師自身によって決定され、その決定が本文

内容にも及ぶ可能性がある以上、その収録巻を変更したり、排列を崩したりして新たな編輯本を作成する意味はなく、場合によっては道元禅師の考えとは異なった、新たな編輯本を作成することに他ならない。

②六十巻本には、「仏性」・「三時業」・「行持」・「遍参」・「洗面」の五巻について、七十五巻本・十二巻本所収本と比較すると撰述時期の早い、草案本系の巻が組み込まれていることが知られているが、その理由は何か。これらの巻は道元禅師が生前に再治を完成させており、そのことを編者は当然知っていたはずである。たとえば、六十巻本には「出家功徳」巻が含まれているが、それは「出家」巻を書き改めた上で成立したものであると推定されている。このように、修訂本があるのであれば、そちらを採用する、あるいは書写する際に置き換えておけばよかったのではないか。

さらに、以上二点の疑問点は、六十巻本が七十五巻本に先立つ体系であり、そのために草案本系の写本を中心に構成されているとすれば、その理由がおおよそ説明できると考えるためである。

その立場から、伊藤氏の疑問を要約しつつ、これに回答すれば以下のようになる。

⑴六十巻本成立の理由、必然性について…十二巻本構想の誕生を前提とする七十五巻本の成立であり、六十巻本が当初構想されていた『正法眼蔵』であると考えるので、暫定的にまとめたものではない。ただし、七十五巻本の存在を前提に考えれば、結果的に暫定的結集という性格を持ったと理解することも可能である。もし暫定的であるとしても、道元禅師がどのような体系の法語集を『正法眼蔵』とするかという構想自体は、その題号の有無を問わずに若年時から存在したと考えられ、むしろただ撰述年時順に排列されているだけの方が不自然に感じる。一方で、七十五巻本の後半三十五巻の排列はほぼ撰述年時順になっているが、それは晩年において十二巻本の撰述を重視しており、七十五巻本編輯の優先度が相対的に下がっていたためであろう。

⑵六十巻本の体系について…十二巻本に近い、前後の巻の関連性を重視した体系が構想されていたものと考える。

そして十二巻本は、それをさらに徹底するために編み出されたものである。あるいは、巻次等の形式的な部分は七十五巻本に、体系等の編輯思想は十二巻本にそれぞれ継承されたとすることも可能である。

(3)
六十巻本の巻次について…懐奘が六十巻本を編輯する際に、結果的にそのようになった巻もあった可能性はある。しかし、それは六十巻本から七十五巻本・十二巻本へ組み換えを行ったとしても同様のことが言えるのであり、十二巻本の巻次も、六十巻本の列次番号を微修正するだけで編成できるように調整されたと考えられる。そのために編輯の自由度が低下し、「菩提薩埵四摂法」・「法華転法華」巻を組み入れる余裕が奪われ、そのために両者が七十五巻本・十二巻本から除かれたままになってしまったとも推測される。

ただし、道元禅師の六十巻本と現存する六十巻本については、以下の角田氏の説に同意するものである。

但し、先にも述べたように、道元禅師親集の暫定的六十巻の『正法眼蔵』が現存する六十巻本と全く同様の編集本であったと私は考えていない。以下、道元禅師親集の暫定的六十巻『正法眼蔵』を「旧六十巻本」と言い、現存する六十巻本『正法眼蔵』を「新六十巻本」と言うことにするが、「旧六十巻本」では「袈裟功徳」巻は「伝衣」巻であったかもしれないし、「出家功徳」巻は「出家」巻であったかもしれないからである。(『角田書』、九二頁)

また、現存する六十巻本成立の経緯については、河村氏の以下の説に基づいている。

いずれにしても建長元年《(ママ、建治元年カ)》の二十三回忌を期して寛海・義雲等の助筆を得てさらに強力に謄写蒐集作業が行われたものであろう。その際、繰り返し述べるように、蒐集謄写して懐奘を中心として懐奘独自の編成に依る列次番号が附けられたのではなく、既に道元禅師の時点で暫定的に列次化されてあったものの謄写で、それが七十五巻・十二巻の決定化以前の暫定的未決定稿本の六十巻本ではなかったかと推考する。従って懐奘としては、曽ての六十巻本――七十五巻・十二巻の百巻撰述意図以前の暫定的結集本である遺稿を、どこまでも先師の煖皮肉として

蒐成し、報恩追薦の浄行とすべく期したものと解し得るであろう。（『河村書』、四六九頁）

懐奘及び寛海・義雲の謄写蒐集作業は、正に和字の『正法眼蔵』としての原初態（内容的にも成立史的にも）とも言わるべきものの、直接的には建治元年の先師二十三回忌における発願事業としても、懐奘の心底はどこまでも先師の『正法眼蔵』遺稿の散逸を防ぎ、法祖の煖皮肉をして護持相伝すべきことを目指した蒐集謄写の作業であったと言えよう。（『河村書』、四七五頁）

現存する六十巻本に草案本系の巻が多く含まれるのは、『正法眼蔵』の原初体系であり、その段階の写本が残ったということと並んで、修訂本を中心に構成された七十五巻本・十二巻本に対して、そこに至る過程の史料を残すべく、あえてそのような段階のものを選びとって蒐集・編成するという方針の下に編輯されたためであると考えられる。そのような形で残すことを試みた史料の中には、六十巻本『正法眼蔵』という編輯体系そのものも含まれる。そうである以上、もし新旧の六十巻本を想定したとしても、角田氏が例示するような必要最低限、あるいは何らかの理由に基づく巻の置き換え程度は行われた可能性はあるが、おおはばな変更はなかったと思われる。以下、その経緯について考察する。

三　現存する六十巻本成立の編輯方針

周知の通り、『正法眼蔵』は数度の書き改めを経て成立している。その流れを知ることのできる巻は、おおよそ以下の二類型に分類可能であり、その流れも含めて示せば以下の通りである。

①草案本と修訂本の両者が現存しているもの
（「弁道話」 正法寺蔵「正法眼蔵雑文」所収本↓流布本）
「仏性」 懐奘書写本（草案本）↓六十巻本↓七十五巻本・懐奘書写本（御再治本）
「心不可得」・「他心通」 「秘密正法眼蔵」所収「心不可得（別本）」↓七十五巻本「心不可得」・「他心通」等
「大悟」 真福寺本[3]↓七十五巻本
「行持」 広福寺本↓広福寺本（訂正部分を反映）・六十巻本↓七十五巻本
「嗣書」 真蹟断簡・香積寺本（副本）↓駒澤大学禅文化歴史博物館所蔵本・七十五巻本
「洗面」 興聖寺示衆本（現存せず）↓吉峰寺示衆本（六十巻本）↓永平寺示衆本（七十五巻本）
「遍参」 六十巻本↓七十五巻本
「三時業」 六十巻本↓十二巻本

②識語等が確認できるわけではないが、特に十二巻本所収巻について、その内容等から七十五巻本の巻を書き改めた可能性があると推定されているもの
「伝衣」↓「袈裟功徳」
「発菩提心（発無上心）」↓「発菩提心」[4]（説の一つとして挙げたが、後述の通り、筆者はこれには同意しない）
「大修行」↓「深信因果」
「出家」↓「出家功徳」・「受戒」

これらは、内容の増補がなされたものがほとんどではあるが、中には内容を削減したもの（「大悟」巻）やおおば

な書き換えが行われたもの（「仏性」巻）、大きく内容を異にするもの（「発菩提心」・「深信因果」巻）等もあり、その書き改めは一様ではない。

さらに、永光寺蔵十二巻本には道元禅師等の奥書は記されていないものの、六十巻本所収本の識語から、十二巻本のうち、その半数の六巻には「以御草案（本）書写（本為）」、あるいはそれに類する内容の識語が確認でき（『河村書』、五二七〜五二九頁）、十二巻本の多くの巻が草案本であったことが知られる。しかしながら先にも見た通り、十二巻本の巻には七十五巻本の巻を書き改めたと見られる巻も含まれている。そのような観点からは、必ずしも最初から書き下ろしたものの草案本というわけではなく、先行する巻を踏まえた上で、その修訂途上としての草案本であり、それら全体として見れば中書本的な位置づけであったのではないかと思われる。そしてこれらの奥書から見るかぎり、最後の二巻は除くとして、「出家功徳」・「受戒」・「供養諸仏」・「三時業」巻はいちおうの完成を見ていたものであろうか。

そしてさらに、その関係性を七十五巻本と六十巻本という形に絞った上でこれらを再分類すると、以下のようになる。

「仏性」　六十巻本↓七十五巻本
「行持」　六十巻本↓七十五巻本
「洗面」　吉峰寺示衆本（六十巻本）↓永平寺示衆本（七十五巻本）
「遍参」　六十巻本↓七十五巻本
「伝衣」（七十五巻本）↓「袈裟功徳」（六十巻本）
「発菩提心（発無上心）」（七十五巻本・六十巻本）↓「発菩提心」（六十巻本）

「出家」（七十五巻本）→「出家功徳」（六十巻本）

このようにしてみると、七十五巻本と六十巻本という組み合わせでも、多くの巻について草案本・修訂本という関係性を成り立たせることが相互に可能であり、十二巻本・「秘密正法眼蔵」を合わせればさらに巻数は増える。そして、後半の七十五巻本→六十巻本の書き改めについては、十二巻本に置き換える事ができるため、その変遷を知ることが可能であるが、六十巻本→七十五巻本の書き改めについては、六十巻本がなければその過程を知ることは不可能である。そして筆者は、河村氏の言う「法祖の煖皮肉をして護持相伝すべきことを目指した蒐集謄写の作業」とは、このような、『正法眼蔵』がいかにして成立したかという史料を残し、後世に伝えるということであると考えるのである。そのために、六十巻本という体系にもともと含まれる草案本系の巻を残しつつ、懐奘が過去に書写した、結果的に草案本系となったものも含まれる写本を合わせてまとめ、成立したのが現存する六十巻本であると思われる。

そして収録巻の選定については、先述の基準で、可能であれば七十五巻本とその内容を一致させるようなことをせず、より古い時点のものがあればそれを編入し、より新しい、書き改められた本がある場合はそれを採用するという編輯方針がとられたものではないだろうか。そのように考えると、以下の六十巻本系「仏性」巻にある、

　于時弘長元年辛丑夏安居日、在越州吉田郡吉祥山永平寺、以先師御草本書写之、彼本、所〻散〻或書消或書入或被書直、仍今校合書写之也、小師比丘懐奘（洞雲寺本、『永平正法眼蔵蒐書大成』〈以下、『大成』〉六、大修館書店、一九七九年、三六頁）

という奥書を理解する事ができる。道元禅師の「御再治本」は七十五巻本に編入されつつも、それとは別に、正嘉二年（一二五八）に懐奘自身が仁治四年（一二四三）に書写した「仏性」巻と「交《（校カ）》合」（永平寺所蔵懐奘書写本、『道元禅師真蹟関係資料集』、六九〇頁）することで、その原初形態と共に再治後の内容を伝え、さらにその中間段階に位置する

写本もまた存在したので、それを改めて弘長元年（一二六一）に書写し、六十巻本に編入した。それによって、「仏性」巻がどのように書き改められ、「御再治本」に至ったのかを、後世に伝えようと試みたのではないだろうか。また六十巻本では龍樹段が省略されている理由[5]については、懐奘書写本にほとんど修正点が見られないことを考慮すると、道元禅師は、まず懐奘書写本のような形態での書写を仁治二年に行い、その次の校正段階となる六十巻本の底本を書写した時点では、龍樹段を書き換える意図がなく、かつ書写しておくには長文であったことから、その部分をいったん省略した上で書写・校正し、その後道元禅師が「御再治本」を書写する段階で改めて龍樹段を含めた全体を書写し、推敲を行って最終的に完成したものであると考えている。そのため「仏性」巻に関しては、他宗派批判があったから削除されたのではないと思われる。

また他巻の他宗派批判に関しても、河村氏が指摘するように（『河村書』、四五六頁）、それが徹底されているということでもなく、それが根拠のない誹謗中傷ということではけっしてないので、確かにそのような性格があることはもちろん重要であるが、それだけをもって六十巻本の性格を論じることは困難であると思われる。伊藤氏は六十巻本における他宗派批判がないという問題について、「これは削除ではなく、水野氏が言われるように、六十巻『正法眼蔵』は懐奘所持本がもととなっているため、懐奘書写の後、道元禅師がさらに書き加えられた部分が落ちたものと見たい」（『伊藤書』、三〇〇頁）と述べているが、これが正しいかどうかは別として、先に述べた、草案本系の巻を残すという六十巻本の編輯方針についての仮説を補強するものとなると思われる。

ただし、ここで挙げた巻の中で、「発菩提心」巻と「発無上心」巻に関してはやや異なる関係性を持っている。七十五巻本系「発菩提心」巻は、六十巻本には「発無上心」巻と改題された上で編入され、別に十二巻本系「発菩提心」巻もまた六十巻本に編入されているためである。これは、六十巻本に両者が編入された理由は何かということや、この「発無上心」巻という名称を定めたのは誰か、そもそも「発無上心」巻と「発菩提心」巻の名称はどちらが先に名づけられたものなのか、という疑問を生む。

同一の巻名を持っているため、それを区別するべく一方の巻名を改めている事例としては、後代ではあるが、永平寺三十五世版橈晃全（一六二七〜一六九三）が、七十五巻本系「仏道」巻とは同巻名であるが内容が異なる「秘密正法眼蔵」所収「（別本）仏道」巻を晃全本に編入するにあたって、「みきこの巻を仏道とあさなしたまへとも、まへに仏道のあるめるゆへに、いまかりに道心となつけまひらせたる」（天寧寺本、『大成』続輯九、一〇六八頁）として、仮に「道心」巻と名づけたというものがある。しかし、これを「発無上心」巻と比較すると、晃全は「仏道をもとむるには、まづ道心をさきとすべし」という冒頭の一文を典拠に改めており、どちらかと言えば、七十五巻本系と「秘密正法眼蔵」の「仏道」巻の両者が別内容であることを強調するような変更であるようにも思われる。「発菩提心」巻の場合は同義語の「発無上心」巻としていることで、できるかぎり題名の意義を変えることなく区別できるように配慮されている。

そのためこの場合に関しては、「発無上心」・「発菩提心」巻の両者に書き改めの関係がなく、両者でそれぞれの宗意を説いているということを示そうとしているのではないかと思われる。そのため、「発菩提心」巻の「建長七年乙卯四月九日、以御草案書写之　懐奘」（洞雲寺本、『大成』六、三四三頁）という奥書は、ここでは新しく筆を起こしたが、未完成で終わってしまったという意味であると考えられる。「発無上心」巻と「発菩提心」巻の書き改めに関しては、伊藤氏が両者の説示内容には重点の異なりが見られることから「書き改めがあったと断ずることはできない」（『伊藤書』、三二〇頁）としている他、中世古祥道氏も否定的な見解を示している（『新道元禅師伝研究』、国書刊行会、二〇〇二年、二一九〜二二二頁）。そのような、書き改めの意図がなかったことを伝え、それに対する注意を促すべく、あえて両者を六十巻本に編入しているのであろう。

「秘密正法眼蔵」の成立に関しても、当初は今のようにある程度の巻をまとめて書写したものではなく、六十巻本に含まれていなかった巻や草案本系の巻を選定して、道元禅師時点の書写形態のように、一巻一冊の仮名書きで書写されていたものをまとめておいただけのものだったのではないかと思われる。それを滝谷琢宗氏の指摘（『正法眼蔵顕開事考』、『大成』二〇、四八五頁）のように、応永年間頃に再写されて現在まで伝来していると考えられる。実際に河村氏によって、「出家」巻や「嗣書」巻について、「明らかに万葉仮名の誤読に依る種々の写誤表記や脱写が多」（『河村書』、二八頁）い事が指摘されており、弘安十一年（一二八八）の書写時点か、現存本の書写時点かは不明であるが、その書写原本が仮名書きであったことが推定される。そのため、「秘密正法眼蔵」の書写原本の成立も六十巻本の成立と同時期まで遡れる可能性もあり、その編輯、あるいはただたんにまとまって置かれていたものを書写しただけのものなのかもしれないが、その理由も、六十巻本の拾遺的性格と共に、『正法眼蔵』の編輯に関する史料を残しておくことが主な目的であると考えられる。その点では六十巻本と同様に、「秘密正法眼蔵」の現在の巻次排列と、その書写原本の排列は異なっていた可能性も当然想定される。「秘密正法眼蔵」に七十五巻本の巻数が付されている巻があるという問題に関しては、懐奘書写本「仏性」巻のように、懐奘がそれらの巻を当初書写した時点では、六十巻本、あるいは後述の四十巻本には含まれていなかったため、巻数が付されていなかった。そしてその後、七十五巻本の編輯に伴って巻数が付されたため、七十五巻本所収本と内容を比較した上で、その内容が大凡一致した場合には、その巻数を付しておいたとも考えられる。

また「万葉仮名の誤読」に関連して、『正法眼蔵』の平仮名・片仮名書きに関する問題について見ると、真蹟・準真蹟本においては、そのほとんどが平仮名で記されており、片仮名書きのものは存在しない。にもかかわらず、七十五巻本・十二巻本は片仮名書きで記され、六十巻本は平仮名書きで記されている洞雲寺本・妙昌寺本と、片仮名で記されている瑠璃光寺本や栄能書写本系諸本（霊雲院本・両足院本〈建仁寺塔頭、『正法眼蔵〈両足院叢書〉』、臨川書店、二〇〇六年所収〉）があり、写本系統によってそれぞれである。この違いはいかなる事情によって生まれたのか、その理由は判然とせず、推測することしかできない。河村氏は、義介（一二一九～一三〇九）・瑩山禅師（一二六四〈一二六八〉～一三二五）の頃に片仮名書きに書写されたのではないかとしているが、その理由は記されていない（『河村書』、四九六頁）。筆者の所感としては、六十巻本と七十五巻本・十二巻本の区別のため、あるいは片仮名の方が書写しやすく、誤読を減らすことができる可能性が高いというような利点があることなどが挙げられる。「秘密正法眼蔵」は後者の理由から片仮名書きとしたのではないかと思われるが、それ以外については確実なところは不明であるが、区別説が妥当なのではないかと思われ、ひとまず推測を記しておくこととしたい。

四　六十巻本の体系について

六十巻本と七十五巻本の体系の違いについては、両者の第一から第四十までは、共通する台本、いわゆる四十巻本『正法眼蔵』が存在した可能性が指摘されており(6)、ここまでは一定程度共通した体系を持っていると考えられる。また、六十巻本の第五十一から五十七と、七十五巻本の第六十二から第七十二には共通する部分が多く、その排列はほぼ撰述年時に沿ったものである。そのため、六十巻本の体系を考察するためには、その第四十前後から第五十までがどのようなものであるかということについて考察すればひとまずはよいものと思われる。その上で、六十巻本の体系について仮説を述べてみたい。

筆者は、六十巻本の目指した体系は、十二巻本のように、前後の巻がある程度の関連性を持って展開していくものであったのではないかと考えている。伊藤氏は、「七十五巻本から六十巻本へ」の考証で、六十巻本に巻を移すにあたって、その内容の連続性を意識している可能性のあることを指摘している。具体的には、第三十七「遍参」巻と第三十八「葛藤」、第四十一「袈裟功徳」巻から「鉢盂」・「家常」・「眼睛」・「十方」・「無情説法」巻を経て、第四十七「見仏」巻に至るまでの七巻が挙げられる（『伊藤書』、三〇一〜三〇二頁）。これらの関連性は十二巻本ほど緊密なものではないが、その可能性を示す特徴の一つではないかと考える。

そしてそのように進められていた体系を崩さざるをえなかったのは、「新草」という新たな体系を創出するためであると思われ、これは角田氏の説とも重なる（『角田書』、一二一〜一二三頁）。そのために、六十巻本から巻を抜粋し、より内容面での有機的関連性を意識した書き改めを行った上で再編輯するという作業が行われた。「法華転法華」・「菩提薩埵四摂法」巻については、前者はかねてよりの『法華経』重視や十二巻本における経典引用の増加という特徴と親和性が高く、後者は十二巻本において示される「衆生救済の論理」の具体的な実践方法という位置づけができると思われる。そのため、両巻共に道元禅師が「新草」に編入するべくいったん抜粋したものの、これらと他の巻を接続するための巻の撰述が叶わず、十二巻で締めくくらざるをえなくなったために、七十五巻本からも十二巻本からも外されたままになってしまったのではないだろうか。そして、まず六十巻本から十二巻本に編入する巻を除外し、ついで六十巻本の排列を活かしつつ、後に六十巻本に編入する予定であった巻を、十二巻本に編入されて欠本となった巻を補いつつ、撰述年時を基準として巻を挿入・整理して七十五巻本へと組み替え、新草と合わせて一百巻を目指したのが七十五巻本であると思われる。具体的な過程については角田氏が、七十五巻本の前半は、先述の共通する四十巻本の体系を用い、後半の三十五巻は、六十巻本の排列を活かしながら組み換えを行っている様子について論考しているので（『角田書』、七二〜七八頁）、詳細な記述は本稿では省略したい。七十五巻本の後半がそのように編輯されたのは先述の通り、晩年は十二巻本に注力していたことが要因として考えられる。

またこれを前提とすると、角田氏は七十五巻本にあり、六十巻本から除かれた巻について、他宗派批判があるという従来から指摘されている理由に対して、主に再治の意図があったために外されていたのではないかという、別の方向性を論考している（『角田書』、一〇五〜一〇八頁）。その中で、他宗派批判以外の理由が不明としている、七十五巻本の第四十二「説心説性」・第四十三「諸法実相」・第四十五「密語」・第四十七「仏経」の四巻については、六十巻本においてこのような関連性を持たせることができなかったために、編入する余地がなく、もし六十巻本に六十一巻以降が存在すれば、そちらに組み込む予定であったと考えれば、説明することが可能であるかもしれない。これは、第三十八「唯仏与仏」巻も同様である。

つまり筆者は、十二巻本構想がなければ、六十巻本の巻次を基本に、巻を追加しながら一百巻を目指したという可能性もまた考えられると推論するのである。そして、「先師の『正法眼蔵』遺稿」の一つとして、六十巻本という体系そのものもまた含まれるものであったとも考える。草案本系の史料を残しておくだけであれば、「秘密正法眼蔵」のように、そのような巻を書写して雑多に束ねておけば、それでもまったく問題ない。しかしそのようなものでは、「秘密正法眼蔵」の発見の経緯を見ればわかるように、さして重んじられず、忘れ去られてしまう可能性が高い。それを防ぐために、六十巻本という体系を用いてまとめておくこととしたのであろう。

さらに、河村氏が「素朴な疑問として、何故に道元禅師の意図的体系的編輯の七十五巻・十二巻本を無視してまでも義雲が敢て別体系の六十巻をまとめなければならなかったのか、について論証説明がなされなければならない」（『河村書』、四五六〜四五七頁）と主張するように、義雲だけでなく、懐奘をはじめとする道元禅師の門弟が、道元禅師親輯の体系があるにもかかわらず、新たな体系の『正法眼蔵』を編輯するとは考えられない。そのため、やはり道元禅師が残した六十巻本という体系をもとに、懐奘が各時点で書写した巻を中心に、時にはより古い編輯段階の、草案本系の巻を改めて書写した上で編入し、結集がなされたのである。そして、懐奘が書写日を書き残しているのには、大きな意味がある。

つまり、石井修道氏も指摘する通り、道元禅師は基本的には、巻を書き改めても最初に書写・示衆した日の奥書しか残しておらず、「洗面」巻等を除いては、現前の本文が、奥書の日付のまさにその日に著されたものなのか、後に書き改めを加えたものなのか、奥書だけからは判断する事ができないのである（『道元集』総説、臨川書店、二〇一五年、五八三、五八九頁）。そしてそれが、伝真蹟「山水経」巻の評価を難しくしている（『道元集』、五八九頁参照）。しかし、懐奘の奥書が加わることで、その本文が懐奘の書写日時というある特定の時点の本文であることが類推できるため、大きな意味を持つのである。ある巻を懐奘書写本とそれ以外で比べた際に本文が変更されているとすれば、それは後におおはばな書き改めがあったことを示すものになり、その逆もまた言うことができる。そのため、懐奘書写本「十方」巻における巻数の修正[11]及び修正前の巻数が大きな問題になるのである。

懐奘書写本「十方」巻は、伝来という点に関しては、松本全久院二十七世瑞岡珍牛（一七四三〜一八〇〇）が大阪の高須家より、「山水経」巻等の他の全久院所蔵真蹟資料とともに寛政十一年（一七九九）に献納を受けたもので（「十種法宝記」、『道元禅師真蹟関係資料集』、九四四〜九四五頁）、それ以前の伝来については現在のところ不明である。手がかりとして、「豊泉首座捨入／洞雲閣常住」という墨書が遊び紙に記載されているが、それが何を指しているのかも不明である。そのため、伝来という点に関しては、重大な疑義があると言わざるをえない。

次に本文を見てみると、大久保道舟編『古本校訂正法眼蔵 全』（筑摩書房、一九七一年、四七五〜四七九頁。以下、『大久保本』）を参照するかぎり、洞雲寺本との本文校異がまったく存在しない。実際には、洞雲寺本の奥書を見ると、懐奘の署名の前に「之」がある（『大成』六・四二九頁）ことが異なるが、その他、宋吾・光周の識語を除けば、基本的にはほぼ同一の本文であることがわかる。もう一つ重要な点としては、懐奘書写本と洞雲寺本の改行について、前題・後題及び本文中の八箇所（「長沙景岑禅師告大衆言〜」、四箇所の「尽十方界〜」、「玄砂院宗一大師〜」、「乾峰和尚〜」、「いはゆる在遮裏は〜」）の位置が、行格の差異を除けばまったく同じである事がわかる。ちなみに七十五巻本の写本のうち、道元禅師の「親輯原本の形態を踏襲して一巻一冊、毎面六行書きから成っている」（『大成』二、例言二頁）龍門寺本も大半の改行箇所が共通するが、最後の「いはゆる在遮裏は〜」を改行しない（『大成』一、六三八頁）ことから、すべてが共通しているというわけではない。ここから、少なくとも代々永平寺に伝来してきた、宋吾本系六十巻本の再々写本である洞雲寺本「十方」巻については、この懐奘書写本が祖本である可能性が非常に高いということが考えられる。そしてこの写本が、七十五巻本系の写本として取り扱われたことはなかったのではなかろうか。

そのように考えると、先述の河村氏の指摘のように、現在懐奘書写本「十方」巻に確認できる「四十五」という巻次に関しては、この写本を六十巻本に編入するために、懐奘自身の手で修正されたもの(12)であると考えるのが自然であり、懐奘による六十巻本編輯の過程を示す史料として重要なものであると言えるだろう。しかし、決定的な証拠がないというのもまた事実である。さらに、この題号が元々「五十五」であったのかどうかについても、その可能性は非常に高いものの、科学的調査等の余地を残すものであり、必ずしもそうであると確定されたということではない。

角田氏は、「十方」巻の元々の巻次が「五十五」であったことに疑問を呈している。その理由として、七十五巻本の四十巻目以降は、おおよそたんに撰述年次にしたがって排列しているのみであるのにかかわらず、それが撰述された寛元三年（一二四五）から、七十五巻本が完成する「建長壬子拾勤」（四年〈一二五二〉）に至るまでに時間がかかりすぎていることを指摘している。その上で、河村氏のように、「拾勤」は本文内容の完成の時点を意味しているとし、その間に再治が行われていたために時間がかかったのであるとしても、そうであるならば、なぜ「仏向上事」巻等の草案本や「伝衣」巻などの、後に書き改められたことが認められる巻が存在しているのかということがまた問題となると述べている（『角田書』、一一五頁）。

筆者は「建長壬子拾勤」の語が「現成公案」巻に記されているということから、かねてよりの全体にわたる再治を終え、「現成公案」巻を第一に編入したことで、七十五巻本という体系が成立したという複合的な意であると考えるので、この点からも「五十五」であったとすることには同意しがたい。

また、原本を改めて見てみると、内題の「四」は、一画目の収筆と思われる部分が二箇所あり、もともと存在した文字を活かしながら書かれているようにも見受けられる。そしてそうであるとするならば、「五」であるとするにはやや線が長く、位置が異なるようにも感じられる。また、尾題の削除は「四」の書かれている部分全体に及んでおり、上の「第」も部分的に削られている。「四」に改めるとするならば、すべてを消す必要はなく、元ある部分を活かしながら訂正することも可能なように思われる。そのため、この削除された部分には、全体を削り取らなければ訂正しきれないような、まったく別の一字が記されていた可能性もまた考えられる。

五　結論と今後の課題

以上本稿では、六十巻本の成立に関する問題について、主に先行研究に基づきながら、六十巻本は七十五巻本に先行するものである可能性が高いことや、六十巻本には七十五巻本とは異なった体系が存在し、十二巻本によって解体されることとなったという、現時点での卑見を示させていただいた。最初に述べた通り、筆者の基本的な立場は、新史料の発見なくしてこの問題の最終的解決はないと考えている。そのため、こうした新史料の発見、あるいはさらなる議論の進展によって、拙稿の説が肯定、あるいは否定されることを、たいへん僭越ながら、切に望むものである。そして筆者自身も、本稿における仮説を見直すことを一つの目標として、さらに研究を進めていきたい。

（1）角田氏が取り上げていない説として、柳田聖山氏の説があるので、ここで補足しておきたい。柳田氏は「仮字正法眼蔵の秘密―道元とその弟子懐奘―」（『展望』第二一〇号、一九七六年）において、「のちに義雲の系統に伝わる六十巻本正法眼蔵もまた、やはり古い由来をもっていて、必ずしも義雲の時代に新たに改編されたものとのみは考えられない」（四九頁）とし、六十巻本義雲編輯説に疑問を呈している。さらに、懐奘書写本中に六十巻本の巻次が付されていることから、懐奘が七十五巻本の編輯に関わったと断言することはできない可能性があり、関わったと断言できるのは十二巻本のみであるとする。そして「秘密正法眼蔵」所収「八大人覚」巻の奥書「仰以前所撰仮名正法眼蔵等、皆書改」を取り上げ、ここに言う「以前所撰仮名正法眼蔵」とは六十巻本のことであると推定し、「六十巻本正法眼蔵こそが真の旧草」（四九頁）であるとしている。そして、

懐奘は、六十巻の旧草と新草十二巻を知っていたにとどまり、謂わゆる旧草七十五巻の編成には、必ずしも深いかかわりを持たなかったのではないか。謂わゆる旧草七十五巻のすべてを手にしたのは、京都にのこった詮慧であり経豪である。この二人は、逆に新草のことを知らない。とにかく、晩年の道元が構想した正法眼蔵の全貌を見た弟子はいなかった。忽然と歿した師をいたむあまり、ハラダイモクシャを守るに忠実で、正法眼蔵の全貌を拝むに至らなかった。ましてや、懐奘が仮字正法眼蔵とよぶ秘密に気付くものは、誰一人としてなかったように思われる。（五〇頁）

と述べている。本説については、「秘密正法眼蔵」所収「三昧王三昧」巻（『大成』一、九〇六頁）など、七十五巻本の巻数が付されている巻にも懐奘の奥書がある巻があるため、「謂わゆる旧草七十五巻の編成には、必ずしも深いかかわりを持たなかったのではないか」ということはやや困難であるなど、何点かの問題を孕む説ではある。しかし、六十巻本を「旧草」とし、おそらく七十五巻本・十二巻本を含めて「新草」と理解するなど、注目すべき見解も含まれている。

（2）「宗学思想史上における義雲禅師の位置」（『道元禅師とその周辺』、大東出版社、一九八五年、『義雲禅師研究』初出）。

（3）この真福寺本「大悟」巻の書誌情報について検討したところ、いくつかの点が明らかになったので記しておきたい。

まず、河村氏は『大成』続輯六において、「年次推定の手掛り」（例言一七頁）として「尾張国大須／宝生院経蔵／図書寺社官／府点検之印」及び「寺社／官府再点／検印」（『大成』続輯六、一二一三頁、『道元集』、一三五頁）という二つの印を挙げる。前者の印は、享保十五年（一七三〇）に寺社奉行が、尾張藩主の名で蔵書点検を行い、『大須真福寺経蔵目録』を作成した際に押された印であり、後者は文政四年（一八二一）に再点検を行い、『宝生院図書目録』を作成した時の印である（小野則秋『日本図書館史』、玄文社、一九七六年、一九五頁）。これらの印によって、少なくとも享保十四年以前には書写・所蔵されていたことが確実となる。また、同『日本の蔵書印』（臨川書店、一九七七年）によれば、「特に享保の点検に際しては貴重なものに対しては別に又「寺社官府」の丸の黒印を捺している」（六五頁）とあるが、本書に

はこの印は見られないため、当時はそこまで重要な典籍ではないと見なされていたのであろうか。

ついで、真福寺の古文書目録を参照してみると、『真福寺古目録集』一（臨川書店、一九九九年）収録史料中では、『大須経蔵目録』（一八七頁）及び『経蔵目録稿本』（三四七頁）に「一大悟　一巻」とあるのが本書に該当する。この両者には、「大悟」巻を含むグループの分類記号として梵字「𑖎」が振られており（一八六、三四五頁）、これは「大悟」巻の表紙に記されている梵字（『大成』続輯六、一二一三頁、『道元集』、一三三頁）と一致する。『経蔵目録稿本』には、「𑖎」の下に「廿五」（三四五頁）とあるが、これは本書の表紙左上に記される[二八]「大悟」の記載とは相違しており、これらの数字の意味及び関連性については今後の課題としたい。『大須経蔵目録』の成立時期については、山崎誠氏の『真福寺古目録集』一の解題によれば、「第二十一代鏡融（天正十三年示寂）時代の編かと疑われる」（六八五頁）とあり、天正十三年（一五八五）以前に作成されたと推定されている。つまり「大悟」巻は、水害によって真福寺が慶長十七年（一六一二）に現在地に移転する以前より収蔵されていた史料であることがわかる。

また、『大須経蔵目録』の「一大悟　一巻」の次の行には、「一達广和尚観心破相論　一巻」（一八八頁）とある。この『達磨和尚観心破相論』は『達磨宗』（臨川書店、二〇一五年）に収録されており、表紙に分類記号の梵字「𑖎」が振られている（『達磨宗』、二六九頁）ことも共通する。『達磨和尚観心破相論』を見ると、やや水に濡れたような染みが全体に確認できる。ここから、やはり「大悟」巻も水害の影響を受けており、それが『大成』続輯六所収本に見られるような、著しい状態の悪さの原因となったのであろう。さらに、「大悟」巻と『破相論』が並んで保管されていたということは、両者の旧蔵者が同一人物であった可能性もまた考えられ、その前後の史料も、伝来等に達磨宗と関係が見出せる史料である可能性もある。しかし、伝来に関する詳細な手がかりは共にないため、それ以上は不明である。また裏打ちされているため、紙質等の比較は難しいかもしれないが、称名寺本『達磨和尚観心破相論』（建長四年〈一二五二〉書写）と書写年代が近いとされている（『達磨宗』解題、六四〇頁）真福寺本『破相論』と、「大悟」巻との比較検討により、年代が近いかどうかについて判断することができる可能性がある。場合によっては道元禅師にそうとう近い時代、特に真福寺本「大悟」巻は片仮名書きであることから、義介・瑩山禅師の頃に片仮名書きになったという、先述の河村氏の説（『河村書』、四九六頁）を踏まえると、その頃まで書写年代が遡れる可能性もある。

しかし、水害後に作成された『大須真福寺宝生院経蔵聖教目録』には、「大悟」巻・『破相論』は共に掲載されていない。分類記号の同じ他の史料も、『大須経蔵目録』と『大須真福寺宝生院経蔵聖教目録』の史料名が完全に一致しているわけではないようなので、確実なところは不明であるが、ほとんどその名前が確認できない。さらに、「慶長十年当時の水害で失われた、いわば最後の罹災目録であろうと推定される」（六八八頁）、『大須聖教目録不足分』にもその名が確認できない。そのため、当初は「水入損朽　四十五箱」（四六二頁）に含まれていたが、その後救出され、享保十五年の『大須真福寺経蔵目録』作成時の点検で再度見出されたものであろうか。

ちなみに、表紙にある「第七拾一合」という分類番号、及び「本書を収める袋には、「大悟　一帖」とあり、「七十一合五十三号」の整理番号が貼付されている」（『道元集』、六二五頁）について付言しておくと、山崎氏によれば、

真福寺の現存聖教は、文政四年の寺社奉行の点検目録「宝生院図書目録」全二十三冊の箱番号ごとに、一九三〇年代（自昭和四年至十年）の黒板勝美調査団の悉皆調査に基づいて（成果として『真福寺善本目録』正続輯一九三六年刊が刊行されている）、一点宛渋引きの袋に収められ、子番号をつけられた形で整理されている（『真福寺古目録集』一、六六九頁）

とある。ここから、「第七拾一合」は文政四年の、「五十三号」は一九三〇年代の分類の際に付されたことがわかる。

この検証によって、河村氏の「室町期〜江戸初期頃カ……特に慶長一七年（一六一二）、現在地へ移される以前、一四世紀中頃以後から移地の年に至る間と見られる」（『大成』続輯六、例言一七頁）とある書写年時の推定については、その下限がやや遡り、天正十三年に鏡融が示寂する前、より詳しくは『経蔵目録稿本』作成以前頃ということは確実になり、場合によっては道元禅師や瑩山禅師に近い時代にまで遡れる可能性も一考の余地があることになるであろう。なおこれらの目録から、本書が大須文庫の蔵書となった経緯や、具体的な書写時期は明らかにならなかったため、今後の課題となる。

（4）「発無上心」→「発菩提心」の書き改めについては、「如来全身」・「発無上心」→「発菩提心」・「供養諸仏」・「帰依仏法僧」等とする杉尾守（玄有）氏の説もある（「『正法眼蔵』の基礎的考察―道元の哲学（上）―」、『道元禅の参究』、春秋社、二〇一五年、八九〜九七頁、『山口大学教育学部研究論叢』第一九巻第一部、一九七〇年初出）。

（5）水野弥穂子氏は「永平寺懐弉書写本「仏性」と六十巻正法眼蔵との関係」（『宗学研究』第二七号、一九八五年）において、瑠璃光寺本の「仏性」巻には龍樹段が「仏性下」（『大成』五、四八二頁）として書写されていることから、「河村教授の言われるような「省除」（前記論文〈『義雲禅師研究』、筆者注〉一二三頁）ではなく佚落と見るべきであろう」（二八頁）と述べているが、筆者はこの説は問題があると考える。その理由は、瑠璃光寺本は六十巻本系八十三巻本という特異本であり、これは瑠璃光寺本の書写時に七十五巻本を参照して、六十巻本にない巻を補写して編成された可能性が高い

ことから、この部分も瑠璃光寺本の書写者による補写であると推定されるためである。実際に、「葛藤」巻の「自余の臨済・徳山・大潙・雲門等のおよぶべからざるところ、いまだ夢見せざるところなり。いはんや道取あらんや。近来の杜撰の長老等、ありとだにもしらざるところなり。かれらに為説せば、驚怖すべし」という他宗派批判の記載が本文中にそのまま記されており（『大成』五、六四〇～六四一頁、『大久保本』、三三五頁）、これは書写者が七十五巻本を参照し、六十巻本にない本文を補いながら書写を行っていた証拠となるであろう。

また水野氏は、仁治二年十月に道元禅師が「仏性」巻を撰述した時点では龍樹段はなく、仁治四年正月に懐奘が書写するまでに龍樹段を撰述しつつも、本文中には「龍樹変相可加如也」という識語を追加するに留め、追加した龍樹段そのものは瑠璃光寺本のように、別に書写されていたとし、またその前で、懐奘書写本の訂正の底本となった「御再治本」と六十巻本「仏性」巻の底本は同じ本であるとしている（二八頁）。そして「かくて「仏性」巻は同じ懐弉害写本をもととしながら、正嘉二年（一二五八）に仁治四年書写本と御再治本を校合して作った本文は七十五巻の本文に直結している」（二九頁）とする。しかし、六十巻本と七十五巻本の本文には決定的な差があり、直結しているとは言いがたい。このように、筆者は水野氏の説にはいくつか問題があると考えているのであるが、詳細な検討は今後の課題としたい。

（6）たとえば、杉尾玄有「七十五巻本「正法眼蔵」の基本的考察」（『道元禅の参究』、一八七頁、榑林皓堂編『道元禅の思想的研究』、春秋社、一九七三年初出）、『角田書』（七二～七三頁）が挙げられる。なお、四十巻本『正法眼蔵』については、拙稿「晃全本『正法眼蔵』の本文編輯について」（『曹洞宗総合研究センター学術大会紀要』第一六回、二〇一五年、三〇頁、注〈5〉）参照。

（7）道元禅師と『法華経』については、鏡島元隆「道元禅師と『法華経』」（『道元禅師の引用経典・語録の研究』、木耳社、一九六五年、一二一～一三七頁）をはじめとする、各氏による多くの研究があるが、ここでは道元禅師が晩年に『法華経』を読誦し、その文を柱に書き付けたという逸話（『諸本対校永平開山道元禅師行状建撕記』、大修館書店、一九七五年、八三頁）と、「帰依仏法僧宝」巻における以下の所説を挙げるに留めておきたい。

法華経は、諸仏如来一大事の因縁なり。大師釈尊所説の諸経のなかには、法華経これ大王なり、大師なり。余経・余法は、みなこれ法華経の臣民なり、眷属なり。法華経の中の所説、これまことなり。余経中の所説、みな方便を帯せり、ほとけの本意にあらず。余経中の説をきたして、法華に比校したてまつらん、これ逆なるべし。法華の功徳力をかうぶらざれば、余経あるべからず。余経はみな法華に帰投したてまつらんことをまつなり。この法華経のなかに、

いまの説まします。しるべし、三宝の功徳、まさに最尊なり、最上なりといふこと（『大久保本』、六六九頁）

（8）たとえば伊藤氏は、「出家」巻から「出家功徳」巻への書き改めについて、『大智度論』十三の引用が、「出家」巻では『摩訶止観輔行伝弘決』からの間接引用であったものが、「出家功徳」巻では『大智度論』からの直接引用に変更されていることを指摘した上で、「このことは、建長二年（一二五〇）に永平寺に大蔵経が安置されたこと関係していよう。また、十二巻本に経論からの引用が多くなるのも同じ理由によると考えられる」と述べている（『伊藤書』、三二三頁）。ちなみに、伊藤氏はこれに続いて、「孫引きであったものを、直接論からの引用へと改められたいう点からも、『出家』から『出家功徳』へ書き改められた可能性が考えられうる」（『伊藤書』、三一三〜三一四頁）と述べている。このような、典籍の引用を間接引用から直接引用に改めるという作業を行うということについて、現在のところ、筆者にはその意味や意義が見出せない。しかし、道元禅師が『正法眼蔵』の書き改めにおいてそのような変更を行っている以上、これには「大蔵経が安置された」というだけに留まらない、何らかの意図があってのことであると考えられる。表面的に見れば、ある意味では天台系の典籍からの引用を減らすことを試みているかのようにも感じられるが、この所感が正しいのか、それ以外の何らかの理由があるのか、その検証は今後の課題としたい。

（9）本語の直接の引用は、鏡島元隆「十二巻本『正法眼蔵』について」（『道元禅師とその宗風』、春秋社、一九九四年、一二六頁、『駒澤大学仏教学部論集』第一九号、一九八八年初出）に依る。この語は、袴谷憲昭氏が明らかにした十二巻本の特徴を評価する文脈において用いられている。

（10）この内「法華転法華」巻については、鏡島氏が指摘するように（「『正法眼蔵八大人覚』奥書私見」、『道元禅師とその宗風』、一四六頁、『駒澤大学仏教学部論集』第二〇号、一九八九年初出）、最終的・将来的に十二巻本と七十五巻本のどちらに編入されるものであったのかについては見解が分かれている。鏡島氏の指摘を参考にまとめると、河村氏は、七十五巻本という体系は、その本文も含めて、「現成公案」巻が「建長壬子拾勒」された時点で完成しており（『河村書』、五一四頁）、それに収録されなかった巻はすべて十二巻本に編入・列次されていくとする（『河村書』、四七五頁）。対して柴田道賢氏は、「「法華転法華」は、むしろ七十五巻に編入されるべき性質をもち、「四摂法」は、十二巻本の系列に属するとも考えられる」（「正法眼蔵の編集について―特に道元禅師の親集を中心として―」、『道元思想大系』五、同朋舎出版、一九九五年、一九四頁、『宗教学論集』第六輯、一九七三年初出）と述べており、河村氏と同じく「七十五巻本親集論者である柴田氏からは、『正法眼蔵』一百巻完成の暁には、七十五巻本の上にさらに加上される可能性が認められているのである」(『道元禅師とその宗風』、一四六頁)。筆者の見解は先述の通りであり、その根拠はやや異なるものの、河村氏の説に近いものである。対して鏡島氏は『道元禅師』(春秋社、一九九七年)において、「七十五巻本『正法眼蔵』が「皆すでに書き改められた」完結態でない」(一二五頁)と河村氏の説を否定し、そして「柴田氏の言われるように、『法華転法華』を十二巻本系統の『正法眼蔵』の系列上に加えることは無理である」(一二六頁)と明確に主張しており、柴田氏の説を正しいと考えているようである。鏡島氏がそのように主張する理由については、『道元禅師とその宗風』(一四七〜一五〇頁)、『道元禅師』(一二五頁)参照。

(11) この「十方」巻の修正に関しては、白黒写真ではどのように消されているのかわかりにくく、『道元禅師真蹟関係資料集』(六九七頁)では判別不能である。『道元集』(二七八、三〇三頁)の写真はかなり判別しやすいが、内題については、岸澤惟安『正法眼蔵全講』二十(大法輪閣、一九七四年)の口絵カラー写真も見やすいので、参考として挙げておきたい。

(12) 伊藤氏は、先述の六十巻本義雲編輯説を踏まえて、この巻数の変更も義雲の手に依るものではないかとする(『伊藤書』、二九四頁)。

付記

近年、身延山三世日進(一二五九〜一三三四)の著作と推定されている『金綱集』「禅見聞」に、「糟頭《(曹洞カ)》宗ニハ正法眼蔵トテ六十巻ノ録ヲ読学ス」(『日蓮宗宗学全書』一四、日蓮宗宗学全書刊行会、一九二二年、三一一頁)という記事があることが紹介された(古瀬珠水「『金綱集』「禅見聞」における二、三の考察―作成年代と禅の分類について―」〈『仙石山仏教学論集』第七号、二〇一四年、二頁〉、木村清孝「『有禅抄』断簡(『法華問答正義抄』所引)の思想的特徴―とくに『秘蜜正法眼蔵』第一「仏向上事」・第二「生死」との関連をめぐって―」〈『印度学仏教学研究』第六五巻第一号、二〇一六年、九八頁〉)。このことは、横山龍顯氏よりご教示いただいた。現存する六十巻本の書写は、建治元年(一二七五)から弘安二年(一二七九)頃、及び正応四年(一二九一)から正和三年(一三一二)頃にかけて行われたもので(『河村書』、四六一〜四六七頁)、日進の没年を勘案すると、日進がこの六十巻本を見たとはやや考えにくい。そのため『金綱集』では、角田氏の定義する「旧六十巻本」のことを述べている可能性も考えられ、この記事の詳細な検討は今後の課題としたい。

道元禅師における「懺悔・滅罪」考

西澤まゆみ

一　はじめに

「懺悔滅罪」という語は、道元禅師の著作中には見出せないが、この言葉を一般に広く知らしめたのは、『修証義』第二章の章題「懺悔滅罪」であろう。

その内容は、六十巻本「三時業」に拠り、「懺悔をすれば既に作った業とその報いがなくなる」というものであり、多くの解説書や注釈書はこのように解釈している。

しかし、道元禅師の説示する滅罪とは、はたしてそのように解釈されるべきものなのであろうか。

本稿は、六十巻本「三時業」巻が十二巻本「三時業」に書き改められたという説に立ち、十二巻本「三時業」の説示に基づいて道元禅師における懺悔と滅罪を論じる。

道元禅師はなぜ「三時業」巻を書き改めたのか、その語句が変わった部分の解釈を検討し、道元禅師が説く業の「不亡」と「懺悔・滅罪」との関係について、業の「不亡」に即した「懺悔・滅罪」の解釈を試みたい。

二　懺悔の原語と滅罪の解釈

懺悔の原語について、森章司氏は、法蔵館の『仏教学辞典』、『岩波仏教辞典』のクシャマの訳語は『望月仏教大辞典』を引き継いだものとして、それら辞典に見られる懺悔の解説は、原語は梵本の音としてのクシャマ（懺摩）であり、その意味は許しを請うこと・告白しあやまることである、とし、森章司『初期仏教教団の運営理念と実際』（国書刊行会、二〇〇〇年、一五三頁）において、次のように指摘する。

「懺悔」に相当する原語にはいくつかが挙げられるが、その一つが「kṣama」である。（中略）荻原雲来『梵和大辞典』の「kṣama」を引いてみると、不思議なことに「堪、忍、堪忍、安忍、忍辱」という漢訳語があてられるのみで、「懺悔」に類する訳語はない。

と、クシャマそのものには、もともと懺悔の意味はない、とする。

森氏は、『根本説一切有部毘奈耶』巻十五の義浄の割り注（『大正蔵』二十三巻、七〇六頁上）を上げ、

「懺摩（kṣama）」は誤って他の人に触れてしまったようなときに「ごめんなさい」と謝るという意味で、もし「罪を悔いる」という意ならば「āpattideśanā」を挙げるべきである。「āpatti」は罪、「deśanā」は説であって、「説罪」と訳すことができる。「懺悔」というのは西音と東語の合成語であるが、「恕しを請う」ということにも当たらないし、また「説罪」にも当たらない、と言うのである。これによれば義浄は、「懺悔」という漢語を当てたその原語にはkṣamaとāpattideśanāが相当するが、「懺悔」という梵漢併挙の用語にはぴったりこないという印象をもっていたのであろう。（『同書』、一五四頁）

と、現代において懺悔とは、①罪過を他に告白する、②罪過を悔いる、③再び犯さないと心に誓う、④許してくれと謝罪する、という意味に定着しているとするが、義浄は④の意味にしか用いていないとする。

平川彰氏によっても、次のように指摘される。

①懺悔には、懺摩のように「恕しを乞う」意味はない（『平川彰著作集　第七巻　浄土思想と大乗戒』、春秋社、一九九〇年、四三七頁）、

②「クシャマ」（kṣama）の項には、「辛抱強き、…を忍耐する、…の能力がある、…をなし得る、…に匹敵する、耐える」等の意味が示されている。（中略）容恕を乞うことと懺悔とが同じであるとはいえない。容恕を乞うことは謝罪の意味であるが、懺悔は謝罪ではないからである。（『同書』、四四〇頁）

壬生台舜「仏教における懺悔の語義」（『大正大学研究紀要』第六一号、一九七五年、七九頁）でも、懺悔とは、梵語kṣama 音写懺摩。kṣam（耐える、忍ぶ、許す）から転化した名詞であることが知られる。

森氏は「kṣama」には「許可」「許し」という訳語もありうる（『同書』、一五六頁）とし、罪を許して忍ぶこと、つまり、罪の被害者に対して使われる言葉であることから、kṣama の訳語に「懺悔」の意味がないのは当然である、とし、懺悔の原語として『仏教大辞典』が kṣama を採用していることに疑義を呈している。

釈舎幸紀「滅罪に関する研究ノート（二）」（『国訳一切経印度撰述部月報　三蔵集　第二輯』、大東出版社、三五四～三五五頁）によると、懺悔に関する現存する経典は、二十七種以上あり、仏名経類は十四種十七部あると言う。滅罪については、業障を感じることは、法を知らない者であり、正しく分別していない者として、空観の立場から「業障空」という思想へと展開していく、という。

釈舎幸紀「滅罪に関する研究ノート（三）」（『国訳一切経印度撰述部月報　三蔵集　第二輯』、大東出版社、三六五頁）によると、

人間の心性は本来清浄なものという流れは原始仏教以来の「心性本清」の考えに基づき、空観の立場をとおして『維摩経』弟子品に受けつがれる。そこでは、罪を犯して罪の呵責に苦しむ比丘を否定し汚れを除いて本来清浄の世界に入ることが最上の道である、と「無罪性」を説いている。この無罪性の立場は『浄業障経』（『大正蔵』二四巻、一〇九六頁上〜中）にみられる、

仏告比丘。一切諸法本性清浄。然諸凡夫愚小無智、於無有法不知如故妄生分別以分別故堕三悪道。（中略）無有法有障有纒有憂有悔。所以者何。諸法清浄無雑穢故〈仏、比丘に告げたまわく、一切の諸法は本性清浄なり。然も諸の凡愚小無智のものは、有ること無き法において如を知らざるが故に、妄りに分別を生じ、分別を以ての故に三悪道に堕つ。（中略）法に障あり纒あり憂あり悔あるもの有ること無し。所以は何ん。諸法は清浄にして雑穢なきが故なり。〉

釈尊は、「一切の法は本来清浄であるのに、正しく分別しないから悪道に堕ちるのである。ものごとは空であって、もともと清浄なのに、業障に束縛されて悩むものは法を知るものではない」と、空の立場から、ものに執着しとらわれることを業障である、という、無罪相の懺悔へとつながっていき、業障について執着することを戒め、空観の体得によって業障が浄化されるのである、という。

これをもって懺悔・滅罪に関する釈舎氏の最終的な見解とは、

懺悔は罪に対する意識とその反省を通じて、般若空観の立場で示される「無罪性」の世界にまで及ぶものでなければならない。（「同論文（三）」、三六七頁）

と、懺悔とは、罪性がないという境地に達するものでなければならないという。そのようであるならば、多くの人にとって達成は難しく、救済される人は数が知れているだろう。

道元禅師は、『浄業障経』ではなく、般若訳『華厳経』四十巻本の第四十巻巻末「普賢行願讃」第八偈に基づいた、

我昔所造諸悪業　皆由無始貪瞋癡　従身口意之所生　一切我今皆懺悔（『大正蔵』十巻、八四八頁上）

という懺悔文に依っている。沢田謙照「仏教における懺悔の思想について―その一―」（『仏教文化研究』第二二号、一九七六年、四頁）によると、

法華部の『観普賢菩薩行法経』には（中略）罪福ともに自体無く、空であると見ることが懺悔であり、そういう懺悔のあり方が、大懺悔、荘厳懺悔、無罪相懺悔、破壊心識、と特説せられる。

という。

また、福井静志「仏教に於ける懺悔滅罪の一考察」（『竜谷教学』第一四号、一九七九年、九〇頁）によると、『法華経』の結経である『観普賢菩薩行法経』に見られる「端坐念実相、衆罪如霜露、慧日能消除」は、理の懺悔として知られているが、それは般若空観によって導かれる無罪相観で、律蔵中にはない見方である、という。理の懺悔があらわれるのは般若思想の出現以降であり（「同論文」、九六～九七頁）、般若空観の影響を受けていない『舎利弗悔過経』には、ある期間の掟の違反を告白するのではなく、過去の無数の過ちを告白しようとしている点である。このように、遠い過去にまで遡って罪の告白がされるのは、すでに十方の諸仏に自分の正体が見抜かれているという念いが底にあるからである（「同論文」、九四頁）という。

懺悔には、滅罪という言葉がつきものであると言ってよいと思われるが、袴谷憲昭『道元と仏教―十二巻本『正法眼蔵』の道元―』（大蔵出版、一九九二年、二五四頁）によっても、懺悔とは告白すること・償い改めることであり、滅罪という構造はないのであり、森章司『同書』（二二九頁）において「paṭkaroti」の用例が真の意味での「懺悔」であることを論じており、それには罰則が伴い、懺悔滅罪という観念がないとする。

また、『摩訶僧祇律』二十六（『大正蔵』二十二巻、四四一頁中）に見られる波羅夷罪「僧応与波羅夷学悔羯磨。（中略）羯磨人応作是説、大徳僧聴〈僧はまさに波羅夷学悔羯磨を与うべし（中略）羯磨人はまさに是説を作すべきなり、

大僧聴きたまへ〉」には、懺悔すべきことが言及されていないが、他からの告発ではなく、自ら告白することが望ましく、そのような自発的な告白を懺悔と理解するならば、波羅夷罪は懺悔をしても許されない罪になる（森章司『同書』、二四四～二四五頁）という。波羅夷罪には懺悔が適用されないことから、懺悔とは、限定的な概念であることがここから知られよう。

森氏によると、滅罪とは、

漢訳律蔵の罰則規定の中に使われる「懺悔」「悔過」の原語は『パーリ律』によると「desetabba」とか「paṭidesetabba」であって、「捨墮」「波逸提」においては比丘としての復権の「認可」を受けるための「申請」、「提舎尼」では復権の要件を満たすための「届け出」に相当する、いわば「律蔵」という「六法全書」における「法律用語」なのであって、「懺悔」という宗教色の強い用語を用いると、かえって混乱の原因となる恐れなしとしないということを付言しておきたい。（中略）したがって、もしこういった感覚で「desetabba」や「paṭidesetabba」が用いられたとするならば、「申請」「届け出」して「審理」したことによって、「罪が清浄となる」では法律用語としてはあまりしっくりこない。「清浄となる」という言葉は『パーリ律』にはどこにも使われないし、「罪なき者とは、未だ犯さないか、あるいは犯してすでに出罪した者（paṭidesetabba vuṭṭhita）かである」と言われるように、「比丘としての権利を再取得」するとか「復権」するという言葉を採用すべきであろう。（『同書』、二八八～二八九頁）

とあるように、罪を犯していない状態と、罪を申し出た状態である、という。

では、道元禅師における滅罪とはどのような状態を言うのであろうか。

三　六十巻本「三時業」と十二巻本「三時業」

まず、六十巻本「三時業」と十二巻本「三時業」に見られる、懺悔と滅罪に関する説示の違いを示そう。六十巻「三時業」（『道元禅師全集』二巻、春秋社、一九九三年、六二二頁。以下、道元禅師関係の著作からの引用は『同書』により、巻数と頁数のみ記す。）には、

かの三時の**悪業報**、かならず感ずべしといへども、懺悔するがごときは、重を転じて軽受せしむ、また滅罪清浄ならしむるなり。善業また、随喜すればいよいよ増長するなり。これみな作業の黒白にまかせたり。世尊言、仮令経百劫、所作業不亡、因縁会遇時、果報還自受。汝等当知、若純黒業、得純黒異熟、若純白業、得純白異熟。若黒白業、得雑異熟。是故応離純黒及黒白雑業、当勤修学純白之業。時諸大衆、聞仏説已、歓喜信受。〈世尊言く、仮令百劫を経れども、所作の業は亡ぜず、因縁会遇の時、果報還た自ら受く。汝等当に知るべし、若し純黒業ならば、純黒の異熟を得ん、若し純白業ならば、純白の異熟を得ん。若し黒白業ならば、雑異熟を得ん。是の故に応に純黒及び黒白の雑業を離るべし、当に勤めて純白の業を修学すべし。時に諸の大衆、仏説を聞き已りて、歓喜信受す。〉（太字、筆者による）

と、傍線部分の主語は「悪業報」であり、それは、懺悔をすれば重いものから軽いものとなり、あるいは滅してしまう、という解釈となる。六十巻本「三時業」と同様の説示は、撰述年不明の「仏道（道心）」（二巻、五三二頁）にも、

この生のをはるときは、二つの眼、たちまちにくらくなるべし。そのときを、すでに生のをはりとしりて、はげみて、南無帰依仏、ととなへたてまつるべし。このとき、十方の諸仏、あはれみをたれさせたまふ縁ありて、悪

趣におもむくべきつみも転じて、天上にむまれ、仏前にうまれて、ほとけををがみたてまつり、仏のとかせたまふのりを、きくなり。

と、南無帰依仏と称えることで、悪趣という罪が転じて、生天する、と説かれている。ここでの罪は、報いという言葉と同意であり、臨終の際に名号を唱えるだけで生天できる、という。

では、十二巻本「三時業」(二巻、四一一～四一二頁)を見てみよう。

世尊言、仮令経百千劫、所作業不亡、因縁会遇時、果報還自受。汝等当知、若純黒業、得純黒異熟、若純白業、得純白異熟、若黒白業、得雑異熟。是故汝等、応離純黒及黒白雑業。当勤修学純白之業。時諸大衆、聞仏説已、歓喜信受。世尊のしめしましますがごときは、善悪の業、つくりをはりぬれば、たとひ百千万劫をふといふとも、不亡なり。もし縁にあへば、かならず感得す。しかあれば、**悪業は**、懺悔すれば滅す、また転重軽受す、善業は、随喜すればいよいよ増長するなり、これを不亡といふなり、その報、なきにはあらず。(太字、筆者による)

と、十二巻本「三時業」における説示の主語は「悪業報」ではなく、「悪業」となっている。つまり、

①悪業は、懺悔すれば滅す、また転重軽受す、

②善業は、随喜すればいよいよ増長するなり、

①と②は、「不亡」であり、

①と②の「報、なきにはあらず」。

と、転重軽受の主語も「悪業」であるから、その意味は、「悪業を懺悔すれば、悪業は滅し、また、その懺悔によって、重い業は軽い業へと軽減される」という解釈になろう。

このように、六十巻本「三時業」では「悪業の報いが軽くなる、ないし滅してしまう」という解釈になり、十二巻本「三時業」では、「悪業そのものが滅し、あるいは転重軽受する」という解釈になろう。つまり、両者では、何が

滅するのか、というその対象に相違が見られるのである。
何が滅するのか、について道元禅師は、因果歴然・深信因果の立場にあることは、
まづ因果を撥無し、仏法僧を毀謗し、三世および解脱を撥無する、ともにこれ邪見なり。まさにしるべし、今生のわがみ、ふたつなし、みつなし。いたづらに邪見におちて、むなしく悪業を感得せむ、をしからざらむや。悪をつくりながら悪にあらずとおもひ、悪の報あるべからずと邪思惟するによりて、悪報の、感得せざるにはあらず。悪思惟によりては、きたるべき善根も、転じて悪報のきたることもあるなり。悪思惟は無間によれり。（十二巻本「三時業」、二巻、四〇八頁）
と、まず悪とは何かを知らなければならず、悪にはその報いがあること、そして、誤った思惟をしてはならないことを誡めている。その誤った思惟とは、因果を撥無すること、仏法僧を毀謗すること、三世と解脱を撥無することだと言う。
六十巻本「三時業」に見られる「悪業報」の解釈を、「悪業そのものが報いである」という、たとえば「大修行」における待悟禅批判のように、さとりを先にあるものとしないと説示するように、報いを先にあることとしない文言として捉えるならば、懺悔によって滅するのは、仏法上の悪しき行為（業）ということになり（と同時に報いも滅するのだが）、「報い」に焦点をあてているものではない。そのようであるならば、六十巻本「三時業」は、十二巻本「三時業」の説示内容と同様の説示となるだろう。
角田泰隆『道元禅師の思想的研究』（春秋社、二〇一五年、四二四頁）によると、
私の見解では、《六十巻本》で示される「かの三時の悪業報」は「かならず感ずべしといへども」のみに係るのであるが、「懺悔するがごときは、重を転じて軽受せしむ、また滅罪清浄ならしむるなり」の部分にも係るように誤解される可能性があり、そうすると「悪業報」が軽減したり清浄となると誤解されるので、《十二巻本》で

は「悪業報」を「悪業」と改めて誤解を招かないようにし、さらに「善悪の業」の「不亡」と、「その報なきにあらず」という因果歴然の道理を強調して、この節の意味を明確にしたと思われるのである。

という。

本稿では、六十巻本「三時業」が先に、そして十二巻本「三時業」が後に撰述されたことを前提に論を進めている。つまり、六十巻本「三時業」が草稿本であり、十二巻本「三時業」が後に書き改められたものであるという、河村孝道氏の次の見解に依っている。

『三時業』が二本存在することからは、永光寺本は禅師が宝治二年永平寺帰山以後、建長三年頃までに行われた修訂本とみられ、六十巻本では『三時業』は「第八」に列次されていることも関連して、別本『三時業』それ以前、即ち暫定的結集本の六十巻旧稿中のものと思われる。これは、暫定的結集六十巻本から七十五巻・十二巻本への修訂整理を見んとする立場に基づく処からの見解である。(『正法眼蔵の成立史的研究』、春秋社、一九八七年、五三五〜五三六頁)

また、六十巻本から十二巻本への書き改めについては、「三時業」に触れたものではないが、袴谷憲昭氏の次の考察にも注目したい。

六十巻本には「本覚思想」を擁護し「本覚思想批判」をできる限り押え、あわよくば削除しようとした編纂意図が明らかに見て取れると思う(『同書』、一九五頁)

袴谷氏のように六十巻本が「本覚思想の擁護」であるならば、悪業の報いが消えてしまうという六十巻本「三時業」の解釈が成り立つが、本覚思想を批判的に説示するならば、十二巻本「三時業」の「悪業」は、けっして、報いの消滅と解釈することは許されないことになる。

下室覚道「道元禅師と提婆達多(上)」(『宗学研究紀要』第一四号、二〇〇一年、一四頁)によると、十二巻本「三時業」は、破僧をより重い罪として説かれていること、提婆達多が救済される説示のあること、『法華文句』『大乗義章』『増一阿含経』等、多数の経典からの引用が見られることなどから、「十二巻本は六十巻本に加筆して作られたもの」とする。

一方、十二巻本が先に撰述され、六十巻本が後に成立したとする立場は、伊藤秀憲『道元禅研究』（大蔵出版、一九九八年、二四二頁）であるが、こと「三時業」については、六十巻本「三時業」に加筆されたものが、十二巻本「三時業」であろう、としていることから、先行研究の「三時業」撰述順序に異論はないようである。

このように、六十巻本「三時業」が先に撰述されたとするならば、「滅罪清浄」という文言は、十二巻本「三時業」では削除されたことになり、十二巻本「三時業」が先に説示されたとするならば「滅罪清浄」という文言が六十巻本「三時業」に付け加えられたことになる。

すなわち、報いが滅することを説く必要性が、十二巻本「三時業」撰述の後に生じたのならば、十二巻本と六十巻本の二種が、それぞれ別の目的のもとに必要だった、と考える余地があるだろうし、両本の関係は、『正法眼蔵』の成立史的問題のみならず、懺悔と滅罪の問題に関しても重要な考察事項であると言えよう。

それでは次に、先の河村氏・袴谷氏・下室氏の見解に依拠しつつ、道元禅師は「報いが滅する」という立場ではないことを『出家略作法』に求めてみたい。

『出家略作法』については、角田泰隆『同書』（四二五頁）によると、次の「出家授戒略作法文」（島根雲樹寺旧蔵本・駒澤大学図書館 ＨＩ７０Ｗ／３５）には、

欲求帰戒、先当懺悔罪根、懺悔雖有二儀両懺、先仏有所成就懺悔文。罪障尽消滅、随我語可誦之。我昔所造諸悪業、皆由無始貪瞋癡、従身口意之所生、一切我今皆懺悔。既浄除身口意三業、得大清浄。〈帰戒を求めんと欲せば、先ず当に罪根を懺悔すべし。懺悔に二儀両懺有りと雖も、先仏の成就したまう所の懺悔の文有り、罪障尽く

消滅す、我が語に随って之れを誦うべし。我昔所造諸悪業　皆由無始貪瞋癡　従身口意之所生　一切我今皆懺悔。既に身口意の三業を浄除して、大清浄なることを得たり。〉

また、現在、曹洞宗において授戒の儀礼に用いられている『昭和修訂　曹洞宗行持軌範』（曹洞宗宗務庁、一九八八年、二四三〜二四四頁）にも、

欲求帰戒、先当懺悔罪根、懺悔雖有二儀両懺、先仏有所成就懺悔文。罪障尽消滅、随我語可誦之。我昔所造諸悪業、皆由無始貪瞋癡、従身口意之所生、一切我今皆懺悔。已浄除身口意三業、得大清浄。是即懺悔力也。〈帰戒を求めんと欲せば、先ず当に罪根を懺悔すべし。懺悔に二儀両懺有りと雖も、先仏の成就したまう所の懺悔の文有り、罪障尽く消滅す、我が語に随って之れを誦うべし。我昔所造諸悪業　皆由無始貪瞋癡　従身口意之所生　一切我今皆懺悔。已に身口意の三業を浄除して、大清浄なることを得たり。是れ即ち懺悔の力なり。〉

と、「罪障尽く消滅す」という文言が見られるが、道元禅師撰述の『出家略作法』（六巻、一九八頁）には、

欲求帰戒、先当懺悔罪根、方今至誠随我懺悔。我昔所造諸悪業、皆由無始貪瞋癡、従身口意之所生、一切我今皆懺悔。既浄治身口意業、次応帰依仏法僧宝。〈帰戒を求めんと欲せば、先ず当に罪根を懺悔すべし。まさに今、誠を至し、我れに随って懺悔せよ。我昔所造諸悪業、皆由無始貪瞋癡、従身口意之所生、一切我今皆懺悔。既に身口意の業を浄治せり、次には応に仏法僧宝に帰依したてまつるべし。〉

とあるように、先の傍線部「罪障尽く消滅す」という文言が見られない、という。

また、『仏祖正伝菩薩戒教授戒文』（六巻、二一二頁）においても、

汝等方報仏祖之深恩、永為人天之眼目。蓋是嗣続仏之慧命者也。仰憑曩祖之証明、応帰戒懺悔。至誠懺悔云、

我昔所造諸悪業、皆由無始貪瞋癡、
従身口意之所生、一切我今皆懺悔。

既依仏祖証明、浄滌身口意、得大清浄。是則懺悔力也。〈汝等まさに仏祖の深恩に報じ、永く人天の眼目と為るべし。けだしこれ仏の慧命を嗣続する者なり。仰いで曩祖の証明に憑りて、応に帰戒懺悔すべし。誠を至して懺悔して云く、我昔所造諸悪業、皆由無始貪瞋癡、従身口意之所生、一切我今皆懺悔。既に仏祖の証明に依りて、身口意を浄滌（除）し、大清浄なることを得たり。是れ則ち懺悔の力なり。〉

と、「報いが消滅する」と解釈可能な文言は見られない。

『出家略作法』の文言の相違について大久保道舟氏は、『道元禅師全集』下巻（臨川書店、一九七〇年、五三〇〜五三一頁）において、道元禅師の原作に瑩山禅師が手を加えたものではないか、と推測しており、角田氏は、現在用いられている「出家受戒略作法」の懺悔文の部分を「懺悔」「滅罪」「清浄」という観点から比較した結果（『同書』、四二六〜四二七頁）、『出家略作法』では罪根の「懺悔」のみが説かれているのに対し、「出家受戒略作法」では、「懺悔」に加えて、「滅罪」（罪障尽消滅）と「清浄」（得大清浄）が付加されていることを指摘する。

石井修道「中国唐宋代の禅宗史の研究状況と問題点」（『駒澤大学仏教学部論集』第二〇号、一九八九年、四八〇頁）によっても、

道元禅師の正法を近年は12巻本『正法眼蔵』を重視して考える説が出され、「帰依仏法僧」や「深信因果」や「三時業」こそ道元禅師の中心思想と抑えるべきだと言われている。宋代の禅者は、宏智正覚も含めて、すべて業は消えると考えている。臨済宗では、大悟すれば、業は消えると考えており、道元禅師は、これは因果を撥無する外道の考えだと述べる。仏教は深信因果であり、三時業を信じなければならないと言うのが、道元禅の基本的な考えである。業は決して消えるものではないし、消してはならないものだと言うのである。

つまり、『出家略作法』は「深信因果」「三時業」に則ったものであり、道元禅師は「報いが滅する」とは説いていないことが確認できよう。

また、「出家功徳」(二巻、二八九頁)には、仏法に悪邪見を懐いて外道説にしたがった善星は断善根の者だが、受戒・出家することで阿耨多羅三藐三菩提を得る、と説く『涅槃経』三十三、迦葉菩薩品(北本)を引用し、

しるべし、如来世尊、あきらかに衆生の断善根となるべきをしらせ給ふといへども、善因をさづくるとして、出家をゆるさせ給ふ、大慈大悲なり。断善根となること、善友にちかづかず、正法をきかず、善思惟せず、如法に行ぜざるによれり。いま学者、必ず善友に親近すべし。善友とは、諸仏まします、ととくなり、罪福あり、とをしふるなり。因果を撥無せざるを善友とし、善知識とす。この人の所説、これ正法なり。この道理を思惟する、善思惟なり。かくのごとく行ずる、如法行なるべし。しかあればすなはち、衆生は、親疏をえらばず、ただ出家・受戒をすすむべし。のちの退・不退をかへりみざれ、修・不修をおそるるなかれ、これまさに釈尊の正法なるべし。

と因果歴然を説いていることからも明らかであろう。

四　先行研究――『修証義』に見られる懺悔・滅罪

次に、「懺悔滅罪」という語は『修証義』においてのみ見られる言葉であることから、『修証義』における懺悔と滅罪についての先行研究を追い、道元禅師の説示する懺悔・滅罪との相違点を明らかにしたい。

水野弘元『修証義の仏教』(春秋社、一九六八年、七九頁)は、

前節において、懺悔をすれば、過去の悪業の報いが軽くなり、または全く滅して、心が清らかとなるとされていましたが、この節ではさらに、心が清浄となることから、清らかな信仰による精進努力が起こり、それが自分だ

けでなく、周囲の人々や事態にまでも、よい影響を及ぼすようになることが説かれています。

と、『修証義』に説かれている仏教、つまり『修証義』が仏教の立場を表明しているという立場から、懺悔により悪業の報いが軽くなり、または全く滅する、と解釈する。

笹岡自照『修証義詳解』（古径荘、一九六八年、一六二頁）は、

仏祖が説き示されている通りに懺悔を行じたならば、一体どのような功徳があるかというに、それは、「懺悔滅罪」の四字につきる。第一章の三時業のくだりで詳しく述べたように、身口意のいずれかによって、何らかの悪業を犯した以上は、その悪業の報いは、今生か次生か、あるいは幾生かをへだてた何れかの生において、必ず受けねばならぬわけであるが、然し、もし懺悔をするならば、懺悔という絶大なる善業の功徳力によって、悪業による当然の帰結としての重い果報をも軽く受け、さらには過去の如何なる悪業も、懺悔の力によって、きれいさっぱりと浄化され、滅罪清浄の身となることができるというのが、わが宗門における懺悔の建前である。

と、懺悔の功徳によって報いが軽くなり、過去の悪業が浄化される、と解釈する。同解釈は次の東隆真『わが家の宗教②曹洞宗』（大法輪閣、一九八三年、一四七頁）にも見られる。

もし懺悔滅罪すれば、重い報いも軽くなり、また罪が滅んで清浄な身となる。

一方、奈良康明『修証義私釈』（新塔社、一九九〇年、七五頁）は、

過去の悪業とその原因が、実は、今の私の欲望と悪業に重ねられている。それをこそ私は懺悔し、しかるべき生き方を続けようと決意するのである。こうして自覚的に感得された悪業であるからこそ、それは懺悔によって軽減され、消滅させられるのである。あるいは善業に転換されるといった方がより積極的な解釈かも知れない。

と、『修証義』の該当箇所の文言は、六十巻本「三時業」に拠っているにもかかわらず、「悪業報」という言葉を「悪業」と解釈し、懺悔により、悪業を軽減し消滅する、という。転換という表現は、転重軽受についての解釈であると

思われるが、懺悔を介して、今後は善業を修していく、という方向性を示す意味だろう。

滝谷琢宗『曹洞教会修証義筌蹄』（鴻盟社、一九二五年、一二三〜一二三頁）は、

偏に懺悔するときは、設ひ重罪を犯して三悪道の果を感得すべきものも転じて軽く受けしめ、又罪根を全く消滅し清浄ならしめたまふこと広大慈門の功力なり。（中略）「滅罪清浄」は罪根消滅業性不可得なることを虚空の如きを云ふなり、（中略）重とは三悪道の報をいふ。

と、報いが軽くなる、とする。また、滅罪清浄の理解を罪根・業が不可得であることに求めており、空思想の立場を採っている。

大内青巒『通俗修証義講話』（鴻盟社、一九二六年、一四三頁）は、

幾ら懺悔したからとて其れだけで都ての罪過が根も葉もよく綺麗さっぱりと消滅すると云ふわけにはゆかぬので、乃ち地獄に墜ちるほどの罪過も懺悔の力で修羅に生まれるとか、五百劫の間に受くべき長い苦しみも一二劫の間に浮べるとか云ふやうなのが、謂ゆる重きを転じて軽受せしむと云ふので、重い業報も軽く受けるだけで済むといふほどの意味である。

と、滝谷氏同様、報いが軽くなる、と示す。

以上、『修証義』における懺悔と滅罪の解釈は、報いの軽減や消滅、あるいは、報いのみが軽減し、業は清浄となる、といったものだったが、唯一、奈良氏において異なった解釈がなされている。

五　先行研究――『正法眼蔵』に見られる懺悔・滅罪

次に、『正法眼蔵』における懺悔と滅罪について、「三時業」を中心とした諸氏の解釈を整理したい。

増永霊鳳「業思想とその意義」（『日本仏教学会年報』第二五号、一九六〇年、三五四頁）は、

なおこの巻（六十巻本「三時業」のこと）で注意すべきは懺悔が業報を軽受させることを説く点であって、宗教的には頗る意義あることである。

と、業報が軽受することを「仏教的意義」あるいは「信仰的意義」ではなく、宗教的に意義があることであるとする。

西山広宣「道元における聖と俗（三）―懺悔の問題を中心に―」（『印度学仏教学研究』第二一巻第二号、一九七三年、二一六頁）は、

誠心を専らにして前仏に懺悔することにより罪障を軽減又は滅除し、無碍の浄信を得ることが第一と考えられる。すなはちその心が浄化し、無心であり、執着をはなれることにより一切の罪障もその力を得ることはできなくなるのである。

と、増永氏同様、罪障を報いと捉えていると思われるが、その報いは軽減し滅除するという解釈である。

松本史朗「三論教学の批判的考察 dhātu-vādaとしての吉蔵の思想」注（49）（平井俊榮監修『三論教学の研究』、春秋社、一九九〇年、二二一～二二二頁）は、

六十巻本の「といへども」という逆接接続辞と、十二巻本の「しかあれば」という理由を示す接続詞と、そのいずれが、論理的であろうか。私は、六十巻本の「といへども」の方が論理的だと思うのである。そこでは言わば、業報は〝不亡〟であるにもかかわらず、懺悔すれば滅すると説いているからである。（中略）私は道元において〝懺悔〟が〝撥無因果〟だったと述べているのではなく、〝懺悔滅罪〟という思想の論理性は、〝撥無因果〟に連なるということを十二巻本の段階では道元も気づいたのではないかと論じているのである。

松本氏の解釈は、直接は吉蔵（五四九～六二三）の懺悔滅罪思想に対するものである。その際、松本氏は道元禅師

の懺悔滅罪に触れており、「懺悔すれば滅する」という文言に依拠し、道元禅師の懺悔と滅罪について指摘している。吉蔵の思想とは、奥野光賢『仏性思想の展開─吉蔵を中心とした『法華論』受容史─』（大蔵出版、二〇〇二年、三一四〜三一五頁）によると、

①吉蔵は、諸大乗経には皆な懺悔すれば、業障を転ずることが明かされているとして、『涅槃経』「師子吼菩薩品」と『普賢観経』を引証し、その結論として業障は消滅することを主張していることがわかる。

②『普賢観経』の経説をもって懺悔すれば滅罪すると説くことは、例えば『摩訶止観』巻第二上にも、「観経明無相懺悔。我心自空罪福無主。慧日能消除。豈非理耶」（『大正蔵』四六・一四上）とあるように、当時の仏教界ではいわば常識的なことであったと思われるのである。

ということから、松本氏は、「その吉蔵の懺悔滅罪思想と道元禅師のそれとは、連なる思想ではないか」との見解を示しているのである。

しかし、松本氏は、道元禅師は懺悔による滅罪を外道の見解であるとの認識も示しており、六十巻本「三時業」の「といへども」と、十二巻本「三時業」の「しかあれば」について、六十巻本「三時業」は撥無因果に連なり、そして十二巻本「三時業」は「しかあれば、悪業は懺悔すれば滅す。善業は、随喜すればいよいよ増長するなり」の文言を省いて読んだ方が論旨が明快となる、と述べる。

私は、善悪の業を造ったならば、百千万劫を経ても不亡であるという文言に拠って、悪業を重ねることへの抑止力となると考えたい。「懺悔によって報いが消える」のであれば、「はじめに」で疑義を呈したように、仏教が社会悪を容認する基盤となってしまうだろう。

また、「しかあれば」は「善業」にかかっていることからも、善業が目に見えて報われていなくとも、その善業は不亡であるからこそ、増長させていくのである、という仏教的救済思想を観ることができる点において、松本氏のよ

うに、「省いて読む」必要はなく、むしろ善業の不亡（救済思想）を強調するためには省いてはならないと考える。

杉尾玄有「風と月と仏―十二巻本『正法眼蔵』はどこへ行くか―」（鏡島元隆・鈴木格禅編『十二巻本『正法眼蔵』の諸問題』、大蔵出版、一九九一年、六七頁）は、

「その報なきにはあらず」と道元はいう。しかし、悪業が懺悔によって滅するとき、その悪業は、もはや悪ならぬ善報をもたらすのであって、悪報は消えてしまう。悪業がもたらすべき悪報が消えてしまったにもかかわらず、「その報なきにはあらず」というのは、はなはだ通用しにくい強弁ではないか。しかもそれは、まことに意味ふかい弁証法的強弁とでもいうべきものであろう。

悪因によって悪果をうけ、善因によって善果をうけるという因果の道理が、懺悔や善思惟・悪思惟によってただちに中断され克服されうる。そのことは、言いかえれば、因果はいつでも撥無されうるということにほかならないが、それだけではすむまい。むしろ、つねに積極的に懺悔や善思惟にはげみ、それによって悪因悪果を断ちきって撥無すること、それこそが、人間たるものの不可避のつとめだというべきではないか。そのつとめをはたすことのほかに、仏道はないであろう。つまり、不落因果こそが仏道であって、もしも悪因悪果に落ちて、そのままで生きているとすれば、それはまさしく仏道修行の放棄ではないか。

道元の《深信因果》の因果観は、突きつめればこのように、懺悔や善思惟によって積極的に悪因悪果を中断し克服しようとつとめること、その精進によってはじめて完結するもののように思われる。そのような意味において、不落因果ないし撥無因果こそが、《深信因果》の因果観の究極でなければならない。言いかえれば、《深信因果》の因果観は、《大修行》のそれと、ついには一つになるべきもののように思われる。

と、十二巻本「三時業」を底本とし、「懺悔によって悪報は消えてしまうにも関わらず、悪業の報いはある」とする説示に疑義を示している。

杉尾氏は、懺悔によって滅するものは、悪業の報いであるとする解釈、すなわち自らの解釈が自らに疑義をもたらしているように感じられる。そして、その理解は、つねに善思惟にはげむことで、報いを受けない在り方に徹し、悪業に対する悪の報いを受けないという、因果を撥無する生き方を提示している。それを「大修行」の不落因果の説示に寄せ解釈する。

このように、杉尾氏の懺悔の解釈は、懺悔し、善思惟に励むことで悪の報いを駆逐し、善の報いのみが得られる、というもののようである。

田上太秀「曹洞宗と『修証義』・宗門の安心とはなにか 問題提起」（奈良康明監修『ブッダから道元へ―仏教討論集―』、東京書籍、一九九二年、三三〇頁）は、

滅罪はどのような方法で可能であろうか。『正法眼蔵』にある例を拾うと、洗浄による滅罪、懺悔による滅罪、袈裟功徳による滅罪、霊場巡礼による滅罪、三宝帰依による滅罪などがある。これらのなかで、懺悔による滅罪と三宝帰依による滅罪が『修証義』の「懺悔滅罪」に述べられている。『修証義』ではどのような罪でも、また過去に重ねて罪障でも懺悔すれば、すべて消え去るという。そして三宝に帰依すれば、その功徳で悟りを得ることができるという。

と、罪とその障りはすべて消え去り、帰依をすればその功徳で悟りを得ることができる、とする。また、田上氏は「三時業」を引用し、次のように示す。

懺悔の力は過去・現在・未来の三世にわたって積んだ罪さえ消してしまうとまで信じられていた。ただ、すべての罪が皆消されるわけではない。軽いものは消えるが、重いものは軽くなる程度といわれる。（「同論文」、一九八頁）

田上氏による「袈裟功徳」の解釈は、

昔から袈裟は解脱服といわれてきたことから、だれでも袈裟を着けると悪業の障りや煩悩の障りなどから解放されると道元禅師は信じられたようである。(「道元禅師の滅罪信仰」、『道元禅師研究論集』、大本山永平寺、二〇〇二年、一九九頁)

と述べ、「袈裟功徳」を引用し、

三熱とは竜でさえこれから逃れることができない熱である。ところが袈裟の裾に竜が微かに触れただけで、動物にも滅罪功徳があると説かれる。ここに至ってはこれは道元禅師独自の信仰というほかない。(「同論文」、一九九頁)

道元禅師が袈裟の価値、そして功徳が計り知れなく多大であると認められていたことが知られる。(「同論文」、二〇〇頁)

と、袈裟そのものに神秘性を付している。しかし、袈裟は正伝の仏法を会得した者が受持したものであることを考えれば、竜・蓮華色比丘尼などは得法の者と出会い、修行や悟りを得る因縁を得たという視点を持たなければならないだろう。田上氏の滅罪解釈については「七　道元禅師の著作に見られる罪の用例」で論じたい。

伊藤隆寿『中国仏教の批判的研究』(大蔵出版、一九九二年、四五〇頁)は、

三世因果・業の不亡を「正見」としながら、「悪業は懺悔すれば滅す、また転重軽受す」(『三時業』)と述べることは、「撥無因果」に連なる点で、明らかに論理的には矛盾する。

と、十二巻本「三時業」を引用しながらも、六十巻本「三時業」の文言解釈に留まり、論理的に矛盾する、と示している。

大本山永平寺　旃陀羅問題専門委員会「道元禅師の社会階層観―旃陀羅問題専門委員会報告―」(石川力山編『道元思想大系20　思想篇　第十四巻　道元の人間観』、同朋舎、一九九五年、三三九頁)は、六十巻本「三時業」を底本とし、

道元禅師は「三時業」の巻の終わり近くで、「因果」がないとする事や「三宝」を毀損することに対するきびしい拒否をいい、三時の「悪業」の「果」を受けるとしても、現在に仏法による懺悔をするなら、それは「軽受」となり、「最終的には」それが「滅罪清浄ならしむる」として、次のように述べます。（以下、「三時業」引用が続く）

と、懺悔により、果が軽受し、最終的に滅罪清浄となる、とするように、旃陀羅問題専門委員会では、懺悔により軽受するのは、報いであると解釈する。

鏡島元隆「十二巻本『正法眼蔵』の位置づけ」（鏡島元隆・鈴木格禅編『十二巻本『正法眼蔵』の諸問題』、大蔵出版、一九九一年、一九〜二一頁）は、

悪業は懺悔すれば滅罪し、あるいは転重軽受すると示しているが、それは業障が無自性であり、空であるからである。「業障空」でなければ、懺悔滅罪・転重軽受ということは成立しない。

と、道元禅師は業障空、つまり空思想に立っているとし、業は最終的に超克されるべきものである、とする。

このように悪業と悪業報の相違を考慮することなく、どちらも同じ意味として解釈していることが知られる。

永井賢隆『道元禅師の思想形成の研究――『宝慶記』を中心として――』（博士学位論文、二〇一四年、三四七頁）は、『大智度論』（『大正蔵』二十五巻、三九五頁下）から、微細な罪に報いは生じないものの、十善戒を犯した場合には懺悔をしても、必ず報いを受けることから、悪業の軽重に応じて滅罪が行われる、ということを指摘しており、『大智度論』の滅罪とは報いであることを典拠に、道元禅師の「滅罪清浄」を解釈する。

以上、十二巻本「三時業」を解釈するにあたって、先行研究の解釈は、六十巻本「三時業」の説示内容にしたがった解釈となっている。では次に、「三時業」に引用された経典・論書から、道元禅師における懺悔と滅罪の解釈との関係を探ってみることとする。

六　「三時業」の引用経典

ここで、「三時業」に引用される経典を確認しておきたい。六十巻本と十二巻本に共通している文言は、

世尊言、仮令経百（「千」引用者注：六十巻本にはなし）劫、所作業不亡、因縁会遇時、果報還自受。汝等当知、若純黒業、得純黒異熟、若純白業、得純白異熟。若黒白業、得雑異熟。是故汝等、応離純黒及黒白雑業。当勤修学純白之業。時諸大衆、聞仏説已、歓喜信受。（二巻、四一一・六二二頁）

である。

金子宗元「断善根と続善根について―道元禅師晩年の思想的背景と経論引用を中心として―」（『宗学研究紀要』第一五号、二〇〇二年、四二頁以降）、「道元禅師の仏伝観―「供養諸仏」巻「三大阿僧祇劫供養」説を中心として―」（『宗学研究紀要』第一五号、二〇〇二年、二一三頁）、「業不滅説と道元禅師―仏教思想史に於ける所作業不亡偈の解釈を巡って―」（『宗学研究紀要』第一七号、二〇〇四年、三四頁）によると、「世尊言く、たとい百千劫を経とも、所作の業は亡ぜず、因縁会遇の時、果報また自ら受く」（二巻、四一一頁）は、面山瑞方の『正法眼蔵渉典録』により、

仏告諸大衆難陀苾芻。先所作業果報成熟皆悉現前、広説如余、即説頌曰。仮使経百劫 所作業不亡 因縁会遇時果報還自受〈仏は諸の大衆に告ぐらく。難陀苾芻の先に作りし所の業の果報の、成熟して皆悉く現前せることを、広く説かば余の如しとて、即ち頌を説いて曰わく、「仮使い百劫を経とも、作る所の業は亡びず、因縁会遭する時に、果報還つて自ら受く」と〉（『大正蔵』十一巻、三三五頁中）

如是苾芻、若純黒業、得純黒報、若純白業、得純白報、若雑業者当受雑報、是故汝等、離純黒雑業、修純白業、

如是応修。〈是の如くに、苾芻、若し純黒の業ならば純黒の報を得、若し純白の業ならば純白の報を得、若し雑業ならば当に雑報を受くべければ、是の故に、汝等、純黒と雑との業を離れて、純白の業を修せんと、是の如くに応に修すべきなり、と。〉（『大正蔵』十一巻、三三六頁下）

という『大宝積経』巻第五十七が出典であるとみなされてきたが、『根本説一切有部毘奈耶』巻九、妄説自得上人法学処第四之一（『大正蔵』二十三巻、六七四頁中）、

世尊告曰、諸苾芻彼魚天子自所作業、増長時熟縁変現前、猶如瀑流不可迴転、決定感報無余代受。汝諸苾芻、彼魚天子凡所自作悪業、不於外界地水火風令其受報、然於自身蘊界処中而受異熟。即説頌曰、仮令経百劫 所作業不亡 因縁会遇時 果報還自受 汝諸苾芻、有生受業有後受業。云何生受業。此於前身為摩竭魚、由於我辺起敬信心故、彼業異熟生在四大王衆天、是名生受業。云何後受業。即劫比羅於迦摂波仏正等正覚教法之中而為出家、読誦受持為人演説、於蘊界処十二縁生及処非処悉皆善巧、由彼積集善根業力得生天上、今於我所見四真諦、是名後受業。苾芻当知、若純黒業得純黒異熟、若純白業得純白異熟、若黒白雑業得雑異熟。是故苾芻応離純黒及黒白雑業、当勤修学純白之業。時諸苾芻聞仏説已歓喜信受。〈世尊告げて曰く、「諸苾芻、彼の魚天子が自ら作せる所の業は、増長にして時に熟し、縁変ずるも現前せること、猶し暴流の廻転すべからざるが如くにして、決定して報を感じて余の代受なきなり。汝、諸苾芻、彼の魚天子の凡そ自ら作せる所の悪業は、外界の地・水・火・風に於て其をして受報せしむることあらじ、然り自身の蘊・界・処中に於てして異熟を受くるなり。」即ち頌を説いて曰く、「仮令百劫を経とも、所作の業は亡ぜず、因縁会遭う時、果報還て自ら受けん」「汝、諸苾芻、生受業あり、後受業あり。云何が生受業なる。此れ前身に於て摩竭魚と為り、我辺に於て敬信心を起こせるに由るが故に、彼業は異熟して四大王衆天に生存せるなり、是を生受業と名く。云何が後受業なる。即ち劫比羅が迦摂波仏正等正覚の教法の中に於て出家を為し、読誦し受持して人の為に演説し、蘊・界・処・十二縁生及び、処・非処に於て悉く

皆善巧なれば、彼の積集せる善根業力に由り天上に生ずるを得、今我所に於て四真諦を見たるなり、是を後受業と名く。苾芻当に知るべし、若し純黒業には純黒の異熟を得、若し純白業には純白の異熟を得、若し黒白の雑業には雑異熟を得るなり。是故に苾芻、応に純黒及び黒白の雑業を離るべし、当に勤修して純白の業を学すべし」時に諸苾芻は仏説を聞き已りて歓喜し信受せり。〉

と、右に見られる所説であることは明らかである、とされ、その本文と「三時業」の説示を比較すると若干の相違はあるものの、『根本説一切有部毘奈耶』巻九に依拠した文言であると言える、という。

また、六十巻本「三時業」の引用経典は、石川力山「道元禅における『涅槃経』の依用について」(『印度学仏教学研究』第四一巻第一号、一九九二年、二四六頁)によると、曇無讖訳の『大般泥洹経』巻第四「四依品」第九(『大正蔵』十二巻、八七七頁下)、

信此方等大般泥洹楽深法者、正使是善男子、過去曾作無量諸罪種種悪業、是諸罪報頭痛則除。或被軽易、或形状醜陋、衣服不足飲食麁踈、求財不利。生貧賤家及邪見家、或遭王難及餘種種人間苦報。現世軽受。斯由護法功徳力故。〈此の方等大般泥洹を信じ、深く法を楽わば、正使是の善男子、過去に曾つて無量の諸罪、種種の悪業を作すも、是の諸の罪報・頭痛は、則ち除かる。或いは、軽易を被り、或いは、形状醜陋にして、衣服不足し、飲食麁踈、財を求めるに利あらず。貧賤の家及び邪見の家に生まれ、或いは、王難及び余の種種の人間の苦報に遭う。現世には軽く受く。斯れは、護法功徳の力に由るが故なり。〉

であり、石井修道「『深信因果』『三時業』考」(『駒澤大学仏教学部研究紀要』第五八号、二〇〇〇年、一二六頁)によると、「転重軽受」の理論は、『大般涅槃経』巻第三十一「師子吼菩薩品」十一之五(『大正蔵』十二巻、五五三頁下)、

師子吼言、世尊、何等人能転地獄報現世軽受。善男子、若有修習身戒心慧如先所説、能観諸法同如虚空、不見智慧不見智者、不見愚癡不見愚者、不見修習及修習者、是名智者。如是之人則能修習身戒心慧。是人能令地獄果報

現世軽受。是人設作極重悪業、思惟観察能令軽微、作是念言我業雖重不如善業。譬如氎花雖復百斤終不能敵真金一両。如恒河中投一升塩水無鹹味飲者不覚、如巨富者雖多負人千万宝物。無能繫縛令其受苦、如大香象能壊鉄鎖自在而去、智慧之人亦復如是。常思惟言我善力多悪業羸弱。我能発露懺悔除罪悪業能修智慧、智慧力多無明力少。如是念已親近善友修習正見、受持読誦書写解説十二部経、見有受持読誦書写解説之者、心生恭敬兼以衣食房舎臥具病薬花香、而供養之讃歎尊重所至到処称説其善不訟其短。供養三宝敬信方等大涅槃経、如来常恒無有変易、一切衆生悉有仏性。是人能令地獄重報現世軽受。善男子、以是義故、非一切業悉有定果、亦非一切衆生定受。〈獅子吼の言さく、「世尊、何等の人か能く地獄の報を転じて現世に軽く受くる」「善男子、若し身・戒・心・慧を修習すること、先に説く所の如くなる有りて、能く諸法の虚空に同如なるを観じて、智慧を見ず、智者を見ず、愚癡を見ず、愚者を見ず、修習及び修習者を見ざるを、是れを智者と名づく。是の如きの人は則ち能く身・戒・心・慧を修習す。是の人は能く地獄の果報をして現世に軽く受けしむ。是の人は設ひ極重悪業を作るも、思惟観察して能く軽微ならしめ、是の念言を作さく、「我業重しと雖も善業に如かず。譬えば氎花復百斤と雖も、終に真金一両に敵すること能はざるが如く、恒河の中に一升の塩を投ずるに、水に鹹味無く、飲者の覚えざるが如く、巨富の者多く人の千万の宝物を負ふと雖も、能く繫縛して其をして苦を受けしむること無きが如く、大香象の能く鉄鎖を壊して自在にして去るが如く、智慧の人も亦復是の如し。」常に思惟して言はく「我れ善力多く悪業羸弱なり。我能く発露懺悔して罪悪の業を除き、能く智慧を修して、智慧力多く、無明力少し。」是の如く念じ已りて善友に親近して正見を修習し、十二部経を受持し、読誦し、書写し、解説す。受持し、読誦し、書写し、解説する者有るを見れば、心に恭敬を生じ、兼ねて衣食・房舎・臥具・病薬・花香を以て之を供養し、讃歎し、尊重し、至到る所の処に、其の善を称説して其の短を訟えず。三宝を供養し、方等大般涅槃経の、如来常恒にして変易有ること無く、一切衆生悉く仏性有りを敬信す。是の人は能く地獄の重報をして現世に軽く受けしむ。善男子、是の義を以ての故に、一切の業悉く定果有るに非ず、亦一切衆生定んで受くるに非ざるなり。」〉にその趣旨が見出される、という。

金子宗元「断善根と続善根について」（二二二頁〈五〇頁〉）によると、『大般涅経』巻第三十一「師子吼菩薩品」の記述には、用語としては「転重軽受」という語は見られないものの、その趣旨を伝えるものであることには異論を挟む余地は無いであろう、という。

また、石井修道氏によると、

このほか不定業あり、また八種の業あること、ひろく参学すべし。いまだこの業報の道理あきらめざらむともがら、みだりに人天の導師と称することなかれ。かの三時の悪業報、かならず感ずべしといへども、懺悔するがごときは、重を転じて軽受せしむ、また滅罪清浄ならしむるなり。善業また、随喜すればいよいよ増長するなり。これみな作業の黒白にまかせたり。（六十巻本「三時業」、二巻、六二二頁）

このほか不定業等の八種の業あること、ひろく参学すべし。いまだこれをしらざれば、仏祖の正法つたはるべからず。この三時業の道理あきらめざらんともがら、みだりに人天の導師と称することなかれ。（十二巻本「三時業」、二巻、四一一頁）

と、六十巻本と十二巻本に見られる「不定業」と「八種の業」は、『阿毘達磨大毘婆沙論』巻百十四（『大正蔵』二十七巻、五九三頁中～下）、

復有余師、説四種業。謂順現法受業、順次生受業、順後次受業、順不定受業。諸順現法受業、乃至順後次受業、此業不可転、諸順不定受業、此業可転。唯、為転此第四業故、受持禁戒、勤修梵行、彼作是思。願我由是当転此業。復有余師、説五種業。謂順現法受業、順次生受業、順後次受業、各唯一種順不定受業中復有二種、一異熟決定、二異熟不決定。諸順現法受業、順次生受業、順後次受業、順不定受業中異熟決定業、皆不可転、順不定受業

中異熟不決定業、此業可転。唯為転此第五業故、受持禁戒勤修梵行、彼作是思願我由是当転此業。復有余師、説八種業。謂順現法受業有二種、一異熟決定、二異熟不決定。順次生受業、順後次受業、順不定受業亦各有二、一異熟決定、二異熟不決定。是謂八業。於中諸異熟定業皆不可転、諸異熟不定業皆可転。為転此故受持禁戒勤修梵行。〈復、有余師は四種の業を説く。謂く、順現法受業と、順次生受業と順後次受業と順不定受業となり。諸の順現法受業、乃至順後次受業、此の業は不可転なるも、諸の順不定受業、此の業は可転なり、唯、此の第四業のみを転ぜんが為の故に、禁戒を受持し、梵行を勤修して、彼是の思を作すなり。「願わくは、我れは是れに由りて当に此の業を転ずべきことを」と。復、有余師は、五種の業を説く。謂く、順現法受業と順次生受業と順後次受業との各おのの唯一種と、順不定受業中に復、二種有るとなり、一には異熟決定にして、二には異熟不決定なり。諸の順現法受業と順次生受業と順後次受業と順不定受業中の異熟決定とは皆、不可転にして、順不定受業中の異熟不決定業、此の業は可転なり。唯、此の第五業のみを転ぜんが為の故に、禁戒を受持し、梵行を勤修して彼是れの思を作すなり、「願わくは、我れは是れに由りて当に此の業を転ぜんことを」と。復、有余師は八種の業を説く。謂く、順現法受業に二種有り、一には異熟決定にして、二には異熟不決定なり。順次生受業と順後次受業と順不定受業とに亦、各おの二有り、一には異熟決定にして、二には異熟不決定なり。是れを八業と謂う。是の中に於いて、諸の異熟定業は皆不可転なるも、諸の異熟不定業は皆可転なり。此れを転ぜんが為の故に、禁戒を受持し、梵行を勤修するなり。〉

という右の説示が典拠である、という。

つまり、順現法受業・順次生受業・順後次受業のそれぞれに異熟決定と不決定を説き、さらに不定業にも二種あるとし、合わせて八種の業とする。

金子宗元「断善根と続善根について」(二二三頁〈四九頁〉)によると、

道元禅師が、「四種」ではなく、「八種の業」と述べている事を考慮すれば、禅師が言及したかったものとは、「順不定受業」ではなく、「異熟不決定」、「異熟不定業」にあったと看做すべきであろう。更に、抑も「異熟不定業」の存在に言及する意図とは、それが「可転」であり、その業を転ぜしめることを目的として「受戒禁戒、勤修修行」があると明示されていることと、無関係では無かろう。

と、道元禅師の「可転論」的解釈とは、「懺悔」による果報の「滅」乃至「滅罪清浄」や、「転重軽受」等である、と述べ、

『根本説一切有部毘奈耶』巻第九は、道元禅師の引用箇所の直前に「自所作業、増長時熟、縁変現前、猶如瀑流、不可廻転、決定感報」という一節をもち、明らかに「不可転論」の立場から論じられたものであるが、道元禅師は、「不定業等の八種の業」の存在に言及し、それによって「可転論」的解釈を導入している。（「同論文」、二一七頁）

と、懺悔して滅するものは、その報いである、という解釈に立っている。

金子氏によると、『根本説一切有部毘奈耶』は不可転論の立場であり、「三時業」での不可転論に該当する文言は、「かの三時の悪業報、かならず感ずべし」（二巻、六二二頁）という説示と、「もし因縁にあへば、かならず感得す」（二巻、四一二頁）であり、これらが『根本説一切有部毘奈耶』の所説に忠実である、と言う。

そして、六十巻本の「懺悔するがごときは、重を転じて軽受せしむ、また滅罪清浄ならしむるなり」（二巻、六二三頁）と、十二巻本の「しかあれば、悪業は懺悔すれば滅す、また転重軽受す」（二巻、四一二頁）の文言は、悪業の果報が、必ず感得されるという立場と、消滅したり「転重軽受」するという立場との共存は、論理的整合性をもたないと考えられる。というのも、前者は所謂「不可転論」の立場から、後者は「可転論」の立場から説かれたものであると看做されるからである。（中略）これらの説が『根本説一切有部毘奈耶』巻第九の立場とは

相容れないもの〈「同論文」二二三頁〈四八頁〉〉
として、『根本説一切有部毘奈耶』には見られない。この可転論は、道元禅師によって独自に付加された解釈である、と指摘する。

ここでの問題は、金子氏は、悪業報と悪業の語義の解釈を峻別していないがために、十二巻本においても六十巻本同様の解釈をしている、ということだろう。

しかし、金子氏の考察から推察できることは、道元禅師は経典や律、そして論書を援用してはいるが、それぞれを踏襲しているのではない、ということである。

よって、「三時業」の懺悔と滅罪について考察する場合、引用経典の内容ではなく「三時業」の説示そのものから、道元禅師における「懺悔・滅罪」の意義を見出さなければならないのである。

「三時業」の「懺悔・滅罪」に関する解釈についての疑義は、おおむね、悪業を「報い」と解釈することにはじまり、または伊藤隆寿氏や袴谷氏が指摘する中国仏教の「懺悔滅罪思想」をそのまま道元禅師の「懺悔・滅罪」に重ねたことによるものと思われる。

さらに、『宝慶記』（七巻、一二頁）には、

拝問。煩悩障・異熟障・業障等障、仏祖之道処耶。和尚云。如龍樹等祖師之説、須保任也。不可有異途之説。但至業障者、慇懃修行之時、必可転也。〈拝問す。煩悩障・異熟障・業障等の障は、仏祖の道われしところなりや。和尚云く。龍樹等の祖師の説のごときは、須く保任すべきなり。異途の説あるべからず。ただ、業障に至りては、慇懃に修行するの時、必ず転ずべし。〉

と、如浄禅師の場合は、業障が転じられるという解釈であることからも、それを道元禅師が継承した、と解しやすいだろう。

永井賢隆『道元禅師の思想形成の研究—『宝慶記』を中心として—』（博士論文、二〇一四年、三七一頁）によって、『林間録』は、「一切法が空と解せば、現実に於いて業障は起こらない」と考え、それは『中論』で説かれる空思想に裏付けられる」と、解釈している。しかしそれは、『中論』の意図的な読み替えによる裏付けであり、『中論』の説く所と合致しないことが確認できた。この故に如浄と道元は、『中論』の引用を元に長沙を肯定する『林間録』の見解にそわなかったのであろう。また如浄が「業障空」自体を否定しない事は、『中論』の見解を尊重したものと考えられよう。

と、如浄禅師は「業障空」の立場であったことが知られるが、道元禅師はそれを自身の思想として受容しなかったのである。

つまり、経典・論書などの伝統的解釈に依拠することをもって、それを道元禅師の思想とすると、「悪業報」という六十巻本の文言にしたがったとしても、袴谷憲昭『同書』（二四八頁）において、「懺悔といえば滅罪思想を表す中国仏教の流れ」として解釈するにしても、業の不亡という軸を揺るがせ、道元禅師の「因果歴然」という立場さえを無みさせてしまう理解に陥ってしまうのである。

十二巻本「三時業」は、他の十二巻本の説示同様、因果歴然を一貫して説いていることを重視することによってしか、十二巻本「三時業」の解釈はできない。

十二巻本『正法眼蔵』「深信因果」では、

撥因果は、招殃過なるべし。（中略）因なし、果なしといふは、即ちこれ外道なり。（二巻、三九二頁）

と、因なし、果なしという考えは外道である、と退けており、

おほよそ因果の道理、歴然としてわたくしなし。造悪のものは堕し、修善のものはのぼる、毫釐もたがはざるなり。（中略）撥無因果すれば、このとがによりて、莽莽蕩蕩として殃禍をうくるなり。（二巻、三九四頁）

と、因果の道理は歴然であり、造悪のものは堕し、修善のものはのぼることを示され、「因果を撥無することにより、はてしない災いを招く」と示されている。「因果が歴然であること」については、十二巻本『正法眼蔵』に限ったことではなく、『宝慶記』（七巻、一二・一四頁）にも、

拝問。因果必可感耶。和尚示曰。不可撥無因果也。所以永嘉曰、豁達空撥因果、莽莽怱怱招殃禍。若言撥無因果者、仏法中断善根人也。豈是仏祖之児孫耶。〈拝問す。因果は必ず感ずべきや。和尚、示して曰く。因果を撥無すべからず。所以に永嘉の曰く、「豁達の空は因果を撥う、莽莽怱怱として殃禍を招く」と。もし、因果を撥無すと言わば、仏法中の断善根の人なり。あにこれ仏祖の児孫ならんや。〉

と、因果を否定すれば、仏法の中にいて、善根を絶った人である、と如浄禅師の説示を上げ、『永平広録』二五一上堂（帰山上堂〈一二四八年三月十四日〉）（第三巻、一六六・一六八頁）においても、

宝治二年戊申三月十四日上堂。云。山僧昨年八月初三日、出山赴相州鎌倉郡、為檀那俗弟子説法。今年今月昨日帰寺、今朝陞座。這一段事、或有人疑著。渉幾許山川、為俗弟子説法、似重俗軽僧。又疑、有未曾説底法、未曾聞底法乎。然而都無未曾説底法、未曾聞底法。只為他説修善者昇、造悪者堕、修因感果、抛塼引玉而已。雖然如是、這一段事、永平老漢明得説得信得行得。大衆要会這箇道理麼。良久云、叵耐永平舌頭、説因説果無由。功夫耕道多生錯。今日可憐作水牛。這箇是説法底句、帰山底句作麼生道。山僧出去半年余。猶若孤輪処太虚。今日帰山雲喜気。愛山之愛甚於初。〈宝治二年戊申三月十四日の上堂。云く。山僧、昨年八月初三の日、山を出でて相州鎌倉郡に赴き、檀那俗弟子のために説法す。今年今月昨日寺に帰って、今朝、陞座す。この一段の事、あるいは人あって疑著す。幾許の山川を渉りて、俗弟子のために説法する、俗を重んじ、僧を軽んずるに似たりと。また疑う、未だ曾て説かざるの底法、未だ曾て聞かざる底法ありやと。然れども都て未だ曾て説かざる底法、未だ曾て聞かざる底法なし。ただ他のために、修善のものは昇り、造悪のものは堕つ、修因感果、塼を抛って玉を引

くと、説くのみ。かくのごとくなりと雖然も、這の一段の事、永平老漢、明得し、説得し、信得し、行得す。大衆、這箇の道理を会せんと要すや。良久して云く、叵耐たり、永平が舌頭、因を説き果を説くに由なし。功夫耕道多少の錯りぞ。今日憐れむべし水牛と作ること。這箇はこれ説法底句、帰山底句作麼生が道わん。山僧出で去る半年の余。なお孤輪の太虚に処るがごとし。今日山に帰れば雲、喜びの気あり。山を愛するの愛は初めよりも甚だし。〉

と、因果の道理は昧ますことができない、と鎌倉下向の際に教化したことが見られる。

また、次の『随聞記』二之十四（七巻、七八～七九頁、傍線筆者）には、

人も不知時は、潜に善事を成し、悪事を成て後は、発露して咎を悔ゆ。如是すれば、即、密々に所成善事には、感応有り、露たる悪事は懺悔せられて、罪、滅する故に、自然、現益も有る也。可知当果。（中略）現生後報等の三時業の事も有り。此等の道理、能能可学也。

と、悪事に対してはその行いを発露するだけではなく、悔いることにより、悪事を造らないようになるのであり、悔いることなくして悪事の抑止とはならないのであろう。

そして、三時にわたる行為の報いがあるのだから、この道理をよくよく学ぶべきである、と説く。悪事が滅せられ、善事を積み重ねることによって、善なる報いを得られるのであり、悪の報いはそれはそれとして受ける覚悟が必要である、ということがここから推測できよう。

これらの説示を根拠として「三時業」の解釈を試みるならば、道元禅師における「懺悔・滅罪」とは、「悪業」の報いは必ず受けるのではあるが、懺悔をすることによって、未来に悪を為さないことを自覚し、あるいは精進することによって、次第に悪業が重いものから軽いものとなる、となるものと思われる。

『阿羅漢』（神奈川県立金沢文庫、二〇〇六年、四四頁）によると、出家者はまず四諦について学ぶが、この過程を見道

という。四諦を正しく理解できれば、九八煩悩の八八煩悩を断ったことになり、見道を終えると修道という過程に入るが、ここでは、わかっていても止められない愛着や意識の面での煩悩一〇を断つ修行をし、七段階が設定されている。七段階を終えると阿羅漢という段階に入るのである。阿羅漢は解脱者であり無学者であるが、後に解脱に二種、阿羅漢に二種と部派仏教によって学説が異なっていく、という。このような習慣としての業を弱め・断つという過程は、道元禅師の思想に措定する手がかりとならないだろうか。

「転重軽受す」の解釈は、「重い悪業の報いを軽く受ける」と解釈しがちだが、十二巻本「三時業」の何が滅するか、という主語は、「悪業」である。それを踏まえると、悪業を完全に滅すること（習慣の断絶）はきわめて困難なことであり、「転重軽受す」とは、『随聞記』二之十三（七巻、七八頁）によると、

聖教の中にも、麁強悪業人覚悟、無利の言説は能障正道。只、打出し言ふ語すら、無利言説わ、障道の因縁也。況や、如然言説ことばに引れて、即ち、心も起りつべし。尤も、用心すべき也。わざとことさらいで、かくなんいはじとせずとも、あしき事と知なば、漸々に退治すべきなり。

と、悪いと知ったならば、徐々に退治しなければならない、とあるように、懺悔によって、悪業を、次第に退治していくことを言い、そしてそれは報いが軽くなることではなく、仏戒を犯す行為が脆弱化することを示している、と考えられよう。

「受」とは、『大漢和辞典』（二巻、七〇六頁、傍線筆者）によると、「得る。とる。用ひる。因る。継ぐ。」などの意味を有しており、「罪の継続性（習慣性）」という解釈の拠るところでもある。

そして、「報い」とは、自らが為した業に対する「苦」を感じることを指すだろう。

この「苦」を感じることとは、平川彰「第一章　「戒序」の研究」（『平川彰著作集　第一四巻　二百五十戒の研究Ⅰ』、春秋社、一九九三年、七一頁、傍線筆者）の、

「羯磨」とは「カルマン」(karman, kamma) の音写語であり、「行為」の意味である。しかし行為はあとに見えない力を残すので、その不可見の力をも含めて「業」ともいう。業は果を感ずる力をいうのである。さらに第三の意味として、僧伽の実行する「法律的行為」をも羯磨というのである。

と、「業は果を感ずる力」に該当すると思われる。

また、平川氏は、婬戒の因縁譚について、『摩訶僧祇律』巻一(『大正蔵』二十二巻、二二九頁上)から、婬戒の制定以前の出来事であるから不犯の行為とするが、スディンナは不浄行を三度行じ、その行為の結果、

疑悔と追悔を生じ、その結果、形体枯痩し、顔貌愁悴し、心身消沈した。(『平川彰著作集 第一四巻 二百五十戒の研究I』、春秋社、一九九三年、一三九～一四〇頁)

という苦を感じている様子を挙げている。

また、苦果といえば、提婆達多に帰依し、父親を殺した阿闍世王を取り上げなければならないだろう。『等活本生物語』(『南伝』二十九巻、四九八～四九九頁)には、非法破戒を行い、その罪によって大地が提婆達多をのみ込んだことを聞いた阿闍世は、自分も同じようになるのではないかと、

絶えず深い恐怖の念に責められて、王者でありながら、王者としての安慰を得ることすら出来なかった。安らけき眠に就くこと得ず、唯だ厳しい鞭に打たれる、若い象のやうに、ひたすら恐れ慄いて居られた。この大地が裂けて、阿鼻地獄に堕ちたやうに、またこの大地の為に、その身を呑噬せられたやうに、熱鉄地獄に逆堕して、鉄の刀鎗に刺されたやうに、感ぜられてならなかった。彼は実に傷ついた雞の如く、恐懼して暫くも安住する暇がなかった。それ故に、彼は等正覚仏に謁して、その罪を懺悔し、親しくその教を請はんことを願って居られたのであった。けれども己が罪業の、余りに重いことを恥じて、容易く仏に接することが出来なかった。

また、「サンキッチャ仙本生物語」(『南伝』三十六巻、二五二頁)には、

阿闍世王は曾ては父を殺害して恐怖に駆られ、輝かしい王位にありながら心の安楽を得ず、すべての威儀動作に苦悩を受けて居たが、今では如来の所にやって来て、善友との親しい交によって恐怖もなくなり、王としての幸福を享けるやうになった。

と、語られているように、悪業によって、安楽は得られず、絶えず苦を感じている様子が見られる。

『等活本生物語』を読み進めていくと、阿闍世の前世が語られている。前世での阿闍世は虎にかみ殺されており、それは「悪業を為し、禁戒を犯して、自ら恥づることなきものは、常にかかる禍難を受ける」（『南伝』二十九巻、五〇四頁）と阿闍梨によって訓誡されている。

『沙門果経』（『南伝』六巻、一二七頁）では、阿闍世は、

予は狂愚なるままに、痴冥なるままに、不善なるままに、罪過によりて制伏せられ、王権を獲得せむが為に、予はかの正しき父法王を殺しぬ。大徳よ、予は罪過を罪過として確認し、以て将来必ず自制すべきことを、世尊の受納し給はむことを。

と、苦の原因を自覚しており、今後は不善を為さないという誓いを釈尊に受納して欲しいこと、釈尊に帰依し、優婆塞になりたいことを願い出ている。それに対して、釈尊は、

卿は罪過を罪過として認め、法に従ひてそれを懺悔せらるるが故に、それに関する卿の懺悔を、我受納すべし。蓋し大王よ、若し人ありて、罪過を罪過として認めて、それを如法に懺悔し、以て将来自制をなさば、これ聖者の律の繁栄する所以なればなり。（『南伝』六巻、一二七〜一二八頁）

と、懺悔する対象・内容の自覚・確認がなされ、かつ、今後自制するという誓いを受け容れている。

懺悔の内容を自覚することにその意味を見出すのは、袴谷憲昭『同書』（二五七〜二五八頁）によっても、「悪業（pāpa）」とは、かかる明確な規定をもたず、従って、出家にも在家にも関係なく、我々が肉体をもって生

きていくそのこと自体が「悪業」であるという観点にさえ極端な場合には立ちうるのである。それゆえに、「悪業」とは、元来、仮りに真剣にそれを考えようにも、それを（神仏を含めた）相手に向って明白にしたり償い改めたりできるような明確な要素を全く持たない、通俗的で情緒的な単なる気分上の漠然とした行為の集積を指すにすぎない。かく見るならば、これ以上始めはないという「無始」の貪瞋痴に原因を求めて安心できる仕組みになっている一般に流布した懺悔文の方がそれなりに理屈は通っているともいえる。しかも、「悪業」とは漠然とした行為の集積だからこそ、厳格な反省など適うはずもないのであって、そのために、特定の宗教の根本思想とは本質的な関係のない情緒的な「（悪業）払拭の儀式」が通俗的なレベルでは大いに流行るのである。

と、懺悔する対象が何であるかという自覚を伴わない、漠然とした懺悔には意味がないことが指摘されており、

「考える」とは自分で考えることでなければなるまい。しかるに、言葉によって考えて自分の過去を明白に懺悔する（avākaroti《(avikaroti)》, paṭikaroti）のようになっていくのであれば、それは縁起の世界へ近づいているのだということができよう。（『同書』、二七七頁）

と、袴谷氏は、考えた上でその内容を懺悔することと縁起の関係性を指摘する。

先述したように、「転重軽受」の主語は、あくまでも「悪業」であり、「転重軽受」を「報い」と解釈することは、十二巻本においては不可能なのである。そして、「滅罪」を「報いがなくなる」とする解釈は、道元禅師の因果論（因果歴然・深信因果）に反するものであると言えよう。

多くの解釈は、この罪を、いわゆる罰と理解しているがゆえに、さまざまな混乱を招いているのではないかという気がしてならない。

七　道元禅師の著作に見られる罪の用例

道元禅師の著作には、罪と罰が同義として説かれ、あるいは峻別し兼ねる内容があるだろうか。ここでは、道元禅師の著作に見られる罪の用例を見ていきたい。

「行仏威儀」（一巻、六六頁）では、次のように、罪根という表記になっている。

諸仏いはく、此輩罪根深重なり、可憐愍者なり。深重の罪根たとひ無端なりとも、此輩の深重担なり。

下室覚道「道元禅師の業報観（三）―断善根と種子について―」（『宗学研究』第四七号、二〇〇五年）、「道元禅師の業報観（四）―種子説について―」（『宗学研究』第四八号、二〇〇六年）は、道元禅師が用いる善根や種子という語は、種子説であり、それは輪廻の主体となるものである、と論じる。

下室氏の説によると、ここでの罪根とは、報いではなく、罪という種子であり、悪業である、と解釈できるだろう。

「洗面」には、草稿本と再治本があるが、草稿本では、

いはく、もしおもてをあらはざれば、礼をうけ、他を礼する、ともに罪をうるなり。（中略）もし洗面せざれば、罪をうくるなり。（草案本「洗面」、第二巻、五八四頁）

と、「罪をうる」・「罪をうくる」となっている。ここで示される「罪をうくる」とは、その報いを受けることではなく、次の、

経にいはく、つめのながさ、もし一麦ばかりになれば、罪をうるなり。（「洗浄」、二巻、八二頁）

というように、「罪をうる」と同様、「罪そのものの確定」を意味すると思われ、「悪業は、懺悔すれば滅す、また転

重軽受す」の解釈と同様の用例であると思われるが、再治本には、
いはく、もしおもてをあらはざれば、礼をうけ他を礼する、ともに罪あり。（「洗面」、二巻、四一頁）
と、草案本「罪をうくる」の箇所が、「罪あり」と書き改められている。このことは、草案本が「罰を受ける・報いを受ける」という誤解を招く表記である、と考え、再治本では「罪あり」と書き換えたと考えるのが妥当であろう。
『随聞記』四之十（七巻、一一四頁）でも、
老母は、不許罪に沈て、而人共に益なくして、互に得罪時如何。
と、母が子の出家を許さないという罪によって、母子ともに益がないとする。ここでの罪は、明らかに出家を許さない、という行為を指しているだろう。
「面授」（二巻、五八頁）では、
屋裏に正伝しいはく、八塔を礼拝するものは、罪障解脱し、道果感得す。
と、礼拝によって罪障が解脱するという。
田上太秀「道元禅師の滅罪信仰」（大本山永平寺大遠忌局文化事業専門部会出版委員会編『道元禅師研究論集』大本山永平寺、二〇〇二年、二〇三頁）は、
ここの「罪障解脱」とは過去の罪障から解脱するという意味で、つまり一切の罪障が消えて、覚り（道果）を得ることがたしかとなるのを感じることである。巡礼すると、滅罪するという信仰が禅師にはあったことが知られる。
と、解釈する。田上氏の通り、一見すると礼拝が罪障を払う機能があるように思われるが、「面授」の続く説示を見てみると、
八塔を礼拝するを、西天竺国のあまねき勤修として、在家・出家、天衆・人衆、きほふて礼拝供養するなり。

（中略）八塔の層層なる、霜華いくばくかあらたまる。（中略）根・力・覚・道、いま修行せんとするに、煩悩あり、惑障ありといへども、修証するに、そのちからなほいまあらたなり。（「面授」、二巻、五八～五九頁）

と、礼拝は修行であり、その修行によって煩悩や惑障といった力が一新される、それはつまり、悪業がこの先造られない状態となる、というのではないだろうか。

「袈裟功徳」（二巻、三〇二頁）では、

袈裟は、ふるくより解脱服と称す。業障・煩悩障・報障等、みな解脱すべきなり。龍、もし一縷をうれば、三熱をまぬかる、牛、もし一角にふるれば、その罪、おのづから消滅す。

と、龍が袈裟の一部であっても得られたなれば、苦しみを免れることができ、牛の角が袈裟に触れることによって罪が消滅する、と説かれる。

袈裟に触れるということは、仏法に親しい距離にいるということを意味していると思われる。ここでは、袈裟は法の象徴として描かれており、龍・牛などが仏法に出遇ったことを指すと解釈したい。また、道元禅師は、

もし宿善なきものは、一生・二生、乃至無量生を経歴すといふとも、袈裟をみるべからず、袈裟を著すべからず、袈裟を信受すべからず、袈裟をあきらめしるべからず。いま震旦国・日本国をみるに、袈裟をひとたび身体に著することうるものあり、えざるものあり、貴賤によらず、愚智によらず。はかりしりぬ、宿善によれりといふこと。（「袈裟功徳」、二巻、三〇七頁）

と、袈裟を受持することは宿善である、と説いていることからも、龍・牛は仏法との関わりがすでにあったことが前提である、と見なすべきだろう。道元禅師は、同巻で、

仏祖正伝の作袈裟の法によりて作法すべし。ひとりこれ正伝なるがゆえに、凡聖・人天・龍神、みなひさしく証知しきたれるところなり。この法の流布にむまれあひて、ひとたび袈裟を身体におほひ、刹那・須臾も受持せん、

すなはちこれ決定無上菩提の護身符子ならん。（「袈裟功徳」、二巻、三〇六〜三〇七頁）

と、袈裟は身を護る符となるのではあるが、それは、

この正法にあふたてまつり、あくまで日夜に修習す、この袈裟を受持したてまつり、常恒に頂戴護持す。（「袈裟功徳」、二巻、三〇二頁）

というように、日々の修習が伴う袈裟の受持であり、修行の伴わない袈裟は功徳がない、ということになる。それは次にも、

身著袈裟、罪業消除、十善業道、念念増長。〈身に袈裟を著せば、罪業消除し、十善業道、念念に増長す。〉（『大乗本生心地観経』五、無垢性品）（「袈裟功徳」、二巻、三二五頁）

と、袈裟を身につけることで罪業が消除する（＝持戒の状態）ということにもつながる。

袈裟の功徳とは、出家者の如法性に付随するものであり、それは、十善業道を修することであり、と同時にそれまでの罪業（悪業）がなされなくなる、ということだろう。

「四禅比丘」（二巻、四三三頁）では、

四禅比丘は臨命終の時、忽ちに謗仏の罪に堕す。仏法をもて孔・老の教に斉しとおもはむ、一生中より謗仏の罪ふかかるべし。

と、「罪に堕す」という文言から、罪と報いが同義のような印象を受ける。後半の「罪ふかかるべし」は、悪業の習慣が強い、と解釈できようが、前半の「忽ちに謗仏の罪に堕す」はどのように解釈すればよいだろうか。これは、「謗仏の罪によって堕す」のではないだろうか。しかし、

この見（引用者注：撥無因果）、たくはへてすてずば、遂に悪趣におつべし。（「四禅比丘」、二巻、四三三頁）

とあるように、「罪に堕す」と「悪趣におつ」が同じ意味ならば、「四禅比丘」での「罪」は「報い」と解釈すべきだ

ろう。

また、次の「仏道」（二巻、五三二頁）も、

また、この生のをはるときは、二つの眼、たちまちにくらくなるべし。そのときを、すでに生のをはりとしりて、はげみて、南無帰依仏、ととなへたてまつるべし。このとき、十方の諸仏、あはれみをたれさせたまふ縁ありて、悪趣におもむくべきつみも転じて、天上にむまれ、仏前にうまれて、ほとけををがみたてまつり、仏のとかせたまふのりを、きくなり。

と、「悪趣におもむくべきつみ」は、「報い」とも「悪業」とも解釈できよう。田上太秀「道元禅師の滅罪信仰」（『同書』、二〇一頁）は、

ここに多くのブッダへの帰依、南無帰依仏と唱えることによって生前の悪業による罪がみな消えると説かれている。

と、解釈する。しかし、帰依するとは、仏道に則った業を身に具えることである。今において悪業は作られず、悪業は断絶（滅罪）状態である、と言えよう。帰依を因縁として悪業をなさない自己を展開させていくという意味での滅罪であり、南無帰依仏と唱えるだけで報いが消滅することにはならない。

草案本「大悟」（二巻、六〇六頁）では、

いたづらに貪名愛利のやから、大刹の主となれるによりてなり。雲水の道をふさぐ、大罪といひぬべし。

と、名聞利養の者が大寺院の住持職になることは、修行者の礙げになるといい、それは大きな罪である、とすることから、ここでの罪も、報いではなく、悪業と解釈してよいだろう。

このように、罪を重ねないことが、苦果から免れる方法であり、それは「受戒」（二巻、二九五頁）、

いまだ諸仏の弟子にあらず、祖師の児孫にあらざるなり。離過防非を参禅問道とせるがゆえなり。

と、過失を離れて非法を防ぐことに、滅罪の意味が見られることを意味するものと思われる。

道元禅師は、洗面すること、礼拝すること、袈裟に触れること、帰依するという業に悪業が滅した状態を見ているのであり、過去の悪業を改める生き方こそを滅罪とするのである。

『随聞記』二之一（七巻、六四〜六五頁）には、

惣て三宝の境界、恭敬すれば、罪滅し功徳を得る事、悪趣の業をも消し、人天の果をも感ずる事は実也。是によりて、仏の悟を得たりと執するは僻見也。仏子と云は、仏教に順じて直に仏位に到らん為には、只、教に随て、工夫弁道するべき也。

と、三宝を恭敬する生き方によって罪（習慣となっていた業）が滅し、そのような状態を功徳といい、そのような状態においてはもちろん悪趣の業もないのである、と解釈できよう。仏の教えにしたがって、努力を尽くすこと、その修行とは坐禅である、と説示が続くことから、今の業とこれからの業についてのみ説かれているのである。

田上太秀「道元禅師の滅罪信仰」（『同書』、二〇四頁）は、

悪業に縛られている人身、悪業が堆積した人身、この人身を悪業から解放し、清浄にするにはどうするかという課題を解決するには、一つの方法だけではないはずと考え、経典を読み、思索を重ねた結果、五つの滅罪方法があると考えられることになったのではないか。

と、苦果からの解放を、礼拝・帰依・称名・袈裟に触れることなどの「方法」に求めているが、それらの方法によっては苦果から免れられまい。

悪業を免れるとは、善業を修している状態以外に他はないのであり、礼拝・称名などが報いからの解放になるのであれば、悪業には苦果がある、とする概念を払う、撥無因果に堕してしまい、善業を修し続けるという意志にはつながらない。悪業をなした時に「方法」として礼拝・袈裟に触れるなどをすればよいだけになってしまうのである。

以上の考察によっても、十二巻本「三時業」では、「悪業とその報い」は厳密に区別されていると見なすべきだろう。

先に『修証儀』の解釈を検討したが、『修証義』は道元禅師の思想そのものではないため、懺悔によってすでに為した行為や報いの消滅を意図して編集されたものならば、報いの消滅という解釈は誤訳とは言えない。しかし、奈良氏の解釈に見られたように、因果歴然にしたがった解釈もなされていることから、この点を考えれば『修証義』の解説者の多くが誤訳をしていると言えるだろう。

八　先行研究に見られる因果論

これまでは、六十巻本「三時業」、十二巻本「三時業」と、『修証儀』に見られる悪業とその報いについて考察してきた。本節では、道元禅師の著作に見られる因果論と、先行研究を整理し、道元禅師の思想を変化として捉えることができるかどうかを検討したい。

鏡島元隆「十二巻本『正法眼蔵』の位置づけ」（鏡島元隆・鈴木格禅編『十二巻本『正法眼蔵』の諸問題』、大蔵出版、一九九一年、一〇頁）は、

『如浄語録』によって如浄の思想をみるに、如浄に宏智と異なるものは見出されない。如浄も宏智と同じように、業は消えるものと考えていたと思われる。たとえば、『如浄語録』（小仏事、一上座下炬）には、つぎのようにある。

万法帰一、生也猶如着衫、一帰何処。死也還同脱袴。生死脱着不相干、一道神光常独露。

この如浄の上堂語は、生死の全機現を示したものであって、「一道神光常独露」といっても、それは業の不亡を述べたものではなく、仏性の顕然を示したものである。そのことは、道元禅師が懐義比丘尼が先妣のために上堂を請うたのに対し、禅師が如浄の上堂語を引いてつぎのように上堂していることによって明らかである。

生也無所従来、猶如著袴。然面目儼然、所以道、万法帰一。死也無所有去、猶如脱袴。然而蹤跡脱落、所以道、一帰何処。正当恁麼時、又且如何。良久云、従来生死不相干、罪福皆空無所住。

「罪福皆空無所住」とは業障空にほかならないから、これによってみれば、如浄は宏智と同じように業障空を示しているのである。それどころか、道元禅師も宏智や如浄を受け継いで、一面においては業障空を説いているのである。この点は、『正法眼蔵深信因果』巻の説示とは大いに相違するが、「大修行」巻の説示とは決して矛盾するものではないことに留意すべきである。

また、

『永平広録』(巻五)の懐義比丘尼の先妣のための上堂語は、明らかに禅師が「業障空」に立つことを示すものである。注意すべきことは、それは如浄(宏智まで遡る)の「業障空」の思想を受け継いだものであることである。

(「同論文」、一八〜一九頁)

先にも上げたが、鏡島氏は、「禅師は十二巻本『眼蔵』(「三時業」)において(中略)悪業は懺悔すれば滅罪し、あるいは転重軽受すると示しているが、それは業障が無自性であり、空だからである。「業障空」でなければ、懺悔滅罪・転重軽受ということは成立しない。」とし、

禅師はまた「深信因果」巻において永嘉の『証道歌』の(中略)の言葉を引用し、「三時業」巻において同じ『証道歌』の(中略)の言葉を引用しているが、いずれも禅師からは永嘉の言葉が容認され、これを見性として誤って解せられた「業障空」・「因果空」が破斥されているのである。これによってみても、禅師が「業障空」に

立っていることは明らかである。(「同論文」、一九頁)

と、道元禅師の因果論には、業障空と因果歴然という相反する思想が見られる、とし、石井教授の言うように業は「不亡」であるとは言えるが、「業は消してはならないもの」とは言えない。もし「業は消してはならない」ものであれば、七十五巻本『眼蔵』にいう、「ねがはくはわれたとひ過去の悪業おほくかさなりて障道の因縁ありとも、仏道によりて得道せりし諸仏諸祖われをあはれみて業累を解脱せしめ云々」(「渓声山色」)という道元禅師の発願文は意味をなさないであろうし、十二巻本『眼蔵』にいう、「三時の悪業報、かならず感ずべしといへども、懺悔するがごときは重を転じて軽受せしむ。また滅罪清浄ならしむるなり」(「三時業」)という懺悔文も意味をなさないであろう。業は最終的には超克されるべきものである。如浄も「但至業障者慇懃修行之時必可転」(『宝慶記』)と示しているのである。ただここに注意すべきことは、業の超克とは、業識・業障・業累からの解放であって、それは決して業(因果)を亡ずることではないということである。業識・業障・業累がなくなることは、業生としての生き方から願生としての生き方に、生き方が転換することであって、業生から願生に生き方が転換しても、業はなお不亡である。不亡ではあるが、意味が転換された業の不亡である。(「同論文」、二一頁)

と、業は超克されるものであり、願生に生きることによって、業障が転換されるものの、それとて「業の不亡」であり、不亡とは、悪報ではなく善報となる意味となる、とする。

しかし、金子宗元「道元禅師における業不亡の道理について」(『宗学研究』第四六号、二〇〇四年、四八頁)は、晩年の道元禅師に於いては、「業障本来空」や「豁達空」という言葉によって示される空思想は、因果を撥無するものであることから、空思想を確立した龍樹祖師によっても否定されるべきものと理解されていた。それ故に、仏法を学ぶ者は、鳩摩羅多尊者と闍夜多尊者の問答や《所作業不亡偈》と共に因果を学ぶべきであるという意識が、強固なものとして確立していたと考えられ、そうした撥無因果的な空の解釈から業・因果説を守り、復権する為の鍵が《所作業不亡偈》に説かれる「業不亡の道理」であったと推定される。

また、金子宗元「業不滅説と道元禅師―仏教思想史に於ける所作業不亡偈の解釈を巡って―」(『宗学研究紀要』第一七号、二〇〇四年、一四一頁〈五二頁〉)、

『正法眼蔵』「三時業」には、皓月供奉と長沙景岑の問答が引用されているが、その皓月供奉の問が『証道歌』の「了即業障本来空。未了還須償宿債」を承けたものでありながらも、他ならぬその永嘉玄覚は、撥無因果を批判した人物であるとの評価に基づき、それを理解していなかった長沙景岑を、道元禅師は痛烈に批判している。晩年の道元禅師の思想に於いては、「業障本来空」や「豁達空」という言葉によって示される空思想は、因果を撥無するものであるが故に否定されるべきものであり、仏法を学ぶ者は、鳩摩羅多尊者と闍夜多尊者の問答や、釈尊が説いた《所作業不亡偈》と共に、因果を学ばなければならないという考え方が確立していたものと推定され、それらに於いて説かれる「業不亡の道理」は、道元禅師にとっては、「業障本来空」に代表される撥無因果的な空解釈から、業・因果説を擁護する為の理論として用いられた。

と、道元禅師は業障空を批判し、因果歴然を説いた、と論じる。

袴谷憲昭『同書』(二七四~二七五頁)は、次の「渓声山色」について、

心も肉も、懈怠にもあり、不信にもあらんには、誠心をもはらして、前仏に懺悔すべし。恁麼するとき、前仏懺悔の功徳力、われをすくひて清浄ならしむ。この功徳、よく無礙の浄信・精進を生長せしむるなり。(「渓声山色」、一巻、二八三頁)

願は、われたとひ過去の悪業おほくかさなりて、障道の因縁ありとも、仏道によりて得道せりし諸仏諸祖、われをあはれみて、業累を解脱せしめ、学道さはりなからしめ、その功徳法門、あまねく無尽法界に充満弥綸せざら

ん、あはれみをわれに分布すべし。仏祖の往昔は吾等なり、吾等が当来は仏祖ならん。（「渓声山色」、一巻、二八三頁）

と、「渓声山色」の懺悔は、撥無因果の思想である、と指摘する。

また、下室覚道氏は、「懺悔による功徳力によって「われ」が清浄になること」（「道元禅師の業報観（一）」『宗学研究紀要』第一四巻、二〇〇一年、六二頁）、とする。

しかし、その説示意図は修行を妨げる状態に対する反省（慚愧）を促したものであり、その反省は発願へと向かうのであり、撥無因果の思想ではないと思われる。

角田泰隆『道元禅師の思想的研究』（四二〇頁）は、道元禅師は因果歴然の因果論であり、それは因果超越である、という。角田氏は、『随聞記』六之二十二（七巻、一五〇頁）の、

無所得無所悟にて、端坐して、時を移さば、即、祖道なるべし。（中略）話頭を以て、悟をひらきたる人、有とも、其も坐の功によりて、悟の開くる因縁也。まさしき功は、坐にあるべし。

に依り、

無所得・無所悟の坐禅、これらがまさしく因果を超越した行であり坐禅であると、因果超越をそのように定義したい。しかしながら因果歴然であるからこそ、道元禅師は「坐の功によりて、悟の開くる因縁也。まさしき功は坐にあるべし」と「坐」（因）の「功」（果）を示されるのである。（四二一頁）

と論じ、また、「大修行」の因果論は、果（証）を待つ（期待する）修行ではなく果と一つである修行を意味している（『同書』、四二〇頁）という。

道元禅師の説示は、懺悔をしても容易には習慣から免れることができないことを意味しているのではないだろうか。

つまり、懺悔とは、悪業を自覚するとともに、悪業を滅する努力を誓うのであり、懺悔という行為は即刻、為した

悪業をなかったことにしてくれる、という都合のよい魔法ではなく、ましてやそれが増永氏の言うように「宗教的に意義のあること」とはならない。自らが改めるという自覚と、その自覚に基づいた行動に改変することにより、悪業を滅しようとする意思決定こそが「仏教的に意義があること」なのである。

「渓声山色」では、懺悔により修行の方向性を再確認するだけではなく、仏祖となることを誓っているのである。さらにこの説示は、「転重軽受」の文言に連なるものと考える。このように考察するならば、「渓声山色」の説示は、因果の道理を踏まえている、と言えよう。

藤田宏達「原始仏教における業思想」（雲井昭善編『業思想研究』、平楽寺書店、一九七九年、一二一頁）によると、

仏教の業思想は、過去の業因が現在の業果をもたらすという点では宿命論的色彩を払拭しきれないにしても、現在の業因が未来の業果をもたらすという点では、人間の意志の自由を認め、それにもとづいて努力精進するところに大きな道徳的意義を認めるのである。前記のように、釈尊みずから「精進論者」と呼んだ理由は、ここにあると言ってよい。そして、これが仏教における業思想の、宿命論と区別される第一の特色である。

と、未来の楽苦をもたらすのは自身の意志次第であり、それには努力が伴うことが指摘されており、道元禅師の懺悔観に等しいと思われる。また、悪業を自覚することに関しては、袴谷憲昭『同書』（二七五頁）によって、

かかる因果こそ仏教において縁起説といわれるものにほかならないが、縁起説で最も重要なことは、縁起がその『律蔵』「大品」の始めから、「考える」ことと直結していたという点にある。従って、経典に説かれる縁起は「考える」ことを本質とする人間だけを本来は問題としていたのであって、（後略）

ということからも、無自覚な懺悔・滅罪は縁起の思想に反すると言えよう。

業が不亡であるために楽苦の報いは起こりうるのであり、平川彰『平川彰著作集　第一一巻　原始仏教の教団組織Ｉ』（春秋社、二〇〇〇年、二一三頁）では、

無表とは業の因と果を連鎖するものであるという。人が善悪の行為を行なった場合、その行為は刹那に滅するが、しかし後になってその「報い」が起こる以上、行為が無になってしまうはずはないからである。何らかの形でその力が後に残り、それによって果福が生ずると考えられる。この原因と結果とをつなぐ役目をする目に見えないものを「無表」と称したのであろう。

と、楽苦をもたらす目に見えないものを「無表」とすることで業の不亡は確定されよう。

業と罰の相違については、舟橋一哉『業の研究』(法蔵館、一九五四年、三二〜三七頁)に、釈尊の業論は結果論ではなく、業の善悪を判断する基準を、その業のなさしめた動機に置く、と論じており、平川氏は舟橋氏を承けて、

『中阿含』の「ウパーリ経」(『南伝』一〇巻、一三七頁。『中阿含経』巻三二、『大正蔵』一巻、六二八頁上〜下)には、ジャイナ教のナータプッタ(Nātaputta)が三罰(daṇḍa)を説いていたことが伝えられている。ナータプッタは悪業については、これを業と言わず、罰と称する。結果に重点をおけば、悪業の報いは罰だからである。そしてナータプッタは身罰(kāyadaṇḍa)・語罰(vacidaṇḍa)意罰(manodaṇḍa)の三罰を説いたという。そしてそれらの中では身罰が最も大罪であると説いていたという。この説は、「結果」を重んずる立場である。これにたいして仏陀は、悪業についても業を説き、罰と言わない。そして身業・語業・意業の三業を説き、この三種の悪業のうち、最も罪の重いのは意業であると考えている。(『同書』、二三六頁)

と、ジャイナ教では、悪業の報いを罰とするのに対し、仏教では、罰を説かないという。なぜならば、「業」とは本来は行為からできた言葉であるから、行為という意味では、行為そのものが主である。その点では業(行為)は行為の「結果」までもふくむのではないが、しかし業という場合には果報までもふくめて考えるのである。したがって「業」という場合には、結果をも考えるが、原因の善悪をも注意しているのである。しかるに「罰」という場合には、原因よりも、それの作り出した結果にたいする責任を追及する意味が強いであろう。

そして罰としては、身体に加えられる罰が最も直接的であることはいうまでもない。したがって罰を説くナータプッタが身罰を重視するのは当然である。これにたいして問題を業として把握する仏陀が、意業を重要視するのも、理由のあることである。そのために、この三罰と三業を対比して説くこの教説は、仏教が動機や意志を重んずることを示すものとして、諸学者によって注意されている。したがって仏教では、業を意志（cetanā 思）を中心として理解する。これは阿含経以来の伝統的理解である。（平川彰『同書』、二三六～二三七頁）

と、報いが滅するという解釈は仏教ではない、と解釈でき、道元禅師における懺悔・滅罪を理解する手かがりとなろう。

九　『随聞記』「馬麦話」に見る因果論

『随聞記』二之十二（七巻、七七頁）には、

馬麦を食して夏を過しましましき。末法の弟子、豈、是を不慕や。

と、供養を貪ることを戒める説示として、釈尊が夏安居中、馬の飼料である馬麦を食して過ごしたエピソードを載せる。本節では、奥村浩基「『中本起経』における説法伝承の系統について――「仏馬麦品」を中心に――」（『仏教学セミナー』第八九号、二〇〇九年）に依拠し、馬麦話にみる道元禅師の因果論を見ていきたい。

馬麦話の内容は、『律蔵』一、経分別（大分別）第一波羅夷（『南伝』第一巻、一〇～一一頁）によると、

その時、毘蘭若は飢饉にして食を得ること難く、白骨狼藉たり。作物は葉茎のみを生じ、施与の食にて活くること容易ならざりき。その時、北路の馬商人、五百の馬を率いて毘蘭若に於て雨期を過せり。彼等は馬屋にて比丘

の各にパッタ量の麦を割きて与へんとせり。比丘等は晨朝下衣を著し外衣とを取りて、毘蘭若に入りて乞食せるも、食を得ずして、馬屋に乞食し、各パッタ量の麦を持して僧園に還り、臼にて搗きて食せり。而して長老阿難はパッタ量の麦を石にて磨りて世尊に奉り、世尊を其を食し給へり。（中略）「汝等信心者は少欲にして飢饉に勝てり、未来の人は米肉の食をも卑しむべし」

と、飢饉のために乞食が得られなかったが、馬商人の供養により、馬麦を食べて雨安居を過ごしたとされることによる。

その際、釈尊は自身の過去世を次に示すように、思念する。『中本起経』巻下、仏食馬麦品第十五（『大正蔵』四巻、一六三頁中〜下）、

世人甚迷。捐棄甘饌食此人（＝道成為仏。猶名維衛）為。如卿所説人者応食馬麦。五百弟子、同声讃善。中有一人。而諫師曰、師言非也。若如彼言、此人徳尊。応食天廚。仏告諸比丘、爾時高行梵志、則吾身是也。五百弟子、今若曹是也。時諫師者舎利弗是也。〈「世人、甚だ迷へり。甘饌を捐棄して、此の人に食ましむることを為す。卿の人に説く所の如くんば、応に馬麦を食すべし」と。五百の弟子、声を同じうして善と讃す。中に一人有り。師を諫めて曰く、「師の言は非なり。若し彼の言の如くんば、此の人の徳は尊し。応に天廚を食すべし」と。仏、諸の比丘に告げたまはく、「爾の時の高行の梵志とは、則ち吾が身、是なり。五百の弟子とは、今の若曹是なり。時の師を諫めし者は舎利弗是なり。」〉

すなわち、釈尊は、過去世において、「世の人はひどく迷い、おいしい食べ物を捨てて、この人（維衛仏）に食べさせる。その際、維衛仏は、馬の飼料麦を食べるべきだ」と釈尊が過去七仏の第一仏である維衛仏に対し、悪口を放ったという。

その際、婆羅門（＝釈尊の前世）に従う弟子たちも同調したが、一人の弟子だけは「維衛仏は天廚の食をとるべきです」として師である婆羅門の言葉に従わなかったという。

釈尊は、その時の婆羅門が現在、馬麦を食べている自分であり、その時自分に随った弟子たちが、現在ここにいて一緒に馬麦を食べている弟子たちである、と語る。そして師である婆羅門の言葉に従わなかった弟子が、現在の舎利弗であることを明かすのである。『中本起経』は、冒頭に示した『律蔵』と内容を異にしている。『中本起経』では、婆羅門王が釈尊に供養を約束したため、釈尊以下弟子たちは婆羅門の住む地域に出かけるものの、供養を約束した婆羅門王は悪魔に騙され、城の門を閉じてしまうのである。釈尊はその周辺で教化を試みるものの、教えを受け容れる人々がおらず、托鉢が困難となってしまい、釈尊はやむをえず教団を一時解散し、各々托鉢するように指示するが、舎利弗を除いて二日後に弟子達は釈尊のところに戻ってきてしまう。その時、馬商人から供養された麦によって命をつなぐことができたのであるが、舎利弗だけは忉利天に赴いており、食事に困ることなく安居を過ごしたのである。

『十誦律』巻第十四、九十波羅提之六（『大正蔵』二十三巻、九八頁下）では、過去世の因縁（『中本起経』に見られた過去世における罵詈）の果報を受けるために、

仏作是念、我先世果報必応当受作是念已黙然受請。〈仏、是の念を作したまへり、我れ先世の果報必ず応に受くべしと、是の念を作し已りて黙然として請を受けたまへり。〉

と、「私の前世の果報は、必ず受けなければならない。このように考えて、沈黙によって請待を受けた」と、供養が受けられないことを知りながら、婆羅門王のいる毘羅然国《びらぜんこく》に赴いている。

あるいは、『十誦律』巻第二十六、七法中医薬法第六（『大正蔵』二十三巻、一八七頁中）では、毘羅然国の婆羅門王は阿耆達《あぎたつ》という名であることが知られ、先述同様、毘羅然国において夏坐一時を請うが、ここでも、

仏念本行因縁、必応受報以是事故、黙然受之。〈仏、本行因縁の必ず応に報を受くべきを念じたまひ是の事を以ての故に黙然として是れを受けたまへり。〉

と、「私は昔の因縁を考え、必ず報いを受けるべきである。このことでもって沈黙によってこれを受けた」と見られ

るように、釈尊であっても、過去の因果から免れることができないことが示されており、その報いから逃れようというような画策をすることなく、報果にしたがうのである。

ところが、『大智度論』巻第九、初品第十四、放光釈論の余（『大正蔵』二十五巻、一二一頁下）では、

問曰、若仏神力無量威徳巍巍不可称説、何以故受九罪報。一者梵志女孫陀利謗、五百阿羅漢亦被謗。二者旃遮婆羅門女、繫木盂作腹謗仏。三者提婆達推山壓仏傷足大指。四者迸木刺脚。五者毘楼璃王興兵殺諸釈子仏時頭痛。六者受阿耆達多婆羅門請而食馬麦、七者冷風動故脊痛。八者六年苦行。九者入婆羅門聚落乞食不得空鉢而還。復有冬至前後八夜寒風破竹索三衣禦寒。又復患熱阿難在後扇仏。如是等世界小事仏皆受之。若仏神力無量、三千大千世界、乃至東方恒河沙等諸仏世界、南西北方四維上下、光明色像威徳巍巍、何以故受諸罪報。〈問うて曰く、若し仏の神力無量にして、威徳の巍巍たること称説すべからずとせば、何を以ての故に九の罪報を受けたまふや。一には梵志の女、孫陀利は（仏を）謗り、五百の阿羅漢も亦謗らる。二には、旃遮、婆羅門女、木盂を繫げて腹を作り仏を謗る。三には提婆達、山を推して仏を壓し、足の大指を傷く。四には迸木脚を刺す。五には毘楼璃王、兵を興し、諸の釈子を殺す、仏は時に頭痛したまふ。六には阿耆達多婆羅門の請を受けて馬麦を食したまふ、七には冷風動ずるが故に脊痛みたまふ。八には六年苦行したまふ。九には婆羅門の聚落に入り、食を乞ふて得ず、空鉢にして還りたまふ。復た冬至の前後の八夜、寒風竹を破り、三衣を索めて寒を禦ぎたまひしこと有り。又復た熱を患ひ、阿難は後に在つて仏を扇ぎたてまつれり。是の如き等の世界の小事、仏は皆之を受けたまへり。若し仏は神力無量にして、三千大千世界乃至東方の恆河沙等の諸仏の世界の南西北方四維上下に、光明・色像・威徳巍巍たるならば、何を以ての故に諸の罪報を受くるや。〉

と、仏は神力無量であるにもかかわらず、なぜさまざまな報いを受けるのか、と問うのである。九つある報いのうち、「馬麦を食した」ことが上げられているが、『大智度論』の答えはこうだ。

仏の神通力は不可思議であり、未来世の衆生を憐愍し、神通力によって方便を現し、罪を受けているのであり、それは実の罪報ではない、という。不可思議の中において、寒熱や病はない、というのである。なぜならば、釈尊は一切の善法を成就したのであるから、不善法の報いを受けるわけがないのである、という。因果を超越しているからこそ、釈尊の徳は特に尊く、光明・色像は巍巍（引用者注：高く大きなさま）である、というのである。

このように、『大智度論』では釈尊が蒙った「報い」はすべて方便であるとし、悟ったならば、過去の報いを受けることはない、という撥無因果の思想として展開されている。

しかし、どうだろう。道元禅師は『随聞記』において、釈尊の馬麦話を慕うべきこととし、それを事実として捉えているように思われる。『随聞記』のこの説示は短文であり、馬麦を食したことが報いであるとか、方便にすぎないなどといった見解は説かれていないものの、道元禅師の著作においては少なくとも『大智度論』に見られるような、釈尊が因果を超越したなどという捉え方はなされていないことに注意を払いたい。それは、『随聞記』四之六（七巻、一〇八頁）、

如来在世に、外道多く謗如来、悪くむも有き。仏弟子問云、本より柔和を本とし、慈を心とす、一切衆生を等く恭敬すべし。何故にか、如是有不随衆生。仏、言く、我、昔、衆を領ぜし時、多く呵責羯磨をもて、弟子をいましめて、是に依つて今如是、と律中に見たり。然ば即、住持長老として、領衆たりとも、弟子の非をただし、いさめんとて、呵責の言を、不可用。

と、釈尊の在世中、釈尊を誹謗し憎む外道がいることに対し、釈尊は過去世において、自身がなした呵責の報いを現世で受けている、という律の教えに道元禅師がしたがっていることにおいても明らかだろう。

十　懺悔・滅罪の解釈

「三時業」における懺悔の意味は、先に示したように、業不亡の立場から、悪業を絶ち、善業を修することを自覚させることにあり、滅罪の意味するところは、その先、悪業をなさないことを示したものであると言えよう。善業とは、具体的には、

正業は僧業なり、論師・経師のしるところにあらず。僧業といふは、雲堂裏の功夫なり、仏殿裏の礼拝なり、（「三十七品菩提分法」、二巻、一四八頁）

学仏法人、是名作白業人。〈仏法を学する人、これを白業と作す人と名づく。〉（『永平広録』第七、四九二上堂、四巻、七六頁）

というように、正業・僧業・白業、つまり、出家者としてのあり方であり、在家にとっては、出家者の法施にしたがった生き方である。

習慣となっていた悪業から、善業を積功累徳する生き方に転換することは、「渓声山色」の、

誠心をもはらして、前仏に懺悔すべし。恁麼するとき、前仏懺悔の功徳力、われをすくひて清浄ならしむ。この功徳、よく無礙の浄信・精進を生長せしむるなり。（二巻、二八三頁）

と、その功徳によって精進がさらに生長するのである。また、道元禅師は、前仏に懺悔すべし、と説くが、山口益「懺悔について」（『仏教学セミナー』第九号、一九六五年、一二頁、傍線筆者）によると、

普賢の思想の最も顕わに出ている入法界品が、普賢行願品と名づけられる四十華厳となるに及んで、入法界品に

はない一章が加えられて、普賢の行願が最も具象化するに至っている。その四十華厳における普賢の行願は十種に総括されるが、その第四が業障懺悔である。その業障懺悔は、八十華厳などにおいては空三昧、即ち理懺悔・無相懺悔であったものが、四十華厳のそこでは、仏菩薩の前に清浄三業をもって誠心に懺悔し、悪業をまた造らずというような語で述べられて、懺悔が具象化し、普賢がその懺悔の権化となっている。そこで、懺悔の権化としての普賢は、人間の業障を悉知しているわけであるから、人間の業障救済の可能不可能は、一に普賢に依存することになる。

と、道元禅師の懺悔とは、後者（傍線部）を意識した懺悔であることが見てとれよう。

また、前仏に懺悔するということは、前仏がすべてを見ていたことが前提となっていることが考えられ、「人に知られない罪」はあったとしても、仏には通用しない観念（＝仏には知られている）となろう。人に知られない善業・悪業のすべてがお見通しなのである。たとえば、

諸天善神及三宝の冥に知見する処を不愧、人に貴られんと思ふ心を誡る也。（『随聞記』二之十七、七巻、八二頁）

諸天善神の、冥にてらす処に慚愧して、仏制に任て、行じもてゆかば、一切くるしかるまじき也。（『随聞記』三之十、七巻、九四頁）

と、冥の領域からの目を道元禅師は意識下に置くのである。

このように解釈することによって、十二巻本「三時業」における道元禅師の懺悔と滅罪は、撥無因果に連なる、業や業報の消滅ではないと考えられ、仏道を証することが、滅罪の状態を証していると言えるのではないだろうか。

それは次に示す「阿羅漢」（一巻、四〇六頁、傍線筆者）の、

夾山圜悟禅師云、古人得旨之後、向深山・茆茨・石室、折脚鐺子煮飯喫十年二十年、大忘人世永謝塵寰。今時不敢望如此、但只韜名晦迹守本分、作箇骨律錐老衲、以自契所証、随己力量受用。消遣旧業、融通宿習、或有余力、

推以及人、結般若縁、練磨自己脚跟純熟。〈夾山圜悟禅師云く、古人、得旨の後、深山・茆茨・石室に向きて、折脚の鐺子もて飯を煮ぎて喫うこと十年二十年、大いに人世を忘れ、永く塵寰を謝す。今時敢て此の如くなるを望まず、但只名を韜み迹を晦まして本分を守り、箇の骨律錐の老衲と作って、以て自ら所証に契い、己が力量に随って受用す。旧業を消遣し、宿習を融通す。或いは余力有れば、推して以て人に及ぼし、般若の縁を結び、自己の脚跟を練磨して純熟せん。〉

と、『圜悟仏果禅師語録』巻十四から引用し「いままでの業を消し、般若の縁を結ぶ」ことを誓願としている内容にも関連しよう。

また、『菩薩地持経』巻第五（『大正蔵』三十巻、一七頁上）にも、

若無如法人、当起清浄心念言、我終不重犯此罪。於未来世中常摂持律儀戒。若能如是所犯即除。〈若し如法の人無くば、当に清浄心を起こし念じて言く、我れ終に重ねて此の罪を犯さじ、未来世の中に於いて、常に律儀戒を摂持せん。若し能く是の如きは、所犯即ち除かれり。〉

と、懺悔の時に如法の人がいない場合には「我れ終に重ねて此の罪を犯さじ。未来世の中に於いて常に律儀戒を摂持せん」と念じれば、所犯が除かれる、とあり、ここでは懺悔と持戒によって、今後、罪を犯さないことが見られる。

『大宝積経』巻第九十、優波離会第二十四（『大正蔵』十一巻、五一五頁下～五一六頁下）には、

若諸菩薩成就五無間罪、犯波羅夷、或犯僧残戒、犯塔犯僧、及犯余罪、菩薩応当於三十五仏前昼夜独処殷重懺悔、応自称云。我某甲、帰依仏、帰依法、帰依僧。（中略）是諸菩薩所有善根勇猛之力、依出離智浄諸罪垢、遠離憂悔、得見諸仏及得三昧、亦復如是。如斯罪障、非諸凡夫声聞縁覚所能除滅、菩薩若能称彼仏名、昼夜常行是三種法、能滅諸罪遠離憂悔得諸三昧。〈若し諸の菩薩にして、五無間罪を成就し、波羅夷を犯し、或いは僧残戒を犯し、塔を犯し、僧を犯し、及び余の罪を犯さば、菩薩は、応当に三十五仏の前に於いて、昼夜独り処って、殷重

に懺悔すべく、応に自ら称して云へ。我れ某甲、仏に帰依し、法に帰依し、僧に帰依す。（中略）是の諸の菩薩の有つ所の善根の勇猛の力、出離の智に依って諸の罪垢を浄め、憂悔を遠離し、諸仏を見るを得、及び三昧を得る、も亦復た是の如し。斯くの如き罪障は、諸の凡夫・声聞・縁覚の能く除滅する所に非ざるに、菩薩は若し能く彼の仏名を称せば、昼夜に常に是の三種の法を行ぜば、能く諸罪を滅し、憂悔を遠離し、諸の三昧を得る。〉

と、菩薩が五無間罪・十不善業道・その他の重罪を犯した場合、三十五仏の前で終日懺悔し、三宝に帰依すべきことが説かれている。そして、菩薩は出離の智慧によって罪垢を浄め、憂いと後悔を離れ、諸仏を見、三昧を得る、という。このような罪障は凡夫や声聞縁覚は除滅することができない、仏名を称え、終日三種の法（『三品経』）によって、憂いや後悔から離れ、三昧を得る、という。

ここでは、帰依と智慧によって罪を犯さないようになること、罪という行為の結果である憂いや後悔を離れることができることが説かれている。ここにいう「憂い・後悔」がまさに苦果と考えられる。

三種の法が説かれる『三品経』とは、懺悔について書かれた初期大乗仏教における最古の経典であり、その内容は現存しないが、懺悔・随喜・勧請の三品が記述されていたのではないか、と推測されている。『三品経』の内容は、『法鏡経』・『大智度論』巻七・『郁伽羅越問菩薩行経』・『大宝積経』・『舎利弗悔過経』等に手がかりが求められる。(1)

たとえば、『三品経』を引用したとされる『法鏡経』（『大正蔵』十二巻、一八頁下）には、

一切前世所施、行悪以自首誨、改往修来。〈一切前世に施す所、行ぜし悪を自首を以て誨し、往を改め来を修す。〉

とあり、前世からの悪業を知り、それまでの業を改め、これからは善業を修していくという、悪業を未来に造らない、という滅罪の捉え方が見られる。

静谷正雄『初期大乗仏教の成立過程』（百華苑、一九七四年、一一九頁）によると、『大宝積経』「郁伽長者会」（『大

正蔵』十一巻、四七五頁下）には、「専心悔過諸不善業更不造新〈専心に諸の不善業を悔過して更に新を造らず〉」とあり、チベット訳は、「不善業の一切の過悪を懺悔（bśags-pa）して以後は（悪業を）停止し」である、という。

また、『舎利弗悔過経』には三種の異訳（『菩薩蔵経』一巻、『大乗三聚懺悔経』一巻、チベット訳「聖・滅業障と名ける大乗経」）があり、静谷氏によると、そのいずれもが、理懺の文章を懺悔文の終わりに増補しており、般若思想の影響を受けているが、『舎利弗悔過経』にはそれが見られないということから、『舎利弗悔過経』は般若思想以前の成立であることを指摘する（『同書』、一二一〜一二四頁）。

その『舎利弗悔過経』では、釈尊は、三悪道に堕ちたくないのであれば、作す所の過悪をすべて懺悔して覆蔵せず、戒を受けて以後また悪を作さぬことである、とあり、その後も、罪の覆蔵をしてはならないことが説かれている（『同書』、一二八頁）。

また、道元禅師が聖節の看経で用いる経典の一つである『金光明最勝王経』夢見金鼓懺悔品第四（『大正蔵』十六巻、四一二頁上）には、さまざまな罪が上げられており、その最後には、

我於多劫中　所造諸悪業　由斯生苦悩　哀愍願消除〈我多劫の中に於いて、造れる所の諸の悪業、斯に由りて苦悩を生ぜり、哀愍して願わくば消除したまえ〉

と、消除する対象は、報いではなく、苦悩の原因である悪業であることが説かれている。

罪・悪業とは仏教的違犯行為（十不善業）を指し、悪業の報いとは、社会的罰則であったり、合理的・科学的に客観性をもって現れることを意味するのではなく、自らが感じる苦を言うのであると思われることは先述したが、私はそれを「仏教的報い」と定義したい。悪業の後に善業を修したとしても、悪業の報いは避けられない。なぜならば、仏道に背いた行為には慚愧が伴うからである。たとえば、

正法にあふ今日のわれらを、ねがふべし、正法にあふて身命をすてざるわれらを、慚愧せん。はづべくは、この

道理をはづべきなり。（「行持（下）」、一巻、一七九頁）

袈裟を見聞せんところに、厭悪の念おこらんには、当堕悪道のわがみなるべし、と悲心を生ずべきなり、慚愧懺悔すべきなり。（「伝衣」、一巻、三六一頁）

さはりありて受持することえざらんものは、諸仏如来・仏法僧の三宝に、慚愧・懺悔すべし。（中略）おのれがくにに正伝せざること、慚愧ふかかるらん、かなしむうらみあるらむ。（「袈裟功徳」、二巻、三〇七～三〇八頁）

と、悪業を自覚することに付随する慚愧は、本人にとって苦である、と言ってよいだろう。

しかし、慚愧・羞恥とは、「一百八法明門」（二巻、四四三頁）、

慚愧是法明門、内心寂定故。羞恥是法明門、外悪滅故。〈慚愧は是れ法明門、内心、寂定なるが故に。羞恥は是れ法明門、外悪、滅するが故に。〉

というように、滅罪につながる感情でもあることが知られる。
「苦」とは次の説示にも見られるように、

衆生、いたづらに所逼をおそれて、山神・鬼人等に帰依し、あるいは外道の制多に帰依することなかれ。かれはその帰依によりて衆苦を解脱することなし。（中略）はやく仏・法・僧三宝に帰依したてまつりて、衆苦を解脱するのみにあらず、菩提を成就すべし。（「帰依仏法僧宝」、二巻、三七五～三七六頁）

貴賤・苦楽・是非・得失、みなこれ善悪業の感ずる処なり。（「四禅比丘」巻、二巻、四三〇頁）

大悲願海無涯岸、済度衆生脱苦津。〈大悲の願海、涯岸なし、衆生を済度して、苦津を脱せしむ。〉（『永平広録』第四、三二〇上堂、三巻、二〇八頁）

と、これらの説示により、善業に拠らなければ、苦からの度脱はありえないのである。このことから、報いとは苦果であり、それは、慚愧・後悔・苦悩の感受作用を示すものと思われる。苦を感じることが報いとする根拠は次の、

『随聞記』五之七（第七巻、一二六頁）に

文に云、ほめて白品の中に有るを、善と云ふ。そしりて黒品の中におくを、悪と云。又云、苦をうくべきを悪と云、楽を招くべきを善と云。如是、子細に分別して、真実の善をとて行じ、真実の悪を見てすつべき也。

と、苦しみを受けるようなことになるのを悪といい、楽を招くようなことになるのを善という、と示し、善を勧め、悪を捨てること、善と悪を見極めることを懐奘禅師に求めていることから、仏道に背いた業をなしたことの自覚そのものが苦という報いであると言えるのではないだろうか。

ところで、先に上げた、「四禅比丘」（二巻、四三〇頁）、「貴賎・苦楽・是非・得失、みなこれ善悪業の感ずる処なり。」は、『沙門果経』（『南伝』六巻、一二三〜一二四頁）では、心寂静純浄で柔軟な比丘は、

衆生の為したる業に応じて、賤しきと貴きと、美しきと醜きと、幸福と不幸とを証知す。

と、人界を超越した天眼を持つ比丘は、衆生が、悪業を為せば、死後に悪趣に生じ、善業を為せば天界に生ずることを観ることができる、という。

繰り返すが、罪が滅するとは、過去に造った業や、その報いが消えることではなく、今後、悪業を為さなくなる、ということを言うのである。すでに為した業と報いの両方が不亡なのである。そして重ねてきた悪業は容易には清浄とはならないのである。

六十巻「三時業」と十二巻本「三時業」（二巻、六二二頁、傍線筆者）には、

世尊言、仮令経百（「千」引用者注：六十巻本にはナシ）劫、所作業不亡、因縁会遇時、果報還自受。汝等当知、若純黒業、得純黒異熟、若純白業、得純白異熟。若黒白業、得雑異熟。是故応離純黒及黒白雑業、当勤修学純白之業。時諸大衆、聞仏説已、歓喜信受。

と、黒業（悪業）と白業（善業）を為した場合、それぞれの報いがあることを世尊の言葉として引用しており、世尊

の言葉には、懺悔によって悪報の消滅は説かれていない。

また、「出家功徳」（二巻、二七二頁）においても、

戯女の、むかしは信心にあらず、戯笑のために比丘尼の衣を著せり。おそらくは軽法の罪あるべしといへども、この衣を、そのみに著せしちから、二世に仏法にあふ。比丘尼衣とは、袈裟なり。戯笑著袈裟〈戯笑し袈裟を著す〉のちからによりて、第二生に、迦葉仏のときにあふたてまつる。出家・受戒し、比丘尼となれり。破戒によりて堕獄受罪〈獄に堕して罪を受く〉すといへども、功徳くちずして、つひに釈迦牟尼仏にあひたてまつり、見仏聞法、発心修習して、ながく三界をはなれて、大阿羅漢となれり。六通・三明を具足せり、かならず無上道なるべし。しかあればすなはち、はじめより一向無上菩提のために、清浄の信心をこらして袈裟を信受せん、その功徳の増長、かの戯女の功徳よりもすみやかならん。いはんやまた、無上菩提のために菩提心をおこし、出家受戒せん、その功徳無量なるべし、人身にあらざれば、この功徳を成就することまれなり。

とあるように、悪業には苦果があり、善業には楽果がそれぞれにあることが見られる。

さらに、「洗面」（二巻、四〇頁）にも、

三毒四倒いまだのぞこほらざれども、清浄の功徳たちまちに現前するは仏法なり。

と、三毒四倒が払拭できない場合でも、善業の結果は現れるのである。ここでは、三毒という悪業の果は滅せられるのではなく、たんに現れていない、と解釈できよう。

『随聞記』四之八（七巻、一一〇頁）にも、

破壊無慚の僧なれば、疎相、麁品の経なればとて、不信無礼なれば、必、被罰也。（中略）不信なれば罪を受る也。（中略）諸法皆仏法なりと、体達しつる上は、悪は決定悪にて、仏祖の道に遠ざかり、善は決定善にて、仏道の縁となる。

と、僧・経典・仏像に礼を欠くと罰を受けるのであり、仏や祖師たちの修行の道は、必ずもろもろの善の集まるところである、という。そして、すべてのものは皆仏の教えであると体得したからには、悪は決定的に悪であって、仏や祖師の道に遠ざかり、善は決定的に善で仏への道へ近づく縁となる、と言うように、善をもって悪を蔽うのではなく、善業には楽果・悪業には苦果があることを示しているものと思われる。

それは次に示す、『永平広録』三六一と四八五上堂にも見られる。

まず、三六一上堂（三巻、一三二頁）では、

雲州大守応書写大蔵経安置当山之書到上堂。挙。僧問投子、一大蔵教還有奇特事也無。投子云、演出大蔵教。投子古仏既恁麼道、山門多幸。因有一偈、為雲水道。乃云、演出大蔵教、須知大丈夫・天人・賢聖類、幸得護身符。正当恁麼時如何。良久云、世間必有阿羅漢、善悪豈無因果途。〈雲州太守、応に大蔵経を書写して当山に安置すべしとの書到る上堂。挙す。僧、投子に問う、「一大蔵教、還た奇特の事あり也無。」投子云く、「大蔵教を演出す」と。投子古仏、既に恁麼道う、山門の多幸なり。因に一偈あり、雲水のために道うべし。乃ち云く、「大蔵教を演出す、須く知るべし、大丈夫・天人・賢聖の類、幸いに護身の符を得たり。正当《まさに》恁《そ》麼の時如何」と。良久して云く、「世間必ず阿羅漢あり、善悪あに因果の途《みち》なからん」と。〉

と、波多野氏から『大蔵経』を安置したい旨の連絡を受け、『大蔵経』によって、世の中にかならず聖者が生まれ出ること、善悪の業には因果の報いがかならずあり、このような善業によって波多野氏にはよい果報があるに違いない、と説いているように、悪には悪の報いがあることが説かれていることに注意したい。また、四八五上堂（四巻、六六頁）には、

上堂。云。夫仏祖之児孫、必定単伝仏祖之大道也。我仏如来言、仮令経百劫、所作業不亡、因縁会遇時、果報還自受。第十九祖鳩摩羅多尊者、示闍夜多尊者曰、且善悪之報有三時焉。凡人但見仁夭暴寿、逆吉義凶、便謂亡因

果、虚罪福。不知影響相随毫釐靡忘、縦経百千劫亦不磨滅。仏祖之道如斯。仏祖之児孫、直須刻骨銘肌而已。外道六師之中第一富蘭那迦葉、為諸弟子説如是言、無有黒業、無黒業報。無有白業、無白業報。無黒白業、無黒白業報。無有上業及以下業。第六尼乾陀若提子、為諸弟子説如是言、無悪無善、無父無母、無今世無後世、無阿羅漢無修道。一切衆生、経八万劫、於生死輪自然得脱。有罪無罪、悉亦如是。明知、仏祖所説与外道邪見、終不可同。謂、業報有三種、一現在受業、二生受業、三後受業。此三種業、如影響相随、似以鏡鋳像。〈上堂。云く。それ仏祖の児孫、必定して仏祖の大道を単伝す。我が仏如来言く、「仮令百劫を経るとも、所作の業亡ぜず、因縁会い遇う時、果報還って自ら受く」と。第十九祖鳩摩羅多尊者、闍夜多尊者に示して曰く、「且らく善悪の報に三時あり。凡そ人はただ仁は夭、暴は寿、逆は吉、義は凶を見て、便ち因果亡く、罪福虚しと謂えり。影と響の相随うこと毫釐も忘うこと靡く、縦い百千劫を経るともまた摩滅せざることを知らず」と。仏祖の道はかくのごとし。仏祖の児孫、直須骨に刻み肌に銘ずべきのみ。外道六師の中の第一富蘭那迦葉、諸弟子のためにかくのごときの言を説く、「黒業あることなく、黒業の報いなし。白業あることなく、白業の報いなし。黒白業なく、黒白業の報いなし。上業及以下業あることなし」と。第六尼乾陀若提子、諸弟子のためにかくのごときの言を説く、「悪なく善なく、父なく母なく、今世なく後世なく、阿羅漢なく修道なし。一切衆生、八万劫を経て、生死の輪において自然に得脱す。有罪無罪、悉くまたかくのごとし」と。明らかに知りぬ、仏祖の所説と外道の邪見と、終に同ずべからず。謂く、業報に三種あり、一には現在受業、二には生受業、三には後受業。この三種の業、影と響の相随うがごとく、鏡をもって像を鋳《い》るに似たり。〉

と、釈尊の言葉として、「たとい百劫を経ても、自分の業はなくならない。因と縁が会う時に、果とその報いはかならず自分が受けるのである」という。また、鳩摩羅多尊者が闍夜多尊者に「善悪の報いには三種ある。（中略）因と果とが物と影、音と響きとがあいまって、少しも違うことなく、因果は百千劫を経ても、摩滅することはない」とし、業報には三種あること、一つには現在なした行為の結果を現在で受ける業であり、二つには、次の世で受ける業であり、三つには、次のつぎの世で受ける業である。この三種の業は物と影、音と響きが相随うようなものであり、また鏡をもって像を映すのに似ていて、因果の道理は決してくらますことのできないものであると、悪業にも適応される上堂となっている。この四八五上堂について、下室覚道「道元禅師の業報観（二）」（『宗学研究紀要』第一八号、二〇〇五年、八二頁）は、

所作業はなくならないことを説き示す上堂において、六師外道の一人である富蘭那迦葉（プーラナカッサパ）を示している。彼は、悪業や悪業の報い、善業や善業の報いはないと弟子たちに説いていた。これは明らかに、邪見であり断善根を導く考え方である。

と論じているように、黒業と黒業報を別々に説いているがゆえに、悪業が滅するとは、やはり報いを指す意味はない、と解釈してよいだろう。

道元禅師は、善業をなすことにより、悪業の報いは避け続けることができるという立場は取らず、懺悔によって今後悪業をなさない、という悪業の抑止とその克服を目指すのである。

袴谷憲昭『同書』（二五七頁）によると、『華厳経』「入法界品」「普賢行願讃」（最末尾）不空訳（『大正蔵』十巻、八八〇頁上）は、

我曾所作衆罪業
由身口意亦如是　我皆陳説於一切

一般に流布した懺悔文のように「無始」などという余計な修飾語が付加されていない分だけ、より原文に忠実であると言うことはできる。

と、「無始」が問題とされるが、「無始」を用いる『出家略作法』、「渓声山色」には、無始の思想を読み取ることは難

しい。

『永平広録』第九、頌古五（四巻、一八六頁）には、一居士が二祖慧可に滅罪を求める内容が見られ、そこでは慧可は居士に代わって懺悔し、居士に帰依と止住（修行）することを説いている。そして、道元禅師は、「弥天罪犯好便宜〈弥天の罪犯好便宜〉」と説いているのであるが、鏡島元隆訳註『原文対照現代語訳・道元禅師全集 第一二巻『永平広録』3』（春秋社、二〇〇〇年、一五三頁）によると、「天いっぱいにみちている罪過、それがそのまま仏法に入る絶好の機縁である」という。

先にも慚愧・羞恥が滅罪につながると指摘したように、同様の説示は、

もし菩提心をおこしてのち、六趣四生に輪転すといへども、その輪転の因縁、みな菩提の行願となるなり。（「渓声山色」、一巻、二七九頁）

利那生滅の道理によりて、衆生、すなはち善悪の業をつくる、また利那生滅の道理によりて、衆生、発心・得道す。（「出家功徳」、二巻、二七四頁）

にも滅罪につながる説示が見られ、次に示すように、

おのれがいまの所有・所在は、前業にひかれて真実にあらず。ただ正伝仏法を帰敬せん、すなはちおのれが学仏の実帰なるべし。（「袈裟功徳」、二巻、三〇八頁）

と、仏教への帰依とその教えを学ぶことに導くのである。

このように、道元禅師における「懺悔・滅罪」とは、仏教的苦からの救済を説くものであり、悪業の自覚と、懺悔した内容（悪業）を改めていくこと、改めるとは具体的には、仏法に則った業を習慣にしていくということであり、懺悔・滅罪は「悪業を繰り返さないという誓いと、その努力の姿である」と定義したい。

十一　「大修行」と「深信因果」

さて、懺悔・滅罪において、因果は歴然であることに関して『正法眼蔵』「大修行」と『正法眼蔵』「深信因果」の説示の相違について、最後に触れておきたい。

『正法眼蔵』「深信因果」は、〝因果は決してくらますことができない〟ことを説示した巻であるが、七十五巻『正法眼蔵』「大修行」では、「深信因果」と同じ百丈野狐の公案について、真逆の解釈を行い、〝因果に落ちない〟と説く。

道元禅師の因果論に関して、角田泰隆『道元禅師の思想的研究』（第五章）に研究史が見られるため、ここでは取り上げないが、角田氏は「大修行」は撥無因果を否定する立場であることには変わりがないことを前提に不落因果を評価しようとしたが、「深信因果」に至り、不落因果は評価しえない、いわゆる公案に対する解釈が変わった、と結論する。

ここでは、角田氏の研究史に見られない先行研究を上げてみよう。

石井清純「十二巻本『正法眼蔵』と『永平広録』」（『宗学研究』第三〇号、一九八八年、二五八頁）によると、『永平広録』五一〇上堂（四巻、九〇頁）、

上堂。云。学道之人、莫得撥無因果。因果若撥、修証終乖。挙百丈野狐話了、乃云、或者疑云、野狐是畜生、那得知五百来生。此疑最愚。汝等須知、衆生之類、或畜或人、具生得之宿通有之。或云、不落・不昧乃一等、然而堕・脱只是自然而已。如是見解、乃外道也。今日永平著一句語。若道不落因果、必是撥無因果、若道不昧因果、未免数他隣珍。良久云、多歳住山烏拄杖、作龍一日起風雷。〈上堂。云く。学道の人、因果を撥無することを得

ることなかれ。因果もし撥えば、修証終に乖く。百丈野狐の話を挙し了りて、乃ち云く、あるもの疑いて云く、「野狐はこれ畜生、那ぞ五百来生を知ることを得ん」と。この疑い、もっとも愚なり。汝等、須く知るべし、衆生の類、あるいは畜、あるいは人、生得の宿通を具することこれあり。あるいは云く、「不落・不昧は乃ち一等なり、然れども、墮・脱はただこれ自然なるのみなり」と。かくのごときの見解は乃ち外道なり。今日永平、一句の語を著けん。もし不落因果と道わば、必ずこれ撥無因果、もし不昧因果と道わば、未だ他の隣珍を数うることを免れず。良久して云く、多歳住山す鳥拄杖、龍と作りて、一旦、風雷を起す。〉

は、「深信因果」と同じ立場からの説示、すなわち不落因果は撥無因果として退けられるが、不昧因果も押さえているという。石井氏は、道元禅師における因果観に変化はなく、不落・不昧に対する解釈の違いを、説示意図に見ている。

その解釈の違いとは、「大修行」では、待悟禅に対する批判であり、「深信因果」では、外道見による修の否定に対する批判となっているという相違であり、「大修行」撰述の目的は、修行の真偽を論じることであり、「深信因果」における目的は、修行することの重要性を論じることにある(「同論文」、二六〇頁)、という。

池田魯参「道元禅師と天台教学(二)」(『宗学と現代』第四号、二〇〇一年、六〜七頁)は、「大修行」の撰述意図を、百丈野狐の公案にみえる矛盾を徹底的に洗い出そうとしています。「不落因果」といい「不昧因果」と言ったから狐になったり百丈になったりしたのであるというふうに、好事家が好奇の視点で理解するような読み方をしてはいけない、ということを明らかにしようとしている(後略)

とし、一方、「深信因果」の撰述意図は、

自明な仏教理解さえも、軽視したり無視したりすることになりかねないということを、「教外別伝」を掲げる禅宗の人々が誤解している具体例を挙げて、仏教を学ぶ際にはこういう点に注意しなくてはいけない、と明示して

いる（後略）

と、その撰述意図の相違を指摘する。

小川隆「百丈野狐（上）」（『禅文化』第二二四号、二〇一二年、四三〜四四頁）、「百丈野狐（下）」（『禅文化』第二二五号、二〇一二年、一四三頁）は、「不昧因果」の解釈を、

因果の道理において悔むことはない。そのような人は、因果の道理において、ごまかすことも、ごまかされることもない。厳然たる因果の事実を、明白かつ如実に見て取るだけだ。（「百丈野狐（上）」、四四頁）

因果の道理には、ごまかすことも、ごまかされることもない。それは変えようも選びようもない、厳然たる事実なのだ。（「百丈野狐（下）」、一四三頁）

と、徹底的に修行のできあがった人であっても、因果の道理の支配を受け、輪廻に堕する、という因果歴然の意味であることを指摘する。

このように、「大修行」「深信因果」においても、因果歴然であるという説示であることが知られ、先に論じた「懺悔・滅罪」の結論を補うものである、と考えたい。

十二　結びにかえて

道元禅師における懺悔・滅罪については、これまで、六十巻本「三時業」の説示により、「懺悔をすればすでに作った業とその報いがなくなる」という解釈が、多くの解説書や注釈書で行われてきた。すなわち、行った悪業について懺悔することによってあるいは、儀礼によって、その悪業（罪）の報いが消滅するかのように解釈されてきた。

しかし、本稿においては、滅罪とは、過去に造った業や、その報いが消えることではなく、今後、悪業を為さない、ということであることを論じた。すでに為した業と報いの両方が不亡なのである。そして重ねてきた悪業は以後においても容易には清浄とはならないのである。このことは、道元禅師の因果論とも合致するのである。

道元禅師における「懺悔・滅罪」とは、仏教的苦からの救済を説くものであり、悪業の自覚と、懺悔した内容（悪業）を仏法に則った善業に転換し、習慣にしていくということであり、懺悔・滅罪は「悪業を繰り返さないという誓いと、その努力の姿である」と定義したい。

日本中世社会では、父母への孝養を尽くすことが仏教において推進され、不孝は罪であり、その報いは堕地獄であった。また、日本中世社会における罪とは、神祇信仰により、晦日に祓うことができるものであり、罪を犯さないという意識・努力は見られないことが一般であった[2]。

そのような思潮のもと、道元禅師における懺悔・滅罪の解釈の意義は、悪業を自覚することにはじまり、如法に生きることを誓い、努力し続けることによって、今後、悪業とそれに伴う苦果を造らないという意味をもって教化した点であり、それは日本中世社会における、懺悔・滅罪観へのアンチテーゼとしてとらえることができる、ということだろう。

最後に、因果歴然・三時業の思想には、報われないと感じる人々に対する、善業も不亡であり、善業には楽果があるという、善業における報いを保証する、という救済の思想であることももちろん見逃してはならないだろう。

（1）　静谷正雄『初期大乗仏教の成立過程』、百華苑、一九七四年、一一八〜一二六頁。平川彰『平川彰著作集　第三巻　初期大乗仏教の研究Ⅰ』、春秋社、一九八九年、二一七〜二二六頁。『平川彰著作集　第四巻　初期大乗仏教の研究Ⅱ』、春秋社、一九九〇年、一一五〜一一七頁。『平川彰著作集　第七巻　浄土思想と大乗戒』、春秋社、一九九〇年、四四二〜四四四頁。

（2）拙論『道元禅師と日本中世社会―教化の諸相を中心として―』（学位請求論文、二〇一六年）にて論じた。

「一箇半箇の接得」考

西澤まゆみ

一　はじめに

道元禅師の教化観を論ずるにあたり、問題となるのは、「一箇半箇の接得」という語ではないだろうか。なぜならば、『弁道話』（二巻、四六二頁）に見られる、「弘法救生」という言葉と、道元禅師の伝記である『建撕記』（『諸本対校永平開山道元禅師行状建撕記』、大修館書店、一九七五年、三一頁。以下、『三祖行業記』からの引用も同書により頁数のみ記す）に見られる「接得一箇半箇」という言葉は、相反する思想に思われるからである。

そもそも「弘法救生」という言葉の意味は、多くの人々に法を説き、多くの人を救う、といった意味だろうか。

というのも、文暦元年（一二三四）末から嘉禎年中（一二三五〜一二三八）の記録である、『随聞記』五之四（七巻、一一八頁）には、

衆のすくなきに、はばかること莫れ。身、初心なるを顧ことなかれ。汾陽は纔に六七人、薬山は十衆に満ざる也。然れども仏祖の道を行じて、是を叢林のさかりなると云き。

と言うように、弘法の様子は人数の多少を問題としない様子が見受けられるからである。

道元禅師自身以外の人に法を弘め、一人だけでも救うこと、と解釈するならば、如浄禅師の示誡と言われている「一箇半箇の接得」と「弘法救生」とは同様の意味を持つことになるだろう。

しかし、一般に「法を弘め衆生を救う」と解釈される「弘法救生」という文言は、「一箇半箇の接得」とは真逆の言葉として理解されている。

『三祖行業記』（一五九頁上）によると、道元禅師の法嗣は、

最初度懐弉、授戒法。以達磨授慧可儀、即一会之上首。普為諸人之教授。雖得法人多、弉公、僧海、詮慧三輩、是法嗣也。〈最初懐弉を度し、戒法を授く。達磨慧可に授くるの儀をもって、即ち一会の上首、普く諸人のために教授す。得法の人多しといえども、弉公、僧海、詮慧の三輩、これ法嗣なり。〉

と、懐奘をはじめとして、僧海・詮慧の三禅師であるという。嗣法した三人の禅師は、『三祖行業記』（一五九頁上）によると、

弉首座継住永平寺。恵首座住洛陽永興寺。海首座、師在世、死于興聖寺。〈弉首座継いで永平寺に住す。恵首座洛陽の永興寺に住す。海首座、師の在世に、興聖寺において死す。〉

と、懐奘は永平寺、詮慧は京都永興寺を継いだとされ、僧海は、『永平広録』第一、一一一上堂・一一二上堂、（三巻、六二頁）に、

為亡僧僧海首座上堂。挙彼終焉頌曰、二十七年古債未転。踏翻虚空投獄如箭。師、挙了云、夜来僧海枯。雲水幾嗚呼。徹底汝雖見、満胸涙鏁湖。昨拈一払打魂魄。一語臨行不待蘇。〈亡僧僧海首座のための上堂。彼の終焉の頌を挙して曰く、「二十七年、古債未だ転ぜず。虚空を踏翻して獄に投ずること箭のごとし」と。師、挙し了りて云く、夜来、僧海枯れぬ。雲水、幾か嗚乎す。底に徹して、汝見ゆといえども、胸に満てる涙、湖を鏁《とざ》す。昨

に一払を拈じて魂魄《こんぱく》を打つ。一語、臨行して蘇るを待たず。〉
為僧海首座又上堂。挙。趙州道、一見老僧後更不是別人。師乃云、一見老僧非旧面。生前未出一叢林。風寒菓落換頭脳。水沫為身雲是心。〈僧海首座のためにまた上堂す。挙す。趙州道く、「老僧を一見して後、さらにこれ別人ならず」と。師乃ち云く、老僧を一見してより、旧面にあらず、生前未だ一叢林を出でず。風寒く菓落ち頭脳を換う。水沫を身となす、雲これ心。〉

と、『三祖行業記』にも見られるように、僧海は、興聖寺時代の早い時期に他界したため、この世で活躍することとなる法嗣は懐奘・詮慧の二禅師である。

ということは、たった一人でも半人でもよいから真の弟子を育てる、という意味を持つらしい「一箇半箇の接得」は、懐奘禅師に嗣法した時点で完遂されたことになるだろう。

しかし、その後、詮慧・僧海の二禅師も嗣法を許されていることから、道元禅師が教化の手を緩めていないことが知られよう。このことから、興聖寺時代においては、弘法救生の志とは、「より多くの」という意、と考えてよいだろう。

では、道元禅師の入越後の教化観は、「一箇半箇の接得」へと変化したと判断してよいだろうか。

本稿では、道元禅師の教化観を表している、「弘法救生」と「一箇半箇の接得」の関係を検討するために、まず、「一箇半箇の接得」の典拠を挙げ、次に、先行研究を見ていく。そして、道元禅師の著作に見られる「一箇半箇」という文言が用いられている文章の大意を考察し、道元禅師の教化に対する理念を明らかにしたい。

二 「一箇半箇接得」の典拠

「一箇半箇の接得」は、『建撕記』（三一頁）に五箇条の示誡文として、

帰国後、莫近付国王大臣、不居聚落城隍、須往深山窮谷。不要雲集閑人、多虚不如少実、撰取真箇道人、以為伴。若有接得一箇半箇、嗣続仏祖之恵命、扶起古仏之家風者也。〈帰国の後、国王大臣に近づくこと莫かれ、聚落城隍に居せざれ、須く深山窮谷に住すべし。雲集閑人を要せず、虚多く実少なきがごとくせず、真箇の道人を撰取し、もって伴となせ。もし一箇半箇を接得あらば、仏祖の恵命を嗣続し、古仏の家風を扶起するものなり。〉

のように見られる言葉である。(1) この言葉の典拠は、『宝慶記』（七巻、一四頁）、

和尚、或時召示曰。你是雖後生、頗有古貌。直須居深山幽谷、長養仏祖聖胎。必至古徳之証処也。〈和尚、ある時、召して示して曰く。「你はこれ後生なりといえども、すこぶる古貌あり。直に須く深山幽谷に居して、仏祖の聖胎を長養すべし。必ず古徳の証せしところに至らん」と。〉

と、同文ではないものの確認でき、また『三祖行業記』（一五八頁下～一五九頁上）には、

汝早帰於本国、弘道《通カ》於祖道。（中略）本国而隠居山谷、長養聖胎。〈汝、早く本国に帰りて、祖道を弘通し、（中略）本国にして山谷に隠居し、長養聖胎せよ。〉

と、『行業記』にも、『建撕記』に近似した内容を見ることができる。

しかし、『宝慶記』と『行業記』には、『建撕記』に見られる「一箇半箇接得」という文言はない。

道元禅師は入越後、それ以前の「弘法救生」という思想から、「一箇半箇の接得」に思想が変化した、あるいは、

「一箇半箇の接得」という本来の目的を果したたなどの研究がなされている。よって、次にその主な先行研究を見ていくこととする。

三　先行研究

「弘法救生」と「一箇半箇接得」に関し、①道元禅師の思想が変化したとする立場、②変化がないという立場、③「一箇半箇接得」が「弘法救生」の表れであるとする立場などがある。ここでは、このような「一箇半箇接得」の研究史とその課題を見出してみたい。

まず①「道元禅師の思想が変化したとする立場」の先行研究から見ていきたい。

家永三郎『中世仏教思想史研究』（法蔵館、一九四八年、四九頁）は、

北越の山深き禅堂の内に身を投じて終生俗塵に交ることをなさず、（中略）これ（在家成仏）を容認するかの如き言辞が一時の舌すべり過ぎであつたことを立証して余あると云はねばならぬ。この出家主義の強調される限り、宗教の国民各階層への普及、現実生活への浸透と云ふ様なことは全く問題外であつた。

と、道元禅師を反世間主義・世間否定主義、とする（『同書』、六一頁）。

伊藤俊彦「道元禅師に於ける出家在家の問題」（『宗学研究』第二号、一九六〇年、一八四～一八六頁）は、

深草時代と永平寺時代とでは禅師の教化の態度に変化があったことが認められるのである。（中略）（在家成仏説は）理想主義的傾向（中略）、（出家至上主義は）現実的実践的立場に於ける修道の重要性を強調せられたものである。

と、入越を契機にそれまでの理想主義的傾向から、現実的・実践的立場を取るに至ったとする。

圭室諦成「道元と在家仏教」(『大法輪』第二八巻第九号、一九六一年、六〇〜六一頁)は、

道元のもとめたのは悟りの宗教である。在家仏教はむろんのこと、ごくみじかい期間(宇治興聖寺時代)を除いては在家伝道すら考えていなかった。(中略)曹洞宗において紹瑾までは悟りの宗教としての曹洞禅の伝統は守られていた。

と、在家への教化は興聖寺時代に限定されており、道元禅師は在家への伝道ではなく、悟りの宗教を保持したとする。

また、圭室諦成「道元とその教団」(吉田道興編『道元思想大系4 伝記篇 第四巻 永平寺開創・鎌倉下向・入寂』、同朋舎、一九九五年、七一〜七二頁)においても、

十七年間、いまや批判すべきは批判し、啓蒙すべきは啓蒙しつくした。さらにまた積極的に、理想的な道場を開設して後継者をも養成した。いまや第一次的な仕事はすべて一段落ついたかたちである。(中略)啓蒙活動も一段落してみると、自分のそうした生活に不満を感じないわけにはいかなかった。一日も早く現在の生活を精算して、如浄の訓誡どおり「深山幽谷に居して一箇半箇を説得」したいと思うのであった。

と、啓蒙活動(=教化)は一時的な仕事であり、如浄禅師の訓誡にしたがい、わずかな人数でもよいから本物の弟子を育てることを望んだ、とする。

佐藤達玄「深草から越前へ」(『道元の生涯』、東京信友社、一九六二年、一四三〜一四四頁)は、

月卿雲客が日夜出入して法要を問うようになっては、ともすれば名利に染まろうとする危険もないではなかった。それに、都に近い深草の地は、俗縁を絶つことも、また、世俗仏教としての既成教団から絶縁することも不可能な環境にあった。(中略)貴権の出入をみるにつけても、「城邑聚落に住すること莫れ、只深山幽谷に居して一箇半箇を接得し、吾宗を断絶せしむること莫れ」といった如浄の慈訓が身にしみるのであった。一箇半箇でも有為

の人材を養成して、先師の法を持続しなければならない。それがためには、是非とも世俗から絶縁した寂静の地に移る必要がある。道元はしきりにこのことを、心にかけるようになった。

と、世俗との縁を断つため、また、如浄禅師の慈訓に依って、わずかな人数でも真の後継者を養成することを選んだとする。

近藤良一「道元における思想展開の一考察―北越入山を契機として―」（『印度学仏教学研究』第一二巻第一号、一九六四年、二四六頁）は、

入越以前に示された辯道話・礼拝得髄、或は正法眼蔵随聞記等では在家成仏を認めるが如き言句を述べていながら、入越以後の三十七品菩提分法・出家功徳等では在家成仏説を痛烈に攻撃している事である。この事は興聖寺時代と入越以後の教化の対象が異なった為とも云えるが、入越以後の思想が純粋な出家主義へと傾いて行った事を示す一つの資料となるであろう。

と、入越前と入越後の説示内容の相違から、出家主義に傾いていったとする。

秋月龍珉「I　道元の生涯を読む」（『「正法眼蔵随聞記」を読む―道元の思想と生涯―』、ＰＨＰ研究所、一九八六年、九二頁）は、

北越入山を機として、道元の説法が著しく厳しい出家至上主義に傾いていくということである。これは明らかに、前期とは違う京洛退去による「仏法の在家主義」の否定である。彼は言う。「出家人は破戒不修であっても得道する。在家人の得道はこれまで験しがない」「正法を正伝するのはただ出家の功徳である」と断言して、ただひたすらに一箇半箇（一人か半人）の真の出家嗣法者の打出に残りの生涯をかけたのである。

と、入越をきっかけとして、在家主義を放棄し、真の後継者の打出に専念したとする。

佐橋法龍「第9章　沙門道元（下）」（『人間道元』、春秋社、一九七九年、二六五頁）は、

道元は、入越を機に一転する。（中略）寛元二年三月に『対大己五夏闍梨法』をかき、僧堂上棟（同年十一月）の前後には『弁道法』を完成している。また、夏安居中の六月には『正法眼蔵安居』を示衆している。いずれも、出家至上主義に徹した参禅学道の正しいあり方を、改めて確立しようとする道元の、あくなく意欲を如実に反映している。

と、入越後は出家至上主義に徹したとする。

今枝愛真「第二節　道元教団の成立とその北越入山」（『中世禅宗史の研究』、東京大学出版会、一九七〇年、四九頁。「正法禅の確立」『道元─その行動と思想─』、評論社、一九七〇年、一九八・二〇三頁）は、

道元はもっぱら山居を理想とする出家至上主義を標榜するにいたり、深山幽谷にこもって、ひたすら修行生活をまもり、その理想とする正伝の仏法を、たとえ一箇半箇のごくわずかな同志だけにでも伝えようという、きびしい態度にかわっていったのである。

また、今枝愛真「第二章　道元の生涯」（鏡島元隆・玉城康四郎編『道元の生涯と思想　講座道元第1巻』、春秋社、一九七九年、九九頁。『道元　坐禅ひとすじの沙門』、日本放送出版協会、一九八二年、一五六頁）では、

越前に下向する頃から、出家主義を標榜するようになったのである。（中略）越前下向の頃になると、もはや安易な妥協など一切許されない純粋な修行者だけによる、出家本位の同志的結合が生じていたからである。そこで当然、「参学の真流」である門人たちを禅修行の専門家として養成することが、最優先された。選ばれた出家者だけからなる門人たちに対し、道元は誰はばかることなく、自分の理想をそのまま推進することができた。あくまでも釈尊の出家道を理想とする道元にとっては、たとえ一歩でもそれに近づけようと、門下の出家たちに、釈尊の出家中心の理想を強調するようになったのは当然のことであろう。

と、出家至上主義こそが理想の生き方であり、それは釈尊の出家道にならうものだったとする。

高橋賢陳『道元の教説―その総合解釈―』（理想社、一九七八年、八六頁）は、

道元はやがては僻遠の山地に退いたが、それはやむを得なかったからで、たとえどのような事情で深山幽谷で一箇半箇を接得する方法をとったとしても、それは百大劫・無量劫をかけての遠大な理想の一過程として選ばれたものに外ならないのである。

と、入越は済度衆生という理想に至る過程であるとし、一箇半箇接得を選び取ったとする。

玉城康四郎『道元（上）』（春秋社、一九九六年、一二二頁）は、

道元が前者（引用者注：出家のこと）を選びとってこれに専念していくことを決意した、その重大な転機となったものが、三十九歳四月十八日の「一顆明珠」巻である。

と、「一顆明珠」は、「一箇半箇接得」に専念する転機となった説示であるとする。(2)

吉田道興「道元禅師の比丘尼・女人観」（石川力山編『道元思想大系20 思想篇 第十四巻 道元の人間観』、同朋舎、一九九五年、二七九頁。初出『日本仏教学会年報』第五六号、一九九一年）は、

入越後は、「出家主義」的傾向を帯びてくる。『眼蔵』の「三十七菩提分法」巻（寛元二年示衆）、「出家」巻（寛元四年示衆）、「出家功徳」巻（撰述年不詳）の三書は、その代表である。いわゆるの「十二巻」眼蔵も、その巻目や内容構成から「出家者」至上主義をよく表現している。

と、十二巻本『正法眼蔵』は入越後に説示されたという立場から、道元禅師は出家至上主義に変化したとする。

高崎直道『仏教思想 11 古仏のまねび〈道元〉』（角川書店、一九九七年、八三・八五頁）は、

〈一箇半箇〉（ただひとりでもよいから法を嗣ぐ能力ある弟子を育てる）へという変化がみられることは、ほぼ事実として認めざるを得ない。（中略）道元にとっては、山にこもることは師の教えを忠実に守り、かつは仏祖の道を忠実に模倣する意味において、至上のわざではあったけれども、一度は道元みずからの志した〈弘法救生〉とい

う点では、やはり後退であったといわなければならないと思う。つまり在家主義の放棄である。

と、道元禅師には「一箇半箇接得」という事実があり、弘法救生の志は後退した、とする。

平雅行「鎌倉仏教論」（朝尾直弘・網野善彦・石井進・鹿野政直・早川庄八・安丸良夫編『岩波講座日本通史 第八巻 中世2』、岩波書店、一九九四年、二八九頁）は、

出家至上主義を掲げて世俗や民衆との関係を断ち切り孤絶してゆくなかで、異端的論理を獲得している。とはいえ、親鸞や日蓮が世俗社会内部で異端思想を生き抜いたのに対し、世俗外逃避の形をとらざるを得なかった点に、道元の思想家としての脆弱性があった。

と、「一箇半箇接得」を選択した、とする解釈と見てよいだろう。

船岡誠『道元―道は無窮なり―』（ミネルヴァ書房、二〇一四年、一九九頁）は、

鎌倉行化は、結局、道元の不離叢林（一箇半箇の接得の立場）をよりいっそう強める結果に終わったようである。（中略）これは「一箇半箇の接得」への没入を意味し、道元禅の継承の問題が最大課題となったためである。それまでの道元には、「弘法救生」の気持ちがその時々の濃淡の差はあれつねにみえたのであるが、鎌倉より帰山したあとはそれが吹っ切れたようだ。

と、弘法救生の気持ちが鎌倉行化以降に吹っ切れ、継承問題が最大の課題となったため、「一箇半箇接得」に没入した、という意味に解されよう。

以上の先行研究①「道元禅師の教化に対する思想に変化があった」とする説は、「一箇半箇接得」という文言を道元禅師が継承したとする『建撕記』を典拠として論じられていることが見出せよう。

このことから導き出せることは、「一箇半箇接得」という語句は、在家放棄・出家主義を意味する、ということだろう。道元禅師の意識が変化したことを大前提に、たとえば高崎直道氏や船岡誠氏等の述べるように、「厳しい態度

にかわり」、それを「ほぼ事実」と断言し、弘法救生の志が「後退」・「吹っ切れた」とするならば、在家信者を重要な構成員として成立する僧伽は形成されなかった(3)、あるいは崩壊したことまでを意味するのではなかろうか。

さらに、苅米一志『荘園社会における宗教構造』(校倉書房、二〇〇四年、二五八頁)に見られるように、

道元は民衆仏教ではない、坐禅を民がどれだけ理解し、必要としたのか。受容されたものは念仏聖・持経者を源流とする、禅・律・念仏などの遁世僧ではないか(後略)

と、在家者を視野に入れた活動ではなかったという視点も見られる。

では次に、先行研究②「道元禅師の教化観に変化はないとする立場」を見ていこう。

村上専精『道元と親鸞』(日月社、一九一五年)では、「一箇半箇接得」という訓誡を「厳守し、能く之れを実行せられた」(『同書』、七頁)とし、

禅師は、平安朝末路の弊風を受け来たれる、鎌倉時代唯一の僧侶教育者であつた。(中略)在家の俗人よりも出家の僧侶を育成することに力つめたる人である。鎌倉時代の教界に於ける、唯一の僧侶教育者であつたといふことは、恐らくは、何人も異論のないことであらう。(『仏教統一論 第五篇 実践篇(上)』、東方書院、一九二七年、四三二〜四三三頁)

と、道元禅師は、僧侶の教育に専念したとする。その根拠として村上氏は、興聖寺時代に撰述された「重雲堂式」と宝治三年(一二四九)永平寺にて撰述された『衆寮箴規』を挙げ、「禅師の僧侶教育に於ける精神の程、誠に以て、察するべきものであるでないか。禅師は実に徹底したる道心家を造る考へであった」(『同書』、四四五頁)と、僧侶教育にのみ注目している。

小林準道「興聖寺の寺名および開創の意義について」(高橋秀栄編『道元思想大系3 伝記篇 第三巻 道元の生涯3』、同朋舎、一九九五年、六三〜六四頁。初出、『宗学研究』第一号、一九五六年)は、

興聖寺開創の意図も、永平寺開闢の精神も、帰するところは全く同一であって、禅師が先師如浄の遺誡に随って、永平寺において一箇半箇を接得し「発シ難キヲ発シ、行ジ難キヲ行ゼヨ」と策励するのは「国ニ賢者一人出来レバ其国興ル。愚人独リ出来レバ先賢ノアト廃ル、」が故であって、禅師はこれによって「興聖護国」の実を挙げんとされたのである。（中略）永平寺においては当然永平寺という環境と興聖寺における体験が基礎になって、表面上は興聖寺の広度諸衆生とは全く異った山風、すなわち一箇半箇の僧宝の打出に心魂を傾けられ（後略）

と興聖寺においても「一箇半箇接得」と広度諸衆生がなされ、永平寺においてはその環境が「一箇半箇接得」に至らしめたとする。

守屋茂『道元禅師研究―京都周辺における道元とその宗門―』（同朋舎、一九八四年、一〇〇頁）は、

一箇半箇の接得を始めとして（中略）仏法の窮極を国家社会に押し及ぼして行こうとしたのが彼の本懐であった。

また、守屋茂『京都周辺における道元禅師―前半生とその宗門―』（同朋舎、一九九四年、四〇三～四〇四頁）では、

寛喜二年（一二三〇）の頃、如浄の訓誡（一箇半箇接得）に従い洛中を去って深草の安養院（極楽寺の別院であったともいう）に遷った。（中略）道元は深草で坐禅弁道につとめつつも、一箇半箇を説得して、正伝の宗旨を広める師如浄の垂訓を併せ考えるとき、紅塵深くまた月卿雲客の去来する深草は決して絶好の地ではなく、剰え南都北嶺などの憎嫉のこともあって、必ずしも落着いたわけではなかった。

と、建仁寺から安養院に移った以後を如浄禅師の訓誡とし、入越前から「一箇半箇接得」の立場であったとする。

神戸信寅「『学道用心集』における学道について」（小坂機融編『道元思想大系9　思想篇　第三巻　道元と叢林生活』、同朋舎、一九九五年、三三三頁）は、

禅師の生涯は「学道」を志し、「学道」を身心脱落により体得し、その体得した「学道」を行じるとともに、参学の学人に「学道」の仕方を開示し、一箇半箇なりとも真実なる「学道」の学人を打出せしめんとしたものであ

った。

と、道元禅師の生涯は「一箇半箇接得」であったとし、教化に関する変化として「一箇半箇接得」を用いていない。

竹内道雄「道元禅師の在俗に対する関心について」(石川力山編『道元思想大系20 思想篇 第十四巻 道元の人間観』、同朋舎、一九九五年。初出『宗学研究』第五号、一九六三年、一一一・一一八・一一九頁)は、

鎌倉行化以後の生活、只管打坐を主軸とし末法思想や三教一致を否定した純一な古風禅の実践であり、権力への接近を嫌い、極端な出家主義、反世俗主義の立場をとった。(一一一頁)

鎌倉行化以後の禅師は、一切の世俗的権力と絶縁して、一箇半箇の真実の弟子の育成にその力を集中し、古風禅顕揚の古賢先哲の行履の実践に挺身したのであった。(一一八頁)

鎌倉行化以後の峻厳な修行、真実の出家人の育成は、決して現実逃避ではないのである。いやそれどころかそれは、禅師が厳しい現実社会に対決し、理想と現実の二律背反する矛盾を、真剣な思索と体験を通じて克服しえた帰結の姿であり、同時にそれは、禅師の在俗に対する深い関心を媒介として初めて到達された正法護持の真実の出家道の実践であり、「激揚のとき」を期せんとする遠大な大乗菩薩道の現実的実践であったと思想史上からいってもいえるのである。(一一九頁)

と、出家主義は世俗を慮るゆえのことであるとし、また、竹内道雄『道元 新稿版』(吉川弘文館、一九九二年、二六五〜二六六頁)においても、

「のちをあはれみていまをおもくする」峻厳綿密な宗教生活の実践とそれを通じての一箇半箇の弟子の接得は、将来の曹洞宗教団の大発展の源泉ともなるものであった。(中略)教線の拡大には全く迂遠に見える「一箇半箇」の学人の接得を強調した道元の教化態度と関連して考える時、そこに少なからざる逕庭と驚きを禁じえないのは私だけではあるまい。

しかし、竹内道雄氏は前言を撤回したかのように、次のようにも述べる。

道元の鎌倉行化以後の永平寺の生活は、弟子の育成に重点が注がれたが、同時に道元を慕って上山する在俗男女の信徒に対しても、前に引き続いて布薩説戒会や法談などによって布教がなされたのである。（中略）道元が根本において、慈悲を基調にして道俗男女を問わない衆生済度の全一的仏法の立場を終生堅持していたことを物語るものである。（「五、一箇半箇の接得」、二六九頁）

と、道俗男女を問わない教化がなされており、それは生涯を通して変わることがなかったとする。

以上、先行研究②「道元禅師の教化観に変化はない」は、入越前から「一箇半箇接得」がなされていたこと、入越後も出家・在家を問わず済度がなされていたことをその根拠とする。

最後に、道元禅師の教化観は、「弘法救生の志」と「一箇半箇の接得」は矛盾しないとする解釈論を見ていきたい。解釈論とは、道元禅師の立場が変化した・しない、という二者択一を取らないものであり、弘法救生の思いが「一箇半箇接得」となって表れているとする立場である。

増永霊鳳『道元』（雄山閣、一九四三年、一五九頁）は、

在家を無視するのでは決してない。無視せざればこそ、真の指導者に値する、出家の打出を力説された。

と、在家のために真の指導者を育成したのだとする。

衛藤即応『正法眼蔵序説』（岩波書店、一九五九年、九〇頁）は、如浄禅師の遺嘱をまっとうしたとし、

禅師は好んで俗塵を避けて、山間に行いすます遁世の聖者であるかのごとく考えられているのであるが、他の追従を許さない、道元禅師を措いてはまったく望まれない正法荷担の道人を教養するという重任を自覚されていたことを、「しかあるに弘通のこころを放下せん。激揚のときをまつゆゑに、しばらく雲遊萍寄して、まさに先哲の風をきこえんとす」以下の本文に読み取らなければならない。

そして、弘法救生のためには真実の仏法を守り伝える仏法者を養成することを自覚していた（同頁）とも述べる。
榑林皓堂『道元禅の本流』（大法輪閣、一九八〇年、二一四～二一七頁）は、
禅師も仏教の目ざすところが「一切衆生、皆令入仏道」であること、『法華』の如来寿量品の末尾に「毎自作是念、以何令衆生、得入無上道、速成就仏身」とあることはもちろん知りぬいている。にも拘わらず晩年に及んで強烈に出家にかぎる成仏を主張したのはなぜだろうか、おそらく矛盾を十二分に承知の上で、ことさらそういっていると思われる。（中略）禅師滅後の永平寺僧団、いや単伝の正法を厳重に護持相続させるためには、出家道をたたえ『清規』を規定しなくてはならない。（中略）青年時代と晩年と思想的に転変があった、などというとですまされることではあるまい。
と、正法の護持相続のためであり、思想的変化と見ない。
角田泰隆「差別を助長した思想的要因に関する私見」（『曹洞宗研究員研究紀要』第一九号、一九八七年、二〇六頁）は、
道元禅師の済度衆生とは、やはり、衆生を出家させることに外ならなかった（後略）
と、済度衆生とは、一箇半箇の接得であるという。
石井清純「道元禅師の僧団に対する意識」（『駒澤大学仏教学部論集』第二〇号、一九八九年、一七六頁）は、
永平寺における「弘法救生」の心の現われが「一箇半箇の接得」の形を取ったと考える（後略）
とし、また、「弘法救生の思い」がはたして本当に「一箇半箇の接得」と相容れない対立するあり方として定義されうるものかどうか、と問題提起し、「弘法救生」は未来永劫への時間的存続をも意図したものとすることができるのではないか、そして、「一箇半箇の接得（正法の仏法を伝えるものとしての僧団の充実）という方向に集約されていったのではないか」と論じている。さらに、
衆生を済度するべきことを禅師は発願されるわけなので、それはつまるところ、自己の正しいと思って行ってき

ているものへと人々を導き、共に歩むこととしてしか存在し得なかったのではないかと思われるのである。その意味から、禅師における仏法の弘通とは、必ず出家修道を意図したものとなるのであり、その点で一箇半箇の接得へと集約せざるを得ないものだったのではないかと思われるのである（後略）（「道元禅師の「弘法救生の心」について」、『宗学研究』第三二号、一九九〇年、七六頁）

と、角田氏の論を承けつつ、「道元禅師の僧団に対する意識」（『駒澤大学仏教学部論集』第二〇号、一九八九年、一七四頁）では、中間層（正式に僧団に所属せず、かといって施主ともなりえなかった遊動的な人々）がなくなることによって、在家者との距離が増大したことが出家主義といわれる判断につながった可能性を指摘する。

数江教一『日本の末法思想』（弘文堂、一九六一年、二八八頁）は、

道元が師の如浄に別れを告げたとき、如浄は「只深山幽谷に居して、一箇半箇を接得せよ、吾宗を断絶せしむること勿れ」と、教訓したという。道元は師の教えを生涯まもった。如浄のいう「国に帰りて化を布き、広く人天を利せよ」という言葉と、深山幽谷に居を構えて一箇半箇でもよいから接得せよという言葉とは、形式的には矛盾するように思われる。しかし伝道を坐禅による仏法の正伝を伝えること、しかも厳密な意味では面授面受によってのみ可能になると考えるかぎり、もはや人数の多寡は問題ではなくなる。「激揚のとき」は実は外に求められるべきものではなく、すでに内に徐々に発酵していたのである。

と、「広く人天を利せよ」とは人数の多さではなく、「一箇半箇接得」と矛盾しないとする。

「一箇半箇接得」を直接論じているのではないが、平川彰「第九章　道元の戒観と律蔵」（『平川彰著作集　第八巻　日本仏教と中国仏教』、春秋社、一九九一年、四九〇・四九五頁）は、

道元の禅においては、在家・出家に本質的差別がないのみでなく、男女のあいだにも本質的差別は認められていない。在家出家を問わず、道心のあることが、道元の教えを受ける資格である。道元は在家出家の平等、男女の

平等を唱えつつ、しかし「出家」の巻や「袈裟功徳」の巻、「受戒」の巻等では、在家と出家を区別し、出家の優位を認め、出家受戒をすすめ、出家の功徳を強調している。（中略）それは、第一義諦にたいしては世俗諦があるのであり、根本的立脚地を示す第一義諦と時機相応の施設である世俗諦とはおのずから説相も異なるのである。

と、聖諦・俗諦の立場で説示内容が異なることを論じ、それにしたがえば「弘法救生」と「一箇半箇接得」に関しても思想の変化ではない、と理解しているものと思われる。

だが、出家者と在家者にそれぞれ異なる説示を行うことについて、袴谷憲昭『道元と仏教—十二巻本『正法眼蔵』の道元—』（大蔵出版、一九九二年、一四二頁）は、

宗教というものが正しい信仰とはなにかという追求にあるとすれば、その正しさに、出家向きと在家向きの両方があるとすること自体が正しさの相対性を自ら白状しているのも同じことなのです。出家にとって正しいことは在家にとっても正しいことなのでなければなりません。仏教の縁起が正しい教えであるならば、それは出家の専有なのではなく在家にとっても教えられ考えられなければならないものなのです。しかるに、正しいことだけを選ぼうとし、その正しさの前では出家も在家もないと考える人は、なにも考えなくても、あらゆることを出家や在家の分業さえ含めて容認してしまう「菩提心」などという呑気なものは、認めたくもなかったし認める必要もなかったでありましょう。

と、出家道とは別に在家道があるかのような考え方を否定する。

熊本英人「『正法眼蔵』「看経」の看経」（小坂機融編『道元思想大系9　思想篇　第三巻　道元と叢林生活』、同朋舎、一九九五年）は、「看経」は仁治二年（一二四一）、興聖寺で示衆され、その書写は寛元三年（一二四五）大仏寺においてなされたことを挙げ、在俗信者に対し、出家主義的な色彩が強くなりつつあった越前移錫後においても配慮がなされて

いた（「同論文」、三二八〜三二九頁）とし、寛元二年（一二四四）二月十四日吉峰寺で示衆された「発無上心」巻は大仏寺造営に向けての在俗信者を意識した示衆ではないか（「同論文」、三二九頁）とする。そして、出家主義的な示衆への転回も、在俗信者の切り捨てではなく、その配慮の表面上の（あるいは文章上の）消極化ではなかったかとも考えられよう（「同論文」、三三〇頁）と解釈する。

なお、熊本氏は、「道元禅師における出家在家の問題をめぐって」（石川力山編『道元思想大系20 思想篇 第十四巻 道元の人間観』、同朋舎、一九九五年）において出家と在家の関係についての研究史をまとめており、その中で、「出家在家平等の立場は寛元元年（一二四三）七月の、禅師の越前移錫前にのみみられる」（「同論文」、一二一頁）とし、寛元元年七月を境として、出家在家の問題、女人成仏の問題、臨済系禅者に対する評価に説示の変化が現れているとするが、熊本氏はこれをもって思想の変化とは見ていない。

また、熊本氏は、多様な解釈を持つ研究史は、研究者の学問的、思想的、信仰的立場の相違に大きく関わっている（「同論文」、一二九頁）とし、さらに新しい角度からの検討が必要である、と論じる。

このように、道元禅師の生涯を通しての教化に対する思想に対し、大きく分けて三通りの研究があることが知られる。

ここで、中国における「一箇半箇接得」の用例にも触れておきたい。

山口弘江「「一箇半箇の接得」をめぐって」（『仏教教育ニュース』第四五号、二〇一五年、二頁）によると、「一箇半箇」の語源は『高僧伝』巻五、釈道安（三一二〜三八五）伝に見られる「一人半」にあり、山口氏は次のように解説する。

前秦の符堅（三一二〜三八五）は、当時名声の高かった道安を助言者として迎えるべく、建元一五年（三七九）に道安のいた襄陽（現在の湖北省）を攻めた。そして、「自分は十万の兵で襄陽を攻め、『一人半』だけを得た」といい、「一人」とは道安、「半」は習鑿歯（しゅうさくし、生没年不詳）のことだと述べた、という一節に基づく。ここで半人と称された習鑿歯は、東晋の官吏で学識に富み、道安との交流が深かったことで知られる人物である。『晋書』巻八二には、習鑿歯が足を患っていたとあることから、符堅はそのことを冗談めかして「半」と述べたとされる。今日、このような表現は決して許されるものではないが、符堅は道安とともに習鑿歯も厚くもてなしていることから、人格を否定する意図のないことは確かである。蘇軾（一〇三七〜一一〇一）の詩に引用されるように、後に「一人半」とは、類まれなる人材を指す典故として知られるようになっている。この「一人半」が、本当に「一箇半箇」の直接的な語源と見なしうるかは疑問が残ろう。ただ、前述のエピソードを収録する『高僧伝』は六世紀、『晋書』は七世紀と、「一箇半箇」が散見される禅籍よりも成立はかなり早い。また、蘇軾の引用にあるように、宋代には相当に周知されていたと考えれば、「一人半」のイメージが「一箇半箇」に投影されていた可能性も少なくはなかろう。仮にそうだとすれば「一箇半箇」とは、単に人数の少なさをいうのではなく、そこにはその人物の持つ他に代えがたい価値というものが大きな意味を持つはずである。

と、このように、「一人半」とは、釈道安と習鑿歯という勝れた人物を指しており、人数の少なさを表しているのではない。これを踏まえれば、「一箇半箇接得」という文言は、わずかな人数という解釈だけに留まらない可能性を示唆しているだろう。

それでは、道元禅師の著作に見られる「一箇半箇」という文言を用いた文章の大意を考察していきたい。

四　道元禅師の言葉として語られる「一箇半箇」の思想について

道元禅師の著作には、「一箇半箇」という用語が十箇所に見られ、いずれも「わずかな」という意味でしかない。しかし、道元禅師が「一箇半箇」という言葉を用いている文章の大意は、本来の「わずかな」という意味を離れたところにある。以下、道元禅師自身が語る言葉から、その大意を捉えていくこととする。

「行持 下」（一巻、二〇二頁）では、

大隠小隠、一箇半箇なりとも、万事万縁をなげすてて、行持を仏祖に行持すべし。

と、「一箇半箇」を、「わずかな人数」であったとしても必ず行持すべきこととして説かれている。しかし、たとえば百人の修行僧がいたとしても、それはやはり全員が行持しなければならないはずである。してみれば、必然的にここでの「一箇半箇」の意味は「全員」を指すことになるだろう。

「諸法実相」（一巻、四五九頁）では、

十方仏土は唯仏与仏のみなり、さらに一箇半箇の唯仏与仏にあらざるなし。

と、唯仏与仏（仏と仏のみ）が理解できる世界では、仏や法でないものは一つとしてない、と説く。ここでは結果として、すべてが唯仏与仏であるから、「わずか」という言葉を用いながらも、その本来の意味を道元禅師は持たせないのである。

「仏経」（二巻、一五頁）では、

この経巻、よく蓋時に流布し、蓋国に流通す。教人の門をひらきて、尽地の人家をすてず、教物の門をひらきて、尽地の物類をすくふ。教諸仏し、教菩薩するに、尽地・尽界するなり。開方便門し、開住位門して、一箇半箇をすてず、示真実相するなり。

と、経巻はわずかな人数であっても捨てない、とある。つまり、経巻は誰一人も捨てないのである。ここでも、結果的に一人残さず全員を救うという意味で使われている。同じく、「仏経」（二巻、一八頁）では、

参学の一箇半箇、かならず仏経を伝持して仏子なるべし、いたづらに外道の邪見をまなぶことなかれ。

と、参学する人はわずかな人数であっても仏経を伝持して仏子であるように、と説かれている。一人、二人だけが伝持すればよいというのではなく、ここでは、参学者は仏経を伝持しなければならないのであり、伝持しなくてよい参学者を認めているのではない。よって、すべての参学者に対する説示となっているのである。

以上、『正法眼蔵』に見られる「一箇半箇」は、「全て・全員」という意味として道元禅師は用いているのである。

次に、「一箇半箇」が「一人も〜ない・誰も〜ない」という否定を意味する言葉として使われている例を見ていきたい。

「授記」（一巻、二四八頁）では、

仏仏祖祖嫡嫡相承せるは、これただ授記のみなり、さらに一法としても授記にあらざるなし。いかにいはんや、山河大地・須弥巨海あらんや、さらに一箇半箇の張三李四なきなり。

と、一法としても授記でないものはないと示し、すべてが授記であって、授記の他に山河大地も、須弥山や須弥山を取り囲む海もなく、授記の他に一人も張三李四（どこにでもいるような人）はいない、つまり「一箇半箇」は、「まったくいない」ことを指す言葉となっている。

「仏道」（一巻、四七六頁）では、

先仏の伝受なきやから、あやまりていはく、仏法のなかに五宗の門風あり、といふ。これ、自然の衰微なり。こ

れを拯済する一箇半箇、いまだあらず。先師天童古仏、はじめてこれをあはれまんとす。人の運なり、法の達なり。

と、「禅宗には五家七宗という別がある、という人は正しい仏法を伝授していない人である、このような五宗の門風を語る誤った人を救うのは、如浄禅師を除いて一人もいない」とある。一人でも二人でも救う人がいないのであるから、必然的に、まったくいないという意図を持って道元禅師は「一箇半箇」という言葉を用いているのである。

「自証三昧」(二巻、二〇四頁)では、

宗杲禅師の門下に、一箇半箇の真巴鼻あらず、おほくこれ仮低なり。

と、大慧の門下にはほんの少しも本物の道人はいない、とされる。つまり、本物の道人は一人もいないという意味で、道元禅師は語るのである。

『永平広録』第二、一二八上堂(三巻、七二頁)では、

近代雖聚会五百七百及一千僧、豈為大叢林而比薬山・趙州・汾陽等之会者哉。所以無一箇半箇道人也。所以席主又不可比薬山・趙州・汾陽等也。〈近代、五百七百および一千僧を聚会すといえども、あに大叢林となして、薬山・趙州・汾陽等の会に比するものならんや。所以は一箇半箇の道人なければなり。所以は席主また薬山・趙州・汾陽等に比すべからざればなり。〉

と、近頃、僧は大勢いるにもかかわらず、一人も道人がいない、とされ、大叢林とは人数によらないことが説かれている。ここでは、道人と呼べるわずかな人もいない、つまり道人は、先に見た、「授記」、「仏道」、並びに「自証三昧」同様に、「まったく〜ない」という意図を持って用いているのである。

このように、道元禅師が用いる「一箇半箇」とは、すべてを指す一方で、全否定を表わす言葉としても見られることがわかるだろう。

しかし、次に示す「阿羅漢」と、「法語」八では、「一箇半箇」はわずかな人数、という本来の使われ方が見られる。

まず「阿羅漢」（一巻、四〇六頁）では、

夾山圜悟禅師云、古人得旨之後、向深山・茆茨・石室、折脚鐺子煮飯喫十年二十年、大忘人世永謝塵寰。今時不敢望如此、但只韜名晦迹守本分、作箇骨律錐老衲、以自契所証、随己力量受用。消遣旧業、融通宿習、或有余力推以及人、結般若縁、練磨自己脚跟純熟。正如荒草裏撥剔一箇半箇。同知有、共脱生死、転益未来、以報仏祖深恩。抑不得已、霜露果熟、推将出世、応縁順適、開托人天、終不操心於有求。何況依倚貴勢、作流俗阿師、挙止欺凡罔聖、苟利図名、作無間業。縦無機縁、只恁度世亦無業果、真出塵羅漢耶。〈夾山圜悟禅師云く、古人、得旨の後、深山・茆茨・石室に向きて、折脚の鐺下もて飯を煮ぎて喫うこと十年二十年、大いに人世を忘れ、永く塵寰を謝す。今時敢えて此の如くなるを望まず、但只名を韜み迹を晦まして本分を守り、箇の骨律錐の老衲と作って、以て自ら所証に契い、己が力量に随って受用す。旧業を消遣し、宿習を融通す。或いは余力有れば、推して以て人に及ぼし、般若の縁を結び、自己の脚跟を練磨して純熟せん。正に荒草裏に一箇半箇を撥剔するが如し。同じく有ることを知り、共に生死を脱し、うたた未来を益し、以て仏祖の深恩に報ぜん。抑うれども已むことを得ず、霜露、果熟して、推して将て出世し、縁に応じて順適し、人天を開拓して、終に心を有求に操らず。何に況んや貴勢に依倚し、流俗の阿師と作り、挙止に凡を欺き聖を罔みし、利に苟り名を図って、無間の業を作さんや。縦い機縁無くとも、只だ恁く世を度りてまた業果なき、真の出塵の羅漢ならんか。〉しかあればすなはち、而今の本色の衲僧、これ、真出塵阿羅漢なり。阿羅漢をしらんことは、かくのごとくしるべし。


と、夾山善会（八〇五～八八一）の、深山に向かわず、仏行をなしていくこと、過去の習慣を解消すること、仏法を人に伝えていく覚悟や決意の言葉を引用したものであり、道元禅師自身の言葉ではない。

ここでの「一箇半箇」は、夾山が語る、一人でも二人でも、そのような修行者がいるかどうかわからないけれども、真の修行者を発掘しよう、という意味で用いられており、道元禅師は、弟子を教化する覚悟ができる人を阿羅漢と呼ぶのであり、わずかな人数を育成することを推奨するために説示しているのではない。

『永平広録』第八、法語八（四巻、一五四・一五六・一五八頁、傍線筆者）では、

諸仏如来一大事因縁、容易得者、其是誰乎。近曾真実求法者尚稀、況有証者乎。（中略）這般人（引用者注：外道・二乗のこと）縦恒河沙数輩、経恒河沙劫思量卜度、①全無一箇半箇得者。所以真修行底人難得、真善知識亦難遇也。若遇真実宗匠・好手、枯木死灰開華膏萌。（中略）吾在薬山三十年、方明得此事。汝今已得。向後莫住城隍・聚落、直須蔵身処没蹤跡、没蹤跡処莫蔵身。向深山钁頭辺、②接取一箇半箇、嗣続吾宗、無令断絶。（中略）而会、住京口時也好問答。升師子座為人天説法、曾無欠敗。見船子来、亦無剰法。然而真実求法之流、当如是行続仏慧命、為人天師。如今天下覓恁麼人、終不能得。〈諸仏如来一大事の因縁、容易く得るもの、それこれ誰ぞ。近曾、真実求法のものすらなお稀なり、況や証するものあらんや。（中略）這の般の人、縦い恒河沙数の輩、恒河沙劫を経て思量卜度するとも、まったく一箇半箇の得るものなし。所以に真の修行底人得がたく、真の善知識もまた遇いがたきなり。若し真実の宗匠・好手に遇わば、枯木死灰も開華膏萌せん。（中略）吾、薬山にあること三十年、方てこの事を明らめ得たり。汝今、已に得たり。向後、城隍・聚落に住することなかれ。直須身を蔵するところ蹤跡没かるべし、蹤跡没きところに身を蔵することなかれ。深山钁頭の辺に向いて、一箇半箇を接取して、吾が宗を嗣続し、断絶せしむることなかれ。（中略）しかるに会、京口に住せし時もまた問答を好くす。師子座に升りて人天のために説法するに、嘗て欠敗なし。船子に見えてより来、また剰法なし。然れども真実求法の流、当にかくのごとく行じて仏の慧命を続ぎ、人天の師たるべし。如今、天下に恁麼の人を覓むるに、終に得ること能わず。〉

と、道元禅師は、まず、如来の一大事因縁である証りは、容易に得られないことを上げ、近頃は、仏法を求める人は

稀であり、証る人はいない、外道や二乗がいくら集まったとしても、わずかばかりも証りを得ることができない（傍線部①）、と説く。

ここでは、まったくいないという意味で「一箇半箇」を用いている。そして、真の修行者と真の善知識は得がたいが、善知識に遇うことができたならば、道を悟ることができる、とされる。

次に、傍線部②「接取一箇半箇、嗣続吾宗、無令断絶」の内容は、『建撕記』と意味は同じであり、ほぼ同じ文章と言えるが、これは、道元禅師自身が語った言葉ではなく、『宗門統要集』巻第七（第四冊、二五丁表。『禅学典籍叢刊』第一巻、臨川書店、一九九九年、一五〇頁）にある船子徳誠（生没年不詳）の

辺取一箇半箇接続無令断絶〈一箇半箇を辺取し、接続を断絶せしむることなかれ〉

という言葉である。船子のこの言葉を受けた善会は、仏の慧命を嗣ぎ、後に夾山の住持となり、人天のために説法し続けた。「一箇半箇」という言葉を含めた船子と夾山の因縁を引用した道元禅師の意図は、道を求める心を発し、真の善知識にしたがい、人・天の師となることを修行者に求めるところにあり、「わずかな人を育成すること」に関しては、「阿羅漢」巻同様、道元禅師は言及していない。

つまり、「一箇半箇」という語は、本来「わずかな」という意味であるものの、道元禅師の説示においては、やはり、「全員」あるいは「まったくいない」という全体性を表わす文意となっている。

ということは、『建撕記』に見られる「一箇半箇の接得」という言葉を道元禅師が説いたとするならば、わずかな人数でよいというのではなく、すべての人々の救済・成道を願うもの、となるだろう。したがって、『建撕記』に見られる道元禅師像である、「一箇半箇を選び取る」は、道元禅師の著作と照らし合わせた結果、「一箇半箇をも捨てない（＝誰一人も捨てない）」のであり、道元禅師の著作を見るかぎりにおいては、『建撕記』に見られる道元禅師の教化観とは、真逆の教化観が見えてこよう。

道元禅師がすべての衆生を教化の対象としたことは、「仏道」（一巻、四八七頁）に見られるように、「世尊在世に一毫もたがはざらん」と、世尊在世時と等しくあること、また、「八大人覚」（二巻、四五七頁）、「衆生のためにこれをとかむこと、釈迦牟尼仏にひとしくして、ことなることなからむ」と、修行僧に限定せず、釈尊が衆生のために説いたとされることと一貫しているだろう。

では次に、道元禅師の教化に対する意識をより具体的に見ていきたい。

五　道元禅師の教化に対する意識について

道元禅師の教化に対する意識については、先述したように、三通りの解釈が見られるが、ここでは、「一箇半箇接得」や「弘法救生」という文言以外に目を向け、②「道元禅師の教化観に変化はない」とする説を補ってみたい。

杉尾玄有「道元禅師の「口称禅」勧奨―禅師の在家学道観とその背景―」（『印度学仏教学研究』第二一巻第一号、一九七三年、二六一～二六四頁）は、

禅師はその生涯にわたつて、在家人の救済を念願しつづけられたもののように思われる。結論を先どりしていうなら、一種の口称禅とでもいうべきものを、禅師は在家人に説かれたのではないか（中略）『菩提分法』や『出家』などに見られる在家得道否定の姿勢は、実は出家人に向けられた禅師の一面であつて、その反面には、当然ながら、在家救済の念願が熾烈に燃えつづけていたと見なければならぬであろう。

と、在家救済が生涯を通じて願われていたとする。

桜井秀雄「道元禅師における仏法と世法」（船岡誠編『道元思想大系19　思想篇　第十三巻　道元と国家・社会』、同朋舎、

一九九五年、三三〇頁。初出『永平正法眼蔵蒐書大成』月報一五、大修館書店、一九七九年、五頁）は、禅師が出家修道の学人を打出することに力点をおかれ、それが出家至上主義者という評をえているとはいえ、「方便品」の布施・持戒等による宗教的日常行為から、舎利・仏塔供養を初めとするみちゆきを、うけがい・祖述することによって、在家化導の慈念を十分に貯えていた面を見逃してはならない。たとい、在家成仏を否定するともみられる文言があったとしても、それ以降において、在家教化の要素となり源泉となるものが、道元禅師に十分に蔵されており、それが大衆教化と救いの宗教につらなる道へと展開したことだけは確かである。

と、出家主義や在家成仏批判の説示以降に在家教化の要素があったとする。

佐藤俊晃「自未得度先度他の坐禅について―「大悲為先度一切衆生の坐禅」と「祇管打坐」―」（『宗学研究』第四三号、二〇〇一年、五八頁）は、

われが「祇管打坐」に徹しゆくことによって、仏祖の「大悲為先誓度一切衆生の坐禅」が現成され続けるのであり、仏祖の利他行が「衆生をして自未得度先度他のこころをおこさしむる」という属性を持つからこそ、われの「祇管打坐」はまた衆生に対する「大悲為先誓度一切衆生」でありうるのではないだろうか。

と、祇管打坐に徹することが衆生済度（弘法救生）である、とする。

原田弘道「道元禅における出家学道と在家学道の問題」（船岡誠編『道元思想大系19　思想篇　第十三巻　道元と国家・社会』、同朋舎、一九九五年、二八〇頁。初出『印度学仏教学研究』第一五巻第二号、一九六七年）は、

禅師の立場は、純然たる大乗の出家道を継承しつつ、衆生をあわれんで広大の慈門を開いて、授戒を契機として在家道を出家道化して、広く成仏得道せしめようとされているのである。

と、在家者に対しては、授戒を通して成仏得道をさせようとした、とする。

船岡誠「道元における自利利他の論理構造」（角田泰隆編『道元思想大系13　思想篇　第七巻　道元思想研究各論2』、同朋

舎、一九九五年、三二五～三二六頁。初出『日本仏教』第三八号、一九七六年）は、
道元にとって大切なことは「仏法をきはむる」こと、乃至その時であり、その時に当っては「人」「凡夫」「二乗」は全く論外となる。以上のごとく、道元にはいわれるごとき「在家主義」から「出家主義」へという思想展開はありえず、帰朝後のその立場は基本的には終始一貫していたといえる。
と、道元禅師にはもとから出家主義とされる思想展開はない、としながらも、
不離叢林（一箇半箇の接得）の立場は入越後、就中、鎌倉より帰山した後、極度におし進められたのであるが、これはある意味では出家主義と次元を異にするといえる。出家主義の方は、表現の強弱はあったが一貫して道元に見られる。ところが、前者の不離叢林の立場は晩年になるに及び強調されてくる。おそらくは道元も懐弉のいう「断仏種之罪」を恐れたためのことからの変化であろう。（「同論文」、三三二頁）
と、「一箇半箇接得」は、仏種を断つ罪を恐れたためであり、船岡誠『道元―道は無窮なり―』（ミネルヴァ書房、二〇一四年、二一七頁）は、
鎌倉行化後の道元は、不離叢林・一箇半箇の接得の立場を鮮明にしていった。道元僧団の維持、仏法の継承に意を尽くさねばならなかったのである。
と、僧団の維持や継承を優先したためである、とする。つまり、
道元のもつ「弘法救生」の立場と「一箇半箇の接得」の立場からくるその時・処・位の変化による説き方の違いと関係することであり、また『弁道話』のところで説明したように、道元の本質論と現実論という二分法的な問題の立て方とも関係し、単純に思想変化といえないのである。（『同書』、二〇九頁）
と、「弘法救生」と「一箇半箇接得」とは、環境の変化に伴う説き方の違いであり、思想の変化ではない、と捉えている。

私は、「三　先行研究」で、①「道元禅師における教化に対する思想の変化があった」とする立場に船岡誠氏を挙げたが、『道元―道は無窮なり―』において、教化観の矛盾が見られるように思われるのだが、船岡氏がどちらの立場を表明しているのか判断がつかなかったため、ここでも取り上げることとした。

柴田道賢『道元禅師の在家教化』（春秋社、一九七九年、一〇一頁）は、

禅師が伝承された宗教的生命を継承するに足る人物の教育訓練にその努力を指向されたのである。それはどこまでも道心にみちた出家修行者の錬成を意味するものであり、「一箇半箇の接得」といわれたものであった。

と、教育訓練として「一箇半箇接得」に指向したとしつつも、出家集団を支える在家信者の存在も欠くことができないとし、柴田道賢『同書』（二四四頁）において、

禅師は、出家学道を基本とされていたにもかかわらず、また在俗信者が仏縁を結び、仏道に近づき、次第に出家の功徳を得て、最後には仏祖の大道に通達することを望んでおられた（中略）正伝の仏法の功徳を累積させようとして、その教化の道を開かれたのである。

と、仏縁を結び、正伝の仏法の功徳を重ねるという視点から、道元禅師と在家者との関係を論じる。

石井清純「『典座教訓』と『知事清規』典座章」（『印度学仏教学研究』第三九巻第一号、一九九〇年、二四九頁）は、

『知事清規』では、『典座教訓』に比べ、施主・檀越に対する対応が極めて詳細に説かれるのである。それは斎会における具体的所作の記述に最も端的に現われているのである（後略）

と、寛元四年（一二四六）六月十五日の識語を持つ『知事清規』に、在家者への対応が記されていることを指摘する。

鏡島元隆「第一章　宗教者道元禅師」（『愛知学院大学禅研究所紀要』第二二号、一九九三年。後、『道元禅師』、春秋社、一九九七年、三六頁に所収）は、

七十五巻本『眼蔵』と十二巻本『眼蔵』との間にどんなに思想の逕庭があり、変化がみられるとしても、それは

禅師の「弘法救生」の思いに貫かれていることに異なることはない、

と、七十五巻本と十二巻本『正法眼蔵』の関係から、道元禅師と在家者の関わりを述べる。

石井修道「尚お忘れ難き事あり―道元の帰依と救済―」（『印度学仏教学研究』第四八巻第一号、一九九九年、八八頁）は、

> 初期の道元の「弘法救生」の説は、『永平広録』巻六の道元五二歳の四三四上堂の「仏仏祖祖、先ず誓願を発して衆生を救済し、苦を抜いて楽を与う、乃ち家風なり」の説でも知られるように、生涯貫かれた「仏祖の家風」を継承しようとした誓願であったといってよかろう。

と、『永平広録』から道元禅師の在家者に対する思いを持ち続けたことを論じる。

このように、道元禅師は「弘法救生」の思いは、「一箇半箇接得」に変化するものではなく、生涯を通じて「弘法救生」を貫いたことが窺われるのである。

『永平寺史』上巻（大本山永平寺、一九八二年、一二五頁）では、

> 永平寺の伽藍・僧衆の維持と運営とが意欲的に展開され、入宋帰朝以来常に標榜されていた「弘法救生」と「一箇半箇接得」という行願を掲げて、厳正に古規に則った永平寺僧団として整えられ軌道に乗りつつあった（後略）

と「弘法救生」と「一箇半箇の接得」に関しての解釈は見られず、どちらも道元禅師の行願であるとする。

六　道元禅師の著作に見られる教化の姿勢

次に、道元禅師の著作や二次資料と言われるものから、道元禅師の教化に対する姿勢を追っていきたい。
まず、弘法救生を論ずるにあたり、必ず『弁道話』（二巻、四六一頁）の次の一節が引かれる。
大宋紹定のはじめ、本郷にかへりし、すなはち弘法救生をおもひとせり、なほ重担をかたにおけるがごとし。
また、『永平広録』第八、法語一（四巻、一三六・一三八頁）にも、
予亦不希山林、無辞人里。（中略）朝市・沙場、本是自在円通之道場也。婬坊・酒肆、豈非天真如来之講肆乎。（中略）何況語黙経行之処、荘厳宝蓮自相随、寤寐進止之間、成等正覚間断。既為格外之式、寧違出家之風。〈予はまた山林を希わず、人里を辞することなし。（中略）朝市・沙場、本これ自在円通の道場なり。婬坊・酒肆、あに天真如来の講肆にあらざらんや。（中略）何に況や、語黙経行のところ、荘厳宝蓮自ずから相随い、寤寐進止の間、成等正覚、間断なし。既に格外の式たり、寧ぞ出家の風に違せんや。〉
と、興聖寺時代の法語において、ここでは、山林を願うことなく、人里を辞さないとするのは、すべての場所が修行（坐禅と教化）の道場である、と説かれていることから、『弁道話』同様、注目すべき法語であろう。
次の『永平広録』第三、二五一上堂（三巻、一六六頁）では、
疑、有未曾説底法、未曾聞底法乎。然而都無未曾説底法、未曾聞底法。〈疑う、未だ曾て説かざる底法、未だ曾て聞かざる底法ありやと。然れども都て未だ曾て説かざる底法、未だ曾て聞かざる底法なし。〉
と、鎌倉行化で、特別な教えを説いたのではないか、と出家の弟子達に疑いを持たれたことに対し、道元禅師は「道俗にも修行者と変わらず、同じことを説示した」とあり、教えの内容は、出家・在家平等であったことが窺われよう。
同じく、『永平広録』第四、三二〇上堂（三巻、二〇八頁）には、
大悲願海無涯岸、済度衆生脱苦津。〈大悲の願海、涯岸なし、衆生を済度して、苦津を脱せしむ。〉
と、道元禅師の誓願は済度衆生であることが見られ、「一箇半箇接得」を「少数精鋭の育成」と見なす以前に押さえ

るべき資料であろう。

次の『永平広録』第四、三二二上堂（三巻、二一〇頁）には、

一分飯著于魔王波旬、教脱落安身立命之所。再三拶攃于鰕䱇・海月、教功夫跳網著岸之心。〈一分の飯は魔王波旬に著け、安身立命のところを脱落せしむ。再三、鰕䱇・海月を拶攃して、跳網著岸の心を功夫せしむ。〉

と、魔王や悪魔に対しても身心脱落をさせたい、とし、教化の対象を蛙やくらげにも及ぼしており、人間に限定されることのない説示が見られる。

このことは、『宝慶記』（七巻、三八頁）に見られるように、

謂仏祖坐禅、従初発心、願集一切諸仏法。故於坐禅中、不忘衆生、不捨衆生、乃至蜫虫、常給慈念、誓願済度、所有功徳廻向一切。〈仏祖の坐禅は、初発心より、一切諸仏の法を集めんことを願う。故に坐禅の中において、衆生を忘れず、衆生を捨てず、ないし、蜫虫にまでも、常に慈念を給して、誓って済度せんことを願い、あらゆる功徳を一切に廻らし向けるなり。〉

と、済度衆生の意識としての一貫性が見られるのである。

人間以外への弘法の思いが見られるものとしては、『永平広録』第五、四一二上堂（三巻、二八〇頁）

永平今日、借便開門、普為人天八部・雲衲霞袂拈出。（中略）無尽法門、総在永平払子頭上。信手拈来、当機便用。不昧自己之眼目、不疑天下之舌頭。〈永平今日、便《たよ》りを借って門を開き、普く人天八部・雲衲霞袂のために拈出す。（中略）無尽の法門、総て永平の払子頭上にあり。手に信せて拈じ来り、機に当って便ち用いる。自己の眼目に昧からず、天下の舌頭を疑わず。〉

と、ここでは天上界や八部衆にも法門を開いている様子が見られるのである。

また、次に示す『永平広録』第六、四一八上堂（四巻、六頁）では、

若是参見釈迦牟尼仏、還是釈迦牟尼仏之弟子眷属也。既得為弟子眷属、或凡或聖、或闡提或逆人、或天或人、無量無辺、不可称量不可思議。既到這裏、如何設化。一切衆生有仏性、世尊開示化凡聖。〈若しこれ釈迦牟尼仏に参見せば、還是た釈迦牟尼仏の弟子眷属なり。既に弟子眷属たるを得れば、あるいは凡、あるいは聖、あるいは闡提、あるいは逆人、あるいは天、あるいは人、無量無辺、称量すべからず、思議すべからざるなり。既に這裏に到れば、如何が化を設けん。一切衆生、仏性あり、世尊開示して凡聖を化す。〉

と、道元禅師は、釈尊が凡・聖すべてに同様の教えを開いていたことを上げ、道元禅師は、釈尊の行状にならっていることが示されている。

さらに、次の『御遺言記録』（七巻、一九六・一九八頁）には、

（懐奘云く）「（引用者注：道元禅師は）誠雖所不聞佗之聞、無所聞佗之不聞。然於仏法者、大意同全無内外、如於衆中開示。先師常示云、若於仏法存内外者、諸天聖衆定聞食、必又堕虚妄罪歟。唯有秘事口決、未為佗之説者、所謂住持心術、寺院作法、乃至嗣書相伝次第、授菩薩戒作法、如是等事也。（中略）於仏法一切無私也。内外之有無、只合府大小両乗伝持祖師。（中略）先師（引用者注：道元禅師のこと）云、我専習道心。而道心最真実者、済度衆生仏法弘通也。〈誠に佗の聞かざるところを聞くといえども、佗の聞きしところを聞かざることなし。然して仏法においては、大意は同じく全く内外なきこと、衆中において開示せるがごとし。先師、常に示して云く、『もし仏法において内外を存せば、諸天聖衆定めて聞こし食し、必ずまた虚妄の罪に堕せんか。ただ秘事口決ありて、未だ佗のためにせざりし説は、いわゆる住持の心術、寺院の作法、乃至嗣書相伝の次第、授菩薩戒作法、かくのごとき等の事のみなり。（中略）仏法において一切私なきなり。内外もこれ有ることなく、ただ大小の両乗伝持の祖師に合府するのみ。』（中略）先師云く、『我れ専ら道心を習う。而も、道心最も真実ならば、衆生を済度し、仏法弘通せん。〉

と、懐奘禅師が、「道元禅師は仏法を平等に説かれていたけれども、住持の心得、寺院の作法、嗣書の相伝などだけは、必要な人だけに伝えた」、「道元禅師は、済度衆生と仏法弘通の心を習っていた」という内容が説かれている。

また、『伝光録』（二六六頁中）には、

興聖ニ住セシ時、神明来テ聴戒シ、布薩ゴトニ参見ス、永平寺ニシテ、龍神来テ八斎戒ヲ請シ、日日回向ニ預ント願ヒ出見ユ、コレニヨリテ日日ニ八斎戒ヲカキ、回向セラル、イマニイタルマデ、オコタルコトナシ、

さらに、『洞谷記』（『曹洞宗全書　宗源（下）』、曹洞宗全書刊行会、一九三〇年、五二四頁上）には、

同（引用者注：正中二年〈一三二五〉）十四日、覚明庵主、持参布薩籌竹云。遠江国、光明山寺、篠竹也。捨入当山常住物。伝聞。永平寺。布薩籌竹者。伊勢国。鈴鹿山。篠竹云。予感遠国持来懇志。即打調作布薩籌者也。

〈同十四日、覚明庵主、布薩の籌竹を持参して云く、遠江国、光明山寺の篠竹なり。当山の常住物に捨入すと伝え聞くなり。永平寺の布薩籌竹は、伊勢国、鈴鹿山の篠竹と云う。予、遠国に感じ持ち来たること懇ろに志す。打調して布薩籌と作すものなり。〉

と、在家者への教化は、布薩を通して、道元禅師の生涯にわたって見られたこと、それは、瑩山禅師（一二六四〈一説に一二六八〉～一三二五）の時代に至っても続いていることが見られる。

このように、道元禅師示寂後の初期永平寺僧団においても、道元禅師はすべての衆生を救済（＝教化・育成）しようという思いを持たれていたという認識であったことがわかるだろう。

七　「一箇半箇接得」に見る道元禅師の教化観

『建撕記』の「一箇半箇接得」は、『永平広録』第八「法語八」にのみ、その変奏が見られるだけであった。『建撕記』に見られる「わずかな人数でもよいから育成する」という思想は、道元禅師の著作には見られず、道元禅師が用いる一箇半箇は、全体性を示す文意として使われていた。

道元禅師の教化に対する意識からも、道元禅師が「一箇半箇接得」という言葉を使うとするならば、それは、「誰一人も捨てない」、「残りわずかな人数になっても、その人を見捨てない」、という、すべての衆生を救うという弘法救生の志と、その意味はまったく同じなのである。

これは、先述した「仏道」、「八大人覚」で見たように、釈尊と等しくありたいとする意識と一致しよう。

たとえば、『大般涅槃経』巻第一「寿命品」第一之一（『大正蔵』十二巻、三六五頁下）には、釈尊が涅槃に臨む際、

二月十五日、臨涅槃時、以仏神力出大音声。其声遍満乃至有頂。随其類音普告衆生、今日如来応供正遍知、憐愍衆生覆護衆生。等視衆生如羅睺羅。為作帰依屋舎室宅。大覚世尊将欲涅槃。一切衆生若有所疑、今悉可問。為最後問。〈二月十五日、涅槃に臨みたまふ時、仏の神力を以て大音声を出したまふ。其の声遍満して乃ち有頂に至る。其の類音に随ひて普く衆生に告ぐらく「今日、如来・応供・正遍知、衆生を憐愍し、衆生を覆護し、等しく衆生を視たまふこと、羅睺羅の如し。為に帰依屋舎室宅と作りたまふ。大覚世尊、将に涅槃したまはんと欲す。一切衆生若し疑ふ所有らば、今悉く問ふべし。最後の問たらん。」〉

と、拘尸那城において、世尊は自分の子供のように、これからも衆生を憐愍し、等しく見ていくこと、そして、人々に「疑問があれば問うように」と語り、また、修行者に向けても、「寿量品」第一之二（『大正蔵』十二巻、三七六頁中）、

比丘、若有疑念今皆当問。〈比丘、若し疑念有らば、今皆当に問うべし。〉

と、疑問があるならば尋ねるように、と促したのであった。

さらに、『大般涅槃経』巻第四十「憍陳如品」第十三之二（『大正蔵』十二巻、六〇二頁中・六〇三頁下）には、

仏告阿難、是娑羅林外一梵志名須跋陀。其年極老已百二十。雖得五通未捨憍慢。獲得非想非非想定、生一切智起涅槃想。汝可往彼語須跋言、如来出世如優曇花。於今中夜当般涅槃。若有所作可及時作。莫於後日而生悔心。阿難汝之所説彼定信受。何以故。汝曾往昔五百世中作須跋陀子。其人愛心習猶未尽。以是因縁信受汝語。爾時阿難受仏勅已。往須跋所作如是言。仁者、当知如来出世如優曇花。於今中夜当般涅槃。欲有所作可及時作、莫於後日生悔心也。須跋言、善哉阿難、我今当往至如来所。爾時阿難与須跋陀還至仏所（中略）須跋陀得阿羅漢果〈仏阿難に告げたまく「この娑羅林の外に一りの梵志有りて、須跋陀と名づく。其の年極めて老い、已に百二十なり。五通を得と雖も未だ憍慢を捨てず。非想非非想定を獲得し、一切智を生じて涅槃想を起す。汝彼に往いて須陀に語りて言ふべし「如来の出世は優曇華の如し。今中夜に於いて当に般涅槃すべし。若し所作有らば時に及びて作すべし。後日に於いて悔心を生ずること莫かれ」。阿難、汝が説く所彼定んで信受せん。何を以ての故に、汝曾て往昔五百世の中に、須跋陀が子と作れり。其の人愛心の習猶未だ尽きず。是の因縁を以て汝が語を信受せん」。爾の時に阿難、仏勅を受け已り、須跋の所に往いて是の如きの言を作さく、「仁者当に知るべし、如来の世に出づるは優曇華の如し。今中夜に於いて当に般涅槃すべし。所作有らんと欲せば、時に及んで作すべし、後日に於いて悔心を生ずる莫かれ」。須跋の言はく、「善い哉、阿難、我今当に往いて如来の所に至るべし」。爾の時、阿難、須跋陀と与に還り、仏所に至る。（中略）須跋陀は阿羅漢果を得たり〉

と、世尊は、バラモンである須跋陀を呼び寄せ、最後の弟子とし、釈尊の説法により須跋陀は、阿羅漢の境地を得たのである。

このように、釈尊が般涅槃の際、拘尸那城に住んでいるすべての人たちに相見の機会を与え、また仏教徒以外の須跋陀を最後の弟子とされたように、般涅槃する直前まで、出家者に限定せず、すべての人を教化の対象としていたの

である。それは、早島鏡正『初期仏教と社会生活』（岩波書店、一九六四年、四九〇頁）によって、ブッダが、出家者と共に在家信者を、ともにサンガ構成の中にふくましめた理由の中には、万人に開かれた真理の実践ということが、第一の理由であったろう。だが、在家生活をしてもよし、また、在家より進んで出家生活に入ってもよい、という柔軟な態度をブッダがとっていたことは、否定できない。そして、専ら出家者として修行生活に精励する生活の意義を、出家者だけに対してでなく、在家者にも説いたという点に注目しなければならない。

と、出家・在家の区別なき説法であったことが指摘されているところである。これを『正法眼蔵』に照らし合わせてみるならば、「行持（下）」（一巻、二〇一頁）の如浄章が該当するだろう。

先師の会に、西蜀の綿州人にて、道昇とてありしは、道家流なり。徒党五人、ともにちかうていはく、われら一生に仏祖の大道を弁取すべし、さらに郷土にかへるべからず。先師、ことに随喜して経行・道業、ともに衆僧と一如ならしむ。

と、如浄禅師が道教の人を迎え入れ、修行僧同様に接したことに、道元禅師は、「奇代の勝躅なり」（「行持（下）」、一巻、二〇二頁）と示したことからも、教化への姿勢、すなわち、求める人すべてに教えを説くという意識を持っていたことを窺うことができる。

こうして、このように見てくると、「五　道元禅師の教化に対する意識について」で考察したように、興聖寺時代から一貫して教化は平等になされており、道元禅師は衆生を捨てなかった、と言えるだろう。

従来、『建撕記』に見られる、「一箇半箇接得」という文言を如浄禅師の示誡とし、道元禅師がそれを継承した、としたことについて、興聖寺時代の「弘法救生」と、永平寺時代の「一箇半箇接得」に関し、思想の変化の有無が議論されてきたが、私見の及ぶかぎりにおいては、いずれの議論も道元禅師の著作ではなく、道元禅師示寂後二百年を経て成立した『建撕記』を根拠になされていた。

真の後継者を育成することは、結果としてわずかな人数になったとしても、道元禅師には「わずかな人数でもよい」という意識はなかったのであり、『知事清規』（六巻、一三四頁）には、

逢如是衆（引用者注：道心あり稽古ある衆）、七八衆可大叢林也。〈かくのごときの衆に逢わば、七八衆なりとも大叢林とすべし。〉

と、道心あり、稽古ある出家者であれば、七・八人であったとしても大叢林である、と説示されているように、道元禅師は人数の多少を問題としないのである。

繰り返しになるが、『御遺言記録』には、住持の心術・寺院の作法、嗣法の相伝以外は、在家・出家平等に説かれたと示されている。さらに、在家信者に対しては、『知事清規』（六巻、一四〇頁）に、

恭敬於檀越施主、慈心於檀越施主、既是如来世尊之教勅也。〈檀越施主を恭敬し、檀越施主に慈心するは、既にこれ如来世尊の教勅なり。〉

と、釈尊の確かな教えとして、出家者は在家者に、恭敬・慈心で対応することが説かれていることからも、在家放棄・出家至上主義という説は、妥当性を欠くものと言えよう。

さらに、『御遺言記録』（七巻、一八八頁）によると、

同八月三日、賜八斎戒印板。〈同（一二五三）八月三日、八斎戒の印板を賜わる。〉

と、道元禅師から徹通義介禅師（一二一九～一三〇九）へ、建長五年（一二五三）八月三日に八斎戒の印板が授けられたことが記されている。このことは、道元禅師の京都上洛中の布薩説戒を、義介禅師に託したと推察できようか。

道元禅師による布薩の様子は、布薩説戒あるいは説戒として次のように見られる。

寛元五年丁未正月十五日、布薩説戒之時、興五色彩雲於方丈門前、聴聞衆中見之人々、（後略）〈寛元五年（引用

者注：一二四七年）丁未正月十五日、布薩説戒の時、五色の彩雲、方丈の門前において興り、聴聞の衆中、これを見る人々（後略）〉（全久院文書「一一三七　五色彩雲記」大久保道舟編『曹洞宗古文書（下巻）』、筑摩書房、一九七二年、一九一～一九二頁）

志比庄方丈不思議日記事

寛元五年歳次丁未正月十五日説戒、此日自未之始至申之半分、正面障子仁有五色光、聴聞衆貴賤拝之、其中自吉田河南庄中郷人、企参詣奉見之輩二十余人、但説戒之日雖多、相当斯日、参詣之條令然故也、此條為虚言者、永令堕罪罪三途歟。仍自今以後、為伝聞随喜記置之状如件、〈寛元五年（引用者注：一二四七年）歳次丁未正月十五日に説戒す、此の日、未の始めから申の半分に至りて、正面の障子に五色の光あり、聴聞の衆、貴賤これを拝す。其の中に吉田河南庄の中の郷の人、参詣を企し奉見の輩二十余人、但し説戒の日多しといえども、斯日に相当し、参詣の條しからしむ故なり、此の條虚言と為すは、永く罪三途に堕罪せしむるか。仍って今より以後、伝聞随喜の為に、此を記し置くの状、件の如し〉（全久院文書「一一三八　五色光不思議日記」、大久保道舟編『曹洞宗古文書（下巻）』、筑摩書房、一九七二年、一九二頁）

また、『禅苑清規』の引用である、『知事清規』監院章（六巻、一二八頁）にも、

如冬斎・年斎・解夏斎・結夏斎・炙茄会・端午・七夕・重九・開炉・閉炉・臘八・二月半、是如上斎会、若監院有力自合営弁。如力所不及、即請人勾当。〈冬斎・年斎・解夏斎・結夏斎・炙茄会・端午・七夕・重九・開炉・閉炉・臘八・二月半のごとき、この如上の斎会に、もし監院力あらば自ら営弁すべし。もし力およばざる所は、即ち人を請して勾当す。〉

と、斎会に関する説示が見られる。斎会とは、出家・在家が共に三業を慎む法会であるから、在家者が関わらないことは考えにくい。

ただし、在家者と出家者が関わる際に重要なことは、在家者（ここでは檀那、とあるが）が正信であるかどうか・名聞利養ではないかどうかが問われる。道元禅師はさらに『知事清規』（六巻、一三八頁）において、『禅苑清規』を引用し、

清規云、不為利説法否。監院若遇人天或欲供衆、或欲起造、先応子細撿点于檀那之正信不信清浄不浄、稟住持人、而倶商量。若決定浄信之与正見、即聴許之。未然莫許。〈清規に云く、利のために説法せざるや否やと。監院もし人天の或は供衆《ぐしゅ》を欲し、或は起造を欲するに遇わば、先ず応に子細に檀那の正信不信、清浄不浄を撿点し、住持人に稟《もう》してともに商量すべし。もし浄信と正見とを決定せば、即ちこれを聴許せよ。未だ然らずんば許すこと莫れ。〉

と述べ、正信の在家者を求めていたことが知られる。すなわち、出家者に対し、在家者への恭敬・慈心を説く一方で、僧伽の構成員として、在家者にも仏教者としての自覚を要求するのである。

道元禅師は「安居」（二巻、二三八頁）において、在家者にも安居することを求め、また、「袈裟功徳」（二巻、三二三頁）では、在家者にも出家者同様の服装・所持品を求めるなど、出家者と在家者間に、その差異を設けない。

これを「平等性」という視点で見るならば、たとえば、徳治三年（一三〇七）後八月二十日「西大寺門徒規式」（黒田俊雄編『寺院法』集英社、二〇一五年、六九八頁）では、

寺々八斎戒輩可停止直突《裰》着用事〈寺々の八斎戒の輩は、直突《裰》着用を停止すべき事〉

と、在家者（＝斎戒衆）には、直裰は僧服であるとし、その着用とを禁止し、出家者と在家者の差別化を図っている。

また、慶長六年（一六〇一）二月「延暦寺大講堂衆議条々」（『同書』、五八四頁）では、

直裰者非法衣、甲乙人之物也、京都・坂本之間者、可有着用、於山上・社頭者、一切不可用之事〈直裰は法衣に非ず、甲乙人の物なり。京都・坂本の間は、着用あるべし。山上・社頭においては、一切これを用うべからざる

事〉

と、先に西大寺では法服として出家者にのみ認められていた直裰は、延暦寺においては在家者が着用するものであるとして、出家者に直裰の着用を許さない。

直裰については、『宝慶記』（七巻、二八頁）において、

堂頭和尚慈誨曰。上古禅和子、皆著褊衫也。間有著直裰者。近来、都著直裰、乃澆風也。你欲慕古風、須著褊衫。今日、参内裏僧、必著褊衫。伝衣時、受菩薩戒時、亦著褊衫。近来、参禅僧家、謂著褊衫是律院兄弟服者乃非也。不知古法人也。（中略）仏祖児孫、著可著之衣者也。〈堂頭和尚、慈誨して曰く。上古の禅和子は、みな褊衫を著けたり。間には直裰を著けし者もありき。近来、都て直裰を著くるは、乃ち澆風なり。你、古風を慕わんと欲さば、須く褊衫を著くべし。今日、内裏に参ずる僧は、必ず褊衫を著く。伝衣の時も、菩薩戒を受くる時も、また、褊衫を著く。近来、参禅の僧家の、「褊衫を著くるは、これ律院の兄弟の服なり」と謂えるは、乃ち非なり。古法を知らざる人なり。（中略）仏祖の児孫は、著くべきの衣を著くる者なり。〉

と、直裰の着用は如浄禅師によって否定されており、仏祖の児孫は褊衫・袈裟を著すべきことが慈誨されている。(4)

西大寺・延暦寺に見られる着衣の例では、在家者は「仏祖の児孫」と認められていないことになるが、道元禅師門下においては、仏祖の児孫は出家者だけではなく、在家者も含まれており、着衣に両者の差異を見ないのである。

在家者との関わりについて、熊本英人「『正法眼蔵』「看経」の看経」（小坂機融編『道元思想大系9 思想篇 第三巻 道元と叢林生活』、同朋舎、一九九五年、三二八〜三二九頁）は、

「看経」巻は仁治二年（一二四一）、興聖寺で示衆され、その書写は寛元三年（一二四五）大仏寺においてなされたことを挙げ、在俗信者に対し、出家主義的な色彩が強くなりつつあった越前移錫後においても配慮がなされていた。

と論じており、石井清純「道元禅師の僧団に対する意識」（『駒澤大学仏教学部論集』第二〇号、一九八九年、一六四頁）では、入越後も在家居士の得道を讃える巻が、入越の後に書写されている点から、

入越を契機とした出家主義への変化という時間的な流れだけで捉えきれるものではなく、対機の問題とも関連して、一本化され得ない別個のものとして存在していた可能性が指摘できるのである。

と論じる、熊本・石井両氏の見解に留意したい。

ところで、『学道用心集』（五巻、二六頁）には、

調心操之事尤難。長斎梵行亦不難乎、調身行之事尤難。〈心操を調うるの事尤も難し。長斎梵行もまた難からざらんや、身行を調うるの事尤も難し。〉

と長斎についての記述が見られる。長斎は宮中における年中行事が記されている平安末期成立の『簾中抄』（『改定史籍集覧』第廿三冊、臨川書店、一九八四年、九五〜九六頁）によると、

斎月年三長斎とも云正月五月九月この月々帝釈の南閻浮提にかむひて衆生の善悪をかんかへ志るす月也五種の味をたもち戒をたもち仏菩薩を講礼すれは一切の罪業消滅して災難おこらす命終ののち十方の浄土に往生すといりあるひはこの月のかみ十五日持斎行道すへしといふ

と、この日に諸天善神が人間界に下り、善を修する人を護持するという。

既述したように『永平広録』巻三、二五一上堂では在家者を教化したことが示されており、宝治元年（一二四七）正月十五日には「布薩説戒」がなされていることから、出家者は在家者と共にあったことが窺われる。

寛元五年（引用者注：一二四七）宝治元年正月十五日説戒時、五色のくも方丈の正面にたち候て、半時ばかり候けり。聴聞の道俗あまたこれをみる。（七巻、二二四頁）

「一箇半箇接得」が道元禅師示寂後の教団に継承されたとするならば、師は嗣法に足る参学者をわずかに育成するだ

けでよいことになり、弘法救生の意識を持つ必要がない、あるいは優先順位として下位に置くものとなるだろう。

少数精鋭を育成することが僧伽にとって最大の課題であるならば、「弘通のこころを放下せん激揚のとき」（『弁道話』二巻、四六一頁）はいつになるのだろうか。教団は在家者の帰依・布施により支えられているのであるから、在家への教化が為されていることを見過ごしてはなるまい。

また、他宗の出家者に対しても教化は開かれているのである。その聴法者の中から、発心し出家する者を嗣法に値するまで育成するという過程を抜きにして、道元禅師の教化観は明らかにならない。嗣法の弟子を育成することは容易なことではないが、かと言って出家者の中から特別に選び取り教化する姿勢は、道元禅師の著作には見られないのである。

佐藤秀孝「道元禅師の鎌倉行化とその周辺」（『駒澤大学仏教学部論集』第二一号、一九九〇年、二三八頁）は、

永平寺においても檀越の存在は欠かせなかったのであり、一箇半箇の学人の接得と、弘法救生の教化の問題は、両つながら道元禅師の思いとして生涯にわたり維持されていたといえよう。この点、出家者を対象とする説示と、在俗の檀越を対象とする説示は、道元禅師にとって微妙な相違が存したのではなかろうか。

と、在家者と出家者への説示に微妙な相違があったのではないか、と指摘している。

文字通り、「一箇半箇の学人の接得」で済むのであれば、既述したように、興聖寺時代において、すでに懐奘禅師に嗣法が許された時点で、「一箇半箇接得」は成就していたと言えよう。

また、嗣法の弟子とは、「弟子を育成することのできる人」であることから、在家者における布薩時の持戒や聴法だけでは認められないものである。また、出家者においても、道元禅師の正法理解と寺院運営を担うことのできる者は限られてくるだろう。すなわち、僧伽の構成員をつぶさに見た時、

和尚（和上 upajjhāya, upādhyāya）には、比丘であれば何ぴとでもなりうるというものではない。弟子を教育し

うる能力のある人でなければならない。（平川彰『平川彰著作集　第一二巻　原始仏教の教団組織Ⅱ』、春秋社、二〇〇〇年、二七三頁）

とあるように、厳密には、住持職と出家者には大きな隔たりが見られるのであるが、先述したように、道元禅師の著作には、出家者の中から特別に選び取り育成したとする内容は探せない。

八　結論

道元禅師が用いる「一箇半箇」の文意から、道元禅師の教化の姿勢を考察した結果、『建撕記』に見られる「晩年に至って真の後継者を育成する教化観に変化した」という道元禅師像とは、真逆の姿を捉えることができた。

要するに、「一箇半箇」という言葉を通して見えてくる道元禅師の教化観とは、「教化の対象が最後の一人になったとしても、その衆生を見捨てない」のであり、「すべての弟子（＝出家・在家）に平等に正伝の仏法を説き続ける」ことを指す。道元禅師においては、求めてくるすべての人を教化・育成するという意識は「生涯変わることはなかった」と言い得よう。

（1）　瑞長本からの引用は、伊藤秀憲「第一章　道元の伝記史料について　六　結語」（『道元禅研究』、大蔵出版、一九九八年、七八頁）、「明州本は写本としては最も古いが、『行状記』によって再び漢文体に戻そうとの試みがなされており、延宝本は『列祖行業記』の影響を非常に受けており、それによって書き加えや書き換えが行なわれていると言える。また、瑞長本は、他の写本とは異なり、常に用いた資料の考証を行なっており、伝記を記述していく上で、証拠を提示しつつ進めているのが特徴である。それに対して、他の写本は考証箇所を省略して、結論のみを断定的に記述する傾向にあると言える。

この点から瑞長本は建撕の草稿本、或いは『建撕記』の本来の姿をとどめていると考えることが出来よう」に依った。なお、五箇条の垂誡とは、「補注」（石井修道訳註『原文対照現代語訳・道元禅師全集 第九巻 正法眼蔵9』、春秋社、二〇一二年、二五五頁）によると、「①国王大臣に近付すること莫かれ、②聚落城隍に居せざれ、③須らく深山窮谷に住すべし、④雲州閑人を要せざれ、虚の多きは実の少なきに如かず、真箇の道人を撰取して以て伴と為せ、⑤若し一箇半箇も接得あらば、仏祖の慧命を嗣続して古仏の家風を扶起せん者なり」とする。

（2）玉城康四郎氏は、「大衆への弘法は、三十九歳の「一顆明珠」を転機として切り落とされてしまったと見ることができよう」（『道元（上）』、春秋社、一九九六年、一二九頁）という。玉城氏は「一顆明珠」の特徴として次の三点を挙げ、「一箇半箇接得」の教化観に変化した論拠とする。

一、身心脱落以来しだいに養いつづけられてきた実存そのものの明証性・透徹性が、この巻においてますます確かめられ、もはやいかなるものによっても欺かれ得ないものにまでなっており、この光なき光、声なき声が、このあと『眼蔵』展開の中枢を貫いていく。

二、その光なき光として見えざるいのちが、この巻においてはじめて「尽十方世界是一顆明珠」という世界像にまで形成されており、『眼蔵』思想の流れのなかで画期的な転回を意味している。それは見えざるいのちが像としてえがき得る言葉を持ち得たことであり、道元思想における明確な世界観の始まりであるということでできる。

三、『眼蔵』独特の文体と思索とが、この巻においてはじめて現われかけており、その特徴はこの巻以後の説述のなかでますます強められていく。この巻は、いわば『眼蔵』における文体と思索の特有性の先駆をなすものである。

（3）僧伽とは、本来、「世尊の弟子僧伽は妙行者なり、如理行者なり…乃至…世尊の弟子僧伽は和敬行者なり、（僧伽とは）即ち四雙の人、八人なり、これ世尊の弟子僧伽は施さるべく、請待せらるべく、供養さるべく、恭敬さるべく、世人の無上なる福田なり。」（『南伝』第十七巻、増支部経典一、三集、第二大品、三三八頁）と、在家者は含まれない。水野弘元『釈尊の人間教育学』（佼成出版社、一九九四年、五九頁）によると、僧伽とは、仏教の専門家の集団、仏教の信仰を指導する集団、正法を維持存続させる集団をいう。また『同書』（五七〜五八頁）によると、初期仏教以来、阿含経でも仏教者である比丘、比丘尼、優婆塞、優婆夷を「四衆」と呼ぶが、この場合の衆はパリサー（パリシャット）といい、僧伽ではないが、明治以降、出家と在家の区別がなくなり、仏教信者の団体を僧伽と呼ぶようになったという。本論で扱う、僧伽とは、道元禅師の思想に基づき、在家者をもその構成員とするため、出家・在家の集団として扱うこととする。

（4）しかし、次の説示により、如浄禅師下において直裰の着用は認められていたようである。「先師の、天童に住せしときは、三更の三点をその時節とせり。裙・褊衫を着し、あるいは直裰を著して、手巾をたづさへて洗面架におもむく。」（「洗面」、二巻、四一頁）。また、農作業時には、褊衫・袈裟・直裰の着用が禁止されていることを知る。「鋤地種菜之時、不著裙・褊衫。不著袈裟直裰。只著白布衫・中衣而已。〈地を鋤き菜を種うるの時は、裙・褊衫を著けず。袈裟・直裰を著けず。ただ白布衫・中衣を著くるのみ〉」（『知事清規』、六巻、一二〇頁）

道元禅師の御真詠を守って

丸山劫外

一　はじめに

道元禅師の御歌として伝承されている御歌について、その多くが御真詠ではないという説得力のある論文が発表されてより、その論文のために、いかにも多くは御真詠ではないと、レッテルを貼られてしまったきらいがある。それに対して、筆者は、はたしてその説を鵜呑みにしてよいものだろうか、宗門人として道元禅師の御真詠を守らねばという思いにて、研究した一端を書かせていただきたい。

特に、道元禅師の絶詠とも言える「中秋夜のご詠歌（また見んと思ひし時のあきだにも今宵の月にねられやはする）」と、曹洞宗の宗歌の一部に採られていて、御詠歌では「梅花」と題されている「荒磯の浪もえよせぬ高岩にかきもつくべき法ならばこそ」の二首も他の人の作だとされているが、はたして本当にそうであろうか、このままにしておいてはなるまいとの思いにて、精査した結果、その説の間違いを探し出すことができたのである。

この機会に、「ほとんど御真詠ではない」という説を鵜呑みにしないことを、後世の方々にもご承知していただきたいと願う次第である。

しかし、このような説が出てくる背景があることは事実であるので、その点からひも解いてみよう。

二　『傘松道詠』という名称の問題

道元禅師の詠まれた和歌については、『正法眼蔵』のように各巻が説かれた刊記（年月日）や場所が記載され、かつ道元禅師のご存命中からの和歌集として伝承されているものが、現存していないのである。延享四年（一七四七）に、面山瑞方（一六八三～一七六九）によって、『傘松道詠』と外題を付した道元禅師の和歌集が、柳枝軒から上梓された。この書の上梓によって、『傘松道詠』は道元禅師の和歌集として流布したのであるが、これは、道元禅師ご遷化後五百年も後のものである。

しかし、この名称は、大場南北氏の『道元禅師和歌集新釈』(1)によれば、原将監なる者が、書写した和歌集の外題にも「傘松道詠」、内題にも「傘松道詠集」とあるので、この書写本は岸沢惟安老師によって「宝慶寺本傘松道詠」と名づけられている。この書写本によって、大場氏は、「「傘松道詠」という名称のそもそもの起源はおそらくこの辺にあったのではないかと思われる」と書いている。書写の年代は享保八年（一七二三）であるので、面山の上梓よりも早い。しかし、現在までに発見されている数種の道元禅師の和歌の書写本の中では、原将監（淇園）書写本より早い時期の「傘松道詠」と題が付された書写本が見つかっていないだけのことで、もしかしたら、もっと早い段階から「傘松道詠」という名称はあったかもしれない。または、「傘松道詠」と、後の者が原将監（淇園）書写本に付したのではないかという推測も成り立つのである。しかし、面山が開板したのは確実であるので、面山がつけた、という説が有力ではあるが、いつの時代から、誰によってつけられたかは、確実なことは言えないであろう。[2]
よって、本論では、道元禅師の和歌集を仮に『道元禅師和歌集』として説明をしていきたい。

三　『道元禅師和歌集』の諸問題

（一）書写本の書写年代

道元禅師の和歌については、これが禅師の和歌であると断定できる資料に乏しいことは事実である。禅師の直筆や、ご存命当時に和歌集としてまとめられたという資料も、そのようなことが記載された資料も現存していないのである。『傘松道詠』という名称についても、面山が付けたのではないかと推測できるが、明確には誰が、いつごろ名づけたかも、不明なのである。

道元禅師の和歌について、最古の資料として、永平寺第十四世建撕（一四一五〜一四七四）によって撰述された『永平開山行状建撕記』（以下『建撕記』と略称）に次のような識語が、和歌が記載された後に記載されている。

右謹書寫永平和尚之御詠歌、奉附授拂公首座、伏乞、洞宗大興門派流通焉、至祝〃〃祈禱〃〃
應永二七年六月朔、洞雲比丘喜舜判、寶慶寺八世也、

（右謹んで永平和尚の御詠歌を書寫し、拂公首座に附授し奉る。伏して乞う、洞宗大いに興り門派流通せんことを。至祝至祝　祈禱祈禱
應永二七年六月朔、洞雲比丘喜舜判、寶慶寺八世也、）

この一文は、『諸本對校永平開山道元禅師行状建撕記』[3]に掲載されている『建撕記』の古写本のうち、最古の天文

七年（一五三八）に明州和尚が書写したいわゆる〈明州本〉に採録されている識語である。道元禅師のご詠歌を、宝慶寺八世の洞雲喜舜が書写して、弟子の梯（挮）公首座――永平第十三世建綱（一四一三～一四六九）のこと――に付授したことが記されている。喜舜が書写したという原初本が現存していれば、有力な資料となるのだが、それは発見されていない。しかし、喜舜が応永二十七年（一四二〇）に書写した当時、道元禅師の和歌として採録されていた原初本があったということは推察できるのである。そのことに対しては、まったく記されていない。

現在『建撕記』の古写本は、五系統[4]発見されている。これら『建撕記』に多少記載の相違はあるが、喜舜の識語はすべてに付されている[5]。この記載により、道元禅師の和歌を、書写されたことがわかる年代の最初は、今のところ、喜舜が書写したという応永二十七年であるが、道元禅師ご遷化後、約百七十年後のことである。せめて喜舜が書写したという原初本が、発見されたならば、道元禅師の和歌の御真詠という問題にとって、まったく違う展開ができるのであるが、残念なことである。

五系統の他に『建撕記』としては、宝暦四年（一七五四）の面山による『訂補建撕記』がある。面山には、他に『傘松道詠』として、延享四年（一七四七）に上梓された書がある。

『道元禅師和歌集』の問題は、ご存命当時、もしくは直後くらいに禅師の弟子が編輯し、禅師の御歌であると記載された書が残されていないことである。

（二）採録数及び採録された御歌の違い

『建撕記』の古写本に採録されている和歌は、採録数に若干の相違がある。いわゆる明州本は五十一首（木部山を入れると十一首）、瑞長本は五十三首（十一首）、延宝本は五十四首（十一首）、門子本は五十五首（十一首）、元文本は五十三首（十一首）である。

『建撕記』とは別に、道元禅師の和歌を独立して採録した古写本が数種ある。『道元禅師全集』第七巻解題[6]によれば、宝慶寺本傘松道詠（享保八年〈一七二三〉）は四十七首、宗参寺本永平和歌集（元文本に同じ、ただし和文）五十四首、導故寺永平和尚和歌集六十五首、涌金山本永平開山道元禅師詠歌（寛政三年〈一七九一〉）五十五首、面山編輯『傘松道詠』（延享三年〈一七四六〉）六十首。

以上のように『建撕記』でも、また独立した和歌集でも、採録数には違いがある。特に面山編輯の『傘松道詠』は採録数も多く、どこから採録したか明白ではない和歌もあるので、道元禅師の御真詠の和歌を考える時、かえって問題を生じてしまうのである。

四　御真詠でないとする論文について

さて、いよいよ、道元禅師の御真詠として伝承されている御歌に対して、「ほぼ半数は道元禅師の真詠作とは決し難い」と論じている論文について考察を試みたい。

それは船津洋子氏による「『傘松道詠集』の名称・成立・性格」という論文である。この論文は大妻女子大学の『大妻国文』第五号に昭和四十九年（一九七四）に発表されている。[7]

この論文の発表以前、たとえば『和漢詩歌作家辞典』（みずほ出版、一九七二年）の「道元」の項には、和歌に関しての否定的な記載はされていない。しかし、この論文が発表された以降、たとえば、昭和六十一年（一九八六）刊の『和歌大辞典』（明治書院）には「建撕記・訂補建撕記によると真作の由だが、ごく一部の歌を除いて信じがたい」という記載がある。この解説の【参考文献】として大場南北氏の『道元禅師傘松道詠の研究』（仏教書林中山書房、一九七二年）と、船津洋子氏の「傘松道詠集の名称・成立・性格」が挙げられているのである。

また平成三年（一九九一）の『和歌文学辞典』（桜楓社）にも「道元」の項に「『傘松道詠』はその家集とみられていたが、他人詠を多く含み、純粋の家集ではないとされる」と記載されてしまっている。

昭和四十九年（一九七四）発表の船津洋子氏論文「『傘松道詠集』の名称・成立・性格」の発表以降に出版された辞典は、かなりこの論文の主張に影響されていることがわかり、辞典の記述は、後世までも読者をして、その記述を鵜呑みにさせるであろう、と危惧するところである。

筆者は、宗門人として、本当にこのような見解をそのまま鵜呑みにしてよいのか、という思いを抱いている。この論文以前の辞典には、このような否定的な紹介はされていないのである。

船津氏の論文は『大妻国文』のみならず、『道元思想大系』にも収録され、道元禅師の和歌として伝承されている和歌は、ほとんどご真詠ではないというこの論文に、宗門人もかなり衝撃を受けたのではなかろうか。

しかし、河村孝道氏は、『道元禅師全集』第七巻、「道元禅師和歌集」の解題で、「禅師の詠歌の類似歌性を顕証された船津洋子氏の研究成果は多くの示唆を与えるもの」とはされながらも「但し私自身は、「道元の真作が確証できる歌は絶無」とする船津氏の断定は肯い難く、……」と船津氏の見解に対しては異論のあることを述べられている。

この解題に、船津氏が類似歌の験証例とした御歌のうち、二十七首を挙げている。いずれにしても船津氏の論文の影響が大きいことを物語っているのである。たしかに和歌について国文学の分野から論じられると、専門性への信頼において一歩譲る点があるのは否めないし、船津氏の論文はかなり断定的な、それゆえに説得力のある論文である。

『歌集』には五十余首の道元作と伝える和歌が集録されているが、それらの中、ほぼ半数は道元の真詠作とは決し難い、他に類歌の存するものである。

（中略）

（4）また見んとおもひし時の秋だにも今宵の月にねられやはする（『空華和歌集』）

（5）世の中はなににたとへん水鳥のはしふる露にやどる月影（『空華和歌集』）

（以下略）

（4）（5）は湛澄（一六五一～一七一二）撰『空華和歌集』に法然の作として採られている。『空華和歌集』には元禄六年の板本のほかに、明治十六年、同二十九年の異本『空華和歌集』が存在する。これら二首は異本『空華和歌集』に法然作として収められているわけであるが、（4）の詞書が面山本と一致し、（5）は面山本に新出していることから、（4）（5）の二首は面山本と異本『空華和歌集』が同根に発したものか、あるいはこれらが道元の作たる確証、信頼のおけぬものであったために異本『空華和歌集』の編者が面山本から法然作として加えたかと思われる。しかし、湛澄の目にはふれなかったが、別に法然作として伝承せられていたことも考えねばならない。いずれにせよ道元の真作とは決定し難いことは明かである。(8)

とこのように船津氏は「また見んと」のご詠歌は『空華和歌集』にまったく同文の和歌があるので「道元の真作とは決定し難いことは明かである。」とまで断言している。

筆者自身、この論文を読んだ当初は、衝撃も受けた上、説得力ある文章と論文構成に疑問を生じる余地がないほどであった。しかし、道元禅師の絶詠ともいえる御歌まで、他人詠、法然上人の作であるとされていることに、本当にそうであろうか、これは道元門下として、言いなりにならないで、検証しなくてはならない、と思った次第である。「また見んと」の御歌には、〈明州本〉には「入滅之中秋夜詠歌」と題されている。五系統の『建撕記』では、この題に若干文字の違いはあるが、本論では「中秋夜の御詠歌」として論じたい。

五 「中秋夜の御詠歌」を御真詠として守る

(一)『空華和歌集』とは

まず、船津氏が、「中秋夜の御詠歌」は『空華和歌集』に法然の作として採られている」と断定しているので、筆者は、『空華和歌集』について調べてみた。これは浄土門の僧、証誉湛澄(一六五一〜一七一二)が法然上人(一一三三〜一二一二)のご詠歌を採録して、注釈を付けた和歌集である。国立国会図書館の古典籍資料室に収蔵されている原典の題簽の文字は『空花和歌集』となっている。『国書総目録』『仏書解説大辞典』も『空花和歌集』の文字である。(9) 船津氏が、使用している『空華和歌集』という書題の文字にも問題がある。本論では国立国会図書館の古典籍資料室に収蔵されている原典の題簽と同じ『空花和歌集』の文字の方を使用する。

この書は、跋文に「元禄九年丙子三月下旬　洛北報恩寺第十四世証誉記」とあるので、その年を開版かは断定できないが、元禄九年(一六九六)の成立は確かである。また序文は元禄六年(一六九三)となっていて、跋文の記載により、最初の一校は元禄六年になされたことがわかる。序文の後に湛澄自身の五カ条の歌集凡例が付されていて、その一カ条に、

上人の和歌。絵詞伝。語灯録に載するところすべて十九首。これを注す。此外に抄物にしるし。人口に伝うる歌もあれど。慥ならぬをばもらし侍る。

とあり、湛澄の採録のご詠歌の数は十九首であることがわかる。この『空花和歌集』中には「中秋夜の御詠歌」を見つけることはできない。

いったい船津氏は、何を根拠に『空華和歌集』の中に法然の作として採られている、と主張しているのであろうか。

船津氏は、さらに「明治十六年、同二十九年の異本『空華和歌集』が存在する。これら二首は異本『空華和歌集』に法然作として収められている」とまで断言している。異本『空華和歌集』とは、はたしていかなる書物なのであろうか。

『空花和歌集』の釈文を湛澄自身が簡略化し、かつそれぞれの和歌に絵を加えた『秋の初風　元祖大師御詠歌』なる書物がある。この書についての論文は、熊谷武至氏の「湛澄文献解題[10]」があり、この論文に船津氏は依拠したようであるが、これを船津氏は独断で異本『空華和歌集』と名づけているのではなかろうか。

（二）法然上人歌集『秋の初風』

船津氏が言うところの「明治十六年、同二十九年の異本『空華和歌集』」を、本来の題である『秋の初風』として改めて検討してみる。

元禄九年版の『秋の初風』の原典は、東北大学図書館に所蔵されている。[11]東北大学図書館より文献複写を取り寄せ、精読・確認作業をした。この書の湛澄の序には「元禄八とせの秋百々川の草の庵にしてしるし侍る」とあり、『空花和歌集』の一校を編んだ後この書を編んでいることがわかる。

浄土宗の祖、法然上人（一一三三～一二一二）の御姿が序文の後に描かれ、法然上人の御歌のそれぞれに絵が描かれていて、御歌の解説が付けられている。この中に「中秋夜の御詠歌」ともう一首が入っているか、精読したが見つけることはできなかった。

それでは、船津氏が言うところの明治十六年の異本『空華和歌集』とは、いかなる書であろうか。ここに元禄九年版の『秋の初風』を底本とした『秋の初風』翻刻版がある。小林大空なる者が、明治十六年（一八八三）に翻刻している。[12] これは国立国会図書館にマイクロフィルムとして所蔵されている。

マイクロフィルムをコピーして、やはり精読・確認したが、「中秋夜の御詠歌」並びに他の一首も入っていない。『空花和歌集』及び『秋の初風』元禄版に収められた十九首のみである。

それでは明治二十九年（一八九六）版はいかがであろうか。

明治二十九年版は明治十六年版の翻刻版とも言えるものである。奥付に東京の宇田総兵衛が翻刻印刷兼発行者として記されている。熊谷氏の論文によれば、二十九年版は二本あると記されているが、一本は仮に小型版（15×11センチ）と呼び、他の一本は仮に大型版（18×12センチ）と呼ぶ。それぞれ所蔵図書館にあたったところ、東京大学総合図書館に所蔵されているものは小型版であり、九州大学図書館に所蔵[13]されているものは大型版である。

九州大学図書館所蔵本のコピーを取り寄せて精読・確認したが、やはり「中秋夜の御詠歌」並びにもう一首も入っていない。

小型版は東京大学図書館で、実際にその書を手に取って調べてみたが、やはり「中秋夜の御詠歌」並びに他の一首も、採録されていなかったのである。大型版、小型版とも、多少文字の違いはあるが、やはり採録されている和歌の数は十九首であり、原本に同じ和歌である。

これら船津氏が「明治十六年、同二十九年の異本『空華和歌集』」とするところの『秋の初風』の原典にあたってみたが、「中秋夜の御詠歌」はいずれにも見出すことができなかった。はたして船津氏が指摘するところの「中秋夜の御詠歌」と他の一首を収めているという『空華和歌集』はいったい、いかなる書をさすのであろうか。

（三）船津論文の間違い

東方出版から高楠順次郎・佐佐木信綱・福井久蔵編集による『釋教歌詠全集』が出されている。[14] この中に、湛澄の注釈及び挿絵はすべて削除されているが、『空花和歌集』の序文と和歌のみが採録されている。これに付けられた題が『空華和歌集』となっていることにいきあたった。こちらは「空花」の文字が「空華」になっていて、確かに『空華和歌集』である。

また福井久蔵氏[15]の編集による『大日本歌書綜覧』でも『空華和歌集』となっているが、はたして『空華和歌集』の文字を使用した原典が、『空花和歌集』の文字である国立国会図書館所蔵以外にあるのか不明であるが、原典の題簽の文字遣いとは異なる文字を採用したのは福井氏ということも考えられる。なぜならば福井氏は国文学者であり、駒澤大学文学部教授も務め、『釋教歌詠全集』の主な編輯は福井氏が務めているのである。『正法眼蔵』の「空華」巻の文字の方になじみがあり、湛澄の注釈は削除しているので、本来の『空花和歌集』ではないので、『空華和歌集』と和歌集の題の文字を置き変えたのではなかろうか、と、筆者は推測している。

実は『秋の初風』は活字化されていないのであるが、船津氏はこれを見て「明治十六年、同二十九年の『秋の初風』を、異本『空華和歌集』」と勝手に見なし、かつ原典にはあたっていないことは明白である。明治十六年と明治二十九年に出された『秋の初風』には、この「中秋夜の御詠歌」ともう一首は、法然上人の御作ではないので、もちろん採録されていないのである。それにもかかわらず、

『空華和歌集』には元禄六年の板本のほかに、明治十六年、同二十九年の異本『空華和歌集』が存在する。これら二首は異本『空華和歌集』に法然作として収められているわけである。

とまったく誤った記述をしているのである。

その誤ちの根拠は『釋教歌詠全集』に、実はあったのである。

『釋教歌詠全集』第二巻に収録された『空華和歌集』には、なんと、湛澄が採録した十九首の後に「世の中は何にたとへん水鳥のはしふる露にやどるつきかげ」と「また見んとおもひし時のあきだにも今宵の月にねられやはする」の

二首が付されていたのである。

(四)『釋教歌詠全集』第二巻の採録ミス

まことに決定的な採録ミスに、筆者は行き着いたのである。『釋教歌詠全集』の『空華和歌集』に採録された「中秋夜の御詠歌」には、まぎれもなく「建長五年中秋」の題が付いているではないか。しかるに法然上人の御遷化の年は建暦二年(一二一二)であるのだから、建長五年(一二五三)に御歌をお詠みになることはありえないことである。

よって船津氏の「道元の真作とは決定し難いことは明か」という表現は「法然上人の真作とは決定し難いことは明か」と、言いかえたいところである。

しかし、なぜこの二首が法然上人の和歌集の最後尾に入り込んでしまったのだろうか。

船津氏に誤った情報を送ってしまったのはなぜか。それを考えなくてはならないだろう。あちこちの文献を漁ってようやくここまで辿りついたので、筆者はそれを探ってみた。『釋教歌詠全集』の同じ巻に『傘松道詠』も収録されているのである。「中秋夜の御詠歌」と「世の中は何にたとへん水鳥のはしふる露にやどるつきかげ」は『傘松道詠』の方にこそ入らなければならない二首であるのに、編輯の段階でなんらかのミスが生じたのではなかろうか。

しかるに『釋教歌詠全集』に採録された『傘松道詠』の一番最後に置かれている御歌は、「朝日まつ草葉の露のほとなきにいそきな立そ野辺の秋風」である。「秋風」の後にこの二首を入れなくてはならなかったのに、似た文字の「秋の初風」の最後に入ってしまったという可能性は考えられないであろうか。

『釋教歌詠全集』編輯の頃は、今のようにコンピューターですべてが編輯できる時代ではなく、手作業の時代である。大いに考えられるミスである。が、もちろんこのようなミスはおかしてはならないミスである。まして、福井氏は駒澤大学の教授であったほどの方である。ご点検くだされば、容易に気がついてくださったはずである。一度印刷物になってしまうと、後世までもこのミスは引き継がれてしまい、曹洞宗にとって、大事な道元禅師の絶詠と言われる御歌まで、他の上人の作であると、後の研究者を誤って導いてしまうことになってしまうのである。

ここに改めて、これは編輯ミスであり、この二首は『傘松道詠』にこそ採録されなくてはならなかったのだということを、改めて後世にお伝えしたい次第である。

六 「教外別伝の道歌」、御詠歌「梅花」を御真詠として守る

(一) 他人作の指摘について

荒磯の浪もえよせぬ高岩に
　　かきもつくべき法ならばこそ

この御歌は、五系統の『建撕記』に採録されている。

宝治元丁未年、在鎌倉西明寺殿道歌御所望時詠教外別伝

(宝治元丁未年、鎌倉に在て西明寺殿、道歌を御所望の時、教外別伝を詠ず)

＊西明寺殿は最明寺殿のこと

と、題されている。本論では仮に「教外別伝の道歌」と題したが、曹洞宗では宗歌の中にも歌いこまれ、梅花流詠讃歌では「高祖承陽大師第一番御詠歌(梅花)」と題されて、親しく奉詠されている大事な御歌である。

これも船津論文によると、他に類歌の存するものとして、『法灯国師仮名法語《ママ》』と『秋篠月清集』が挙げられてい

る。

『歌集』には五十余首の道元作と伝える和歌が集録されているが、それらの中、ほぼ半数は道元の真詠作とは決し難い、他に類歌の存するものである。

（1）（略）

（2）あら磯の波もえよせぬ高岩に書もつくべきのりならばこそ

あら磯の波もえよせぬ高岩に書もつくべきのりならばこそ（？）（『法灯国師仮名法語』）

荒磯の波よせかくる岩根松いはねどねには顕はれぬべし（『秋篠月清集』）[16]

『秋篠月清集』は、藤原義経の歌集で、元久元年（一二〇四）に編纂されている。類歌とされる「荒磯の波よせかくる岩根松　いはねどねには顕はれぬべし」であり「恋十五首」と題された中の一首である。これは多少文字の似ている部分もあるが、秘めた恋心を歌ったものでまったく問題外と言えよう。

問題となるのは、『法灯国師法語』である（船津氏は『法灯国師仮名法語』）。船津氏によれば、この『法灯国師法語』にまったく同じ一首があると書かれていることになる。ただ（？）は付いているが。

そこで、『法灯国師法語』の和綴じの原本を精読したが、どこにも「教外別伝の道歌」と同じ和歌は含まれていないのである。この書は法灯国師の法語ばかりが集録されている書であり、一首も和歌は掲載されていないのである。

（二）なぜ『法灯国師法語』を指摘したのか

それでは、何を根拠として、船津氏は「教外別伝の道歌」を『法灯国師仮名法語』にあるとしたのだろうか。

（2）の場合も（1）と同様の経路が考えられるが、……
と書かれた船津氏の論文のこの箇所に次のような注記が記されている。

昭和四十七年十二月に開催された「古典籍下見展観大入札会」に従来所在不明だった『法灯国師仮名法語』（文明十四年写）が小汀文庫より出展され、その中に「古歌にいはく」としてこの一首が引用せられていたことを駒澤大学山端昭道先生より御教示を受けた。[17]

これが船津氏が、「道元の真詠作とは決し難い」として、「教外別伝の道歌」の御歌を取り上げている根拠である。しかし、筆者の手元にある『法灯国師法語』の中には、「古歌にいはく」としてこの御歌がまったく採録されていないのである。筆者の手元にある『法灯国師法語』のコピーは正保二年（一六四四）に、利兵衛が開板したものである。山端昭道先生がご覧になった『法灯国師法語』は文明十四年（一四八二）の書と書かれている。確認したいが、国立国会図書館にも文明十四年の『法灯国師法語』は所蔵されていないようである。

しかし、船津氏自身もこの書を実際にはご覧になっていないのではなかろうか。「駒澤大学山端昭道先生より御教示を受けた」という表現である。そうであるから、論文中に（?）が付されていたのではなかろうか。

また「古歌にいはく」とあったからといって、その古歌は、道元禅師の御歌である可能性はかなり高い。ちなみに法灯国師心地覚心（一二〇七〜一二九八）は臨済宗の僧で、道元禅師から菩薩戒を受けたと言われている。

『禅林叢書』[18]第二巻にも「由良開山法燈國師法語」として収録されている法灯国師の法語を精読したが、こちらにも「教外別伝の道歌」の御歌は採録されていない。また、たまたま「由良開山法燈國師法語終」と記載されたページの次に『傘松道詠』が掲載されていて、まず初めのページにこの「教外別伝の道歌」が掲載されている。前述したように、「中秋夜の御詠歌」はおそらく編輯ミスにより法然上人の和歌集『秋の初風』（『空華和歌集』）の頁に採録されてしまい、それを船津氏は詳細な検証をなさないままに、その編輯ミスを誤解されたようなので、「教外別伝の道歌」も同じような間違いをしたのではと、筆者は当初勘違いしたことを、訂正しておきたい。[19]

（三）「教外別伝の道歌」についての船津論文の間違い

船津論文には、さらに決定的なミスであり、訂正しておかなくてはならない記述がある。それは「教外別伝の道歌」について書かれた次のような記述である。

（2）（筆者註：「教外別伝の道歌」のこと）の場合も（1）と同様の経路が考えられるが、さらにこの和歌には「宝治元丁未年在鎌倉西明寺殿道歌を御所望時」という恰も歌の真実性を裏付けするかのような詞書が付されている。しかし、道元の鎌倉行化に関しては確証すべき史料もなく、時頼が道元を鎌倉に招いた記事は『吾妻鏡』にも無い。したがって『鎌倉市史』では「造作の疑もある」と指摘しており、史実的な面からもこの一首は真作として甚だ疑うべき点が多いのである。[20]

と、このように記されているのである。道元禅師の鎌倉行化に関して「確証すべき史料がない」としているが、周知のように『永平広録』巻三の「帰山上堂[21]」に明らかなように、道元禅師は宝治元年八月初三日より宝治二年三月十三日まで永平寺を離れて鎌倉に赴いていたことは事実である。

このように道元禅師ご自身の記述があるにもかかわらず、船津氏は「確証すべき史料がない」としているが、それは『永平広録』自体を否定することになってしまうのである。

ただ、鎌倉で最明寺殿北条時頼と会見したかどうかということについては、『建撕記』には記載されるが、これは確かかどうかは他の有力な資料が、現段階では見当たらないので確定はしがたい。

しかし、「教外別伝の道歌」は、宗門にとっては宗歌であり、御詠歌「梅花」として大事にしている御歌であるので、船津氏の論文で他人作であるとされている指摘は、根拠のない指摘であることを、ここで改めて指摘しておきたい。

七　「道元禅師和歌集」のこれからの課題

道元禅師の和歌については、これが禅師の和歌であると断定できる資料に乏しいことは事実である。禅師の直筆本や、和歌集としてまとめられた当時の資料が現段階では発見されていないからである。

最古の資料としては、周知のように、『建撕記』の天文七年（一五三八）の「明州本」に和歌編輯の識語が書かれている。しかし、応永二十七年（一四二〇）宝慶寺八世洞雲喜舜がまとめたとされる、その原典は発見されていない。

また和歌だけを集めた書写本もあるが、それらは十八世紀のものである。

ただ、ここに道元禅師の和歌にとって重要な一書がある。それは、『洞谷開山瑩山和尚之法語』[22]である。この中に道元禅師の作と言える和歌が一首のみではあるが紹介されているのである。

曾祖永平開山和尚ノ云ク……現成底又如何ナルヘキソヤ、不見ヤ御歌ニ云、心トテ人ニ見スヘキ色ソナキ、但露霜ノムスフ計リソ

この御歌は、多少の語句の違いはあるが『建撕記』の諸本にも掲載されている一首である。「曾祖永平開山和尚」

とはっきりと書かれているので、この一首は道元禅師のご真詠と断定してよいだろう。また瑩山禅師（一二六八〜一三二五）ご存命の当時、道元禅師の御歌が弟子たちの間には伝承されていたことを裏づける有力な資料である。

船津氏の指摘にもあるように、確かに、道元禅師の御歌と似た和歌は多々ある。『国歌大観』[23]を見れば、かの有名な「春は花」ではじまる和歌も数え切れないほど収録されている。実は「春は花　夏ほととぎす　秋は月」までまったく同じ和歌も多数首あるのである。最後の「冬」が異なっているだけなのである。道元禅師は「冬雪さえてすずしかりけり」とお詠みだが、「冬はたかねに雪ぞふりける」と詠む人もいるのであって、御真詠か否か論じるまでもない。ちなみに祖父とされる源通親[24]には「春は花夏はうつせみ秋は露あはれはかなき冬の雪かな」という和歌もあるのである。道元禅師の時代、四季に折々の自然を詠み込むのは一種の流行のようなものと言ってもよいだろう。

また「足曳の山鳥の尾の」も、「世の中は」等々ではじまる類歌はかなり多いのである。まして道元禅師当時の『新古今集』時代は本歌取りが流行った時代で似たような和歌が多いのは事実である。

他の歌人が詠った和歌を、少し変えて教えを読み込んだ道歌として道元禅師がお詠みになった和歌もあるのではないだろうか。

現代の我々が、頭をひねって和歌を詠むのとはまったく違うのだということを念頭に置かなくてはならない。道元禅師の時代は、和歌を詠むことは、多くの人にとって身についていた素養であろうし、まして道元禅師の父親とされる源通具[25]は『新古今集』の編者である。幼い頃から歌の道を教えられていたと断定してもよいであろう。弟子たちに教えを伝えるために、三十一文字で意図することを表されたということは、特別なことでもなく、むしろ話をするように容易なことであったと言えるのである。

ただ、禅師としては、『随聞記』にも「文筆詩歌等其ノ詮ナキ事ナレバ捨ベキ道理ナリ」とお書きになっているように、文字をあれこれと弄ぶようなことは弟子たちに誡めていることは確かである。[26]ここをもって道元禅師は和歌をお詠みにならなかった、と決めつけることはできない。

道元禅師の御歌について、「道歌」という表現が適している。和歌として優れているか否か、とかいう視点はまったく不要である、今後も文学的見地から見なおさないでいただきたいと思うのである。だからといって、文学的に劣っているというわけではない。ただ、そのような判定は不要であるというだけのことである。道元禅師は文字を弄ぶことなく、弟子たちに道を伝えたい時に、気楽に一首お詠みになるようなこともあったのではなかろうか。

御真詠かどうか、云々するよりも、御真詠として伝承されている御歌をもととして、道元禅師は我々に何を伝えたいのか、学んでいくことが大事ではないだろうか。

いずれにしても今後、『建撕記』以前の資料の発見がまたれるところである。または、『洞谷開山瑩山和尚之法語』のように、裏づけられる資料が見つけられることを切に望む次第である。

＊本論は『宗学研究』第四八号（二〇〇六年）の「『道元禅師和歌集』の考察（一）―「中秋夜の御詠歌」はご真詠か―」、『曹洞宗総合研究センター学術大会紀要』第一五回（二〇一四年）の「『道元禅師和歌集』の考察（三）―御詠歌「梅花」の和歌は他作か―」の論文をもとに書き改めたものである。論文発表時の至らない点は修正を加えた。船津氏の論文のおかげで、改めて道元禅師の道歌について検証することができ、御礼申しあげたい。

（1）中山書房刊、昭和四十五年（一九七〇）七月。大場南北氏には同書店より『道元禅師和歌集新釈』が昭和四十七年（一九七二）五月に出ている。氏は面山の『傘松道詠』については疑義を論証しているが、道元禅師の和歌に対しては、ほとんどご真詠としている。

（2）河村孝道氏は「延享四年（一七四七）に開版し流布せしめた『傘松道詠』があり、現在もその呼称で親しまれている。」（『道元禅師全集』7、春秋社、一九九〇年、三三二頁）とし、吉田道興氏も「江戸期、延享四年（一七四七）、面山瑞方が校訂改版した『傘松道詠』が道元禅師の和歌集の書名として一般に普及」（「『道元禅師和歌集』の成立」『曹洞宗教義法話大系』17、一九九〇年、三四六頁）と書いている。厳密に言えば、面山が『傘松道詠』の名称を初めて付けたとは書かれていない。

（3）河村孝道監修、大集館書店、一九七五年、九五～九六頁。

（4）五系統とは『諸本對校永平開山道元禅師行状建撕記』によれば、天文七年（一五三八）明州書写本、天正十七（一五八九）年瑞長書写本、延宝八年（一六八〇）書写本、元禄七年（一六九四）門子書写本、元文三年（一七三八）書写本である。

（5）明州本、瑞長本、元文本は、喜舜の弟子の文字は捋公首座、延宝本、門子本は梯公首座、訂補本は機公首座。いずれも宝慶寺十四世、永平寺十三世建綱禅師のこと。

（6）春秋社刊。法語・歌頌の収録されている第七巻は平成二年（一九九〇）。校註—鈴木格禅、東隆真、河村孝道、石川力山、伊藤秀憲。

（7）『大妻国文』5、一九七四年、二四～四四頁。この論文は、同朋社出版『道元思想大系』6にも転載されている（一九九五年、二六四～二八四頁）。

（8）『大妻国文』5、三五～三九頁。

（9）国立国会図書館古典籍資料館蔵。元禄六年一校編纂、元禄九年開板、『空花和歌集』を上梓した版元は「皇都書肆知恩院門前澤田吉左衛門」と書かれている。『空花和歌集』の活字本としては『大日本仏教全書』第六二（仏書刊行会、一九一二年、三四一～三七一頁）覆刻版『大日本仏教全書』第六二（名著普及会、一九七八年、三四一～三七一頁）、『大日本仏教全書』九一（講談社、八六～一〇〇頁）、『浄土宗全書』続八（山喜房佛書林、三四一～三七二頁）、これら三本ともその題字は『空花和歌集』である。『仏書解説大辞典』巻二（三七四頁）に『空花和歌集』と『空花和歌集註』と二項目に分けているが、これは法然上人の和歌を湛澄が十九首採録し、はじめからそれに注釈を付けたものを『空花和歌集』と題を付けたものであるから、二項目に分けるのはおかしい。

（10）『東海学園国語国文』、一九七〇年、一九～二二頁。『秋の初風』についての紹介がなされている。

（11）『秋の初風』の原典として、この東北大学図書館所蔵本がもっとも絵も秀逸と言える。この後の明治十六年版や明治二十九年版はまねて翻刻しているが、特に人間の表情など、原典には及ばない。「元禄九年丙子孟春月吉　書林上京羽太与兵衛　中村弥兵衛　梓」約19、5×13、5（センチ）。

（12）表題『秋の初風　元祖大師御詠歌』、これには元禄版の最後の頁に漢字で書かれている「秋の初風」という題についての解説文は付いていない。奥付に「明治十六年九月二十二日翻刻御届、広島県平民小林大空、東京府浅草区芝崎町二四番地寄留」と記されている。約24、5×18（センチ）。

（13）表題『元祖大師詠歌諺註　秋の初風』、奥付「明治二十九年二月二日印刷　同年同月十六日発行、総本山知恩院大本山増上寺御用書肆　翻刻印刷兼発行者　東京市京橋区南伝馬町壱丁目三番地　宇田總兵衛」。

（14）昭和九年（一九三四）初版、昭和五十三年（一九七八）復刻第一版が出ている。

（15）福井久蔵（一八六七〜一九五一）明治大正昭和期の国文学者。「連歌の史的研究」で文学博士。駒澤大学文学部教授も務める。『釋教歌詠全集』第一巻によれば、この全集の主な編輯は福井久蔵が務めている。

（16）『大妻国文』5、三五頁。

（17）（16）に同じ。四六頁。

（18）この書は明治三十年（一八九七）に森慶造参訂として光融館から出版されている和綴じ本である。

（19）筆者が「『道元禅師和歌集』の考察（三）―御詠歌「梅花」の和歌は他作か―」として、平成二十六年（二〇一四）に発表した論文は、この点が間違っていた。

（20）（16）に同じ。三九頁。

（21）宝治二年〈戊申〉三月十四日上堂。云。山僧昨年八月初三日、出山赴相州鎌倉郡、為檀那俗弟子説法。今年今月昨日帰寺、今朝陞座。這一段事、或有人疑著。渉幾許山川、為俗弟子説法、似重俗軽僧。又疑、有未曾説底法、未曾聞底法乎。然而都無未曾説底法、未曾聞底法。只為他説修善者昇、造悪者堕、修因感果、抛塼引玉而已。雖然如是、這一段事、永平老漢明得説得信得行得。大衆要会這箇道理麼。良久云、尀耐永平舌頭、説因説果無由。功夫耕道多少錯。今日可憐作水牛。這箇是説法底句、帰山底句作麼生道。山僧出去半年余。猶若孤輪処太虚。今日帰山雲喜気。愛山之愛甚於初。

（22）岩手県正法寺所蔵。昭和十年（一九三五）頃、大久保道舟博士が発見。『常済大師全集』『続曹洞宗全書』第一巻等に収録される。

（23）和歌の索引書。松下大三郎・渡辺文雄編。正続各冊になる膨大な数の和歌が収録されている正編（一九〇一〜一九〇三）刊。続編（一九二五〜一九二六）刊。紀元社。角川書店版として復刻されている。

（24）源（久我）道親（一一四九〜一二〇二）、かつては道元禅師の父親説があった。

(25) 源（久我）道具（一一七一〜一二二七）、道元禅師の父親。『新古今集』撰者。

(26) 示シテ云ク無常迅速ナリ生死事大ナリ且ク存命ノ際ダ業ヲ修シ學ヲ好マバ只佛道ヲ行ジ佛法ヲ學スベキナリ文筆詩歌等其ノ詮ナキ事ナレバ捨ベキ道理ナリ佛法ヲ學シ佛道ヲ修スルニモ猶ヲ多般ヲ兼學スベカラズ況ヤ教家ノ顯密ノ聖教一向ニサシオクベキナリ佛祖ノ言語スラ多般ヲ好ミ學スベカラズ一事ヲ専ラニセンスラ鈍根劣器ノ者ハカナフベカラズ況ヤ多事ヲ兼テ心操ヲト、ノヘザランハ不可ナリ（『随聞記』）

道元禅師と瑩山禅師の嗣法観——『伝光録』における代付説の受容と関連して

横山龍顯

一　はじめに

禅宗は、その歴史を師から弟子への伝法（師資相承）の系譜として語ってきた。仏教の開祖である釈迦牟尼仏から、摩訶迦葉をはじめとする歴代の祖師へ仏法が相続され、中国に渡来して禅の教えを伝えた菩提達磨を経て、その後も中国の歴代の祖師へ仏法が間断なく相続されてきたとされる。この説は祖統説とも呼ばれ、西天の祖師を二十八代とする祖統説は、数世紀にわたる紆余曲折を経て『宝林伝』（八〇一年成立）において確立した。日本へ伝えられた祖統説は、『景徳伝灯録』（一〇〇四年成立）以後の灯史（禅宗史書）に基づいている。[1]

祖統説の強調は、禅宗が「教外別伝」を主張する中で、他の仏教諸宗派からの根本的な優越を論じるのに有利に働いたとされる。また、祖統説はそれぞれの仏や祖師の悟りは完全なものであるという視点に端を発することから、中国生まれの祖師達の権威を、インドの仏や祖師達と同等のラインまで押し上げることを可能にすると同時に、多くの祖師を均質化する作用を有していた。さらに、弟子が特定の師匠のもとで何らかの機縁により開悟するという多数のモデルは、師資の間で生じる精神的な自己変革こそがもっとも肝要である、という禅の修行形態をも規定していくことになったとされる。(2)『景徳伝灯録』等の灯史に立伝される祖師達は、ごく一部の例外を除いて、開悟して師に認められた後、嗣法して仏法を相承し、祖師に名を連ねていく。このように、仏法の相承を表す嗣法というものは禅宗において極めて重要な意味を持つものであると言える。

本論は、右に挙げたように、禅宗において重要視された嗣法というものを、道元禅師（一二〇〇〜一二五三、以下、道元と省略）と瑩山禅師（一二六四〜一三二五、一説に一二六八〜一三二五とも、以下、瑩山と省略）がいかに見ていたということを問題としたい。道元・瑩山各々の嗣法観について言及した研究は種々挙げることができるが、道元・瑩山の嗣法観について比較考究したものについては管見のかぎり見出せない。そこで、本論においては、両者の嗣法観を比較検討していくこととしたい。道元については、『正法眼蔵』や『永平広録』などの著作から、(3)「面授」の意義を中心に、その嗣法観を探っていく。瑩山については、『伝光録』(4)「投子義青章」を中心に嗣法観の検討を行う。なぜなら、「投子義青章」に説かれる瑩山の嗣法観は、『正法眼蔵』の中で、嗣法のありようを説示する「葛藤」巻・「嗣書」巻・「面授」巻を下敷きに展開していると考えられ、「投子義青章」における瑩山の嗣法観を探ることで、両者の嗣法観の近接点・相違点がより明確なものになると考えられるからである。

また、池田魯參氏によって、従来は道元から乖離したものと考えられていた瑩山の思想は、けっして道元から大きく乖離したものではないという業績が発表されている。(5)この点にも留意しながら検討していくことにしたい。

二　道元禅師の嗣法観

本論の冒頭において、禅宗が師資相承の系譜を自らの歴史として語ってきたことを述べたが、それは道元においても同様であったと思われる。

爾時、釈迦牟尼仏、西天竺国霊山会上、百万衆中、拈優曇華瞬目。於時摩訶迦葉尊者、破顔微笑。釈迦牟尼仏言、吾有正法眼蔵涅槃妙心、附嘱摩訶迦葉。

これすなはち、仏仏祖祖、面授正法眼蔵の道理なり。七仏の正伝して迦葉尊者にいたる。迦葉尊者より二十八授して菩提達磨尊者にいたる。菩提達磨尊者、みづから震旦国に降儀して、正宗太祖普覚大師慧可尊者に面授す。五伝して曹渓山大鑑慧能大師にいたる。一十七授して、先師大宋国慶元府太白名山天童古仏にいたる。（「面授」巻、二巻・五四頁）

伝法の歴史として、一般的な祖統説が述べられている。ここでは、釈尊から摩訶迦葉への伝法の話として「拈華微笑」の話を取り上げ、伝法が「面授」で行われたとする。迦葉尊者以後も、二十八代にわたって面授され、菩提達磨に至った。そして、達磨は中国（震旦国）に渡来し、二祖慧可に面授した。その後五伝して、曹渓慧能に至り、そこから十七授を経て、道元の師・長翁如浄（一一六三～一二二七）に至ったとする。これは、さまざまな灯史における西天二十八祖・東土六祖の説を踏まえたものである。そして、一見して明らかなように、この引用箇所において道元は、嗣法が、釈尊から代々「面授」で行われてきたことを強調しており、道元自身もまた、如浄からの面授を経たことを、『正法眼蔵』「面授」巻において、二度にわたって述べている。

大宋宝慶元年乙酉五月一日、道元、はじめて先師天童古仏を妙高台に焼香礼拝す。先師古仏、はじめて道元をみる。そのとき、道元に指授面授するにいはく、仏仏祖祖面授の法門、現成せり。これすなはち霊山の拈華なり、嵩山の得髄なり、黄梅の伝衣なり、洞山の面授なり。これは仏祖の眼蔵面授なり。吾屋裏のみあり、余人は夢也未見聞在なり。(6)（二巻・五四～五五頁）

道元、大宋宝慶元年乙酉五月一日、はじめて先師天童古仏を礼拝面授す。やや堂奥を聴許せらる。わづかに身心を脱落するに、面授を保任することありて、日本国に本来せり。（二巻・六〇頁）

この宝慶元年五月一日という日が、道元禅の確立において、とりわけ重要な一日であったことは間違いないであろう。如浄を礼拝し、面授を受け、同日かは判然としないが身心脱落の機縁があり(7)、その面授を保任して、南宋より帰国したという道元の確信が語られている。

では、「面授」とは具体的にどのようなことを指しているのだろうか。『正法眼蔵』に沿って探っていきたい。

釈迦牟尼仏、まさしく迦葉尊者をみましますに、迦葉尊者、まのあたり阿難尊者をみる、阿難尊者、まのあたり迦葉尊者の仏面を礼拝す、これ面授なり。阿難尊者、この面授を住持して、商那和修を接して面授す。商那和修尊者、まさしく阿難尊者を奉覲するに、唯面与面、面授し面受す。かくのごとく、代代嫡嫡の祖師、ともに弟子は師にまみえ、師は弟子をみるによりて、面授しきたれり。一祖・一師・一弟としても、あひ面授せざるは仏仏祖祖にあらず。（「面授」巻、二巻・五五〜五六頁）

ここからは、「面授」という語が、字義通り、「師と弟子が相見して法を伝授する」という意味で用いられることが知られる。師は弟子に仏法を授け、弟子は師の仏法を受けるから、「面授」し「面受」されるという関係が浮かび上がる。しかし、以下に見る道元の説示からは、面授とは、師と弟子が相見して法を伝授するという、一回性の関係のみを指す語ではないことが推測される。

迦葉尊者、したしく世尊の面目を面授せり、心授せり、身授せり、眼授せり。釈迦牟尼仏を供養恭敬、礼拝奉覲したてまつれり。その粉骨砕身、いく千万変といふことをしらず、自己の面目は面目にあらず、如来の面目を面授せり。（同巻、二巻・五五頁）

迦葉が釈尊からまのあたりに授けられたものは、一般に禅籍などで使用される「自己の面目」ではなく、「如来の面目」であったとする。「面授」を言い替えた表現として「身授」「心授」等とあるように、「面授」とは、師から弟子への対面による伝法や印可を意味するばかりではなく、師と弟子が全身心を挙げて、仏法を相続するということになるだろう。[8] つまり、面授が行われる当処では、師資が各々如来の面目を保任しており、そこにはもはや、悟者未悟者のような対立は存在しないと言える。

この点を踏まえて、「葛藤」巻を見てみよう。

> 迦葉伝与阿難の時節を当観するに、阿難蔵身於迦葉なり、迦葉蔵身於阿難なり。しかあれども、伝与裏の相見時節には、換面目皮肉骨髄の行李をまぬがれざるなり。（「葛藤」巻、一巻・四二一頁）

師である迦葉から弟子の阿難に仏法が付与された時節、すなわち面授が行われた時節には、迦葉・阿難がともに「如来の面目」を有していることになる。この意味では、阿難が迦葉に「蔵身」したとも、迦葉が阿難に「蔵身」したとも言うことができるのである。すなわち、この「葛藤」巻の説示からも、右に見た「面授」巻と同様に、面授が行われるその時には、師資が互いに「如来の面目」を保任することから、いかなる対立も存在しないことを確認することができる。

これらの点から、道元における面授嗣法とは、師と弟子がまのあたりに、「如来の面目を面授」し、全身心を挙げて仏仏祖祖が保任して来た仏法を嗣続する行持であると考えることができる。だからこそ、

> 夫、仏仏必ず仏仏に嗣法し、祖祖かならず祖祖に嗣法する、これ証契なり、これ単伝なり。このゆえに、無上菩提なり。仏にあらざれば、仏を印証することあたはず、仏の印証をえざれば、仏となることなし。仏にあらざるよりは、たれかこれを最尊なりとし、無上なりと印可することあらん。（「嗣書」巻、一巻・四二三頁）

と言われるのであろう。この仏祖から仏祖への面授嗣法の歴史が、冒頭に引用した「面授」巻の説示に表現されていると思われる。これは、一般的な灯史の有する歴史観と軌を一にしていると言えるが、道元は次のようにも語るので

ある。

釈迦牟尼仏面を礼拝するとき、五十一世ならびに七仏祖宗、ならべるにあらず、つらなるにあらざれども、倶時の面授あり。（「面授」巻、二巻・五七頁）

面授嗣法が行われるところでは、初祖摩訶迦葉から五十一世の道元、並びに過去七仏以来の祖師達が、時を同じくして面授するとされる。これは、過去・現在・未来という常識的な時間の流れからは完全に逸脱したものであろう。この「倶時の面授」は、これまで見てきた師資相承の系譜（灯史的な歴史観）とは大きな径庭があると言わざるをえない。時の流れに沿って嗣続された面授の系譜と、時の流れに一切左右されずすべてが同時に行われる「倶時の面授」との間における径庭はどのようにして理解すればよいであろうか。

この点の解決を図るために、「優曇華」巻における釈尊の成道に関する説示を見てみよう。

瞬目とは、樹下に打坐して、明星に眼睛を換却せしときなり。このとき、摩訶迦葉、破顔微笑するなり。顔容、はやく破して、拈華顔に換却せり。如来、瞬目のときに、われらが眼睛、はやく打失しきたれり。この如来瞬目、すなはち拈華なり。優曇華のこころ、おのづからひらくるなり。

拈華の正当恁麼時は、一切の瞿曇、一切の迦葉、一切の衆生、一切のわれら、ともに一隻の手をのべて、おなじく拈華すること、只今までもいまだやまざるなり。（二巻・一七一頁）

第一段落において、釈尊の成道、霊山会上での拈華瞬目、そして迦葉の破顔微笑がすべて同時であったとされる。つまり、釈尊が成道した時点において、迦葉は釈尊より嗣法したのである。第二段落においては、それを釈尊と迦葉の師資の関係性からさらに敷衍し、「拈華」が行われる「正当恁麼時」には、釈尊と迦葉のみならず、「一切の衆生、一切のわれら」が同じく「拈華」し、それは今においても止むことはないとされる。つまり、釈尊の成道と迦葉への付法が今に至るまで現成し続けているのである。過去・現在・未来という時間の流れが存したとしても、その本質は釈尊の成道と迦葉への付法の連続である。このことを具体的に述べたものが、次の「梅華」巻の記述であろう。

先師古仏、正法眼蔵あきらかなるによりて、この正法眼蔵を、過去・現在・未来の十方に聚会する仏祖に正伝す。(二巻・七七頁)

先に見た「葛藤」巻の説示の「蔵身」の説示のように、如浄(先師古仏)と釈尊の仏法の間にはいかなる差異もない。そのため、「優曇華」巻に挙げられる、止むことのない「釈尊の成道と迦葉への付法」は、「優曇華」巻の「如来」のところに「如浄」を挿入したとしても何ら問題はないであろう。その意味において、如浄が、「正法眼蔵を、過去・現在・未来の十方に聚会する仏祖に正伝す」と言われるものだと考えられる。これと同趣旨の説示が「伝衣」巻に見られ、

仏祖正伝の袈裟は、これすなはち仏仏正伝みだりにあらず。先仏後仏の袈裟なり、古仏新仏の袈裟なり。道を化し、仏を化す。過去を化し、現在を化し、未来を化するに、過去より現在に正伝し、現在より未来に正伝し、現在より過去に正伝し、過去より過去に正伝し、現在より現在に正伝し、未来より未来に正伝し、未来より現在に正伝し、未来より過去に正伝して、唯仏与仏の正伝なり。(一巻・三六二頁)

とある。仏法が正伝されているという点においては、過去・現在・未来とは、差異はないものであると言える。そのため、過去・現在・未来の三者は、相互に互換可能であると言え、「現在より過去に」や「未来より未来に」といった表現を可能にするものであると考えられる。

また、「梅華」巻の「過去・現在・未来の十方の諸仏」や「優曇華」巻の「一切のわれら」といった表現からは、個々の存在が想定されており、仏法の相続が行われている当処では、各々の性質を保ちつつも、主客・能所なき自他一物、すなわち唯仏与仏の付法が行われていると言えるのではないだろうか。とすれば、過去・現在・未来のどの時点を切り取ってみたとしても、もはや、その本質に何らかの差異を見出すことは不可能であろう。この点からは、す

べての時間は差異を失い、「今」や「而今」というものに集約されると考えることができる。[9]

これまで見てきた「優曇華」巻・「梅華」巻・「伝衣」巻の説を総合すると、面授嗣法のところには、釈尊の成道と迦葉への付法が、歴代の仏祖らの個の性質を保ちながら、同時に現成していると言える。これが先に引用した「倶時の面授」である。すなわち、道元における「面授」には、歴史的側面（釈尊から道元に至る歴史的な師資相承）と超歴史的側面（師資相承は本来的には釈尊成道の時点に現成している）の両者が内包されているのである。[10]

ところで、面授嗣法が行われる際には、弟子の側から見れば、必ず師という存在が必要になる。道元の場合には、その師とはすなわち「正師」となる。そして、正師である如浄の存在が、道元の嗣法観形成に与えた影響はけっして小さなものではないと考えられる。[11] 以下に論じていきたい。

正師への参学というと、『学道用心集』における「参禅学道は正師を求むべき事」（五巻・二二頁、原漢文）の「正師を得ざれば学ばざるに如かず」（五巻・二四頁、原漢文）という一節が、道元にとっての正師の重要性を述べる語として頻繁に用いられる。面授とは、まさしく正師から弟子へと仏法が正伝されることを指すのであり、そもそも正師に出会わなければ、面授が行われることはけっしてない。

正伝の面授あらざるを、正師にあらず、とはいふ。仏仏正伝しきたれるは、正師なり。（「無情説法」巻、二巻・九頁）

正伝の面授を行うことができるのは、正師のみであるが、この正師に出会うことが極めて困難であることを道元は繰り返し述べている。

師はあれども、われ参不得なるうらみあり、参ぜんとするに、師不得なるかなしみあり。（「行持」巻、一巻・一七〇頁）

修行阿耨多羅三藐三菩提の時節には、導師をうることもともかたし。（「礼拝得髄」巻、一巻・三〇二頁）

永平、今仏法のため、師を敬うがためにいう。雪に立ち臂を断つこと実に難しとすべからず、只だ恨むらくは未だ其の師有らざることを。（『永平広録』巻五・三九二上堂、三巻・二六四頁、原漢文）

そして、正師は出会うことが困難であるばかりでなく、

しかるに明眼の宗師、それ遭遇《あ》いがたく、また尋ねがたし。的《まさ》に遇うことを得といえども、しかもこれを知ることもっとも難し。（『永平広録』巻八・法語一四、四巻・一六八頁、原漢文）

とされ、たとえ正師の力量を備えた人に出会ったとしても、その人が正師だと知ることもまた困難なことであるとされる。だが、

若し正師に見え、志を立てて咨参すれば、生死の大事を決択し、従来の旧窠を透脱す。（『永平広録』巻八・一四法語、四巻・一六八頁、原漢文）

とあるように、出会いがたく、判別しがたい正師に出会うことを得て、仏法を明らめようという志を立てて咨参問法すれば、「生死の大事を決択し、従来の旧窠を透脱す」ることが可能であるとする。「従来の旧窠」とは、それまで有していた謬見を指すが、これは道元の如浄会下における実体験に基づく語であると考えられる。「嗣書」巻における如浄と道元の問答を見てみよう。

先師古仏天童堂上大和尚、しめしていはく、諸仏かならず嗣法あり、いはゆる、釈迦牟尼仏者、迦葉仏に嗣法す、迦葉仏者、拘那含牟尼仏に嗣法す、拘那含牟尼仏者、拘留孫仏に嗣法するなり。かくのごとく仏仏相嗣して、いまにいたると信受すべし。これ学仏道なり。

ときに道元まうす、迦葉仏入涅槃ののち、釈迦牟尼仏は始めて出世成道せり。いはんやまた賢劫の諸仏、いかにしてか荘厳劫の諸仏に嗣法せん、この道理いかん。

先師いはく、なんぢがいふところは、聴教の解なり、十聖三賢等の道なり、仏祖嫡嫡の道にあらず。わが仏仏相

伝の道は、しかあらず。釈迦牟尼仏、まさしく迦葉仏に嗣法せり、とならひきたるなり。釈迦仏の、嗣法してのちに、迦葉仏は入涅槃すと参学するなり。釈迦仏、もし迦葉仏に嗣法せざらんには、天然外道とおなじかるべし、誰か釈迦仏を信ずるあらん。かくのごとく仏仏相嗣して、いまにおよびきたれるによりて、箇箇仏ともに正嗣なり。つらなれるにあらず、あつまれるにあらず。まさにかくのごとく仏仏相嗣すると学するなり。諸阿笈摩教のいふところの劫量・寿量等にかかはらざるべし。もしひとへに釈迦仏よりおこれりといはば、わづかに二千余年なり、ふるきにあらず。相嗣もわづかに四十余代なり、あらたなるといひぬべし。この仏嗣は、しかのごとく学するにあらず。釈迦仏は迦葉仏に嗣法すると学し、迦葉仏は釈迦仏に嗣法すると学するなり。かくのごとく学するとき、まさに諸仏諸祖の嗣法にてあるなり。

この時道元、はじめて仏祖の嗣法あることを稟受するのみにあらず、従来の旧窠をも脱落するなり。（一巻・四三四〜四三五頁）

如浄の、過去七仏の間にも代々嗣法があったという説示に対し、道元は、迦葉仏が般涅槃した後に出世成道した釈迦牟尼仏は、どのように迦葉仏から嗣法したのか、つまり、相見不可能な二者が、どのようにして嗣法を成就したのかという、常識的な質問を行っている。道元の問いに対して、如浄は、そのような見解は聴教（経文の解釈など）の理解であり、仏祖が正しく伝えてきた道ではないと一蹴した後、仏から仏に伝えられた道では、釈迦牟尼仏はまさしく迦葉仏から嗣法したと「学し」、迦葉仏は釈迦牟尼仏に嗣法したと「学」するのであるとする。そして、これが「諸仏諸祖の嗣法」だと結論づけている。如浄の返答は、論理的な説明とは言えず、即座に納得のいくものとは言いがたい面があるが、道元がこの如浄からの示誨を受けて、「道元、はじめて仏祖の嗣法あることを稟受するのみにあらず、従来の旧窠をも脱落するなり」と述べていることは注目すべきであろう。また、この点は先に見た『永平広録』巻八の法語の内容とも符号する。

道元は、この如浄の示誨によって、「はじめて」仏祖には嗣法があるということを受け取り、それまでの謬見から抜け出ることができたとするのである。すなわち、道元は、如浄の解答を、一切の疑いを差し挟むことなく受け入れたのである。ここで重要となってくるのは、如浄の説示における、「いまにいたると信受すべし」という語であると考えられる。この説示に対して、道元は一度は疑念を持ちながらも、如浄への問法を経て稟受したのである[12]。かかる点からは、道元が、いかに如浄を自らの正師として、全幅の信頼をもって仰いでいたかが知られる。つまり、この問答が行われた時点において、仏祖は必ず嗣法によって仏法を相承してきたことは、仏法の真実として道元に稟受されたと見られる。

　仏法を信受するという姿勢は、道元の著作にも窺うことができる。『学道用心集』「可向道修行事」には、

> それ学道は、道に礙えられんことを求む、道に礙えらるる者は悟跡を亡ず。仏道を修行する者は、先ず須らく仏道を信ずべし。仏道を信ずとは、須らく自己本道中に在って、迷惑せず、妄想せず、顚倒せず、増減なく、悞謬なきことを信ずべし。かくの如きの信を生じ、かくの如きの道を明らめ、依りてこれを行ず。乃ち学道の本基なり。（五巻・三四、三六頁、原漢文）

とあって、仏道への「信」こそが「学道の本基」であるとして、仏道修行における信の重要性が述べられる[13]。

さらに、道元においては、「信」というものが、伝法においても必要不可欠なものであるとされる。

> 髄をうること、法をつたふること、必定して至誠により、信心によるなり。誠信、ほかよりきたるあとなし、内よりいづる方なし。ただまさに法をおもくし、身をかろくするなり。（「礼拝得髄」巻、一巻・三〇二～三〇三頁）

「得髄」や「伝法」は、必ず「至誠」「信心」によるとされる。そして、「誠信」（誠の信）とは、仏法を重んじ、身を軽んじることに他ならない。つまり、仏法への「信」があるからこそ、仏法を重んじることが可能となり、仏法の担い手としての「得髄」「伝法」すなわち嗣法があるとされる。そして、仏法を重んじることが可能となるのは、重

んじられる仏法を正伝している正師への絶対的な信があればこそであろう。

ここから、道元における嗣法にまつわる思想的な基盤を成すものは、正師への絶対的な信であると考えられる。如浄が「信受すべし」と述べた「諸仏の嗣法」を稟受したことに端緒を得て、『学道用心集』では仏道への信が「学道の本基」であると述べられ、「礼拝得髄」巻では、仏法への信心、すなわち仏法の体現者である正師への信によって伝法は成就されるとされた。

もう一度、「嗣書」巻の冒頭を見てみよう。

仏仏必ず仏仏に嗣法し、祖祖かならず祖祖に嗣法する、これ証契なり、これ単伝なり。（一巻・四二三頁）

仏祖らは必ず嗣法するという、如浄の説をそのままに承けていることが確認されると思われる。ここを基礎として、道元の面授に基づく嗣法観は展開していると考えられよう。

ここまでをまとめておくと、道元は、如浄への参学中に、仏祖には必ず嗣法があるという説を信受した。これが道元における嗣法観の大前提となったはずである。そこから、道元は『正法眼蔵』を中心に、「面授」に基づく嗣法論を展開している。道元における「面授」とは、師と弟子がまのあたりに、「如来の面目を面授」し、全身心を挙げて仏仏祖祖が保任してきた仏法を嗣続するという、歴史的な師資相承を示す歴史的側面と、師資の面授嗣法のところには、釈尊の成道と迦葉への付法が、歴代の仏祖らの個の性質を保ちながら、同時に現成しており（倶時の面授）、師資の間における伝法は、本来的には釈尊成道の時点において現成しているという超歴史的側面という両面が存することを確認した。

そして、面授が現成するために不可欠な条件とは、正師への参学と絶対的な信である。道元の正師とは如浄であるが、正師への参学がなければ、けっして面授嗣法は成立しない。それは、「仏仏正伝しきたれるは、正師なり」（「無情説法」巻、二巻・九頁）や「正師をもとめて嗣法すべき」（「面授」巻、二巻・六四頁）という語からも明確に看取される。そして、正師への信とは正師が保任する仏法への信に他ならないと考えられる。

三　瑩山禅師の嗣法観

前節において、道元の嗣法観を概観したが、続いて瑩山の嗣法観について論じていきたい[14]。本論冒頭でも述べた通り、『伝光録』「投子義青章」を中心に、瑩山独自の嗣法論を探っていきたい。

周知の通り、投子義青（一〇三二～一〇八三）は大陽警玄（九四三～一〇二七）の法嗣とされ[15]、また、その伝法形態は代付であったとされる。まず、代付説について簡略に確認しておこう。代付説とは、曹洞宗の警玄が、晩年に自らの法を嗣ぐものがいないことを嘆き、会下に在った臨済宗の浮山法遠（九九一～一〇六七）に対して、後世しかるべき人物が現れたら、自分の代わりに曹洞宗の法を付法してほしいと、自らの法を預けた。そして、警玄が遷化した後、法遠は自らの下に参じた義青を見出して、警玄の法を伝え、曹洞宗は法系の断絶を免れたというものである[16]。

代付による伝法というのは、禅宗史において類を見ない伝法形式であり、その意味では、師資相承の系譜の中にあって異彩を放っていると言える。しかし、一般的な嗣法とは、師と弟子が経験的に相見え、弟子の境涯を点検した師が印可証明することによって成立するものである。この理解に立つならば、義青と警玄の間に嗣法は認められないことになる。生卒年を見れば明らかであるが、義青は警玄が示寂した後に出生しており、二人が出会うことはないからである。

前節で検討した、道元の面授という思想に照らし合わせても、代付はとうてい認められるものではないように思われるが、先学の研究によって、道元が代付を認めていたであろうことはほぼ確実となった。まず、『永平広録』巻九

「頌古」を見ていきたい。

投子青和尚、執侍大陽三年。大陽一日問師曰、外道問仏、不問有言、不問無言。世尊良久如何。青擬対、陽掩青口。青了然開悟、便乃礼拝。陽曰、汝妙悟玄機耶。青曰、設有也須吐却。時資侍者旁立曰、青華厳今日如病得汗。青回顧曰、合取狗口。

縦雖掩口何如鼻、設有未呑吐豈労、為子代師宗派遠、青天休電激星氂。（四巻・二〇二、二〇四頁）

この頌古には、二つの矛盾点が存している。第一点は、義青が警玄に随侍していたとされる点である。先にも確認したが、義青が生まれた一〇三二年には、警玄は既に示寂（一〇二七年寂）しており、義青が警玄に参学することは不可能である。また、義青が警玄に参学したとする中国の文献も見当たらない。そして第二点は、「縦い口を掩うと雖も鼻を如何せん」以下の道元による頌である。偈頌の第三句に「子の為に師に代わって宗派遠し」とあるが、これは明らかに法遠が「子（義青）」のために「師（警玄）」に「代わって」法を伝えたという意味であり、古則と頌古の間で齟齬をきたしている[17]。偈頌の内容からは、本来の古則は義青が法遠に随侍していたというものであり、道元は代付説を認めていたものと考えられる[18]。

そして、道元が代付を認めていたと考えられる決定的な資料として、真福寺大須文庫所蔵『正法眼蔵』「大悟」巻草稿本が、河村孝道氏によって紹介された（『正法眼蔵の成立史的研究』、春秋社、一九八七年、五八三頁）。そこには、

舒州投子山義青禅師、曽謁浮山円鑑禅師遠和尚。稍経三載、遠一日問師云、外道問仏、不問有言、不問無言。世尊黙如何。青擬開口、遠掩師口。師於此大悟、遂作礼。遠云、妙悟玄機耶。師云、設有妙悟、也須吐却。（二巻・六〇八頁）

とあって、法遠と義青の機縁を引用している。この引用箇所は、「大悟」巻の完成稿に採用されることはなかったが、ここから、道元自身が代付説を認めていたと考えても差し支えないであろう。

ところで、『伝光録』においても、右に見た『永平広録』の頌古と同じく、本則が改変されていることを指摘しておきたい。『伝光録』「投子義青章」冒頭は次のようになっている。

第四十四祖、投子山青和尚大陽に参。陽一日外道仏に問、有言とわず、無言をもとわず。世尊良久す如何。師答んと擬す、陽師の口をををう。了然として開悟。（正巻・六六丁裏）

現存する最古の古写本（乾坤院本『伝光録』は一四三〇年以降の書写）においてすでに、「法遠」と入るべきところが、「大陽」に改められている。しかし、本則以後の瑩山の提唱は義青が法遠に参じたとしており、代付説に則ったうえで縷々自説を述べているので、これは明らかに後代の改変ということができるだろう。[19] 先にも述べたように、瑩山は基本的に代付を肯定し、自らの嗣法観を展開していくわけであるが、以下に検討していきたい。[20]

まず、「投子義青章」の性格について述べておくと、「投子義青章」には、『正法眼蔵』から着想を得たと考えられる箇所が散見される。[21] たとえば、青原行思と南岳懐譲は、両方とも慧能に嗣法しているため、両者に優劣はないことを示す箇所に、

実兄弟、骨肉共勝劣なし。（正巻・七〇丁表）

とある。これは、「葛藤」巻における、「達磨皮肉骨髄」の話に関する道元の説示を想起させる。「達磨皮肉骨髄」の話は、菩提達磨の会下に在った四人の弟子の境涯の深浅が、「汝得吾皮」、「汝得吾髄」などの答えに表現されていると一般的に解されるが、道元の場合は、「葛藤」巻において、

祖道の皮肉骨髄は、浅深にあらざるなり。たとひ見解に殊劣ありとも、祖道は得吾なるのみなり。その宗旨は、得吾髄の為示、ならびに得吾骨の為示、ともに為人接人、拈草落草に足不足あらず。たとへば拈華のごとし、たとへば伝衣のごとし。四員のために道著するところ、はじめより一等なり。（一巻・四一八頁）

とあるように、門人達の呈した所解には違いがあっても、達磨の答えはすべて同内容であるとする。この意味での

「骨肉」を、瑩山は用いているのではなかろうか。

また、「投子義青章」では、雲門の語録を見て嗣法したとする薦福承古を批判して、

承古仏祖屋裏に嗣承あることを不知。(七一丁裏～七二丁表)

と述べている。「仏祖屋裏」の「嗣承」とは、「嗣書」巻の、

先師古仏天童堂上大和尚、しめしていはく、諸仏かならず嗣法あり……かくのごとく学するとき、まさに諸仏諸祖の嗣法にてあるなり。

この時道元、はじめて仏祖の嗣法あることを稟受するのみにあらず、從來の旧窠をも脱落するなり。(一巻・四三五頁)

という説示を承けたものではないだろうか。道元も「面授」巻において、薦福承古が、正師に参学していないことを批判している(二巻・六〇～六四頁)。

そして、

円鑑、知法人として、大陽面授あり(正巻・七〇丁裏)

の「面授」とは、後述するように、道元が「面授」巻で説くところの面授であると考えられる。

以上の「投子義青章」で用いられていると考えられる「葛藤」・「嗣書」・「面授」の各巻は、すべて『正法眼蔵』において、仏祖の嗣法のありようを解き明かすことをその課題とした巻である。これらの諸巻を下敷きに、「投子義青章」の説示が展開していると見て問題がなければ、「投子義青章」における瑩山の嗣法観は、道元のそれを咀嚼し、再構築したものと考えられる。

『伝光録』は、釈尊以来、仏法が歴代祖師、如浄、道元、懐奘を経て、瑩山とその会下に集った修行者らに至るまで、一筋の線を作るかのように断絶することなくつながっていることを示すための提唱録であると言える。しかし、代付

説を認めるということは、そこに断絶を生じさせてしまうことになる。では、瑩山はこの代付説をどのように受け止めていたのだろうか。

夫浮山円鑑禅師は臨済和尚の七代なり。所謂葉県帰省和尚嫡嗣なり。……然又大陽に参。大陽又機縁相契、ついに宗旨を伝んとせしに法遠辞して云う、先に得処あり。因自伝受せず云とも、大陽ついに人なき故、寄附して断絶せず。後に其機をえて、密つく。爰に至て知べし、青原・南岳、本より隔なしと云ことを。実に大陽一宗、地に落なんとせしを悲で、円鑑、代て大陽の宗旨を伝ふ。（正巻・六九丁表～裏）

瑩山は、代付の故事から、青原行思、南岳懐譲も六祖慧能の門下であり、等しく慧能の法を嗣いでいたことを知らねばならないと強調する。今でこそ、「五家森々として唱喧《かまびそ》」（正巻・六七丁裏）しいかもしれないが、それらの諸宗も、もとをたどれば、皆同じ釈尊の仏法を受け継いでいたのである。だからこそ、

臨済門下も尊貴也、自家門風も超邁也。（正巻・七〇丁表）

と言うことができるのである。しかし、当時の禅僧の多くは、

自家門人は云、南岳門下は是劣なり、青原家風は勝れり。又臨済門下は云、洞山宗旨はすたれりき、臨済門下にたすけらるると。（正巻・六九丁裏）

とあるように、門派の優劣を競うような不毛な議論に終始していたようである。特に臨済宗の立場からすれば、曹洞宗の代付をめぐってこのような批判が出ることは当然であろう。かかる議論に対して、瑩山は以下のように戒める。

若臨済に至ざる処、劣なる処あらませば、円鑑即捨て大陽につげまし。若大陽劣なることあり、あやまれることあらば、円鑑なんぞ投子につがん。然諸仁者、五家七宗は対論することなく、只正意を明むべし。是即諸仏の正法なり。豈人我を以争んや。勝負を以弁べからず。（正巻・七〇丁表）

宗派の優劣を争うのではなく、「意」（こころ）を明らめなければならず[22]、その「意」こそ、「諸仏の正法」である

とする。瑩山は「投子義青章」で幾度も宗派の別はあっても、そこに優劣はないことを繰り返し述べる。

以上のことを踏まえて、瑩山は、覚範慧洪（一〇七一～一一二八）の、「青華厳（義青）未だ始めより大陽を識らず。特に浮山遠公の語を以て、故に嗣ぎて之れを疑わず。其れ己においては甚だ重く、法に於いては甚だ軽し」（『林間録』巻上、続蔵一四八・三〇二c、原漢文）という、代付説を批判する記事を取り上げ、慧洪への再批判という形を取って自らの嗣法論を展開していく(23)。

仏法に私なきことを貴。故嗣続し来、大陽も円鑑をたのむ。投子も円鑑をうやまい命を差えず、法を重《おもく》す。三師共囊祖の宗旨を遺落せず、後代久洞上の家風を属累し来る。実是吾家の奇特、仏法の秘蔵なり。今も現前、其の器を得ざらん時、達磨法の人に告をくこともあるべきなり。（正巻・七一丁表～裏）

そもそも、仏法とは「私なき」ものである。だからこそ祖師達は仏法を尊び、これを受け継いできたのである。そこでは、家風の違いがあるばかりで、皆「仏法」であることに変わりはなく、臨済宗の法を嗣いだからといって曹洞宗の法を軽んじる理由にはなりえないのである。このように見れば、警玄・法遠・義青の三者は、「法を重」んじたからこそ、「洞上の家風」は現在まで続いてきたのである。瑩山の立場からすれば、警玄・義青の師資の間における代付は、法脈の断絶などではけっしてなく、反対に、「我家の奇特、仏法の秘蔵」として高く評価されるべきものだったのである。さらに、

大陽今に存せるが如し。仏祖命脈通じて、始なく終なし。遥に三世超越、まのあたり師資不差。悉是打成一片なり。葫蘆藤手《ママ》の葫蘆手《ママ》をまとうが如し。ついに別物なし云べし。是大陽円鑑及投子に至まで、大陽一人来り、乃至釈迦一人連綿として今日に及べり。仏祖堂奥の事如是。（正巻・七一丁表）

として、仏祖の命脈すなわち仏法は、たんに時間的な流れの中で嗣続されてきたばかりでなく、過去・現在・未来の三世を超越したものであるとする。仏法を体得し、主客・能所の対立がない境涯に達した時、そこで行われるのは、

仏（師）から仏（弟子）への伝法のみであろう。このように見るなら、仏法の相続は、警玄が一人保任してきたとも言えるし、あるいは釈尊が一人連綿と保ってきたとも言えるのである。このような法の相続を、歴史的な文脈に当てはめれば、代々、師から弟子へと伝法が行われてきた、ということになる。五家の家風がどれほど異なっていようとも、相続されるものは仏法であり、そこには微塵の違いもない。だからこそ、曹洞宗の警玄の法を、臨済宗の法遠が義青に付したとしても何ら問題はないのである。むしろ、そのことを確実に理解していたのが、警玄・法遠・義青の三者であったと言える。

これが、瑩山が代付を肯定する理由だと考えられる。代付は「私なき」仏法を、祖師（仏）から祖師（仏）へと伝えていったことを考えれば、そこに問題はないのであって、逆に、曹洞宗で「法を重」んじる警玄・法遠・義青の祖師達による代付があったことこそ、瑩山にとっては、他家に劣らぬ「我家の奇特、仏法の秘蔵」として評価されるべきことだったのである。また、代付説を高く評価していたからか、瑩山は代付の故事を生涯にわたって学人の接化に用いていたことが指摘されている（田島柏堂「瑩山禅師祭文と伝光録」、『宗学研究』第一六、一九七四年、一八四頁）。

ここまで、『伝光録』「投子義青章」における瑩山の嗣法観について見てきたが、整理しておきたい。まず、瑩山のそれは、前節において見た道元の嗣法観と、原則論の部分ではおおむね一致していると考えられる。嗣法においては師と資が「打成一片」、すなわち自他一物となるという点は、「面授」巻や「葛藤」巻において示されていた、嗣法の時節には師資の双方が、如来の面目を有し、互いが互いの中に身を隠してしまうという説示と等しいものと見ることができるだろう。また、仏法は三世を超越しており、自他一物となった師資の間において相承されることから、警玄が一人仏法を担ってきたとも、釈尊が連綿と仏法を紡いできたとも言うことができるとする点は、すでに見た「梅華」巻の、「先師古仏、正法眼蔵あきらかなるによりて、この正法眼蔵を、過去・現在・未来の十方に聚会する仏祖に正伝す」などと同趣旨のものである。つまり、「倶時の面授」に説かれた、面授の超歴史的側面に符号するものと考えられる。面授の歴史的側面について見るのであれば、それは『伝光録』自体が、釈尊から懐奘に至る歴史的な仏法の相承を、その全体にわたって説いている。

これらの点からは、「投子義青章」における瑩山の嗣法観は、『正法眼蔵』における「葛藤」・「嗣書」・「面授」などの各巻をその土台にしていたと指摘できるであろう。

その一方で、道元の思想から大きく乖離する面があることも指摘しなくてはならない。

「投子義青章」では、曹洞宗・臨済宗等の宗派意識が明確に表詮されており、道元が、「仏道」巻において、宗名の使用を強く否定したこと（一巻・四八三頁）は有名であるが、この点が大きく相違している。ただし、この点に関しては、瑩山に宗派意識は認められるものの、宗派に拘泥するのではなく、諸仏の正法を明らめるべきであると述べていること等を考慮すると、『伝光録』提唱当時の禅宗においては、宗派意識が無視できないほど深く浸透していたという事情も存するかもしれない。この点に関してはさらなる検討を要する。(24)

そして、「投子義青章」においては、宗名の使用のみならず、禅宗各派に対して、「臨済門下も尊貴也、自家門風も超邁也」といったように、宗派間での優劣を付けずに一定の評価を与え、反対に、「只吾《ママ》が馬祖師を称して摘《ママ》嗣とし、余をば旁出とす」（正巻・七〇丁表）というような、自らの法系のみを正統とし、他の系統を傍系とすることを戒めている。(25) これは、代付の立役者である法遠に対して、「臨済の正流」（正巻・七〇丁裏〜七一丁表）という評価を与えていることからも知られる。しかし、道元においては、あくまでも仏法は「単伝」されたものであって、嗣法が行われていたとしても、正嫡と傍出の差があるとされる。(26) つまり、道元の立場からすれば傍出となりかねない法遠を、瑩山は仏法の「正流」の位置まで引き上げているのである。

瑩山の立場としては、「臨済門下」（臨済宗）・「自家門風」（曹洞宗）の両者が共に、仏法の「正流」であったからこそ、代付という形態での伝法が実行可能であったと見ることができる。代付の意義というのは、曹洞宗の法系が存続したことにあるのではなく、警玄・法遠・義青の三者が、「私なき」諸仏の正法を的確に理解し、その「法を重」んじて、嗣続したことにあったのである。また、瑩山は法遠を、「臨済の正流」とするのみならず、

円鑑、知法人として、大陽面授あり（正巻・七〇丁裏）

と、警玄からの面授があったとしている。『伝光録』では、投子以外の祖師は、全員が面授によって嗣法しているにもかかわらず、この箇所でしか「面授」という語が用いられない。先にも確認したように、瑩山の嗣法観は、原則論としては、道元のそれと基本的に一致していることを踏まえれば、大陽から法遠に面授があったというのは、法遠を「曹洞宗の正流」とも見ていたことを示すのではなかろうか。道元の言葉を借りるなら、警玄の仏法が、法遠にも「単伝」されたとしているのである。

瑩山は、道元と面授嗣法に関しては、同様の嗣法観を有しつつも、道元の示した「単伝」の語が有する意味の幅を、柔軟に解釈し、おおはばに拡充したと言えるのではないだろうか。つまり、法遠は、警玄から面授されたことで、義青の正師となりえたのである。瑩山は、正師の意義を、道元においては単伝されていないとする範囲にまで押し広げたということになるだろう。

四　結びにかえて——瑩山禅師が見出した道元禅師

右において、道元と瑩山の嗣法観を確認し、両者の嗣法観の共通点と相違点を検討してきた。以上の検討により、瑩山の嗣法観は、道元の嗣法観をその基調として、新たに展開させたものと見ることができると考えられる。瑩山は、師資が自他一物になった当処で行われる仏法の相承は、その相承が「諸仏の正法」であるかぎりにおいて、いずれの

嗣法も皆等しく尊いものであると説いた。その点から、代付は「諸仏の正法」が宗派に関わらないことを示す格好の故事であると言える。宗派は違えど、その内実である仏法こそが重んじられるべきことを真に明らめていた警玄と法遠だからこそ、代付が可能となったとする。つまり、代付は曹洞宗存続の危機を救ったという点でばかり重要なのではなく、仏法相承においては、仏法が何よりも重んじられるという大原則を、警玄・法遠・義青の三者が理解していたという点に一番の力点が置かれていた。この点について、榑林皓堂氏は「非常事態に際し、いかにして最後の一線を守るかの一点に全精力をそそいでいる」と述べるが[27]、瑩山の代付説受容は、非常事態の打開のみを問題としたものではないと思われる。

仏法を重んじることを、「投子義青章」では、「法を重す」(法を重くす)とするが、この言葉は、瑩山が代付説を肯う根拠として述べた一句である。この「法を重くす」という一句こそ、道元・懐奘・義介を通して瑩山へと相承された言葉ではなかったかと考えられる。すなわち、瑩山が、懐奘や義介からの見聞、『正法眼蔵』等の著述への参究を通して、見出した道元の姿とは、まさに「法を重くす」る道元ではなかっただろうか。

「礼拝得髄」巻には、先にも見た箇所であるが、

　髄をうること、法をつたふること、必定して至誠により、信心によるなり。誠信、ほかよりきたるあとなし、内よりいづる方なし。ただまさに法をおもくし、身をかろくするなり。(一巻・三〇二〜三〇三頁)

とあって、「信」とは、「法をおもく」(仏法を重んじる)し、「身をかろくする」(身〈私〉を転んじる・吾我を離れる)ことであるとされる。他にも『正法眼蔵』において、この語はさまざまな箇所で述べられる[28]。

そして、「法を重くす」という語は、晩年の道元が、懐奘に後事を託す箇所でも用いられるのである。『伝光録』「永平懐奘章」には、

　和尚(道元)示云、吾命久しかるべからず。汝(懐奘)吾より久して、決定吾道を弘通すべし。故吾汝を法ため

に重す。（正巻・一〇三丁裏、括弧内は引用者、以下同。）

とあって、道元が、懐奘に正法の弘通を託し、「吾れ汝を法のために重くす」と語ったとされる。瑩山は永平寺で懐奘に参学しており（『諸本対校瑩山禅師『洞谷記』』、春秋社、二〇一五年、七頁）、これは懐奘から直接見聞したか、あるいは義介を通して伝えられた言葉と考えられる。また、瑩山は懐奘のことを評して、

夫法を重んずること師操行の如し。（『伝光録』「永平懐奘章」、正巻・一〇六丁表）

とも語っている。

また、仏法が重んじられる理由というのは、『伝光録』「投子義青章」では「仏法に私なき」ためであるとされた。『御遺言記録』「建長七年正月六日条」の懐奘と義介の問答の中に同様の表現が認められる。

先師（道元）曰いて示せる如く、仏法において一切私なきなり。……これらの趣は、先師の訓訣なり、只だ汝（義介）のみ見聞す。（七巻・一九六頁、原漢文）

懐奘は道元の訓訣として「仏法において一切私なきなり」という言葉を義介に示している。さらに、この語は、義介から瑩山にも伝えられている。『義鑑附法状』には、

仏祖伝来古法、……古今無私、於相伝事致疑謗者、必招罪業。（大久保道舟編『曹洞宗古文書』下、筑摩書房、一九七二年、四〇九頁）

「仏祖伝来の古法、……古今に私なし」として、「仏法に私はない」という言葉が義介から直接瑩山に示されたことが確認できる。

このように、瑩山は、仏法においては、「法を重くす」るということを懐奘や義介から見聞した。そして、法を重くする道理はどこにあるのかと言えば、仏法には一切私がないためである、ということを義介から直接受けていたのである。瑩山は『正法眼蔵』などの道元の著述を参究する中で、これらの語が道元に淵源することを見出し、自らの

嗣法観の中に摂取していったと考えられる。

（1）石井修道「総説　中国の禅」、田上太秀・石井修道編著『禅の思想辞典』、東京書籍、二〇〇八年、四一～四四頁。

（2）ジョン・R・マクレー『虚構ゆえの真実　新中国禅宗史』、小川隆解説、大蔵出版、二〇一二年、一八～二一頁。

（3）道元の著作からの引用は、基本的に『道元禅師全集』（全七巻、春秋社）を使用し、巻数と頁数のみを示す。また、『正法眼蔵』から引用する場合には、巻名のみを記す。

（4）『伝光録』からの引用は、乾坤院本『伝光録』（偏・正巻）を使用し、巻数と丁数のみを示す。また、適宜句読点、濁点を付し、片仮名は平仮名に改めた。

（5）池田魯參「両祖の「出家」義再考」（『曹洞宗総合研究センター学術大会紀要』〈以下、『曹研紀』と略す〉第一五、二〇一四年）、同「『伝光録』が切り開く『正法眼蔵』「三時業」巻の論説」（『曹研紀』第一四、二〇一三年）、同「伝光録説示法の一特性―龍樹章・達磨章・薬山章に見る―」（『曹研紀』第一三、二〇一二年）、同「『坐禅用心記』撰述の意義」（『曹研紀』第一二、二〇一一年）、同「瑩山禅の摩訶迦葉尊者多子塔前付嘱説の意義」（『曹研紀』第一一、二〇一〇年）、同「『伝光録』の読み方―釈迦牟尼物章から―」（『宗学研究』第五〇、二〇〇八年）。また、平成二十二年（二〇一〇）一月から平成二十七年（二〇一五）六月まで『曹洞宗報』に連載された「伝光録　さらなる宗旨の展開」（全六十六回）も参考になる。

（6）「これすなはち霊山の拈華なり」以下の文章は、『正法眼蔵抄』では、「是ハ天童開山ニ指授セラル、御詞ナリ」（『曹洞宗全書』註解二、曹洞宗全書刊行会、一九三〇年、二〇五頁）と、如浄の言葉と解され、岩波文庫本『正法眼蔵』三巻（水野弥穂子校注、岩波書店、一九九一年、一四三頁）や原文対照現代語訳『道元禅師全集』第五巻（水野弥穂子訳註、春秋社、二〇〇九年、一九〇頁）においても同様に理解されているが、この箇所は道元自身の言葉であるとする説に石井修道「仏仏祖祖の嗣法の話の成立過程―道元禅師の引用例と関連して―」（『道元禅師研究論集』、大本山永平寺、二〇〇二年）があり、筆者もこれを支持する。

（7）宝慶元年五月一日が、道元にとっていかなる意義を持つ日であったのかについては、多くの研究者によって議論がなされてきた。この五月一日という日を、身心脱落の翌日とする説（佐藤秀孝「如浄会下の道元禅師―身心脱落と面授―」

『印度学仏教学研究』第三七巻第二号、一九八九年）、身心脱落のまさに当日であったとする説（杉尾玄有「御教示仰ぎたき二問題―「面授時脱落」のこと及び『普勧坐禅儀』の書風のこと―」『宗学研究』第一九、一九七七年）、純粋に如浄との初相見があったとする説（角田泰隆「第一章　修証観」、『道元禅師の思想的研究』、春秋社、二〇一五年、一六八〜一八三頁）、如浄と伝法を前提とした入室を許可された日とする説（伊藤秀憲『道元禅研究』、大蔵出版、一〇五〜一一一頁）などがある。また、身心脱落の時期については、他にも多くの説があり、この点については、下室覚道「身心脱落の一視点（上）―身心脱落の時期について―」（『宗学研究所紀要』第一二、一九九八年）や吉田道興「如浄会下における道元禅師―相見・入室・身心脱落・嗣法・伝戒考―」（『曹研紀』第一四、二〇一三年）に諸説がまとめられている。本論は道元における身心脱落がいつのことであったのかを詳論することを目的としないため、明確な結論は出さないままにしておく。

（8）衛藤即應「第七章　面授嗣法」、『宗祖としての道元禅師』、岩波書店、一九四四年、三〇二〜三〇六頁。

（9）たとえば、過去を参究していく中で、「過去」は「現在」とは別個のものであると思っていたところ、その実、何らの差異も認めることができなければ、それを分節化して「現在」に対する「過去」という名称を与えることは不可能となる。それは「現在」と「未来」の関係においても同様のことが言える。近年の研究として、道元の時間論の特徴を、時間の流れではなく、把捉される「いま」の瞬間に見出すものに、角田泰隆「第三章　時間論」（注（7）角田書、三六九頁〜三七九頁）や頼住光子「第五章　時・自己・存在」（『正法眼蔵入門』、角川書店、二〇一四年、一四二頁〜一四八頁）等があり、個々の事象そのものが属性を保ちつつ存在する期間に見るものとして、石井清純「前後際断と有時の経歴―道元禅師における「存在と時間」私考―」（『印度学仏教学研究』第六三巻第二号、二〇一五年）がある。

（10）黒丸寛之「『正法眼蔵』における拈華付法―道元禅師にみる嗣法論の一断面―」（『駒澤大学佛教学部論集』第三号、一九七二年）を参考に、「歴史的側面」と「超歴史的側面」という語を用いた。黒丸氏は、「嗣法における歴史性と超歴史性の人格的統一が面授嗣法であると考えられる」（六頁）と述べる。

（11）道元における正師の存在を論じたものに、菅原研州「嗣法論―道元禪師に見る正師とは―」（『駒澤大学大学院仏教学研究会年報』第三三、二〇〇〇年）がある。また、これに関連する成果に、鏡島元隆「道元禅師に於ける師の意義と位置」（『道元思想大系』一三巻、同朋舎、一九九五年）がある。

（12）如浄が道元に対して、仏法とはこのようなものであると、「信」じなければならないと示す同様の事例が『宝慶記』

（七巻・二四、二六頁）にも見出される。

（13）『辦道話』においても、

凡そ諸仏の境界は、不可思議也、心識の及ぶべきにあらず、況不信劣智の知る事を得んや。只正信の大機のみ、能く入る事を得るなり。（二巻・五四一頁）

とあって、正信の大機のみが諸仏の境界に入ることができるとされ、「信」の重要性が説かれている。また、道元における「信」を論じたものに、西澤まゆみ「道元禅師における信の考察」（『曹研紀』第一二、二〇一一年）があり、先考する諸氏の学説を挙げた上で、道元の信とは、「吾我を離れ、師に随う意味の信を大前提としながらも、信の状態・内容を知識として理解するだけに留まらず、実践し、信の状態・内容を明らめること、その状態・内容を実証し続けることまでを修行者に求めていると言えるのではないだろうか」（三七九頁）とされる。この「師に随う」という点が重要であると思われる。

（14）瑩山の嗣法観を扱った主な先行業績に、池田魯參「『伝光録』にみる投子義青代付説の宗義」（『曹研紀』第一六、二〇一五年）、石井修道「代付における禅の真理」（東隆真博士古稀記念論集『禅の真理と実践』、春秋社、二〇〇五年）、同「第二節『伝光録』の本則の出典とその性格─身心脱落の話と関連して─」（『道元禅の成立史的研究』、大蔵出版、一九九一年）、木村岱隆「『正伝の仏法』」（『駒澤大学大学院仏教学研究会年報』第二三、一九九〇年）、榑林皓堂「瑩峨二祖の嗣法観と思想的基盤─大陽・投子、無底・月泉の嗣承について─」（『瑩山禅師研究』、瑩山禅師奉讃刊行会、一九七四年）、光地英学「太祖の代授観」（『宗学研究』第一六、一九七四年）、新野光亮「『伝光録』における師資証契について」（『宗学研究』第一六、一九七四年）等がある。

（15）義青の伝が立項される灯史類では、すべて警玄の法嗣とされる。『建中靖国続灯録』巻二六（続蔵一三六・一七六a）、『聯灯会要』巻二八（続蔵一三六・四五六d）、『嘉泰普灯録』巻二（続蔵一三七・三二d）などを参照。

（16）大陽・投子間の代付に関しては、石井修道「北宋代の曹洞宗の展開」（『宋代禅宗史の研究─中国曹洞宗と道元禅─』、大東出版社、一九八七年）に詳しい。他に、宇井伯寿『第三　禅宗史研究』（岩波書店、一九四三年、三七三～四七六頁）や忽滑谷快天『禅学思想史』下（玄黄社、一九二五年、一九六九年に名著刊行会より再刊、一三八～一五一頁）がある。

（17）伊藤猷典「正法眼蔵生死巻親撰の真偽について　続々」（『愛知学院大学論叢』第三、一九五六年）二五頁。また、石井修道氏によれば、道元の頌古と本則の間には齟齬が見られるものが、この他にもしばしば見られるようである。石井修道『義雲禅師語録』の引用典籍について―延文二年本と真字『正法眼蔵』との関係を中心として―」（熊谷中興編『義雲禅師研究』、祖山傘松会、一九八四年）参照。

(18) この頌古は『永平広録』の古写本である門鶴本においても同じ表記になっている（『永平広録註解全書』下、永平広録註解全書刊行会、一九六一年、三二〇頁）。門確本は、永平寺二〇世門鶴（?～一六一五）の指示によって慶長三年（一五九八）頃に書写されたものであるが、門鶴当時にはすでに原本との相違を見せていたものと考えられる。また、鏡島元隆氏は、注（17）の伊藤氏の説を承けて『道元禅師と引用経典・語録の研究』（木耳社、一九六五年）において、「このように読むことが自然であれば、道元禅師は浮山の代付を認め、これを頌古の中に読みこまれているのである。そうであれば、本則においては代付説を主張しているが、そのような自家撞着を犯してまで、道元禅師は原典の主辞を改められたであろうか。これは容易に信ずることのできないことである」（四五頁）と述べている。鏡島「天桂伝尊の思想」（『道元禅師とその門流』、誠信書房、一九六一年）九六頁も参照。また、道元は、法遠を『知事清規』（六巻・一一〇、一一二頁）において高く評価しているが、この点も道元が代付説を受容する遠因となっているかもしれない。

(19) その他の写本類も検討しなければならないが、手元にある資料で確認したところ、龍門寺本（一五四七年書写）と永光寺本（一七一三年書写）においても本則は、義青が警玄に参じたことになっており、『伝光録』の最初の刊本である仏洲仙英開版『瑩山和尚伝光録』（一八五七年刊、以下仙英本『伝光録』と略す）では、「第四十四祖投子和尚参大陽円鑑…」となっており、極めて不明瞭な表現になっている。この点については、注（14）池田論文参照。また、『永平広録』や『伝光録』における古則の改変は、中世における曹洞宗侶らの要請の表れであったと考えることもできるだろう。すなわち、嗣法は師と弟子が相見したところで行われるという原則論があるかぎり、警玄と義青の間にも相見の機縁があったことにしなければ、そこにはさまざまな疑謗を生じるきっかけと作ってしまう。予見される他派からの非難や不都合への対処の一途として、義青は警玄に参学し、相見していたと古則を改変したのではなかっただろうか。興味深い問題ではあるが、本論の目的からは外れるので、今詳論することはしない。

(20) 代付の故事を用いて自らの嗣法観を闡明する例というのは、中世禅宗を通して瑩山の他に例をみないという点については、以前に論じたことがある。拙稿「中世禅宗における代付説の展開」（『駒澤大学大学院仏教学研究会年報』第四七、二〇一四年）参照。

(21) 瑩山は『伝光録』「永平道元章」において、『正法眼蔵』「嗣書」巻を多く引用していることから、『正法眼蔵』等、道元の著述に触れていたと見てよいだろう。瑩山による道元撰述書の依用については、池田魯參「伝光録 さらなる宗旨の展開（六六）」（『曹洞宗報』第九五七、二〇一五年）二四頁参照。

(22) 仙英本『伝光録』坤巻・一二二丁裏では、「意」の箇所が「コ、ロ」とされており、この読みにしたがった。

(23) 瑩山が『林間録』の説を肯うことができなかった理由について論じたものに、小早川浩大「「投子義青章」の一考察」（『曹研紀』第一三、二〇一二年）がある。

(24) 瑩山のもとには、法嗣である明峰素哲（一二七七〜一三五〇）が永仁二年（一二九四）頃から（『曹洞宗古文書』上、一九六一年、五三三頁）、峨山韶碩（一二七六〜一三六六）は正安元年（一二九九）には参じていたようである（『曹洞宗全書』語録一、四三頁）。また、曹洞宗以外にも、臨済宗法灯派の恭翁運良（一二六七〜一三四一）や孤峰覚明（一二七一〜一三六一）らの参学が伝えられており、当時の大乗寺には、禅宗にかぎらず宗派を超えた大衆が存したことが想定される。注（14）石井論文（一九九一年）四六八〜四七六頁参照。

(25) 引用文では、「只吾が馬祖師……」となっているが、これは引用箇所の直前の行の、「丹霞も馬祖に……」という丹霞天然と馬祖同一の機縁に使用された「馬祖」という文字を、再び書いてしまった衍字として理解しておきたい。

(26) 晴山俊英「道元禅師における嗣法観について」（田中良昭博士古稀記念論集『禅学研究の諸相』、大東出版社、二〇〇三年）三六〇頁。同「道元禅師における単伝について」（『印度学仏教学研究』第四四巻第一号、一九九五年）も参照。

(27) 榑林注（14）論文、三〇九頁。光地英学氏も榑林氏と同様の見解を示している（光地注（14）論文、五頁）。

(28) 他に、『正法眼蔵』で見られる「法をおもくす」という表現及び同趣旨のものを以下に挙げておく。

○命をかろくし法をおもくする行持にあらずば、しかあるべからざる活計なり。（「行持」巻、一巻・一八九〜一九〇頁）

○恩愛のたれかかろからん、法をおもくして恩をかろくするによりて、棄恩せしなり。（「伝衣」巻、一巻・二〇九頁）

○その法をおもくする志気、ひとつにあらず、他の教訓をまたずといへども、しばらく一二を挙拈すべし。いはく、法をおもくするは、たとひ露柱なりとも、たとひ灯籠なりとも、たとひ諸仏なりとも、たとひ野干なりとも、鬼神なりとも、男女なりとも、大法を保任し、吾髄を汝得せるあらば、身心を床座にして、無量劫にも奉事するなり。身心はうることやすし、世界に稲麻竹葦のごとし、法はあふことまれなり。（「礼拝得髄」巻、一巻・三〇三頁）

○如来の無上菩提をおもくせず、自宗を自専する、前来を軽忽し、前来をそむくなり。前来もしらずといふべし、世尊在日の功徳を信ぜざるなり、かれらが屋裏に仏法あるべからず。（「仏道」巻、一巻・四八七〜四八八頁）

○また、わがこころを、さきとせざれ、仏のとかせたまひたるのりを、さきとすべし。よくよく道心あるべきやうを、よる・ひるつねにこころにかけて、この世にいかでかまことの菩提あらまし、と、ねがひ、いのるべし。(「道心」巻、二巻・五三〇頁)

○釈迦牟尼仏をおもくしたてまつり、釈迦牟尼仏を恋慕したてまつらんは、この面授正伝をおもくし尊崇し、難値難遇の敬重礼拝すべし。(「面授」巻、二巻・五八頁)

○仏祖の児孫としては、仏祖の法儀をおもくすべきなり。……一事・一法もあひがたきなり。世俗にひかれ、人情にひかれざるべし。(「大修行」巻、二巻・一九一頁)

『正法眼蔵』再治の諸相――「大悟」巻の再治をめぐって

若山悠光

一　はじめに――『正法眼蔵』の再治について

『正法眼蔵』が現在の形になるまでには、道元禅師による再治（修訂・書き改め）があったことが知られている。初めに書かれた草案本と、手を加えられながら再治・再再治されたものが揃って現存している巻は多くはないが、真筆本またはそれに準ずるものとして「嗣書」「仏性」「行持」巻等があり、その他、真筆ではないが再治されたことがわかっている巻として「弁道話」「心不可得」「仏向上事」「洗面」「遍参」「大悟」「三時業」等の各巻がある。これら再治の研究を進める過程で、草案本と再治本の関係にいくつかの種類があることが明らかとなった。第一に「仏性」巻のように純粋にその巻が再治されているもの、第二に「心不可得」巻のように、草案本である別本「心不可得」巻が「心不可得」巻と「他心通」巻に分割された上、再治されているもの、第三に「仏向上事」巻のように、草案本と再治本で内容のまったく異なるもの等である。(1)

この度は特に「大悟」巻を取り上げて考察してみたい。この巻は、七十五巻本と六十巻本では共に第十、九十五巻本では第二十六であり、その内容はどれも同じである。それに対して春秋社本『道元禅師全集』（以下『全集』と略す）第二巻「拾遺」に、草案本系書写本（愛知県大須文庫〈真福寺内〉所蔵本）の「大悟」巻（以下、別本「大悟」巻と略す）[2]がある。これは先に挙げた「大悟」巻とは内容が大きく異なっている。したがって「大悟」巻は上記の分類では第三に属する。この別本「大悟」巻について、二〇一五年に注目すべき研究成果が発表された。七月に臨川書店より出版された『中世禅籍叢刊』第二巻「道元集」（石井修道責任編集）に影印版が掲載され、より詳細な翻刻と共に伊藤秀憲氏による解題が付されたのである。また十月には杉尾玄有氏の遺稿集『道元禅の参究』（春秋社、二〇一五年）が出版され、「正法眼蔵『大悟』小考」の論文が掲載されている（これは『山口大学教育学部研究論叢』第三〇巻第一部〈一九八〇年十二月〉に初めて発表されたものである）。これらの事から、別本「大悟」巻に注目することにした。私は、駒澤大学名誉教授の石井修道氏と名古屋大学教授の阿部泰郎氏のはからいにより、二〇一五年十二月二十日に真福寺に趣き、この別本「大悟」巻を実際に閲覧する機会に恵まれた。そこは北野山真福寺寶生院という真言宗智山派の寺で、「大須観音」として親しまれている。本堂の下に改築したばかりの書庫があり、貴重な資料が分野ごとに箱に収められていた。河村氏は言う、

真福寺文庫（大須文庫）所蔵の書冊は、古くより一万五千余巻の襲蔵とされ、その殆どは鎌倉から南北朝にかけての古写本類が中心である。本書真福寺『大悟』は、（中略）同文庫の「函第七拾一合本第二四号」として収蔵されている。（河村孝道『正法眼蔵の成立史的研究』〈以下『成立史』と略す〉、春秋社、一九八七年、五五二頁）

そして「大悟」巻の年代については、その後の研究で室町から江戸初期ではないかと推定している。さらに河村氏は、

該書写本は蠹損甚だしく、昭和四十年頃の整理の際に補修されて薄紙による裏打がされたが、現在ではそれにも蠹蝕が見られ、本文判読に当たって解読不可能な箇処が諸処に存する。（前掲書、五五六頁）

と記しているが、この別本「大悟」巻は『道元集』執筆のために新たに補修が施されていた。従来と比べて格段に読

みやすくなっており、『道元集』で判読不能とされた箇所も確認することができ、また蠹損した紙片がビニール袋に入れて添えられていて、感激もひとしおであった。

二　別本・再治本「大悟」巻の概要

別本「大悟」巻は、石井修道・伊藤隆寿の両氏が愛知県大須文庫にて発見し、それを河村孝道氏が公にしたものである。河村孝道「『正法眼蔵』成立の諸問題（六）―真福寺文庫所蔵「大悟」巻草稿本の紹介―」（『駒澤大学仏教学部研究紀要』第三八号、一九八〇年）にて初めて紹介され、後に加筆して『成立史』に収録され、『全集』第二巻に草稿本「大悟」巻として収録された。そこには奥書がなく、内題「大悟」の下に「観音導利興聖宝林寺」の識語があるのみである。一方、七十五巻本「大悟」巻（龍門寺本）には以下のような奥書が見える。（『全集』第一巻、九九頁）[3]

爾時仁治三年壬寅春正月二十八日、住観音導利興聖宝林寺示衆。

而今寛元二年甲辰春正月二十七日、錫駐越宇吉峰古寺而書示於人天大衆。

すなわち、「大悟」巻は仁治三年（一二四二）正月二十八日に初めて示衆されたものが、寛元二年（一二四四）正月二十七日に再治撰述されたことがわかる。現在我々が目にする七十五巻本の「大悟」巻は寛元二年の再治本であり、仁治三年のものが草稿本としての別本「大悟」巻と思われる。[4]仁治三年は、『正法眼蔵』の十六の巻が撰述されており、道元禅師が興聖寺において非常に意欲的に撰述に取り組んだ年である。ちなみに正月二十八日に別本「大悟」巻が示衆された後には、三月十八日に「坐禅箴」巻、三月二十三日に「仏向上事」巻、四月五日に「行持」巻下などが撰述・示衆されている。一方、寛元二年は、禅師峰から吉峰寺に戻った頃で、正月二十七日に「大悟」巻が再治され、二月十四日に「発無上心」巻が示衆されている。三月二十日には懐奘により「大悟」巻の書写がなされた後、翌四月に大仏寺法堂の上棟式、七月十八日に大仏寺の開堂説法、十一月三日には僧堂の上棟式が行われている。この年、「大悟」巻の再治に先立つ正月十一日、懐奘により「説心説性」巻が書写されていることにも注目したい。道元禅師による撰述はその前年である。これらの巻との関連については後述する。

それでは、二つの「大悟」巻の内容を比較してみよう。双方ともに「総論」があり[5]、その後に古人の大悟の機縁が引用列挙されている。別本「大悟」巻についての総合的研究は、管見のかぎり河村孝道氏と伊藤秀憲氏に見えるが、その構成について両氏は以下のような異なった意見を述べている[6]。河村氏はそれらの機縁をすべて並列に書き出し、道元禅師が「各古則をつぶつぶと拈提して」いるとする。一方、伊藤氏はそれらの引用を八つの段落に分け、各段落の中で①乃至⑤の例話が引用されているとする。再治本伊藤説で、「雪山の大悟」の話が、「龍牙道無中得悟」の例話ではなく「華厳休静破鏡不重照」の例話として用いられていることに注目したい。河村氏はこの「臨済義玄不悟者難得」「華厳休静破鏡不重照」「雪山ノ大悟」「京兆米胡令僧問仰山還仮悟否」の四項目をやはり並列に記し、最後に別本「大悟」巻と同様、「仰山悟即不無…」を加えて五項目としている。いずれにせよ別本に比べて再治本はかなり分量が少なく各段落の文章も同一ではない。

別本河村説	別本伊藤説	再治本河村説	再治本伊藤説	四段の悟
総論	総論	総論	総論	大悟現成
①臨済不悟者難得 ②曹渓大悟不拘小節 ③永嘉真覚大象不遊	(1)臨済義玄不悟者難得 ①曹渓大悟不拘小節 ②永嘉真覚大象不遊兎径	(1)臨済義玄 不悟者難得	(1)臨済義玄 不悟者難得	不悟至道

④華厳休静破鏡不重照	(2)華厳休静破鏡不重照	(2)華厳休静 破鏡不重照	(2)華厳休静 破鏡不重照	
⑤西天経師論師ノ家門	①西天経師論師ノ家門			
⑥永嘉真覚莫謗如来	②永嘉真覚莫謗如来正法輪			
⑦龍牙道無中得悟	(3)龍牙道無中得悟			
⑧二祖礼拝依立而立	①二祖礼拝依立而立			
⑨青原聖諦不為	②青原聖諦不為			
⑩南岳説示一物即不中	③南岳説示一物即不中			省悟弄悟
⑪雪山ノ大悟	④雪山ノ大悟	(3)雪山ノ大悟	①雪山ノ大悟	
⑫大宋国諸山杜撰ノヤカラ	⑤大宋国諸山杜撰ノヤカラ			
⑬雲門三種人	(4)雲門文偃三種人			
⑭黄龍慧南花綻柳開	(5)黄龍慧南花綻柳開・識語			
⑮黄龍慧南識語				
⑯投子問浮山外道問仏話	(6)浮山問投子外道問仏話			
⑰天童如浄身心脱落話	(7)天童如浄身心脱落話			
⑱京兆米胡問仰山還仮悟否	(8)京兆令僧問仰山還仮悟否	(4)京兆米胡問 仰山還仮悟否	(3)京兆令僧問 仰山還仮悟否	失悟放行
⑲仰山悟即不無		(5)仰山悟即不無		

三　主な先行研究と問題の所在

それでは次に、別本と再治本に関する諸氏の見解を見てみよう。

河村孝道「吉峰寺再治書示本は、興聖寺草案本の論述に準拠しながらも、草案本が古人の大悟機縁の語話を多く引用列挙し、各古則をつぶつぶと拈提して平易に理解しやすい表現を列ねている本文を整理し、十九項目の古則に対して五項目に縮小して文章表現の推敲と論述の簡潔化とを図り、臨済と華厳休静との二人の大悟論を中心に〝大悟〟の真義を点検し闡明にすると共に、さらに自らが伝法把捉せる大悟一現の現成公案の世界を委説し、以て〝仏々の大道〟としての大悟観を述べている。……ともあれ、提唱台本としての成文化された草案があり、その草案のメモに依って提唱示衆されたものが真福寺本『大悟』であり、重要な大悟の問題を吉峰寺に入って再治修訂して人天大衆に書示された。」(『成立史』、五六〇頁)

杉尾玄有「『大悟』においても「さとり」や「大悟」は、人間を人間たらしめ森羅万象を森羅万象たらしめる何かとしての《さとり》《大悟》を意味するけれども、そればかりではない。むしろやはり、《さとり》ないし《大悟》のはたらきを受けて現成する人間の正当なる存在形態・活動形態を指して、「さとり」といい「大悟」というばあいが、当然ながら『大悟』でもしばしば見られるのである。」(『山口大学教育学部研究論叢』第三〇巻第一部、一九八〇年。後に「正法眼蔵『大悟』小考」、『道元禅の参究』、春秋社、二〇一五年に再録)

池田魯参「『大悟』巻は、全体を四つの章段でまとめている。この四段の構想は草案本でも確認できるので、大枠で変更はなかったことが知られる。……『大悟』巻を構成する四段の内容は、第一段目の文中にみえる、大悟現成・不悟至道・省悟弄悟・失悟放行の四句の意味に対応しており、この四句の意味を四段の文に展開していると読むべきであろう。草案本でも大悟・不悟・省悟・失悟と示されており、四句四段の構成は明瞭に読んでとれるのである。」「私は七十五巻本『正法眼蔵』で『大悟』巻の次に『坐禅儀』巻を置いた意味をもっと注意しないといけないと考える。……『坐禅儀』巻で明記された薬山惟儼の坐禅観は、『大悟』巻で四句四段で示された「大悟」の宗旨と直結している。」(「道元禅師のさとり」『宗学研究』第三九号、一九九七年所収)

石井清純「拙論『正法眼蔵』「現成公案」の巻の主題について」(『駒澤大学仏教学部論集』第二十八号、一九九七年)において示した推論を前提とする。」「まず真福寺本では、現実の事象を「悟り」を「暫時の」、すなわち「暫定的」な状態としていた。……しかしそれが乾坤院本では修訂されている。ここに「悟り」を一時的な状態や現象ではなく、より普遍的な存在として定義しようという意識が垣間見られるのではなかろうか。つまるところ、道元禅師は、現実の事象を安易に全肯定するものとして「悟り」という表現を用いることを注意深く避けようとしたものと考えられる。」(『正法眼蔵』における「大悟」の定義について―真福寺本と乾坤院本「大悟」巻の比較から―」『印度学仏教学研究』第五一巻第一号、二〇〇二年所収)

伊藤秀憲「草案本は多くの話則を引用するが、再治本では⑴臨済義玄不悟者難得、⑵華厳休静破鏡不重照、⑶京兆米胡令僧問仰山還仮悟否に絞って説いている。これらの話則は草案本と共通しているから、拈提はほぼ同じかというとそうではない。特に⑵華厳休静破鏡不重照は、引用する話則は同じであるが、拈提はほとんど共通する語句がないと言ってよいし、⑴臨済義玄不悟者難得、⑶京兆米胡令僧問仰山還仮悟否も拈提箇所の共通する語句は極めて少ない。懐奘書写の『仏性』の巻に残されている未再治から再治への跡と、この『大悟』の巻の草案本(未再治本)との違いを比べると、『大悟』の巻は余りにも削除、加筆が多く、全面的に書き改めたといってよいほどである。」(『中世禅籍叢刊』第二巻、『道元集』「大悟」解題、臨川書店、二〇一五年、六二八頁)

これら先行研究を整理すると、別本「大悟」巻から巻十「大悟」巻への再治について、河村氏・池田氏は、文章を整理して簡潔化したもので根本的内容に変化はないとし、石井氏は、「悟り」を一時的な状態や現象ではなく、より普遍的な存在として定義しようとしたとし、伊藤氏は、全面的に書き改められたとする。また道元禅師の「悟り」について、杉尾氏は、根源的「さとり」と、現実に具現化された「さとり」の二重構造を唱え、池田氏は、「大悟」巻全体が「大悟・不悟・省悟・失悟」の四句四段の構成になっていると主張する。[7] さらに、「大悟」巻と『正法眼蔵』

の諸巻との関連について、河村氏・石井氏は、「現成公案」巻との関連を述べ、池田氏は、「坐禅儀」巻との関連を指摘している。

私は、再治にあたり全体が簡潔になっただけで根本的内容に変化はないと考える。その根拠は、池田氏が主張する四段の悟についての分析である（前表下段参照）。その中で言及されているように（池田前掲論文、三一頁）、『聞書』や『抄』等の古注においても、また現代の研究論文の中にも、このような分析は見られず、まさに卓見であると思う(8)。

別本・再治本各「大悟」巻の総論冒頭部分は以下のように始まる。

別本「仏仏の大道、つたはること綿密なり、功業、現成なること、平展なり。このゆへに、大悟あり、不悟あり、省悟あり、失悟あり。ともにこれ仏祖、あるときは抛却し、あるときは把定するところなり。」（『全集』第二巻、五九八頁）

再治本「仏々の大道、つたはれて綿密なり。祖々の功業、あらはれて平展なり。このゆゑに、大悟現成し、不悟至道し、省悟弄悟し、失悟放行す。これ仏祖家常なり。挙拈する使得十二時あり、抛却する被使十二時あり。」

（『全集』第一巻、九二頁。傍点は筆者による。）

このように道元禅師は一貫して、大悟・不悟・省悟・失悟の四段で「大悟」を説いている。四段と言っても段階を積み重ねるという意味ではなく、悟に対する四種の捉え方である。道元禅師のいう「悟」とは、これら四側面をある時は捕まえて使い尽くし、ある時は放ち忘れて逆にそれに使われて生きている仏祖の日常の姿を言う。再治本ではそれらを四字熟語に書き改め、各々の悟りの性格をも表現した、より明確な語になっている。「大悟現成」とは、遍く顕現している大いなる悟であり、「不悟至道」とは、六祖の不会仏法を例に挙げ、不悟こそ究極の悟であるとする。「省悟弄悟」とは、悟った後に悟りを使い尽すことを言い、「失悟放行」とは、悟を忘れて今此処を行ずることを指す。再治にあたっては、各段落が整理され、わかりやすくまとめられたにすぎない。特に著しく変わった点は、第三段

「省悟弄悟」の引用例が大きく省かれ、「雪山ノ大悟」一つに代表させた点である。

第三句の「省悟弄悟」という観点からは、草案本の論じ方にも相応の意義が認められるので、一概に削除されなければならないものとも言えないのであるが、最終的に草案本の文は大幅に削られて「大悟」巻のようにととのえられたわけである。その結果「大悟」巻の文章は四句の意に対応する四段の文章として質量共にバランスよくととのえられて、「省悟弄悟」の主意が全面に打ち出されることになった。(池田前掲論文、三四頁)

以上のような構成を把握した上で、次に再治に当たってなにゆえ「省悟弄悟」の項目がこれほど大きく書き換えられたのか、なにゆえ多くの機縁の中で「雪山ノ大悟」のみが残されたのか等を検討することにより、再治の様子から見た別本「大悟」巻の特色を考察したい。また池田氏が『正法眼蔵』七十五巻本編集論の観点から、第十「大悟」巻は第十一「坐禅儀」巻で補って読むべきと指摘しているのを受けて、私は各巻の撰述示衆年次という観点から、別本「大悟」巻に続けて書かれた「坐禅箴」巻、「仏向上事」巻とその草案本である別本「仏向上事」巻等との関係を指摘したい。そこに「省悟弄悟」引用例削除の理由、「雪山ノ大悟」選択の理由があると考えるからである。

四　別本「大悟」巻の特色

(一) 不是待悟為則――『永平広録』法語十一の展開

別本「大悟」巻には、「不是待悟為則」(悟りを待つを原則としてはならない) という語が六箇所に見られる。これは『正法眼蔵』の他の巻と比べて突出している。

①十聖・三賢、等覚・妙覚等は、ひとへに待悟為則なるのみなり。かれらに悟なしといはず、待悟するのみなり。

（『全集』第二巻、五九九頁）

②先師、よのつねに衆にしめしていはく、参禅者心身脱落也、不是待悟為則。（同、六〇九頁）

③心身脱落は、脱落心身なり。脱落の脱落しきたれるがゆえに、身心脱落なり。これ、大小・広狭の辺際にあらず。ここをもて、不是待悟為則なり。（同、六〇九頁）

④待悟といふは、大悟を所期として学道することなかれ。大悟を所期とすれば、所期の悟と親切ならざるのみにあらず、大悟、いくばくか所期にわづらはむ。学道すでに大悟にいたらむとき、大悟、はじめにかかはれ、学道、ついに大悟に際断せられぬるがごとし。もし待悟為則せば、すでに大悟現成せむよりのちは、学道すべからざるか。恁麼の見解は、仏辺の行履なり、恁族の行履は、仏頭の関棙、諸仏の大道にあらず。古仏の授記しきたれるところ、夢なり未見在者なるべし。（同、六〇九頁）

⑤もしかくのごとくあらば、仏法、いかでか今日にいたらむ。仏法の、今日到来することは、大悟を究竟とせず、待悟を為則とせざるによりてなり。（同、六一〇頁）

⑥しかればすなはち、先師道の脱落身心不是待悟為則を参学すべし。（同、六一一頁）

それに比べて、再治本「大悟」巻では、

近日大宋国禿子等いはく、「悟道是本期」。かくのごとくいひて、いたづらに待悟す。しかあれども、仏祖の光明にてらされざるがごとし。（『全集』第一巻、九七頁）

の一回のみであり、七十五巻本のその他の巻や十二巻本には一度も見られない。また別本「大悟」巻においては、ほとんどの場合「身心脱落」と関連づけられ、「参禅者心身脱落也、不是待悟為則」というように、如浄の説示として記されている。(9) しかし道元禅師の著作の他の箇所を見ると、

参禅は身心脱落なり、焼香・礼拝・念仏・修懺・看経を用ゐず、祇管に坐して始めて得《よ》し。（『全集』第一巻、「行

持」巻下、一九八頁）

宗門の正伝にいはく、この単伝正直の仏法は、最上のなかに最上なり。参見知識のはじめより、さらに焼香・礼拝・念仏・修懺・看経をもちゐず、ただし打坐して身心脱落することをえよ。（『全集』第二巻、「弁道話」巻、四六二頁）

堂頭和尚、示して曰く、「参禅は身心脱落なり。焼香礼拝念仏修懺看経を用いず、祗管に打坐するのみなり。（『全集』第七巻、『宝慶記』、一八頁）

などのように「身心脱落」の後は「焼香・礼拝・念仏・修懺・看経をもちゐず」とするのが一般的である。これについて、石井修道氏が、

従来の如浄の説示は、「参禅は心身脱落なり。焼香・礼拝・念仏・修懺・看経を用いず。祗管に打坐して始めて得ん」（正法眼蔵行持等）とあって、他の宗教儀礼を用いないで、ひたすら坐禅すべきことが述べられて、「参禅」と「身心脱落」との修証の関係が必ずしも明確ではなかったのである。しかし真福寺本の「大悟」巻にみられるように、「参禅」と「身心脱落」と「不是待悟為則」の関係がはっきりあらわされ、後に述べる大慧の「悟」を強調する禅とは、全く逆の主張であった。（「宋代の禅」、『現代思想』11所収、青土社、一九八〇年臨時増刊[10]）

と言っているように、「不是待悟為則」が強調され、「参禅」と「身心脱落」との関係がはっきり表されていることが、別本「大悟」巻の第一の特色であると言えよう。

実はこの「待悟以則」の語は、道元禅師の著作の中で、別本「大悟」巻以外にもう一箇所だけ見られる。それは『永平広録』巻八法語十一である。この法語は、正確な撰述年も対象も未詳だが、興聖寺時代のものであり、仏祖の坐禅について説いたものである。

此の坐禅や、仏仏相伝し、祖祖直指して、独り嫡嗣なるものなり。余者はその名を聞くといえども、仏祖の坐禅

に同じからず。所以は何んとなれば、諸宗の坐禅は、悟りを待つを則となす。譬えば船筏を仮りて大海を度《わた》るがごとし、将謂えらく、海を度りて船を抛《なげす》つべしと。吾が仏祖の坐禅は然らず、これ乃ち仏行なり。（『全集』第四巻、一六二頁、原漢文）

ここでは、坐禅を船に喩え、悟りを得ることを大海を度ることに喩えている。坐禅は悟を得るための手段であり、悟ってしまえば必要なくなるといった諸宗の坐禅は、仏祖の坐禅ではないとする。道元禅師はこの法語を以下のように続ける。

吾が仏祖の坐禅は然らず、これ乃ち仏行なり。いわゆる仏家の為体《ていたらく》は、宗説行一等なり、一如なり。宗は証なり、説は教なり、行は修なり。向来共に学習を存するなり。応に知るべし、行は宗説を行じ、説は宗行を説き、宗は説行を証するなり。行もし説を行ぜず証を行ぜずんば、何ぞ仏法を行ずと云わん。説もし行を説かず証を説かずんば、仏法を説くと称しがたし。証もし行を証せず説を証せずんば、争《いか》でか仏法を証すと名づけん。当に知るべし、仏法は初中後一なり、初中後善なり、初中後無なり、初中後空なり。這《こ》の一段の事、未だこれ人の強為《ごうい》にあらず、本自《もとよ》り法の云為《うんい》なり。（『全集』第四巻、一六四頁）

ここに「待悟為則」でない仏祖の坐禅、仏行としての坐禅が説かれている。それは宗説行一等、教行証一如の坐禅である。それは人が強いて為すことではなく、法の側からの働きかけによるのである。また、

教、既にかくのごとし、行もまたかくのごとし、証もまたかくのごとし。正当恁麼《まさにかくのごとし》、自らの管得、自らの管不管に管せられず、教なり、行なり、証なり。通達せらるるところ、あに仏法にあらざることを得んや。（同、一六四頁）

とも説く。教行証は、自分がそれを得たか得ていないかに関わりなく、法自らのはたらきとしてあるというのである。

(二)「省悟弄悟」削除の理由──「仏向上事」巻との関係

私は以前、この法語十一が『秘密正法眼蔵』所収の別本「仏向上事」巻と密接な関係にあることを明らかにした(11)。

『永平広録』法語十一	別本『仏向上事』
仏法は初中後一なり。初中後善なり、初中後無なり、初中後空なり。…既に仏法の中において教行証あることを知りぬ、彼の行というは、功夫坐禅なり。この行、仏に到りてなお退せざるは例なり、仏に行ぜらるる所以なり。	仏法はもとより、教・行・証ともに、はじめ・をはりにかかはれるにあらず、又、いまにそまざるなり。 学道には、かならずその行として、坐禅をつとむべし。これむかしより、仏仏あいつたへてたえず、いまにもおよぶなり。ほとけとなるに、これをはなれてなるにあらず。
這の一段の事、未だこれ人の強為にあらず、本自り法の云為なり。	人のなすところといへども、法の云為なり、たれかこれを強為せん。
大師釈尊の正法眼蔵、西天東地分附し来たれること多時なり。界畔識られず。所謂分附し来たれること多時というは、這の一片の田地なり。這の一片の田地というは、吾等が直下の田地なり。古人、之を大道と称するものか。既に多時と云う、算数すること能わず、籌量すべからず。事旧り時遥かにして、四至界畔、暁了せずと雖も、住持理就して保任すること日に新たなり。此の日に新たなる事、自ら際断あり。	ふるき人のいはく、この一印の田地、なんぢにうり、あたふることひさし。然あるを、四至界畔、しられざることあり。ひごろは、田地はのこらずあたへしかども、しからず、といへり。これを参学するには、この田地をさづけられて、ひさしくなりにけることをわすれざるべし。界畔をたひらかにして、四至あきらかなり。遊戯するところに、ことごとく瑞をなし、祥をなす。まことに、われらにつきにける田地、かくのごとくありける、とおもひあはすべし。

法語十一は前述したように道元禅師の著作の中で「不是待悟為則」が初めて見られる箇所であり、その主題は「教行証一等の坐禅」である。一方、別本「仏向上事」巻は『正法眼蔵』の中で「非思量の坐禅」の語が初めて見られる巻である。[12]道元禅師においては悟りは坐禅と密接にかかわっており、[13]この法語十一、「仏向上事」巻、「大悟」巻の別本を含めた各巻は、一貫して坐禅について説かれていると言うことができる。

別本「仏向上事」巻は再治にあたり非常に大きく書き換えられている。あまりに内容が異なるので、道元禅師の撰述を疑う研究者もいる。[14]再治本「仏向上事」巻の中で、道元禅師は「いはゆる仏向上事といふは、仏にいたりて、すすみてさらに仏をみるなり」と定義し、その構成は洞山をはじめ古人の仏向上の機縁を引用列挙したもので、別本「大悟」巻と類似した構成ということができるのである。考えてみれば「大悟」巻の「悟りを得た後、それを使い尽くす」と「仏向上事」巻の「仏にいたりて、さらにすすみて仏をみる」とは同意としてよいのではなかろうか。

前述の四段の悟りのうち、「大悟現成」「不悟至道」「失悟放行」には、悟りは満ちているが修行の積極性が表れてこない。ともすれば無事禅に陥りやすい。本証妙修を唱える道元禅の独自性は「省悟弄悟」の内にこそあると考える。それゆえ、別本「大悟」巻では、これでもかというほど祖師方の例をあげて「省悟弄悟」を主張したのである。挙げ句の果てに一つの巻を仕立てて「仏向上事」巻と名づけた。別本「大悟」巻の後に再治本「仏向上事」巻が示衆されたことにより、再治本「大悟」巻では「省悟弄悟」の段落がおおはばに整理されたと考えるものである。

(三)「雪山ノ大悟」――「坐禅箴」巻と関連して

それではなにゆえ「雪山ノ大悟」の話のみが残されたのであろうか。「雪山ノ大悟」の話とは以下のようなものである。

雪山の、雪山のために大悟するあらむ、木石の、木石のために大悟するあらむ。しかあれば、諸仏の大悟は、衆生のために大悟するがゆへに、衆生の大悟なるべし。衆生の大悟は、諸仏の大悟を大悟すべし、前後といふことなかれ。いまの大悟は、をのれにあらず、他にあらず。住して、心識にかかはれず、さりて、境界にへだてらるるあらず。もし、とどまりて自身に処在せば、いかでか保任せむ。さりて他境にあらず、又いかにしてか住持せむ、きたるにあらざれども、塡溝塞壑なり、さるにあらざれども、切忌随它覓なり。（『全集』第二巻、別本「大悟」巻、六〇五頁）

この話は再治にあたり、文章がやや簡潔になっているが特段内容の変化は認められない。その内容を吟味するために出典を見てみよう。出典は『古尊宿語録』巻二、百丈懐海語録である。

祇如今心如虚空相似。学始有所成。西国高祖云、雪山喩大涅槃。此土初祖云、心心如木石。三祖云、兀爾忘縁。曹谿云、善悪都莫思量。先師云、如迷人不弁方所。肇公云、閉智塞聡、独覚冥冥者矣。文殊云、心同虚空故、敬礼無所観。甚深修多羅、不聞不受持。祇如今但是一切有無諸法都不見不聞、六根杜塞。若能与麼学、与麼持経、始有修行分。（続蔵経巻一一八、九〇頁右下）

〈祇だ如今の心、虚空の如くに相い似たり。学びて始めて成ずる所有り。西国高祖云く、「雪山を大涅槃に喩う」。此土の初祖云く、「心心は木石の如し」。三祖云く、「兀爾として縁を忘ず」。曹谿云く、「善悪都て思量する莫れ」。先師云く、「迷人の方所を弁ぜざるが如し」。肇公云く、「閉智塞聡。独覚冥冥者矣」。文殊云く、「心は虚空に同じが故に、敬礼し観る所なし。甚深の修多羅は、聞かず受持せず。祇だ如今、但だ是れ一切有無の諸法は都て見ず聞かず。六根を杜塞して、若し能く与麼に学せば、与麼に経を持し、始めて修行の分有らん。〉

今・ここ・私の「心」というものについて、祖師方がそれぞれに自分の境界を述べている。「西国高祖」とは釈尊の事を指し、「雪山」はヒマラヤで、釈尊の出家・入道・悟道の場所を意味する。すなわち「雪山ノ大悟」とは釈尊の悟りのことであろう。此土の諸祖とは菩提達磨のことであるから、「木石の大悟」とは達磨の悟りのことと言えよう。同様に諸仏の大悟を記すが、これらは衆生の大悟に他ならず、悟りは地に満ちていて（塡溝塞壑）、他に求めるべきでないことを「切忌随它覓」という洞山良价の偈でまとめている。前項でも示したように、道元禅師はこの頃、「仏祖の坐禅と悟り」について門下の僧たちに繰り返し教えていた。それは仁治二年、義介をはじめとする達磨宗出身者たちが入門したことと関係があると思われる。大日房能仁の無師独悟に始まった達磨宗出身者たちに対し、仏法における正しい悟りと坐禅修行について指導しようとしていたのであろう。そのような観点から、省悟弄悟の引用例として「雪山ノ大悟」のみが残された理由を推測してみたい。

まず『正法眼蔵』における坐禅の説示の変遷を追ってみよう。後の表を参照しながらお読みいただきたい。正確な撰述年時は未詳だが、興聖寺時代のものとされる別本「仏向上事」巻では、学道にはからいのない坐禅の必要性を説き、それを「非思量の坐禅」と表現している。そして、仏となることを求めず身をもって坐禅を行ずる時、悟りは天地に満ちている（溝にみち壑にみつ）とする。次に、仁治三年正月、別本「大悟」巻で、その天地に満ちた悟りが雪山の大悟、木石の大悟と結びつけられている。その後道元禅師は、同年三月十八日、興聖寺にて「坐禅箴」巻を著し、薬山禅師の語を引用して「非思量」の坐禅を説く。その同じ「坐禅箴」巻において、別本「仏向上事」巻と共通の「溝にみち壑にみつ」を再び記す。翌、寛元元年（一二四三）十一月、「坐禅儀」巻を撰述し、重ねて「思量箇不思量底。不思量底如何思量。非思量。これすなはち坐禅の法術なり」と説き、坐禅は習禅ではなく大安楽の法門であり、不染汚の修証であることを強調している。

同じ頃「坐禅箴」巻を重ねて示衆したとも言われている[15]。このような流れの中で、寛元元年十一月頃、『普勧坐禅儀』が再治された。天福本では『禅苑清規』所収の長蘆宗賾の「坐禅儀」の引用で「念起即覚。覚之即失。久久忘縁。自成一片。此坐禅之要術也。」となっていた箇所が「思量箇不思量底。不思量底如何思量。非思量。此乃坐禅之要術也」に書き換えられたことも注目すべきである。翌、寛元二年正月二十七日、「大悟」巻が再示された。特に「省悟弄悟」の第三段落がおおはばに削られた中、唯一残されたのが「雪山ノ大悟」話である。そしてその翌月、二月十四日の「発菩提心」（「発無上心」）巻では、「雪山の大悟」（具体的には「震旦諸祖の心々如木石」の語）が不思量底に結びつけて説かれている。以上を表に表すと、次のようになる。

「非思量」	「塡溝塞壑」
別本「仏向上事」学道には、かならずその行として、坐禅をつとむべし。…しかあるに、もし正師、をしへをたれ、仏祖、跡をのこし、修行、あきらかに見成することあれば、ひごろの学道の、なほざりにあらざりけるともしられ、いまの行履の、むなしきにあらざりけるともあきらむるなり。…ただ非思量の坐禅を、兀兀としてありし人のみ、これを辨得せりき。（『全集』第二巻、五七一頁）	「坐禅辦道するところに、作仏をもとめざる行仏あり。公案見成するに、身仏もとより作仏にあらず。羅籠ひさしくやぶれぬれば、坐仏さらに作仏をさへず。かくのごとく、身してならふとき、千古万古、とこしなへにほとけにいり、魔にいるちからあり。進歩退歩に、溝にみち壑にみつ」（同、五七二頁）
別本「大悟」	「雪山の、雪山のために大悟するあらむ、木石の、木石のために大悟するあらむ。…きたるにあらざれども、塡溝塞壑なり、さるにあらざれども、切忌随它覓なり。（『全集』第二巻、六〇五頁）
「坐禅箴」「薬山弘道大師、坐次有僧問、「兀々地思量什麼」。師云、「思量箇不思量底」。僧云、「不思量底如何思量」。師云、「非思量」。（『全集』第一巻、一〇一頁）	「しるへし学道のさたまれる参究には坐禅弁道するなり、その榜様の宗旨は、作仏をもとめさる行仏あり、行仏さらに作仏にあらさるかゆゑに、公案見成なり…進歩退歩、したしく溝にみち壑にみつ量あるなり、（『全集』第一巻、一〇五頁）

「坐禅儀」かくのごとく身心をとゝのへて、欠気一息あるべし。兀々と坐定して思量箇不思量底なり。不思量底如何思量。これ非思量なり。これすなはち坐禅の法術なり。坐禅は習禅にはあらず、大安楽の法門なり。不染汚の修証なり。（『全集』第二巻、一〇一頁）

『普勧坐禅儀』兀兀坐定。思量箇不思量底。不思量底如何思慮。非思量。此乃坐禅之要術也。（『全集』第五巻、流布本、六頁）

「大悟」

雪山の雪山のために大悟するあり、木石は木石をかりて大悟す。…而今の大悟は、自己にあらず他己にあらず、きたるにあらざれども塡溝塞壑なり。さるにあらざれども切忌随他覓なり。なにとしてか恁麼なる。いはゆる随他去なり（『全集』第一巻、九七頁）

「発菩提心」震旦初祖曰、「心々如木石」。いはゆる「心」は心如なり。尽大地の心なり。このゆゑに自他の心なり。尽大地人および尽十方界の仏祖および天・龍等の心々は、これ木石なり。このほかさらに心あらざるなり。この木石、おのれづから有、無、空、色等の境界に籠籮《ろうら》せられず。この木石心をもて発心修証するなり、心木心石なるがゆゑなり。この心木心石のちからをもて、而今の思量箇不思量底は現成せり。心木心石の風声を見聞するより、はじめて外道の流類を超越するなり。それよりさきは仏道にあらざるなり。

（『全集』第二巻、一六〇頁）

以上、坐禅に関する一連の説示が「非思量」「填溝塞壑」をキーワードとして説かれている。このように見ていくと多くの「省悟弄悟」の用例の中から、「雪山ノ大悟」話が再治本に残されたということが納得できよう。

五　道元禅師における大悟とその実践――「説心説性」巻より

道元禅師における悟りとは何か、という問に一概に答えを出すことは難しいが、『正法眼蔵』の中で、特に「大悟」巻を中心として、道元禅師は何を主張したかったのであろうか。ここで道元禅師における大悟とその実践について少し考察してみよう。

別本「大悟」巻の特色として第一に挙げた「不是待悟為則」は、本来、悟りを修行の目的とし坐禅は悟りの手段にすぎないとする中国宋代の主流であった大慧宗杲とその流れを汲む禅者達を批判する語であった。その大慧批判をテーマとした巻に「説心説性」巻がある。これは寛元元年（一二四三）七月頃、吉峰寺での示衆である。それは別本「大悟」巻示衆の翌年であり、再治本「大悟」巻撰述の前年に当たる。すなわち二つの「大悟」巻の間の年に示衆された巻ということになる。その中で道元禅師は、次のように説いている。

仏道は、初発心のときも仏道なり、成正覚のときも仏道なり、初中後ともに仏道なり。たとへば、万里をゆくものの、一歩も千里のうちなり、千歩も千里のうちなり。初一歩と千歩とことなれども、千里のおなじきがごとし。

しかあるを、至愚のともがらはおもふらく、「学仏道の時は仏道にいたらず、果上のときのみ仏道なり」と。挙道説道をしらず、挙道行道をしらず、挙道証道をしらざるによりてかくのごとし。迷人のみ仏道修行して大悟すと学して、不迷の人も仏道修行して大悟すとしらずきかざるともがら、かくのごとくいふなり。証契よりさきの説心説性は、仏道なりといへども、説心説性して証契するなり。証契は迷者のはじめて大悟するをのみ証契といふと参学すべからず。迷者も大悟し、悟者も大悟し、不悟者も大悟し、不迷者も大悟し、証契者も証契するなり。

(『全集』第二巻、二三六頁)

ここで「成正覚」「果上」「証契」等の語は、すべて「大悟」と言い換えて読める。すなわち修行を始めたらその時から仏道を歩んでいるのであり、その道のすべてが仏道を語っている(挙道説道)のであり、その道のすべてが仏道を行じているのであり(挙道行道)、その道のすべてが仏道を証しているのである(挙道証道)。道元禅師においては、迷っている者が修行して悟りに至るのではない。悟りは迷いの対義語ではなく、修行の同義語と言えるのではないだろうか。しかも道元禅師は、修行の心構えを具体的に示される。

菩提心をおこし、仏道修行におもむくのちよりは、難行をねんごろにおこなふとき、おこなふといへども、百行に一当なし。しかあれども、或従知識、或従経巻して、やうやくあたることをうるなり。いまの一当はむかしの百不当のちからなり、百不当の一老なり。聞教・修道・得証、みなかくのごとし。(「説心説性」巻、同頁)

道元禅師における大悟の実践とは、まずは菩提心を起こし仏道修行に入ることである。はじめは的外れのようでも指導者や経巻にしたがって修行に励むうち、何かがわかってくる。そのわかることがだけが大悟ではなく、わからないままに修行している姿をも「大悟」というのである。

「説心説性」巻において、これほど懇切丁寧に悟についての説示がなされたのも、「大悟」巻再治にあたり内容がおはばに削除された要因と言えよう。さらに再治本「大悟」巻には次のような説示がある。

近日大宋国禿子等いはく、「悟道是本期」。かくのごとくいひていたづらに待悟す。しかあれども、仏祖の光明にてらされざるがごとし。たゞ真善知識に参取すべきを、懶惰にして蹉過するなり。古仏の出世にも度脱せざりぬべし。いまの「還仮悟否」の道取は、さとりなしといはず、ありといはず、きたるといはず、「かるやいなや」といふ。「今時人のさとりはいかにしてさとれるぞ」と道取せんがごとし。たとへば、「さとりをう」といはば、ひごろはなかりつるかとおぼゆ。「さとりきたれり」といはば、ひごろはそのさとり、いづれのところにありけるぞとおぼゆ。「さとりになれり」といはば、さとり、はじめありとおぼゆ。かくのごとくいはず、かくのごとくならずといへども、さとりのありやうをいふときに、「さとりをかるや」とはいふなり。(『全集』第一巻、九七頁)

この箇所について石井修道氏は以下のように記している。

ここにはっきりと示すように、さとりは「いつ」を問題にすべきではなく、「いかにして」の「ありよう」を究明しなければならないと言うのである。そのような主張である道元の大悟を考えるのに、道元禅師の明確な説示があるにもかかわらず、従来はいたずらに「いつ」にこだわりすぎたのではないかと考えられる。(『道元禅の成立史的研究』、大蔵出版、一九九一年、四四〇頁)

この石井氏の指摘のように、道元禅師の悟りがいつかという議論は、大慧禅の「転迷開悟」的発想を前提としており、道元禅師の主張とは大きくずれるのである。それを証明する語が、別本・再治本双方に見える「溝にみちつ」の語と言えよう。前項で論じた一連の坐禅と悟りの説示に加えて「説心説性」巻も同様のことを主張しており、その翌年、再治本「大悟」で、さらにそれを証明するためにも「雪山ノ大悟」の話を残したと言えよう。

六　結論

以上、『正法眼蔵』再治の諸相の一例として「大悟」巻の再治について考察した。道元禅師は「大悟」巻を四つの側面から説いている。第一に「大悟現成」、すなわち仏の悟りが天地に満ちている様子である。第二に「不悟至道」、ことさらに「悟り」ということを理解しようとせず、自然のままに生きることこそ真の悟りであるという側面である。第三に「省悟弄悟」、仏としての自己が仏を行じることによりさらにすすみて仏をみる、すなわち「仏向上事」という側面である。そして第四に「失悟放行」、仏としての自己を放ち忘れて、今ここを行じていくことである。道元禅師は、草案本である別本から再治本を通して一貫してこの四段の悟りを説いている。草案本である別本「大悟」巻には、特に第三段落が強調され、多くの祖師方の例を挙げて詳しく説かれている。

再治にあたっては、全体が簡潔にまとめられ、分量がかなり少なくなった。特に第三段落の「省悟弄悟」については減量が甚だしい。別本で重視した第三段落をなぜ減量したのであろうか。その理由として、別本「大悟」巻の二ヶ月後に撰述された「仏向上事」巻を挙げた。道元禅師は「仏向上事」巻の中で、「いはゆる仏向上事といふは、仏にいたりて、すすみてさらに仏をみるなり」と定義し、その構成は洞山をはじめ古人の仏向上の機縁を引用列挙したもので、別本「大悟」巻と類似した構成と言うことができる。「大悟」巻の「悟りを得た後、それを使い尽くす（省悟弄悟）」と「仏向上事」巻の「仏にいたりて、さらにすすみて仏をみる」とは同意と考える。前述の四段の悟りのうち、「大悟現成」「不悟至道」「失悟放行」には、悟りは満ちているが修行の積極性が表れてこない。ともすれば無事禅に陥りやすい。本証妙修を唱える道元禅の独自性は「省悟弄悟」の内にこそあると言えよう。それゆえ、別本「大悟」巻では多くの祖師方の例を挙げて「省悟弄悟」を主張したのである。しかし同様の内容で後に「仏向上事」巻が示衆されたことにより、再治本「大悟」巻では「省悟弄悟」の段落がおおはばに整理されたのであろうと結論づけた。

次に「省悟弄悟」の段落がおおはばに縮小される中、「雪山ノ大悟」の話が唯一再治本に残された理由を検討した。道元禅師はこの頃、「仏祖の坐禅と悟り」について門下の僧たちに繰り返し教えていた。それは仁治二年、義介をはじめとする達磨宗出身者たちが入門したためと思われる。大日房能仁の無師独悟に始まった達磨宗出身者たちに対し、仏法における正しい悟りと坐禅修行について指導しようとしたのであろう。具体的には三五九頁の表のように、「非思量」と「塡溝塞壑」をキーワードとして坐禅に関する一連の説示を行っている。

「雪山ノ大悟」とは釈尊の悟りのことであり、それは衆生の大悟に他ならない。悟りは地に満ちていて（塡溝塞壑）、他に求めるべきでないと道元禅師は主張した。このように見ると、多くの「省悟弄悟」の用例の中から、「塡溝塞壑」の語を含む「雪山ノ大悟」話が再治本に残されたことが納得できる。

最後に、『正法眼蔵』の中で、別本と再治本「大悟」巻の間に撰述された「説心説性」巻を取り上げて、道元禅師の悟りについて考察した。この巻は、悟りを修行の目的とし坐禅は悟りの手段にすぎないとする中国宋代の主流であった大慧宗杲とその流れを汲む禅者達を批判した巻である。その中で道元禅師は、修行を始めたらその時から仏道を歩んでいるのであり、その道のすべてが仏道を語っている（挙道説道）のであり、その道のすべてが仏道を行じているのであり（挙道行道）、その道のすべてが仏道を証しているのである（挙道証道）という。道元禅師においては、迷っている者が修行して悟りに至るのではない。悟りは迷いの対義語ではなく、修行の同義語と言える。しかも道元禅師は、修行の心構えを具体的に示される。道元禅師における大悟の実践とは、まず菩提心を起こし仏道修行に入ることである。はじめは的外れのようでも指導者や経巻にしたがって修行に励むうち、何かがわかってくる。そのわかることだけが大悟ではなく、わからないままに修行している姿をも「大悟」というのである。それが悟りが満ちている状態であり、それを証明する語が、別本・再治本双方に見える「溝にみち壑にみつ」の語と言えよう。前項で論じた一連の坐禅と悟りの説示に加えて「説心説性」巻も同様のことを主張しており、その翌年、再治本「大悟」で、さらにそれを証明するために「雪山ノ大悟」の話を残したことが明らかとなった(16)。

以上のように『正法眼蔵』各巻は互いに密接に関わり合いを持っており、再治の諸相を研究するにあたっても、各巻の成立過程と相互の有機的関係を読み解いていく必要があろう。

(1) 別本「心不可得」巻の再治に関しては、拙稿「別本『心不可得の課題』—『心不可得』『他心通』への再治について—」(『禅研究所年報』第二七号、二〇一五年)に述べた。またそれに関連して「『永平広録』巻一、第一七上堂考—『別本心不可得』『他心通』と関連して—」(『印度学仏教学研究』第六四巻第二号、二〇一五年)、また別本『仏向上事』の再治に関しては、「別本『仏向上事』考」(『曹洞宗総合研究センター第十七回学術大会紀要』、二〇一五年)、「別本『仏向上事』の性格—『永平広録』巻八法語一一と関連して—」(『駒澤大学大学院仏教学研究会年報』第四九号、二〇一六年)にて論じた。

(2) 私は再治の研究にあたり、大久保道舟『古本校訂道元禅師全集』に基づき、前述の他の諸巻とともに草稿本を「別本」と呼ぶことにしていることから、「大悟」巻の草稿本についても、「別本「大悟」巻」の名称を用いる。ただし引用部分についてはこのかぎりではない。

(3) 同奥書には瑠璃光寺本よりの補足として「同二年甲辰春三月二十日侍越宇吉峰精舎堂奥次書写之　懐弉」と見える。

(4) 伊藤秀憲氏は、「草案本『大悟』には示衆年月日が記されていないことから、草案本は仁治三年一月二十八日、観音導利興聖宝林寺での示衆以前の草稿の段階のものであるかも知れない。しかし、書写本が残っているということは、この巻を書き上げた段階で、道元は書写を認めたものとも考えられるから、仁治三年一月二十八日に示衆されたものであると考えることもできる。いまはどちらと確定することはできない」と述べている(『道元集』「大悟」解題、六二八頁)。

(5) 河村・伊藤両氏の分析は、古人の大悟の機縁のみを問題としているため、「総論」という項目はないが、本論では「大悟」巻の本文全体の構成を紹介することを意図し、後に池田魯参氏の「四段の悟」による段落分けを紹介するためにも、冒頭に文章があることを示す必要があり、仮に「総論」と名づけた。

(6) 河村孝道『正法眼蔵の成立史的研究』(春秋社、一九八七年、五五九頁)、伊藤秀憲『道元集』(「大悟」解題、臨川書店、二〇一五年、六二六頁)。

(7) 「仏道」巻に「慧照大師は、講経の家門をなげすてて、黄蘗の門人となれり。黄蘗の棒を喫すること三番、あはせて六十拄杖なり。大愚のところに参じて省悟せり。ちなみに鎮州臨済院に住せり」(『全集』第二巻、四八二頁)とある。先行研究の中には「悟りを省みること」と訳している向きもあるが、省悟とは「悟りを得ること」を言う。

(8) 池田氏は、『摩訶止観』等を引き天台学の立場から説明をしている部分もあるが、私は天台学の知識が十分でないため、細部に関しては言及を避け、今後の課題とさせていただきたい。

(9) ただし『如浄語録』にこの語は見られない。

(10) 大慧の禅が悟りを強調していることは間違いないが、「待悟為則」に関しては大慧も否定している。「王通判大任に示した『法語』には、「ただ疑の破れざる処に就いて参ぜよ。参の時に切に忌む、心を将て悟を等《ま》つことを。もし心を将て悟を等てば、すなわち没交渉。生死の心いまだ破せざれば、すなわち全体これ一団の疑情なり。ただ疑情窟裏に就て、箇の話頭を挙せよ。」(『四巻本普説』巻四―六五a、原漢文)とあって、大慧は明確に「待悟」を否定するのであり、その徹底した考えは、「大疑の下に必ず大悟有り」(同巻二―六a等)という主張に要約される。」(石井修道「宋代の禅」中国の禅Ⅱ、『現代思想』11、青土社、一九八〇年臨時増刊所収)

(11) 拙稿「別本『仏向上事』の性格―『永平広録』巻八法語一一と関連して―」(『駒澤大学大学院仏教学部研究会年報』第四九号、二〇一六年)。

(12) 「非思量」は従来、七十五巻本の「坐禅箴」巻が初出と指摘されてきたが、「坐禅箴」巻が撰述された仁治三年三月十八日の五日後に再治本「仏向上事」巻が示衆されているので、草案本にあたる別本「仏向上事」巻は少なくとも仁治三年以前と言えるであろう。

(13) 『永平広録』巻四、三一九上堂には「測り知りぬ、坐禅はこれ悟来の儀なり、悟は只管坐禅のみなることを」とある(『全集』第三巻、二〇八頁)。

(14) 柴田道賢『禅師道元の思想』(公論社、一九七五年、三五四頁)、河村孝道『成立史』(五四〇頁)。

(15) 伊藤秀憲氏はさまざまな写本の検討から、「「仁治四年」(寛元元)の奥書は、『坐禅儀』の奥書と時処が同じである。

このことは、同じ坐禅に関する巻であるということから、書写の段階で、『坐禅儀』の奥書をもって『坐禅箴』の奥書としたと考えることができるのではないであろうか。要するに『坐禅箴』の「記」と「示衆」の奥書は、本来なかったのではないかと考えるのである」と述べている（『道元禅師研究』、大蔵出版、一九九八年、二一四頁）。

(16) その他、別本「大悟」巻には「心身脱落は、脱落身心なり。脱落の脱落しきたれるがゆえに、身心脱落なり」という文章がある。この箇所が『行状記』と共に「叱咤時脱落」の根拠とされてきたことも特色の一つである。しかし「大悟」巻を読むならば、「叱咤時脱落」は道元禅師の思想とはまったく異なることがわかる。これについては、石井修道「叱咤時脱落の虚構—身心脱落の誤解」（『道元禅の成立史的研究』、四三九頁以下）杉尾玄有「御教示仰ぎたき二問題—「面授時脱落」のこと及び『普勧坐禅儀』の書風のこと」（『道元禅の参究』、二七一頁）等に詳しく論じられている。

さらに別本「大悟」巻には、「舒州投子山義青禅師、曽謁浮山円鑑禅師遠和尚。稍経三載、遠一日問師云、外道問仏、不問有言。不問無言、世尊黙如何。師擬開口、遠以手掩師口。師於此大悟遂作礼。遠云、汝妙悟玄機一耶。師云、設有妙悟、也須吐却」とあり、道元禅師が明らかに投子の代付を承認していたことが認められる。これも別本「大悟」巻の特色の一つであるが、代付問題に関してはまた別のテーマとなるので、ここでは指摘するだけに留める。

執筆者紹介

角田泰隆（つのだ・たいりゅう）
1957年、長野県生まれ。駒澤大学仏教学部禅学科卒業。駒澤大学大学院人文科学研究科仏教学専攻博士課程満期退学。博士（文学）。現在、駒澤大学仏教学部禅学科教授。長野県伊那市常圓寺住職。著書、『道元禅師の思想的研究』（春秋社）、『道元入門』（大蔵出版・角川書店）、『禅のすすめ―道元のことば』（日本放送出版協会）、『坐禅ひとすじ』（角川書店）、『ＺＥＮ 道元の生き方』（日本放送出版協会）ほか。

秋津秀彰（あきつ・ひであき）
1989年、埼玉県生まれ。学習院大学経済学部経済学科卒業。駒澤大学大学院人文科学研究科仏教学専攻修士課程修了。現在、駒澤大学大学院人文科学研究科仏教学専攻博士後期課程在学中。埼玉県建正寺副住職。

西澤まゆみ（にしざわ・まゆみ）
1973年、青森県生まれ。就実女子大学文学部史学科卒業。駒澤大学仏教学部禅学科卒業。駒澤大学大学院人文科学研究科仏教学専攻博士後期課程修了。博士（仏教学）。現在、駒澤大学禅研究所研究員。

丸山劫外（まるやま・こうがい）
1946年、群馬県生まれ。早稲田大学教育学部卒業。駒澤大学大学院人文科学研究科仏教学専攻博士後期課程満期退学。現在、曹洞宗総合研究センター宗学研究部門特別研究員。所沢市吉祥院住職。著書、『中国禅僧祖師伝』（宗務庁）、『雲と風と月と』（中央公論事業出版）、『『修証義』解説―道元禅師に学ぶ人間の道』（佼成出版社）ほか。

横山龍顯（よこやま・りゅうけん）
1988年、兵庫県生まれ。上智大学文学部哲学科卒業。駒澤大学大学院人文科学研究科仏教学専攻修士課程修了。現在、駒澤大学大学院人文科学研究科仏教学専攻博士後期課程在学中。

若山悠光（わかやま・ゆうこう）
1966年、神奈川県生まれ。中央大学法学部法律学科卒業。駒澤大学大学院人文科学研究科仏教学専攻博士後期課程満期退学。現在、駒澤大学大学院人文科学研究科仏教学専攻研究生。東京都荒川区正覚寺副住職。

道元禅師研究における諸問題——近代の宗学論争を中心として

2017年2月20日　第1刷発行

編著者＝角田泰隆
著　者＝秋津秀彰／西澤まゆみ／丸山劫外／横山龍顯／若山悠光
発行者＝澤畑吉和
発行所＝株式会社春秋社
〒101-0021　東京都千代田区外神田2-18-6
電話（03）3255-9611（営業）（03）3255-9614（編集）
振替　00180-6-24861　http://www.shunjusha.co.jp/
印刷所＝萩原印刷株式会社

ISBN 978-4-393-11343-1　Printed in Japan
定価はカバー等に表示してあります。

角田泰隆

道元禅師の思想的研究

道元が弟子や後世の人びとに伝えたかったことは何だったのか。修証観・時間論などさまざまな角度から総合的に検討し、道元の思想の核心に迫る画期的な論考。　２５０００円

杉尾玄有

道元禅の参究

道元の著作や生涯を詳細で緻密に分析する姿勢が多くの研究者から支持され、既存の道元解釈を批判することを恐れず生涯をかけて「道元の哲学」を追究し続けた著者の集大成。　９８００円

唐子正定

正法眼蔵「仏性」参究

道元の主著「正法眼蔵」の中でも特に難解な巻として知られる「仏性」の巻を宗教哲学的に徹底・論理的に読み解く。道元の論理に沿って明らかになる「成仏」の核心を示す。　４２００円

窪田慈雲

道元禅師『永平広録』私解

道元が漢文・漢詩をもってその境涯を示した説法である語録・永平広録の上堂といわれる重要部分を、坐禅を実修するための観点から現代語訳と解説を付した決定版。　３５００円

窪田慈雲

魂に響く「正法眼蔵」現代訳抄

『坐禅に活かす『正法眼蔵』現代訳抄』に引き続き、前著未収録の「正法眼蔵」の各巻を収録。禅がいかに生活と不離不即の「信」に貫かれたものかを示す、「眼蔵」入門完結巻。　４０００円

※価格は税別